IÉTÉS SINOLOGIQUES N° 3.

CROIX

ET

SWASTIKA

EN CHINE

PAR

LE P. LOUIS GAILLARD, S. J.

SECONDE ÉDITION.

CHANG-HAI

IMPRIMERIE DE LA MISSION CATHOLIQUE

ORPHELINAT DE T'OU-SÈ-WÈ.

1904.

IMPRIMERIE DE L'ORPHELINAT DE T'OU-SÈ-WÈ.

ZI-KA-WEI, près CHANG-HAI (CHINE),

EXTRAIT DU CATALOGUE.

VARIÉTÉS SINOLOGIQUES.

N° 1. L'ÎLE DE TS'ONG-MING, *à l'embouchure du Yang-tse-kiang,* par le P. HENRI HAVRET, S.J. — 62 pp., 11 cartes, 7 gravures hors texte. 2e édition. 1902 ..... $ 2.00

N° 2. LA PROVINCE DU NGAN-HOEI, par le même.—130 pp., 2 pl. et 2 cartes hors texte. 2e édition. 1903 ..... $ 2.00

N° 3. CROIX ET SWASTIKA EN CHINE, par le P. LOUIS GAILLARD, S.J.—IV-282 pp., 209 fig. 2e édit. 1904 ..... $ 3.00

N° 4. LE CANAL IMPÉRIAL, par le P. DOMINIQUE GANDAR, S.J.—II-75 pp., 19 cartes ou plans hors texte ; réimprimé de 1894 ..... $ 2.00

N° 5. PRATIQUE DES EXAMENS LITTÉRAIRES EN CHINE, par le P. ÉTIENNE ZI, S.J.—III-278 pp., plusieurs planches, gravures et 2 plans hors texte. 1894 ..... $ 4.00

N° 6. 朱熹 LE PHILOSOPHE TCHOU HI, *sa doctrine, son influence,* par le P. STANISLAS LE GALL, S.J.—III-134 pp. 1894 ..... $ 2.00

N° 7. LA STÈLE CHRÉTIENNE DE SI-NGAN FOU, 1ère partie. *Fac-simile de l'inscription,* par le P. HENRI HAVRET, S.J.—VI-5 pp. de texte, CVII pages en photolithographie et une phototypie. 1895 ..... $ 2.00

N° 8. ALLUSIONS LITTÉRAIRES, 1ère Série (1er fascicule, Classif. 1 à 100), par le P. CORENTIN PÉTILLON, S.J.—V-255 pp. 1895 ..... $ 4.00

N° 9. PRATIQUE DES EXAMENS MILITAIRES EN CHINE, par le P. ÉTIENNE ZI, S.J.—III-132 pp., nombreuses gravures. 1896 ..... $ 3.00

N° 10. HISTOIRE DU ROYAUME DE OU (1112-473 AV. J.-C.), par le P. ALBERT TSCHEPE, S.J. — II-175 pp., 15 gravures, 3 cartes hors texte. 1896 ..... $ 3.00

N° 11. NOTIONS TECHNIQUES SUR LA PROPRIÉTÉ EN CHINE, *avec un choix d'actes et de documents officiels,* par le P. PIERRE HOANG. — II-200 pp., 5 tableaux hors texte. 1897 ..... $ 3.00

N° 12. LA STÈLE CHRÉTIENNE DE SI-NGAN FOU, 2e partie. *Histoire du monument,* par le P. HENRI HAVRET, S.J.—420 pp., 4 cartes, plusieurs gravures dont 11 hors texte. 1897. $ 5.00

RIÉTÉS SINOLOGIQUES N° 3.

CROIX

ET

SWASTIKA

EN CHINE

PAR

LE P. LOUIS GAILLARD S. J.

SECONDE ÉDITION.

CHANG-HAI

IMPRIMERIE DE LA MISSION CATHOLIQUE

A L'ORPHELINAT DE T'OU-SÈ-WÈ.

1904.

PRÉFACE

DE LA PREMIÈRE ÉDITION.

Au premier abord, le titre de ce travail éveillera peut-être quelque soupçon mal défini : inquiet, plus d'un lecteur appréhendera, nous le craignons, d'y reconnaître une parenté fâcheuse avec tels opuscules de M. l'Abbé Ansault, visés par la Congrégation de l'Index. Ils ont trait au Culte de la Croix avant Notre-Seigneur, *et soutiennent parfois une thèse hasardée, appuyée sur des preuves contestables en partie, outrée surtout par des exagérations de langage que l'auteur n'a pas tardé à réprouver courageusement. Sans rouvrir le débat, clos désormais et soulevé jadis à ce propos, avouons que nous aurions souhaité à cette polémique plus d'aménité sereine, plus de tolérance dans la forme : soutenue à armes courtoises, la joute en eût-elle moins sûrement tourné à l'avantage décisif des vues qui seules méritaient de prévaloir? En fait, de part et d'autre la même bonne foi — ni infaillible, ni impeccable — luttait pour le triomphe désintéressé du vrai.*

Un simple coup-d'œil jeté sur nos pages révèlera que, sauf la commune droiture des intentions, chez l'écrivain nommé plus haut et chez nous presque tout diffère : point de départ, sphère d'exploration, sources, documents, méthode, mise en œuvre et manière de voir.

Nous nous bornons rigoureusement aux recherches d'archéologie, d'art et d'histoire, protestant par avance que nous adhérons de tout cœur au plus pur enseignement de l'Eglise.

Chang-hai. Novembre 1893.

AVERTISSEMENT.

L'en-tête même de cette étude indique qu'elle voudrait se limiter à quelques points spéciaux de symbolique décorative. Peut-être semblait-il préférable de circonscrire le champ de ces recherches aux seuls faits intéressant la croix proprement dite : au cours de nos travaux, il nous devint bientôt évident que ce plan n'était exécutable qu'aux dépens de l'exactitude et de la netteté, et sous peine de négliger toute une série de documents, accessoires sans doute, mais qui, outre leur intérêt archéologique, projettent un surcroît de lumière aux abords du point principal de la thèse. Donc, sans céder à la tentation de donner au sujet plus d'ampleur qu'il n'en comporte, j'essaierai tout d'abord, dans des considérations préliminaires sur la *fausse croix*, ou *swastika* 卍, d'établir les relations probables qui éventuellement rattachent ce signe à celui de la croix véritable. Le reste — la majeure partie — aura pour objet ce dernier symbole, caractéristique rationnelle de la Religion du Christ.

Un mot sur notre essai d'illustration indigène. Outre notre part personnelle, les menus dessins sont l'œuvre de mains chinoises; ils ont été ensuite gravés, selon les antiques procédés du pays, — bois de fil, couteau et fac-similé au trait, — sur des blocs de *Ginko biloba* ou *Salisburia adiantifolia,* très employé autour de nous pour ce genre de gravure. (1).

Quant à la *romanisation* des caractères, le système suivi est celui du *Cursus litteraturæ sinicæ* du R. P. Zottoli. Les lignes ci-dessous, indiquant par des mots français la prononciation chinoise *analogue,* en rappelleront suffisamment l'économie. Négligeant tons et accents, on y insiste spécialement sur certaines anomalies qu'on a laissé subsister dans ce système pour respecter, autant que possible, la figuration traditionnelle des anciens missionnaires. Après tout, dans l'impression des ouvrages européens, l'*uniformité* de romanisation importerait beaucoup plus que la *logique,* ou la perfection relative dans un système quelconque, car le système choisi restera toujours conventionnel et ne sera jamais qu'un guide par à peu près, l'accord désirable dût-il se faire, au moins pour chacune des principales langues étrangères.

Remarque générale. Les voyelles *isolées* ont la même valeur qu'en français. Les consonnes prononcées sont partout dans le même cas, sauf quelques particularités :

---

(1) Nous avons cherché à en exposer le mode et les conditions dans le n° de mars 1890 des *Etudes religieuses, philosophiques, historiques et littéraires.*

1° **AI** équivaut à *è*, v. g. *lai, tai, pai, mai, sai* = «l*ai*e, t*ai*e, p*ai*e, m*e*ts, c'*est*.» En quelques endroits cette syllabe se *mouille* comme «t*ay*aut, t*ai*llis.»

2° **AN** non suivi de *g* se prononce comme dans «f*aim*, s*ien*, t*eint*, enf*in*.» On a admis cette figuration parce qu'en quelques Provinces AN équivaut à *ane* dans «pl*ane*, f*ane*, plat*ane*.» Donc la syllabe chinoise *pan* pourrait se représenter par les mots «*pain* et *panne*», tandis que les mots «*pan*, *paon* et *pend*» figureraient la syllabe *pang*. Au demeurant, la ville de *Ki-ngan fou* peut exactement se figurer par les trois mots «quine-gain fou.»

3° **AO** indique l'*o* de «s*o*rt, p*o*rt, *o*r», (sauf en quelques provinces où l'A se sépare, mais demeure très bref). Ainsi *siao* se trouve dans «na*tio*nal, pas*sio*nné, ac*tio*nnaire, — *lao* dans «*l'o*rfèvre», — *mao* dans «*mo*rale.»

4° **EN, IN, UN**, se prononcent comme dans «*en*nemi, m*ine*, l*une*»; — **IEN**, comme dans «m*ien*, b*ien*, s*ien*.»

5° **G** final est muet et négatif. Son rôle est d'indiquer que *ang* et *ong* prennent le son nasal qu'ils ont dans : «s*ans*, r*ang*, l*ong*». Les monosyllabes : *Lang, fang, kong, tang, sang, lang, sang,* reproduisent les sons de cette phrase un peu barbare : «L'enfant content sent l'encens.»

Toutefois **G** n'est pas signe de nasalité dans les finales *ing* ou *eng;* v. g. *king*, *ding, sing, cheng, ping* équivalent presque à «*quine*, *digne*, *signe*, pro*chaine,* tré*pigne*.»

6° **H** *initiale* devant *a, e, o, ou, ai, ang, ong,* indique une aspiration énergique manquant en français, une sorte d'R gutturale, prononcée du gosier en grasseyant fortement, quelque chose comme J *(jota)* en espagnol.

7° **H** initiale devant *i* équivaut toute seule à *ch,* v. g: *hi*=chi; *hia*=chia; *hien*=chien; *hio*=chio; *hiu*=chiu; *hiai*=chiai, de «A*chi*ères», — *K'ang-hi* se prononcera comme dans «un *camp chi*nois.»

8° **LIANG** se fait entendre dans «conci*liant*»;— **LIU** dans «re*liu*re»; — **LIEOU** dans «Col*liou*re»; — **CHOEI** dans «*échouer*»; **LU** dans «*élu*» etc...

9° **LIAO** se rencontre dans «ga*lio*te, sou*lio*te.»

D'après ces règles, *Chang-hai hien* pourrait s'écrire «Chant, hait, chien», pourvu qu'on exagère violemment l'H de *hait*. Aussi est-ce bien à tort, et au mépris de toute ressemblance phonétique, que les Anglais ont transformé *Chang-hai* en *Shanghaï*, prononcé *Chan-gaye*, le son final *è* devenant une diphtongue.

TABLE DES MATIÈRES.

PREMIERE PARTIE.

LE SWASTIKA ET SES ANALOGUES.

CHAPITRE PREMIER.

LE 卍 SYMBOLIQUE.

CHAPITRE II.

LE 卍 ÉLÉMENT DÉCORATIF.

§ I. *Le* 卍 *isolé.*

§ II. *Le* 卍 *combiné.*

CHAPITRE III.

CONSTRUCTIONS ET 卍.

CHAPITRE IV.

LITURGIE ET ASCÈTES

SECONDE PARTIE.

LA CROIX.

CHAPITRE PREMIER.

ANCIENS VESTIGES HISTORIQUES.

CHAPITRE II.

LA PIERRE DE *Si-ngan fou.*

CHAPITRE III.

TRADITIONS ANCIENNES SUR LA CROIX.

CHAPITRE IV.

IMAGES ET CRUCIFIX.

CHAPITRE V.

LES CROIX OU X DE FER.

APPENDICES.

TABLE DES GRAVURES.

Ière PARTIE.

LE SWASTIKA ET SES ANALOGUES.

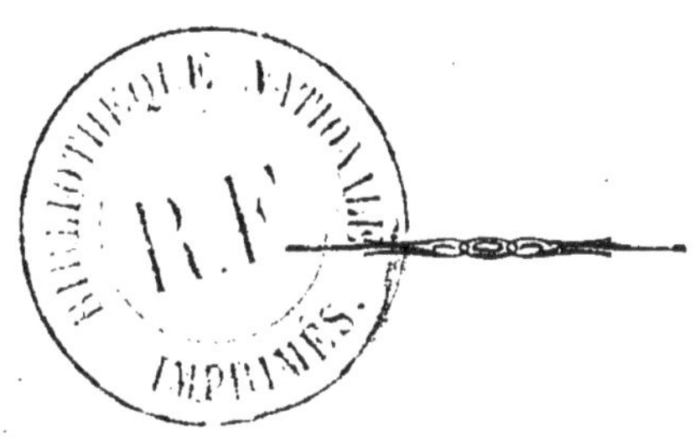

CHAPITRE I.

LE 卍 SYMBOLIQUE.

Etymologie et origine. — Le 卍 aux Indes, au Japon, dans les catacombes. — La croix chrétienne n'en dérive pas. — Le 卍 ou le 卐. — Le 卍 chinois dans la vie civile et religieuse. — Diffusion de ce symbole. — Applications et variantes chinoises. — C'est un signe de bon augure.

CHAPITRE I.

LE 卍 SYMBOLIQUE.

L'état présent de nos connaissances, enrichies même des plus récentes acquisitions de l'épigraphie, de l'ethnographie et de l'archéologie monumentale, ne permet pas d'assigner l'époque précise de l'apparition de la *croix gammée* ou *swastika,* ni d'en nommer la vraie patrie d'origine.

Ce nom de croix *gammée* lui vient, on le sait, de sa forme même: quatre *gamma* (quatre L retournées), implantés autour d'un point central, et opposés par leur base (fig.1.). Aussi avons-nous peine à imaginer ce que peut vouloir dire cette phrase d'une Revue spécialiste : on rencontre aux Indes « le *swastika* dépourvu de ses gammas. » (1).

*Fig.*1.  卍

Son nom sanscrit de *swastika* serait dérivé, d'après le Gal Cunningham, de la devise d'une secte indoue. «Les *swastikas* athées, dit-il, ont reçu leur nom de leur signe favori, le *swastika,* ou croix mystérieuse, qui symbolisait leur croyance en *swasti.* Ce mot se compose de *su,* bien, et *asti,* c'est, équivalant à « c'est bien ! » ou, « qu'il en soit ainsi ! » impliquant une complète résignation dans n'importe quelle circonstance.» (2). Ce serait donc l'analogue indou de notre *Ainsi-soit-il! Amen! Fiat!*

G. Dumoutier explique ainsi le même mot sanscrit: «Les Chinois ont conservé le *swastika* dans leurs signes figuratifs; c'est le n° 24 de la table des 214 clefs ou radicaux... Il se prononce *ché*, représentait exactement autrefois la croix gammée 卍 et ne s'est aujourd'hui que très peu modifié 十. Il comporte une idée de perfection; c'est la clef de l'excellence; il signifie aussi le

---

(1) *Revue d'Ethnographie.* Tome IV. n° 4. Juillet-Août 1885. « Le *swastika et la roue solaire dans les caractères chinois*, par Gustave Dumoutier. » p. 329. L'auteur s'appuie trop sur l'ouvrage érudit du P. de Prémare, *Selecta vestigia dogmatum,* manuscrit traduit et publié pour la première fois par Bonnetty et Perny: «*Vestiges des principaux dogmes chrétiens...*» Cent fois plus pauvre en ressources théologiques que l'ancien missionnaire, il exagère encore sa méthode d'interprétation fantaisiste et d'analogies risquées, sans partager ni les mérites ni les excuses de son zèle abusé. En outre, il admet (p. 327) les puérilités d'exégèse essayées ces derniers temps au sujet du culte liturgique d'*Agni* «l'enfant divin, le CHRISTOS des Indes», et s'étonne (p. 330) de ce que «le clergé du moyen-âge» ait employé la croix pour exorciser les démons ! Quant à sa compétence en choses chinoises, il est plus courtois peut-être de ne pas insister.

(2) Cf. Dennys; *The folk-lore of China.* p. 49.

nombre 10.» Si les Chinois emploient l'expression «10 fois», dans le sens du superlatif, devant un adjectif, par exemple «cet homme est 10 fois bon», pour «cet homme est très bon», il est juste de faire remarquer que les aspérités des lignes transversale et verticale du signe 十, énormes du reste dans la figure donnée par l'auteur, ne sont que les bavures voulues du pinceau chinois et n'ont aucune relation avec les crochets du 卍. Dumoutier poursuit (1) : «Analysant le mot sanscrit *swastika*, nous lui trouvons une signification identique : *su*, radical qui signifie *bien*, *excellent*, d'ou *suvidas*, prospère, en grec ΕΥΕΙΔΗΣ. —*Asti*, 3° pers. sing. de l'indicatif présent du verbe as, *être*, lequel n'est autre que le *sum* des Latins et que EIMI, EΣMI des Grecs. — *Ka*, suffixe formant les substantifs. *Swastika* veut donc dire : ce qui est bien, ce qui est excellent.» (2).

Nous croyons cette théorie plus plausible que celle d'Emile Burnouf, citée ici pour mémoire : «Ce signe (de la croix), est celui que l'on trace snr le front des jeunes boudhistes, et qui était usité chez les brahmanes de toute antiquité. Il porte le nom de *swastika*, c. à. d. de signe de salut, parce que le *swasti* était dans l'Inde, ce que la cérémonie du salut est chez les chrétiens.» (3). L'arrière-pensée de l'auteur est, sans contredit, plus transparente que son explication.

Ce *swastika* remonte, en Asie, à un âge assez reculé, puisqu'on le trouve mentionné dans le *Ramayana*, (sur le navire de *Râma*). D'autre part les livres boudhistes prétendent que, lorsqu'on voulut brûler le cadavre de Sakyamouni, on découvrit qu'il était incombustible au moyen du feu naturel. Mais un jet de flammes jaillit soudain du 卍 inscrit sur sa poitrine, pour réduire le corps en cendres. (4).

---

(1) Gust. Dumoutier ; article cité : p. 329. Nous ne nous arrêterons pas à l'assertion de l'auteur qui reconnait une croix dans les cinq points du centre des deux tableaux magiques, (p. 321) *Ho-t'ou* 河 圖 et *Lo-chou* 洛 書, attribués, le premier à l'Empereur *Fou-hi* 伏 羲, 2953 ans av. Jésus-Christ, le second au «Grand Yu 大 禹.» Tout ce qu'on peut dire, c'est que ces points sont *disposés en croix*.

Quant au caractère 十, dix, il ne semble pas importer une autre idée de perfection que celle qui lui vient de son utilité dans le système décimal ; c'est ainsi que le 說 文 le définit 數之具也. «Le complément des nombres, ou chiffres.» Pris dans le sens de *très*, *complètement*, devant un adjectif, il est ordinairement accompagné du mot 分 *fen* (parties) et avec lui signifie *entièrement* ; littéralement : dix parties (sur dix) 十 分 *che-fen*. Parfois, mais rarement, on se dispense d'ajouter *fen*, qui est alors sous-entendu ; v. g. 十 全 *che-ts'iuen*, «absolument complet ;» dans les deux cas l'explication est la même.

(2) Au mot *swastika*, dans le *Dictionnaire d'apologétique de l'abbé Jaugey*, on lit : «le *swastika* exprime un souhait de bonheur, ce qui sans doute lui a valu sa diffusion.»

(3) E. Burnouf ; *La science des Religions*.

(4) Dr Eitel ; *Three lectures on Buddhism*. 2d edit. Hong kong 1873. — p. 13. L'auteur prouve que le Bouddhisme, au lieu d'être le précurseur du christianisme, n'en est que

Le 卍 est connu au Japon sous le nom de *Mang ziou*, ou *signe des* 10.000 *années*, et on le trouve souvent ainsi disposé :

Si on l'a assimilé au *fylfot*, d'autres y ont vu le *marteau*, la massue, le foudre, le *Thor*, le dieu du tonnerre ou le Jupiter tonnant des Scandinaves. C'est le monogramme de Vishnou et de Siva ; ou bien encore la «croix des Manichéens», dont c'était, a-t-on dit, l'unique image.

L'un des caractères les plus frappants de ce symbole, c'est son universalité dans le temps et dans l'espace. On le signale dans l'immense région qui s'étend sur le parallèle des Iles Britanniques à celles du Japon, englobant le continent eurasien presque entier, avec les rives africaines elles-mêmes et les archipels de la Méditerranée, où il était en usage au temps de Confucius (551-479). (1). Il a même traversé l'Atlantique, ou le Pacifique : on l'a rencontré chez les Péruviens et Mexicains du Nouveau-Monde, au Yucatan, au Paraguay et aux Etats-Unis. Il n'est guère de fouille importante qui ne le révèle, et le temps n'est peut-être pas éloigné où l'on pourra dresser la carte exacte de son aire géographique, plus étendue même que celle de la civilisation. Quand sera-t-il permis de marquer le temps précis où nos ancêtres, iraniens ou touraniens, se sont aventurés à l'esquisser?

Il semble hors de doute que le *swastika*, pour lui garder son nom indien a été avant tout et primitivement un *symbole* au sens mystique et mystérieux. Nous verrons qu'on en a fait bien vite, par une conséquence fort naturelle, soit un *ornement*, soit le membre d'une ornementation décorative.

Avant de passer outre, mentionnons une théorie démodée, plus ou moins sincère dans le principe, condamnée par une science moins aveugle, écrasée enfin sous les répliques de spécialistes autorisés. En 1872, M. Em. Burnouf écrivait dans son ouvrage *La science des religions* : «Les archéologues chrétiens pensent que c'est la forme la plus ancienne du signe de la croix : nous le croyons aussi.... Quand Jésus eut été mis à mort par les Juifs, ce vieux symbole aryen lui fut aisément appliqué, et le *swastika*, par des transformations successives, devint la croix hastée des modernes chrétiens.» Ces affirmations si osées n'avaient pas paru dans la *Revue des Deux-Mondes* qui, en 1868, avait eu la primeur

---

le plagiaire, (p. 14) en ce qui concerne la partie historique des récits sur la vie de N. S. copiés ou travestis vers le Ve ou VIe siècle.

(1) *Cf.* Alexandre Bertrand, *La Gaule avant les Gaulois.* Ce passage est cité par M. l'abbé Ansault, qui donne une longue liste bibliographique d'ouvrages relatifs à la *croix gammée.*

des articles réédités dans l'ouvrage sus-nommé. L'auteur se bornait à dire que «les catacombes les premières en date» offraient plusieurs de ces «symboles de l'Orient indo-perse, en y attachant le même sens métaphysique.»

«Ses assertions, dit Paul Allard, qui est ici notre guide (1), peuvent se résumer ainsi: 1°, c'est la forme la plus ancienne du signe de la croix; 2°, elle se rencontre à Rome dans les catacombes les premières en date; ce symbole, étranger à l'Egypte, à la Grèce et à la Judée, a été emprunté par les premiers chrétiens aux livers des Indiens et des Perses. Aucune de ces propositions n'est exacte.»

Contrairement à la première, M. de Rossi affirme qu' «au cun archéologue moderne n'a émis une pareille opinion, qui est contraire aux résultats les plus certains des fouilles, faites depuis 30 ans dans les Catacombes.» Dans le second volume de *Roma sotterranea,* publié en 1867, c. à. d. un an avant les articles de M. Burnouf, le même auteur, (t. II. p. 318.) déclare que la *croix gammée,* ne se trouve, à sa connaissance, sur aucune pierre tombale portant gravés les symboles les plus anciens;» et il en donne la preuve irréfutable. Enfin, «il lui parait évident que ce n'est pas là une des formes originaires de la représentation de la croix; mais plutôt une de ces combinaisons de lignes, que les chrétiens, dans leur désir de représenter ou de dissimuler le signe sacré, empruntaient volontiers à des sources étrangères.» En 1868, à propos des articles de M. Burnouf, M. de Rossi a brièvement résumé ce sujet et a prouvé que le 卍 ne fait son apparition dans les monuments chrétiens qu'à une époque relativement récente; la croix gammée «apparait et se multiplie dans les régions appartenant à la fin du IIIe Siècle et se maintient sur les monuments du IVe.» (2).

«En outre, M. de Rossi, dit Paul Allard, démontre que la combinaison de lignes connue sous le nom de *croix gammée,* loin d'être propre aux Indiens et aux Perses, se retrouve chez tous les peuples. Elle a été rencontrée sur des statues assyriennes, dans des sépultures étrusques et samnites, et sur des poteries anglaises et italo-grecques.... Sous l'Empire, les Romains la dessinaient souvent.» (3).

«La *croix gammée,* poursuit Paul Allard, n'apparait pas sur les inscriptions chrétiennes, avant le IIIe Siècle; sur les peintures

---

(1) *Rome souterraine* p. 341.

(2) *Bolet di arch. crist.* 1868. p. 90-91. — Nous ne citons plusieurs de ces ouvrages que de seconde main. Mgr de Harlez n'admet pas l'opinion des auteurs qui pensent que le 卍 a été imaginé *fortuitement* par plusieurs peuples.

(3) Cf. *Journal officiel,* 10 Janvier 1873. — De Mortillet; *Le signe de la croix avant le Christianisme.* p. 146-158. Paris. 1866.

il en est de même.» (1). Les chrétiens s'emparèrent assez tard de cette combinaison «fort inoffensive» de lignes, pour dissimuler la croix, en l'apercevant sur des monuments soit orientaux, soit plus voisins d'eux. «Peut-être la ressemblance du signe dont il s'agit avec le *tau* des Phéniciens fut-elle la raison qui le leur fit adopter.» Analogue est la genèse du mythe chrétien d'Orphée. On ne peut donc continuer à dire que le Christianisme a emprunté à la civilisation indo-persique le symbole de la croix, copie ou contrefaçon du *swastika*, signe peu fréquent et peu ancien dans les Catacombes.

Au surplus, en tenant compte de sa distribution géographique et des incertitudes de son origine, M. Burnouf serait embarrassé pour prouver que le 卍, qui ne veut pas dire *signe de salut*, est *exclusivement* aryen et nullement touranien. En tout cas, là n'est pas l'origine de la croix chrétienne. (2).

Mais la thèse, ou plutôt les corollaires sournois de la thèse, plaisent à plus d'un savant, pour qui les recherches soi-disant platoniques de la science déguisent mal d'autres préoccupations, moins sérieuses et plus sectaires :

«L'emblème du Christianisme, assure M. de Mortillet, est tout bonnement emprunté aux vieilles religions indiennes.» (3). Et l'auteur fait passer sous nos yeux une longue série de croix, plus ou moins croix, qu'il dit antérieures à la venue de N. S. sur cette terre. Mais, demande justement M. Hamard, s'ensuit-il que «le fait de la Rédemption est un mythe! Que N. S. n'est point mort sur une croix? et que l'unique motif de l'adoption de ce signe par les chrétiens est la vénération dont il était déjà l'objet à l'avance? nous ne pensons pas que M. de Mortillet aille jusque là!... Ou bien ces prétendues croix sont de simples figures

(1) Par exemple, le *fossor Diogenes*, dans le cimetière de Domitille, et le *Bon Pasteur*, dans le cimetière creusé sous le bois des Arvales.

(2) «On peut y voir une sorte d'emblème caractéristique de la race aryenne ou indo-germanique, à laquelle appartiennent presque tous les peuples de l'Europe, ainsi que les Persans et les Indous... On l'a trouvé chez la plupart de ces peuples et rarement ailleurs.... Le mieux est d'y voir un emblème sacré d'origine védique, caractérisant non une religion, mais un groupe ethnique considérable et dont la véritable signification est restée pour le moins douteuse.» *Dictionnaire d'Apologétique*, par l'abbé Jaugey; article de Mgr de Harlez. p. 3025. — Mourant-Brock a soutenu dans son ouvrage «Croix païenne et croix chrétienne» (Paris, Leroux, 2e édition traduite de l'anglais), que la croix des chrétiens était d'origine païenne et que ceux-ci l'avaient adoptée pour faciliter ainsi le passage des religions anciennes à la religion nouvelle. Pour ruiner le misérable échafaudage d'allégations qui prétendent appuyer cette théorie, il suffit de remarquer que la croix des chrétiens est un instrument de supplice, rappelant le Christ et sa Passion, tandis que la croix accidentelle des païens est tout autre chose. Formelle, elle ne serait tout au plus qu'une amulette. — Cf. *Diction. d'apologétique*, p. 675.

(3) *Musée préhistorique*. pl. 99. — *Cf.* également : *Le signe de la croix avant le Christianisme.*

géométriques, résultat du croisement, en quelque sorte accidentel, de deux lignes droites, ou bien elles sont postérieures au Christianisme. La plupart rentrent assurément dans la première catégorie.» (1). Il fait remarquer à propos que de fait, elles sont *grecques*, et *non latines*. Au sujet d'une fibule en bronze, trouvée en Grèce, et ornée d'une croix gammée tournée à droite, comme sujet principal, (fig. 2.) l'abbé Hamard continue :

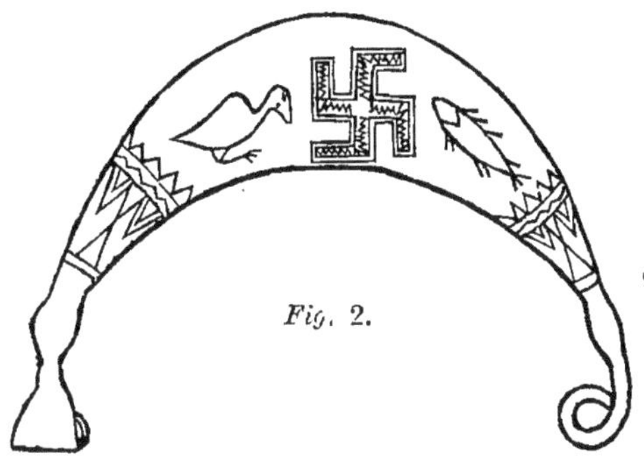

Fig. 2.

«D'ailleurs, la figure que M. de Mortillet confond ici avec la croix chrétienne n'y ressemble que de fort loin : c'est la *croix gammée* ou le *swastika;* or, comme la roue qui eut elle-même sa signification religieuse, spécialement chez les Gaulois, la croix *gammée* semble avoir été considérée dans l'antiquité comme l'image du soleil, et à ce titre, honorée à l'origine d'une sorte de culte; mais ni l'une ni l'autre de ces figures n'est la croix proprement dite.»

Fig. 3.

D'accord avec Paul Allard et l'abbé Martigny (2), qui donne la variante ci-contre, (fig. 3.) il affirme que les Chrétiens ne l'ont accepté temporairement que pour cacher la vraie croix aux païens comme ils avaient adopté certaines figures ou rébus sacrés, (fig. 4. 5.) l'ancre, le poisson ΙΧΘΥΣ, le palmier, le pélican, le paon, et Orphée pour le Christ.

C'est dans le même but qu'en Egypte surtout, le *thau* sorte de potence, prise dans l'alphabet hébreu, et la croix ansée, symbole de vie ou d'immortalité, eurent, sanctifiés par cet usage, l'honneur de paraître sur des monuments chrétiens. Mais c'est un fait bien constaté que, quand le Christianisme put se montrer le front haut, il abandonna le 卍,

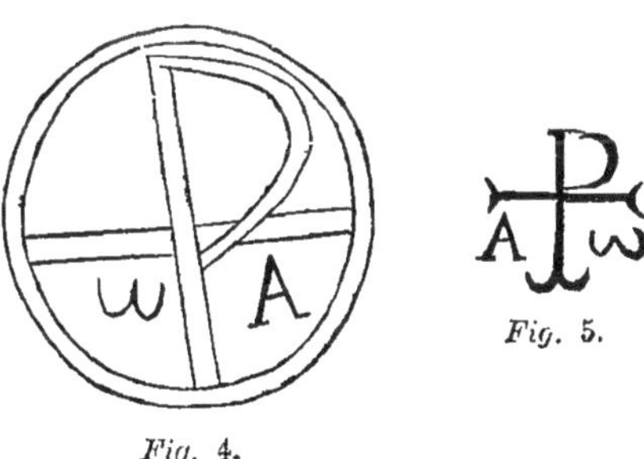

Fig. 4. *Fig.* 5.

(1) *Cosmos.* — N° du 27 Août 1887. p. 87.

(2) Martigny. *Dictionnaire des antiquités chrétiennes,* p. 168

le T, et la *croix ansée,* (fig. 6.) pour en revenir simplement à la croix grecque ✠, et mieux encore à la croix latine †.

Le *swastika* n'est donc point une vraie croix, ou la croix des Chrétiens n'est point d'origine païenne. Ce résultat admis, et l'hypothèse contraire écartée, nous sommes plus libres, grâce à ces considérations préliminaires, d'aborder l'étude propre du 卍 en Chine.

Fig. 6.

Les sinologues d'outre-mer et les lettrés indigènes s'accordent à y voir la forme antique ou abrégée du caractère 萬, qui signifie 10.000 et se prononce, soit comme la diphthongue française *oin* dans le participe passé *oint*, du verbe *oindre*, soit comme le son complexe *oanne* dans le nom de la ville de *Roanne*. C'est donc avec raison et intention qu'on le figure *wan*.

Les dictionnaires chinois (1) confirment tous ce sens et cette dérivation, ajoutant que, tracé sur la poitrine des idoles bouddhiques, comme la marque spéciale des divinités adorées par *l'école du Lotus* 蓮宗, il passe pour le symbole imprimé sur le cœur de Bouddha. (2).

Les légendes qui parlent des 32 perfections du corps de *Gâutama* (Bouddha), y ajoutent 18 espèces d'excellences, en commençant par des ongles démesurément longs et en finissant avec le 萬字, caractère 10.000 ou *swastika* 卍 sur la poitrine. Ce 卍, c. à. d. le *fou sin in* 佛心印, «le sceau du cœur de Bouddha», est le résumé de toute l'intelligence bouddhique. En mourant, Sakya-mouni aurait laissé à son disciple *Maha-kashiapa* le *Tcheng-fa-yen-tsang,* «le pur secret de la droite doctrine.» Le *wan*, 卍, serait le symbole de ce principe ésotérique, communiqué oralement, sans livres. (3).

---

(1) C'est ainsi par exemple que le 字彙補, cité par le diction. de *K'ang-hi*, le définit 內典萬字.

(2) *Fou sin in* 佛心印. On l'appelle *sôtthika* en pâli, ou *suvatthika*, et *bkachispa* en thibétain. Eitel, (*Handbook of chinese Buddhism*, p. 167, 2e édit.) donne, avec un son thibétain différent, plusieurs équivalents chinois du son qu'il écrit *svastikâ*. Il ajoute une explication, tirée des livres bouddhiques, du mot sanscrit, c. à. d. *ki siang wan té tche souo tsi* 吉祥萬德之所集, «felicis augurii myriades virtutum ubi cumulantur.» Il indique enfin quatre emplois de ce caractère.

(3) Mayers; *Chinese reader's manual.* — Eitel; *Hand-book for the student of Chinese buddhism*, p. 167.

Edkins; *Chinese Buddhism*, p. 63. Plus récemment, ce dernier auteur écrivait: «The symbol *man* 卍 on Buddha' s breast has now, by Goblet d'Alviella, been traced to India and Sicily B. C. 350, and to Asia Minor and Greece B. C. 600 to B. C. 1200. He states it to be the symbol of the sun and the equivalent of the Egyptian *uræus* snakes, two in number and known as the winged sun. In Thrace it reads *mes* for Mithras. This is curious if true. The use of this mark is characteristic of northern Buddhism. It belongs to the

Wells Williams, page 1040 de son Dictionnaire, lui reconnait aussi un sens décoratif ornemental. Comme 卍字錦 veut dire «l'ornement qui a la forme du caractère 卍», il l'appelle *Vitruvian scroll*, le méandre gréco-romain. Nous reviendrons dans un paragraphe spécial sur cette fonction particulière. (1).

Dans le 3e vol. des *Notes and Queriès on China and Japan*, (p. 98) le Dr Eitel présente un aperçu des plus intéressants sur ce symbole. Les pays pénétrés par l'influence Indo-bouddhique, tels que les Indes, l'Indo-Chine, le Thibet, la Chine, la Corée et le Japan, le regardent ordinairement « comme la réunion des signes d'heureux présage, possédant les 10.000 vertus, et l'une des 65 figures mystiques que l'on peut reconnaitre sur les fameuses empreintes des pieds de Bouddha. Cette interprétation prouve bien, qu'au moins en Chine, le *swastika* est d'importation bouddhique. » (2). Ainsi, il n'y serait guère antérieur à l'ère chrétienne : de futures découvertes pourraient bien infirmer la rigueur de cette double conclusion.

---

image worship of this religion. As such it did not attain at all to primitive Buddhism. Magical signs with the hands are another feature of northern Buddhism. Primitive Buddhism knew nothing of these things. When the early preachers of this religion were in Afghanistan, Persia and adjoining countries, they adopted the magic there prevailing and found it useful as a popular weapon to advance their interest with the common people. This is the best account to give of the adoption by Buddhist of a sun-worship symbol.» *The Messenger*. March 1893 p. 41.

(1) Les acceptions que fournit le récent dictionnaire de Giles présentent cette particularité remarquable, que le caractère 卍 ne paraît qu'en composition avec 字 *tse*. Le mot ainsi composé signifie «le caractère *wan*», ou bien «ayant la forme du caractère *wan*».

Outre l'exemple ci-dessus emprunté à W. Williams, nous trouvons ces deux autres :
卍字欄杆 «Balustrade dont les pièces décoratives ont la forme du caractère *wan*»
卍字菓 «Fruit ayant la forme du caractère *wan*». = *Hovenia dulcis*.

Enfin on pourrait citer deux autres expressions, dont l'une empruntée au 宛咸詩 (Cf. Dict. de *K'ang-hi*) attribue poétiquement une origine céleste au caractère *wan*, et l'autre rappelle sa forme excentrique 不到頭.

(2) M. Alabaster, dans son ouvrage sur le bouddhisme siamois : *La roue de la loi*, porte à 108 le nombre de ces figures. *Cf.* Dennys; *The folk-lore of China*. p. 49. Nous reproduisons ici cette empreinte des pieds de Bouddha, copiée dans le travail de J. Fergusson : *Description of the Amravati tope in Guntur. (Journ. of the Royal Asiatic Society ; vol. III. P. I. p.* 159. — 1867.*)* et collationnée sur une photographie, malheureusement pâlie, de son bel *in-folio : «Tree and serpent worship... in the first and fourth centuries after Christ*, from the sculptures of the buddhist topes at *Sanchi and Amravati*. — *London. India-Museum.* 1863. — Cette empreinte des pieds de Bouddha s'appelle *Sripâda*.

Voici une *Empreinte des pieds de Bouddha*, avec les emblèmes ordinaires: le *tchakra*, ou «roue de la loi», le *trisul*, espèce d'oméga renversé, le *swastika*, ou 卐; l'original est encadré de lotus. (fig. 7.).

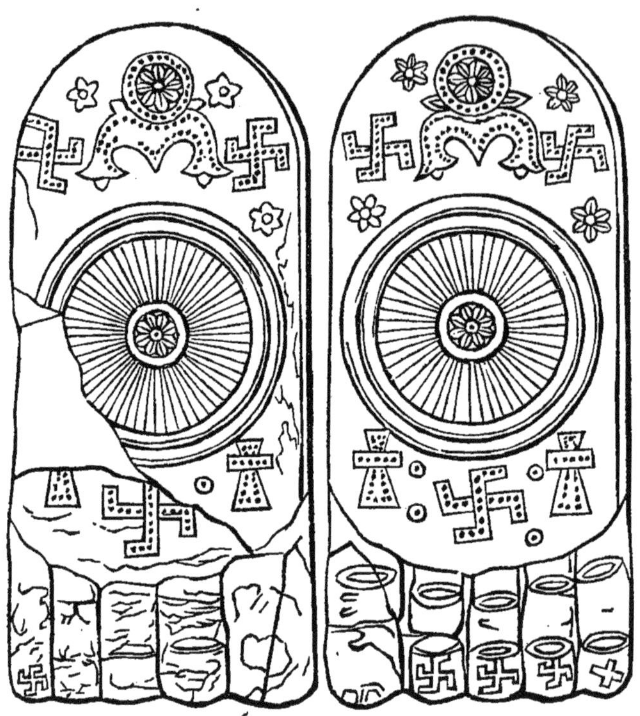

Fig. 7.

Sur la copie insérée ci-dessus, on reconnaîtra de vraies croix latines, nettement tracées, à côté des autres signes; ce qui incline à contester l'antiquité reculée de cette curieuse empreinte. Le bouddhisme a tant imité, et même il imite tant, de nos jours et sous nos yeux, des rites et pratiques extérieures du Christianisme! (1).

M. *Dennys* dans l'ouvrage cité renvoie à une étude sur le travail de M. Waring *Ceramic art in remote ages*, où l'on disait: «Une

(1) *Cf.* Huc; *Le Christianisme en Chine*, 2e vol. p. 18, — Mgr Laouenan; *Le Brahmanisme*, passim. — Il est avéré que le canon des livres sacrés du bouddhisme, bouddhisme du Nord notamment, n'a été complété qu'à la fin du 16e ou au début du 17e siècle. (1573-1619.) — *Cf.* Eitel; *Three lectures on Buddhism London*, 1873. p. 24. — et *Handbook...*, p. 180. Le canon du Sud (Nankin) daterait de 1368-1398, celui du Nord (Pékin), de 1403-1424.

autre forme de la croix, dont l'auteur a réuni des spécimens fort nombreux, est le *fylfot.*»

En donnant l'explication habituelle du 卍, il l'estime autre chose qu'un simple ornement, et il soutient que chez les bouddhistes, cette croix a un sens absolument opposé à celui du *thau* des Egyptiens, ou de la croix des Chrétiens, puisqu'il est le symbole des sectes athées, mentionnées plus haut, p. 3. «A la collection de faits rapportés par M. Waring. c'est M. Dennys qui parle, il faut ajouter que, quand les femmes indoues lavent leurs pauvres chaumières et enduisent le sol en terre battue, d'un mélange de vase et de bouse de vache, elles ne manquent pas de tracer un *swastika* sur le seuil. Elles prétendent en écarter de malignes influences». (1).

«Le Dr Eitel... fait ressortir que les Scandinaves, les Danois, les Allemands et les Anglais attachent encore une importance superstitieuse à ce charme magique 卍, cher à leurs ancêtres païens et aux bouddhistes chinois de nos jours. Jusqu'en notre temps, le *Marteau de Thor* est employé parmi les paysans allemands et irlandais, comme un talisman mystérieux pour écarter la foudre (2). Il n'etait pas rare au moyen âge de voir ce symbole fondu sur les cloches et beaucoup portent encore cette marque... Le fait que le dit symbole est commun au bouddhisme et à la mythologie scandinave dénote une origine identique dans les temps reculés; — avant que la race aryenne eût commencé ses migrations vers l'Ouest, alors que la dynastie des *Chang* régnait encore sur la Chine, à l'époque de Cadmus, l'inventeur présumé des alphabets occidentaux!» (3). C'est bien l'universalité dans le temps et dans l'espace dont nous parlions quelques pages plus haut.

Naguère on comprit mieux la fréquence avec laquelle les poteries les plus anciennes reproduisaient ce 卍, en exhumant

---

(1) Les *trois jambes* si employés dans l'île de *Man* se rapprochent du *fylfot.* Mais le plus souvent ce ne sont que des lignes courbes, ou 3 angles obtus. Parfois on y compte cinq ou six bras. Cette disposition rappelle la *roue de la Loi*, ou *roue de Bouddha.* Cette figure à *trois jambes* est commmune au Pendjab et dans le Nord de l'Inde, où elle passe pour un charme. Certaines sectes la placent dans leurs maisons, mais généralement au-dessus de la porte, au témoignage de Dennys. En Chine cette place est réservée aux *pa-koua* 八卦, trigrammes disposés circulairement, (fig. 8.) avec ou sans le *yang* 陽 et le *in* 陰 (fig. 9.). Le 卍 s'y voit aussi, notamment à Nankin. *Cf.* p. 18.

Fig. 8.

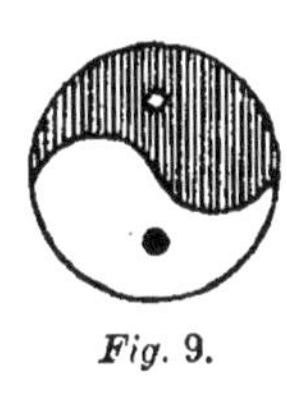

Fig. 9.

(2) *Mythes curieux du Moyen-âge;* article : *Marteau de Thor.*

(3) Dennys; *The folk-lore of China.* p. 49.

une des matrices en terre qui l'estampaient dans la pâte molle des ustensiles encore à cuire. (1). (fig. 10.).

Fig. 10.

Un dessin contemporain que je copiais ces jours-ci se présente ainsi. (fig. 11.). Le maçon qui l'a exécuté a conservé, en l'orientant différemment toutefois, la disposition de l'ornement imprimé, il y a deux mille ans peut-être, par le potier des stations lacustres. (2).

Fig. 11.

On conviendra sans peine que, pour l'œil qui n'est pas sur ses gardes, cette figure, trouvée au lac du Bourget, a beaucoup plus l'aspect d'une croix que d'un 卍; par là s'explique peut-être la séduction qu'elle exerça sur les décorateurs chrétiens du IIIe siècle. Ils y découvrirent avec joie un équivalent facile à substituer sans scandale au symbole préféré de leur religion.

J'introduirai ici le croquis d'un fragment des *vestes gammadiæ;* ce sont d'anciens tissus brodés, redevables de leur nom à la présence de la croix gammée. (fig. 12.) L'Italie en possède qui offrent des combinaisons originales (3).

Fig. 12.

(1) Dessin emprunté aux *Comptes-rendus* du *Congrès des Orientalistes.* Lyon 1878. t. II; pl. VIII. «Palaffite de Grésina. Poterie du lac du Bourget. — *Sistres et swastika des Palaffites.* —»

(2) C'est une grossière peinture au trait, noire sur fond blanc, exécutée sur le soubassement qui porte la vitrine du dieu du soleil, tenant un coq dans un cercle, dans la «Pagode des trois empereurs» *San-hoang-miao* 三 皇 廟, au bas de la colline du *Pé-ki-ko* 北 極 閣, à Nankin. Ces trois 卍 à branches courtes surmontent une pêche (?) un fruit symbolique. La vitrine qui fait pendant est décorée d'une peinture analogue, mais avec deux 卍 seulement, de même orientation pourtant. Nous attirons l'attention sur cette *orientation,* à cause d'une remarque, plus ou moins justifiable, du nouveau dictionnaire chinois-anglais de *Giles,* d'après laquelle le signe 卍 devrait s'appeler *sauestika* et non *swastika;* les branches recourbées de ce dernier sont tournées dans le sens de la marche des aiguilles d'une montre: 卍. Mgr de Harlez admet cette dénomination.

(3, Cf. *Cosmos.* Mai 1887 p. 204.

Au reste, le vieil art occidental ne peut prétendre au monopole de cet ornement. Voici que le numéro I de la nouvelle Revue consacrée aux choses de la presqu'île coréenne, *The Korea repository*, donne la rude illustration reproduite ici. (fig. 13.).

Fig. 13

C'est un pot à gentiane en pierre, (la gentiane remplace le thé en ce pays), récemment découvert dans un tumulus de date incertaine, mais fort reculée.

Guimet, dans ses *promenades japonaises* p. 109, esquisse un cheval consacré à *Quanon*, la *Koan-in* 觀 音 chinoise émigrée au Japon, lequel porte sur la croupe un 卍 bien formé. (1). Une fin de chapitre de son *Petit Guide illustré* p. 186, présente en cul-de-lampe un blason japonais, sans indication de provenance. (fig. 14.). C'est peut-être celui que Audsley, (*Keramic art of Japon)*, donne comme le blason du daïmio d'*Asciu* (fig. 15.). Le P. de Charlevoix écrivait il y a longtemps: Avant Saint François Xavier, l'évangile n'avant point été prêché au Japon; cependant nous avons vu que les cérémonies du culte superstitieux des Japonais paraissent copiées d'après les nôtres.» C'est le fait du bouddhisme. D'ailleurs le Saint Apôtre trouva que le roi de Saxuma portait une croix dans son écusson, ce qui est surprenant dans un pays où la croix est un supplice infâme. Cela me fait croire qu'il y a au Japon quelques familles originaires chinoises, qui avaient eu, à la Chine, connaissance de notre sainte Religion.» (2). Il serait vraiment intéressant de savoir s'il s'agit d'une vraie croix, d'un simple ornement cruciforme, ou d'un 卍, signe qui déconcertait un peu la critique d'alors, et que l'on trouve fort anciennement employé parmi les *marques* de porcelainiers et de faïenciers japonnais. De Milloué (*Petit Guide illustré*, p. 248.) attribue ce blason à «Shimadzou, prince de Satzoume : » (fig. 16.).

Fig. 14.

Fig. 15.

Fig. 16.

---

(1) Est-ce par inadvertance que le 卐 est retourné? Le cas est fréquent dans les illustrations européennes, où le fait est souvent dû aux exigences mal comprises de la typographie en relief. Il ne faut donc point se hâter de decider, sur de simples dessins, et avant d'avoir les originaux sous les yeux, s'il y a *swastika* ou *sauastika*.

(2) *Histoire du Japon*. Louvain, 1828. Livre I. p. 31. — St François-Xavier écrivait en 1552 au sujet des Japonais : «Dans ce pays, j'ai travaillé longtemps et avec application afin de connaître, d'après toutes les anciennes traditions, si les Japonais ont jamais eu connaissance de Jésus-Christ; et j'ai fini par me convaincre, qu'ils n'en avaient jamais rien connu. A Cangoxima, où nous sommes demeurés pendant une année, je me suis aperçu que le souverain et ses parents avaient une croix blanche dans leurs armoiries de famille, mais néanmoins qu'ils ignoraient entièrement le nom de Jésus-Christ.» *Lettres de S. François-Xavier*. Tome II, p. 230. Edition Pagès.

George Moore (1) reproduit ce double détail fort significatif, qu'il dit emprunter aux bas-reliefs indiens de *Sanchi*, et qu'il explique comme représentant Bouddha ou la *roue de la Loi* (fig. 17.).

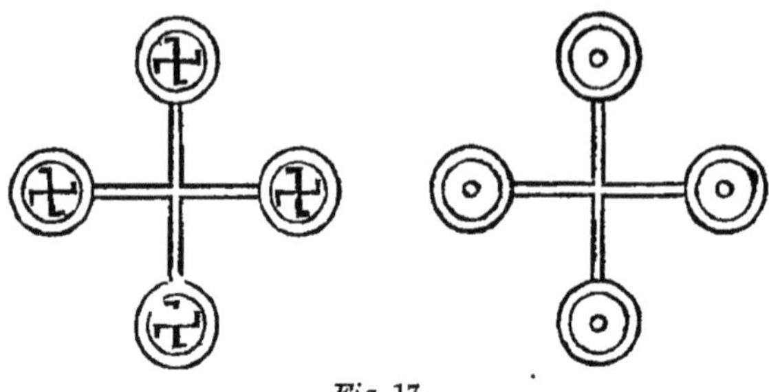

Fig. 17.

On ne peut qu'être frappé de la disposition spéciale, en forme de croix, qu'affectent ces quatre 卐. Ils corroborent sans contredit les affirmations du Dr Schlieman : « Les signes 卍 et ✠ (fig. 18.) ont été, dès les temps les plus reculés, les symboles les plus anciens de nos ancêtres aryens... Je suis à même de prouver que cette croix ainsi que le 卍, étaient pendant des milliers d'années avant J.-C., des symboles religieux de la plus haute importance, chez les premiers ancêtres des races aryennes, en Bactriane et dans les vallées de l'Oxus, à l'époque où les Germains, les Indiens, les Pélasges, les Celtes, les Perses, les Slaves, les Iraniens, ne formaient qu'une seule nation et parlaient tous le même langage. » (2). Il y là quelques exagérations qui se corrigent d'elles-mêmes.

Fig. 18.

Tout archéologue sait maintenant qu'Assurbanipal (900-830) parait avec une large croix au cou dans un bas-relief ninivite au *British Museum*. Au même Musée, Samsi-Voul, ou Raman III (822-809), porte aussi cette croix pattée; si bien qu'un enfant se figurait voir des évêques dans ces statues mitrées! Un collier royal, des bracelets, des harnais assyriens en sont aussi décorés. (3). A Londres encore, une peinture égyptienne, datant de 15 siècles av. J. C. montre la croix grecque au cou d'ambassadeurs asiatiques apportant le tribut à un Pharaon. Tout cela est si connu, a été rappelé si souvent, que nous n'osons reproduire ici la gravure de ces documents. Contentons-nous de redire qu'on aurait tort d'y signaler autre chose que des amulettes ornementales.

Elle est bien singulière aussi la vignette que George Moore dispose en cul-de-lampe (4) et qu'il intitule « l'arbre de Bouddha », sans indiquer malheureusement où il la prend

(1) Dans son très curieux ouvrage *The lost tribes*, (Londres 1861) page 215.

(2) *Rapport sur les fouilles de Troie*. p. 48.

(3) Cf. Lenormant; *Histoire ancienne des peuples de l'Orient*; 4e vol. p. 195, 206, etc.

(4) A la page 16 de son ouvrage *The lost Tribes*.

Fig. 19.

(fig. 19.). Les amateurs d'analogies piquantes y verront sans effort une croix sur un piédestal, une *crux gemmata, florida,* de même style que plusieurs autres tirées des Catacombes. Leur en fera-t-on un crime, et n'y a-t-il là qu'une pure coïncidence, absolument fortuite? Tâche ardue que celle d'en décider: reste à savoir si de pareilles représentations ne sont pas dans les Indes, postérieures au sacrifice du Calvaire.

Le *Bôdhidruma* 菩提樹 «l'arbre de Bouddha» le *Bodhitree* ou *Bo-tree* des Anglais, est le *pippala,* le *bô,* ou *ficus religiosa,* à l'ombre duquel Sakyamouni fit sept ans de pénitence et devint *Bouddha.* Le *tâla,* sorte de palmier, *Borassus flabelliformis,* est également cher au bouddhisme. Dans presque toutes les anciennes religions, notamment en Asie, on a retrouvé ce respect pour un *arbre sacré,* reste indubitable des traditions paradisiaques sur «l'arbre de la science du bien et du mal.» Un bas-relief du Louvre représente Sagon (Salmanazar) devant cet arbre mystérieux, symbole d'immortalité, toujours vert, odoriférant, chargé de fruits. «L'arbre de vie, la plante de vie», est un thème coutumier pour la sculpture, la peinture et la glyptique de la Chaldée. Qu'on l'identifie avec tel ou tel végétal des Indes, c'est la même plante que le célèbre *soma,* plante sacrée des anciens rites aryas, et il faut y voir l'un des emblèmes les plus élevés de la religion (1).

Il va sans dire que les légendes de la race jaune présentent aussi leur «arbre de vie, d'immortalité.» Elles le nomment *K'iong-chou* et le placent sur le mont *K'oen-len* (崑崙), sorte de paradis terrestre, où la «mère du roi de l'occident,» *Si-wang-mou* 西王母, tient sa cour. Cet arbre prodigieux, tout de jade et de chrysoprase, a 10.000 coudées de hauteur et 1.800 pieds de circonférence; il ne porte de fruits que tous les 3.000 ans. Les fées en donnent alors à leurs favoris qui deviennent immortels. Taoïstes, lamaïques ou bouddhistes, les artistes chinois, mongols, thibétains, japonais ou coréens, reproduisent à l'envi ce motif, sous sa forme hiératique et conventionnelle, emprunté probablement, avec la légende elle-même, au folk-lore hindou. En réalité, les Brahmanes révéraient le *ficus indica*: les Bouddhistes lui ont substitué le *ficus religiosa.* Pauthier *(Chine moderne* I. p. 188.) mentionne un *phou-ti,* ou *bô-dhi,* planté dans un temple thibétain de Pékin. Notons en passant que la croyance à ce *paradis de l'Occident,* auquel préside *Amithâbha, Bouddha,* (la lumière substantielle, infinie,) qui porte «l'étrange croix du *swastika* 卐» sur la poitrine, est postérieure au Christianisme et en contradiction

(1) Cf. Vigouroux, *La Bible et les découvertes modernes* 3e éd. I. p. 199.

formelle avec le *nirvâna,* annihilation; car elle suppose un bonheur sans fin, en excluant les renaissances de la métempsycose. Ce dogme, exotique aux Indes, inconnu du bouddhisme septentrional avant l'an 147, popularisé au Ve siécle, encore ignoré en Birmanie, à Ceylan et au royaume de Siam, ce culte accompagnant habituellement celui de la vierge *Koan-in,* «la Déesse de la miséricorde,» est originaire du Cashmir, du Népaul, et dénote l'influence des idées gnostiques de la Perse. Ces rapprochements donnent à réfléchir. Le nom d'*Amithâbha,* ou *Amida*, est actuellement beaucoup plus répandu en Chine que celui de *Bouddha-Sakyamouni.* (1).

En ce pays. le *swastika* s'est glissé jusque sur les plus humbles objets de ménage. Voici le dessin exact d'une vulgaire brosse, où trois 卍 se dessinent en crins de couleur sur un fond uni : (fig. 20).

Fig. 20.

Fig. 21.

Les femmes chinoises retiennent leur chignon avec une sorte de navette en argent, ornée parfois de deux 卍 émaillés en bleu foncé (fig. 21.).

Certains gâteaux, vendus sur la rue, portent ce 卐 imprimé dans la pâte avant la cuisson.

J'ai trouvé, à l'étalage d'un brocanteur de Nankin, bien achalandé en dinanderie chinoise, un simple chandelier de laiton ainsi conçu : (fig. 22.). Le Musée Guimet en possède d'analogues.

J'ignore si c'était un ustensile réservé à des usages rituels ou domestiques. Il est curieux de le rapprocher d'une sorte de lustre ou suspension, dont on peut voir plusieurs spécimens dans la pagode bouddhique de *Long-hoa* (龍 華) près Changhai. (fig. 23 p. 17.).

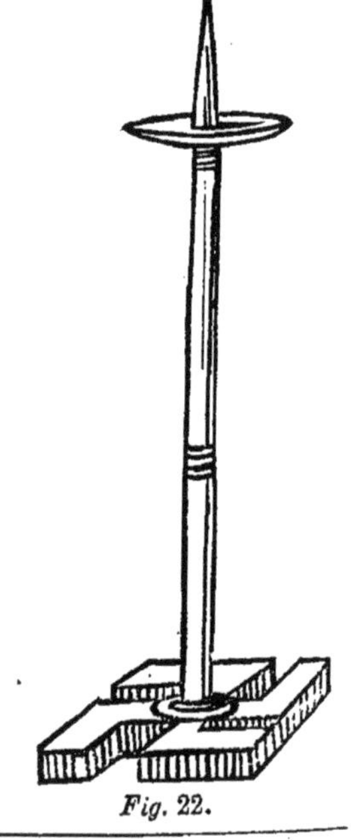

Fig. 22.

(1) Cf. Eitel; *Three lectures on buddhism*, p. 97. — *Item; Handbook*... aux mots *Soma, Patra, Tâla, Bôdhidruma* et *Amithâbha.*

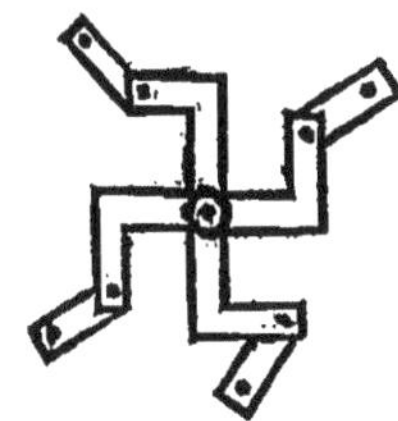

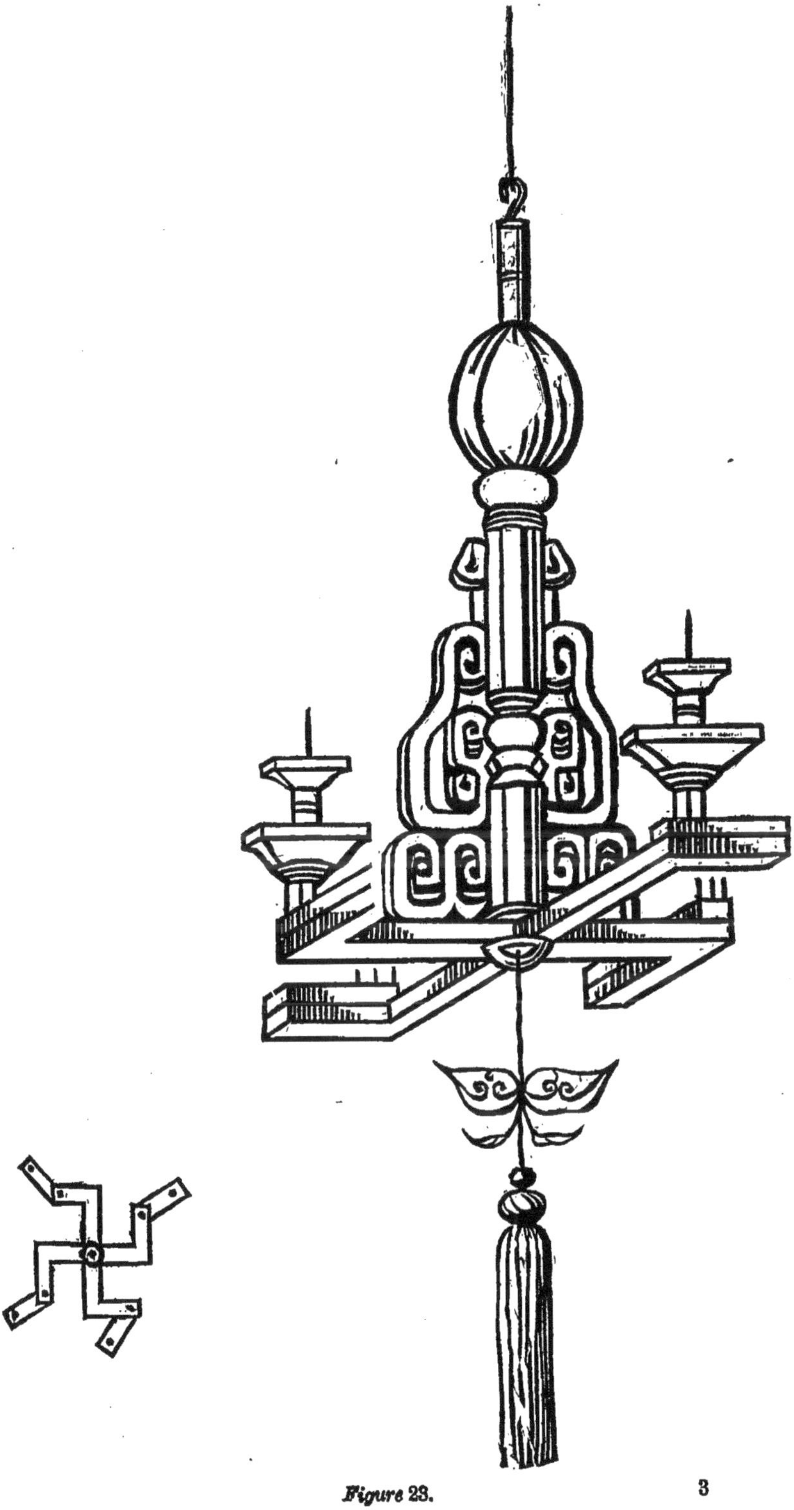

Figure 23.

Sur les *Concessions* étrangères de la même ville, signalons un carreau à jour en *boccaro*, émaillé en vert, et servant de grille à une bouche de soupirail. (fig. 24). On l'emploie aussi à former, par juxtaposition et encastré dans la maçonnerie, des claires-voies très bien comprises. (1)

Fig. 24.

Voici une variante assez élégante du 卐. Je l'ai copiée sur une enseigne japonaise, longue planche verticale, laquée en noir, avec caractères cursifs en or, dont les quatre coins, renforcés en tôle, présentent chacun un 卐 résultant de quatre T enchevêtrés, découpés dans la plaque même, avec assez d'ingéniosité. (fig. 25). Par le même artifice un double 卐 se détache dans les ansès d'un *hiang-lou* chinois. (fig. 26.).

Près de Nankin, au-dessus de l'entrée d'une maison neuve, en dehors de la porte de *T'ai-P'ing men* 太平門, sur la partie formant linteau, apparait uniquement un 卐 de 10 centimètres dans un cadre, le tout en relief. (fig. 27).

Fig. 25. *Fig.* 26. *Fig.* 27.

Plus haut (p. 11.) nous avons mentionné que cet usage était en vigueur au Pendjab. En Egypte c'était parfois la place du signe (fig. 28). Les Hébreux y ont mis le T mystérieux, figure de la croix que les Chrétiens devaient y installer quelques siècles plus tard. (2)

Fig. 28.

(1) On donne improprement ce nom de *boccaro* à des terres-cuites à pâte jaunâtre, très-nombreuses en Chine, à cause de leur ressemblance avec la poterie fabriquée dans la ville portugaise de Boccaro. Humide, la pâte a été moulée et parfois remaniée à l'ébauchoir; parfois aussi on y reconnait le travail du ciselet sur la terre séchée, avant la mise au four. *Cf. Petit Guide illustré du musée Guimet*. p. 219.

(2) A titre de comparaison, nous dessinons ici le *Srîvastaya*. (fig. 29.) autre diagramme de bon augure pour le *Djaïnisme* et le *Vishnouïsme*.

Fig. 29.

Parmi les images populaires enluminées, dont on fait une si active consommation aux approches du nouvel an chinois, il s'en vend une très caractéristique intitulée: 吉祥如意 *ki-siang-jou-i.*

Au centre d'une couronne de fleurs, deux enfants, ou génies, descendent les marches d'un perron, sous un portique somptueux, qui rappelle les fonds d'architecture conventionnelle de nos vitraux. Ces gracieux bambins fléchissent sous le poids d'un grand lingot d'or *yuen-pao* 元寶, plus gros qu'eux, fondu habituellement en forme de sabot. Comme maints souliers dans les cheminées d'Europe la nuit de Noël, le *yuen-pao* regorge des présents de la nouvelle année. On y distingue un *jou-i* 如意, sorte de sceptre (1) dont le nom signifie «à vos souhaits, à votre gré» — des perles précieuses; — une branche de corail réputé de bon augure en Chine, comme sur certains rivages de la Méditerrannée; — une paire de nœuds, rébus et calembour tout-à-la fois, équivalent de «félicité» — un *che-tse* 柿子, ou fruit rouge du *diospyros kaki*, — enfin, deux grands 卐 (fig. 31.) ainsi orientés, et complétant toute la série des bonheurs ou des bénédictions que l'on puisse désirer pour soi ou souhaiter à autrui. Nul ne peut donc s'y méprendre : les 卐 sont ici des emblèmes de *félicité* (2).

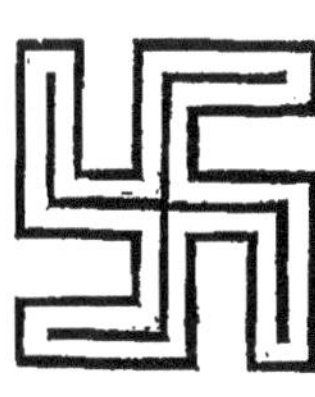
Fig. 31.

Le dessin suivant (fig. 32.) est calqué sur l'en-tête en rouge d'un registre ou cahier de comptes; c'est encore un sigle de bon augure et un rébus parlant, où le 卐 figure bien décidément avec son sens de

---

Les Chinois le traduisent par 吉祥 *ki-siang* «heureux présage.» Sa disposition cruciforme est assez accentuée. *Cf.* Eitel; *Handbook of Chinese buddhism. L'art chinois* de M. Paléologue, p. 229, l'appelle *Chi-li-mo-tso*, 室利靺蹉, et le représente ainsi : (fig. 30).

Fig. 30.

(1) Le *jou-i* était jadis un insigne de commandement. Le taoïsme l'avait adopté comme une marque de puissance surnaturelle et superstitieuse. Il est devenu un simple objet profane, emblème d'heureux présage, sans caractère officiel. *Cf.* Paléologue. *Art Chinois.* p. 299.

(2) Cet ensemble paraît être la transcription chinoise et graphique du *sapta ratna* sanscrit et bouddhique «*septem pretiosa*, les sept joyaux.» Les livres des bonzes en contiennent l'énumération; mais l'identification est incertaine ou contestée, pour plusieurs d'entre eux. Ce sont probablement : l'or, l'argent, le lapis lazuli ou le jade verdâtre, le cristal de roche (la goutte d'eau pétrifiée pour 1.000 ans), les perles, l'agate, l'ambre, ou le rubis, etc.... Cf. Eitel; *Handbook of chinese buddhism;* p. 123. La traduction chinoise du *sapta ratna* est *Ts'i-pao* 七寶.

Figure 32.

bénédiction. Le caractère si compliqué du centre doit se décomposer en quatre autres caractères :

黄 *hoang* = jaune, doré ;
金 *kin* = l'or ;
萬 *wan* = 10.000, ou le 卍 ;
兩 *liang* = *taël*, l'étalon (monnaie fictive) qui équivaut au poids d'une once d'argent.

Aussi, à l'entour, ressortent d'abord les deux 卍, — assez clairs désormais pour le lecteur, — reliés par quatre sapèques, le tout sur des *yuen-pao*, lingots d'or ou d'argent, avec le 結子 *kié-tse*, qui signifie nœud ; ces entrelacs prennent souvent les formes ci-contre (fig. 33. et 34).

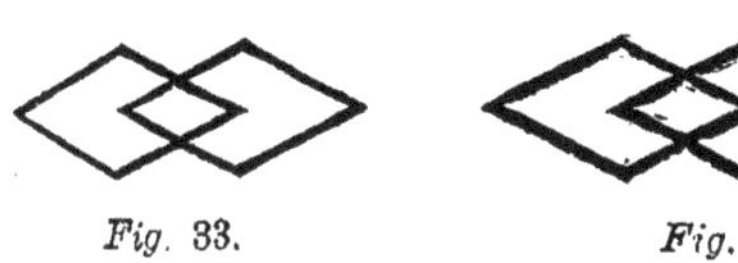

Fig. 33. *Fig.* 34.

En haut, l'effluve bouddhique, l'influence céleste de la prospérité. Puis, la corbeille est intitulée : *Tsiu-pao-p'en* 聚寶盆 « le vase qui renferme tous les trésors. » Le pourtour exhibe la devise alléchante et emphatique : *Je tsin teou kin* 日進斗金 : « Il entre chaque jour un boisseau d'or. » En bas enfin on lit l'enseigne de la boutique de papeterie : *K'ing long hao tche* 慶隆號製 : « Le magasin de la grande félicité », situé dans la rue de la Porte du Sud, *Nan-men* 南門, séjour du bonheur dans toute ville chinoise. Notons que cette porte s'appelle elle-même *Tsiu-pao men* 聚寶門 « la porte très précieuse, la porte des trésors », auprès de laquelle s'élevait encore, il y a 30 ans, la fameuse *Tour de Porcelaine*, abattue par les Rebelles.

Le 卐 s'est si bien acclimaté en Chine qu'une maison russe de Batoum, qui y exporte du pétrole en concurrence avec le pétrole américain, a cru bien faire en adoptant ce signe pour sa marque de commerce, *trade mark*, imprimée sur toutes les caisses. On y remarquera pourtant une légère modification, dont le type, du reste, n'est pas introuvable en Chine. (1). Les bras du 卍 sont repliés à angle droit une seconde fois. (fig. 35.)

Fig. 35

Les numismates recherchent des piastres, dollars, ou *carolus*, contrefaits sous l'Empereur *Tao-koang* 道光 (1821-1850), pour la paie des soldats. Le fac-simile de ces pièces, présente trois 卐. L'un, caractérisé par ces bras deux fois recourbés, termine une inscription, en caractères sigillographiques, qui

(1) Cf. infra pp. 23, 25, 27. A *Chang-hai*, la maison *Jardine Matheson and C* imprime sur ses cotonnades un flacon orné des *Pa-koa* entourant le *yang* et le *in*.

entoure le *Génie de la longévité* (fig. 36.) et indique la valeur de cette piastre. Les deux autres, au revers, ornent une sorte de vase entre des caractères mandchoux, qui nous apprennent que la pièce a été fondue dans l'île de Formose, *T'aiwan,* 臺 灣 (1).

Fig. 36.

Une sapèque dessinée dans le 2e vol. du *Kin-che-so* (2) montre encore le 卐 (fig. 37.), lequel figure presque toujours dans les combinaisons ornementales qui surchargent les *p'iao-tse* 票 子, coupures ou billets de banque, si usités en Chine.

Fig. 37.

A un autre ouvrage chinois de numismatique, *Ts'ien tche sin pien* 錢 志 新 編, nous emprunterons les quatre dessins de ces bizarres poinçons, qui ont dû servir, soit à la frappe des monnaies, soit à l'impression de billets, coupons, lettres de change, sur papier, étoffe ou cuir, soit plutôt à l'estampage en creux sur métal du 卍 ou de quelque autre marque. On pourrait y voir également des sceaux, des timbres et des cachets. A première vue, on accordera difficilement à l'auteur de l'ouvrage, que ce sont «des monnaies russes ou mahométanes, d'après les dires

(1) « *Coins of the Ta-ts'ing dynasty*, by Wylie. *Journal de la Soc. asiatique de Chang-hai*. 1858-1859.

(2) Le *Kin-che-so* 金 石 索, recherches sur les instruments en métal et en pierre, est un ouvrage d'archéologie peu ancien.

des marchands étrangers. » (1). (fig. 38.).

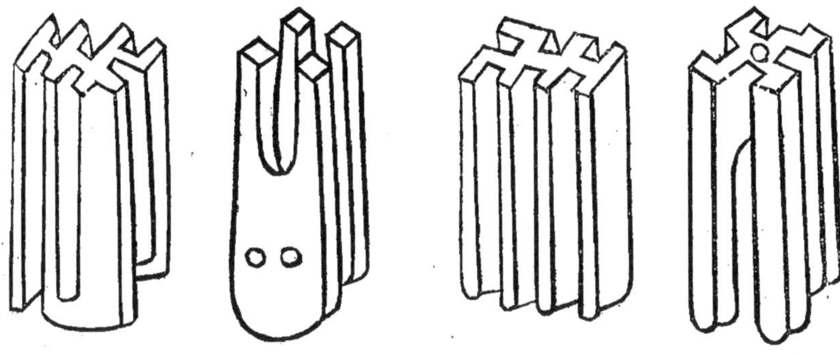

Fig. 38.

Mais c'est en vertu d'une ignorante méprise, moins douteuse, que le *Kin-che-so* insérant les fac-similé de cinq médailles catholiques, les fait passer pour des *monnaies européennes*.

On aura sans doute remarqué que l'un des poinçons devait imprimer un 卍 irrégulier, pourvu d'un retour additionnel (2), si l'on peut se fier à l'exactitude du dessin (3) annexé.

J'ai lieu de croire que la forme ci-contre (fig. 39.) n'est qu'une variante ornementale, due au caprice inventif d'un architecte européen. Je n'ose l'assurer pourtant. C'est le résultat d'une construction géométrique tellement simple qu'elle a pu être obtenue fortuitement. Je ne la mentionne que pour mémoire, comme transition aussi avec le paragraphe qui va suivre.

Fig. 39.

(1) Voici le texte chinois : 藕心錢泉志曰、此錢有四種、有重一兩三錢者、有重一兩二錢者、有重一兩者、及重二錢半者、特大者少而小者多、據賈客云、俱是俄羅斯、及回部混入中國、

(2) *Cf. pp.* 21, 25, 27,

(3) Le *Po-kou-t'ou* 博古圖 «Figures d'un grand nombre d'antiquités» recueil datant des *Song* 宋, composé vers l'an 1200, contient plusieurs reproductions d'objets analogues aux poinçons (?) à 卍, présentés à la suite de quelques cachets, et encore plus bizarres de forme. *Cf.*, *p.* 16. L'ouvrage les donne comme d'anciennes monnaies en métal (étain, cuivre) aussi vieilles que les *bronzes* des Césars de Rome. Après tout, les antiques sapèques en *couteaux* et lamelles des collections numismatiques laissent à cette attribution de monnaies une certaine vraisemblance. Le *Po-kou-t'ou* a été traduit en anglais, en 1851, par P. Thoms. Cf. *Bibliot. sinica* de Cordier, p. 294. — *Item*, *Journal of the Royal As. Soc.* 1 et 2e vol.

CHAPITRE II.

LE 卐 ÉLÉMENT DÉCORATIF.

D'après quelques-uns des exemples cités précédemment, il est manifeste que le 卍 *symbolique* tendit promptement à devenir *décoratif*. L'étude même des monuments chinois nous amène donc à le considérer sous son aspect ornemental, isolé ou bien faisant partie d'un tout où l'intention symbolique est moins sensible. Nous avouons que la distinction entre la croix gammée *symbole* et la croix gammée *ornement*, est plus théorique que réelle dans bien des cas, et, qu'en fait, une partie de notre dissertation empiète et chevauche nécessairement sur l'autre. Mais, à cette distinction notre travail gagnera un surcroît de clarté, et la classification des divers types qui nous restent à étudier en sera d'autant plus aisée.

Aussi, pour obéir au même dessein, je subdivise encore cette partie en deux paragraphes. Dans le premier § I, — le 卍 se présente *isolé*, sans attaches, mais répété dans un système plus ou moins compliqué où on lui a réservé un rôle prépondérant, jouant, pour ainsi dire, sa partie en sourdine dans une symphonie ornementale. Dans le 2°, § II, — on le verra *combiné*, rattaché à une structure générale, relégué au second plan et n'ayant plus la valeur d'un motif intéressant par sa propre figuratinn. Au reste, les exemples parleront plus clairement que nos explications.

§ I. LE 卍 ISOLÉ.

Exemples pris en Chine.—Passementerie, pierres et métaux.

Nous empruntons notre premier spécimen à un crépissage de date fort récente. C'est celui du soubassement du kiosque de la grande cloche de Nankin, relevée en 1886. (1). Les bonzes taoïstes qui desservent la pagode annexée ont appelé les maçons du pays. Sans penser à mal, ceux-ci ont noirci l'enduit de ravalement des briques, puis par-dessus, ont gratté cet enchevêtrement de lignes

(1) Nous donnons plus loin des détails complémentaires sur cette cloche qui nous intéresse à un autre titre. Pour le moment nous nous bornons à renvoyer à un excellent article paru à ce sujet dans les *Etudes Religieuses*, N° d'Octobre 1888 et signé du R. P. Colombel S. J.

blanches et de *swastikas*. Les pèlerins et visiteurs — marchands, paysans ou lettrés — ne s'occupent pas plus de ces *graffiti* asiatiques, en allumant leurs bâtonnets superstitieux sous la cloche, qu'ils ne raisonnent le sens et la portée de leur culte envers ce

Fig. 40.

fourreau de métal de 20.000 kilogrammes, transformé en idole. C'est une simple variante, dans des dessins géométriques analogues, usités en pareille place. Les pagodes en fournissent tant d'exemples qu'ils ne sollicitent même plus le regard (fig. 40.).

Nous réunissons ici divers types de galons, de fabrication courante, où les 卍 font tous les frais de décoration, et dont l'économie s'affiche assez d'elle-même. (fig. 41.).

Fig. 41.

Une urne déterrée à Bologne, en Italie, porte sur sa panse une double ceinture de 卐, juxtaposés comme dans le galon de la figure B. (*Cosmos* 1887. p. 205.) (fig. 42.).

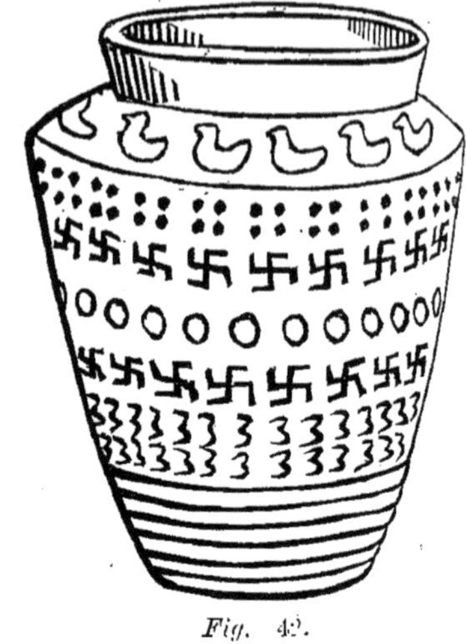

Fig. 42.

J'ai vu des chasubles catholiques bordées de ce galon, et l'on me montre un *fong-hoang* 鳳凰 *phénix*, superbement brodé, qui le porte en collier.

Un autre galon beaucoup plus typique est celui qui pare le costume de guerre, surtout ou cotte de mailles, des quatre mandarins militaires en marbre, qui gardent, à Nankin, les approches du tombeau de *Hong-ou,* le fondateur de la dynastie des *Ming* (1368-1399). Cette passementerie est soigneusement sculptée en relief et contraste, par son fini, avec le dessin ridiculement médiocre de l'ensemble des personnages. Nous ignorons si, aux autres sépultures de Moukden et des environs de Pékin, le 卍 s'accuse aussi nettement. (fig. 43.).

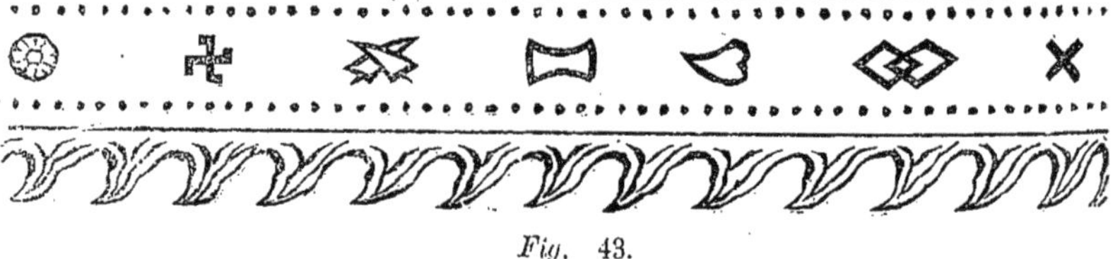

Fig. 43.

Plaçons ici deux 卐, formant claire-voie à-jour dans la paroi de fer d'un grand *hiang-lou* 香爐 brûle-parfums, de la cour intérieure d'une pagode (fig. 44.). Cette ornementation se présente parfois moins heureusement sur les dalles de pierre, également ajourées, de certains *p'ai-leou* 牌樓 ou *p'ai-fang* 牌坊, et portiques commémoratifs semblables, (1) selon le type de ce panneau d'un autre *hiang-lou* de

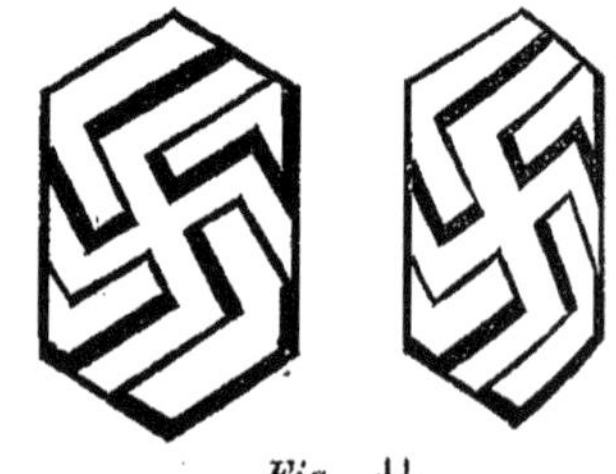

Fig. 44.

(1) Owen Jones, *Grammaire de l'Ornement*, pl. XLV. a relevé cet ornement, ainsi disposé, sur des monuments persans.

Nankin, où la forme du 卍, légèrement altérée, semble singer une large croix. (fig. 45).

Fig. 45.

Dans la grande rue du *Nan-men,* à Nankin aussi, une grille en fonte de fer, d'un aspect semi-européen, agrémente le milieu de ses barreaux verticaux, trop grêles, par un lozange très allongé, où s'agence assez bien un vrai 卍. (fig. 46).

Un *hoa-t'siang* 花牆, mur en claire-voie, de cette ville, nous apporte un type plus curieux qu'élégant: on a disposé les tuiles courbes, qui souvent composent ces claires-voies, au milieu d'un mur, de façon à leur faire supporter et encadrer un 卍 occupant le centre d'un décor mal concerté. Un cercle reçoit sans peine un pentagone; mais il faut violenter un carré, ou un lozange pour l'inscrire dans ce pentagone (fig. 47).

Fig. 46.

Fig. 47.

Tout autre est l'aspect d'une belle pierre sculptée, couchée par terre, près de la mission catholique à Nankin, dans la grande rue conduisant du *Han-si-men* 漢西門 à l'ancien Palais impérial. Il est impossible d'en déterminer actuellement la provenance; les ruines sont si abondantes dans cette vieille capitale de la Chine qui les respecte, hélas, si peu! (fig. 48). Sur une *illustration* moins rudimentaire que la nôtre on admirerait comment l'artiste a su varier et pondérer sa composition, en sauvegardant la symétrie requise pour son œuvre.

Fig. 48.

Une potiche multicolore m'a fourni l'originale indication d'un 卍 obtenu par la distribution mi-partie d'émail rose et d'émail vert. (fig. 49).

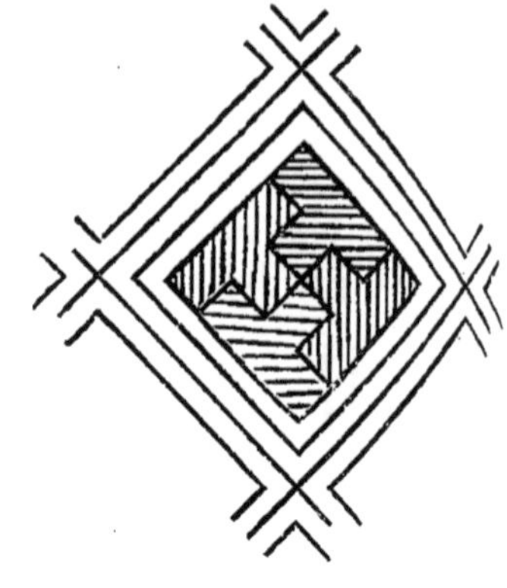
Fig. 49.

On remarque souvent des semis réguliers sur des papiers, des étoffes, des parois d'intérieur, des fonds quadrillés, selon le tracé suivant, pris sur l'envers d'une carte à jouer, de 25 millimètres sur 60. Cet usage rationnel d'en décorer ainsi le revers, est-ce une mode que l'Occident a imitée de l'Orient. on réinventée à son tour? (fig. 50).

Le couvercle d'un vieux vase à sacrifices du *Po-kou-t'ou* montre exactement la même combinaison. Le *Lou-king-t'ou* 六經圖, recueil des illustrations correspendantes aux 6 livres canoniques,

Fig. 50.

Fig. 51.

figure ainsi la paroi d'un autre vase rituel (fig. 51). Le 卍 est obtenu sur la carte ci-dessus par le même procédé que dans le blason japonais de la page 13: un carré à peine entamé, sur l'original que nous *transposons*, par quatre minces lignes blanches. Une autre famille japonaise portait ce blason si caractéristique (fig. 52) analogue du *fylfot* ou de la *roue-à-jambes* de l'île de Man. (1). Une autre encore arborait le blason (fig.53) dessin si commun en Chine, qui se retrouve, cousu en velours noir, sur les jambières de l'uniforme bleu-clair des soldats tartares, «hommes des bannières» *k'i-jen* 旗人. C'est presque l'amulette en jade, gage de richesse, dont une sapèque, simple ou couplée, *kou-lao-t'sien* 古老錢, constitue le thème

Fig. 52.

Fig. 53.

(1) *Petit Guide illustré du Musée Guimet*. p. 176. Cf. plus haut p. 11.

suffisamment éloquent. (fig. 54). J'insisterai de nouveau sur ce fait que, dans beaucoup des spécimens déjà représentés, les croix gammées ne sont pas tracées dans leur sens habituel. Est-ce parce que l'auteur de la planche originale les a dessinés directement sur le bais à graver et dans leur vrai sens, sans prendre garde que l'impression les retournerait ou les orienterait différemment? De plus savants répondront et décideront d'un point qui ne peut être établi que sur une quantité notable d'observations. Nous inclinons à croire que les dessinateurs du Céleste Empire ne distinguent plus, s'ils ont jamais distingué.

Fig. 54.

Le dictionnaire chinois anglais de H. Giles (Chang-hai 1892) prétend, que le *sauvastika* 卍 «le 4e signe de l'empreinte du pied de Bouddha,» ne doit pas être confondu avec le 卐 *swastika* ou «marteau de Thor» qui a les branches tournées vers la droite. H. Giles n'explique pas sur quoi il base sa distinction; il n'admet pas, évidemment, que les populations des bords du Gange, grâce à leur parenté indo-germanique, aient jamais eu connaissance du *marteau de Thor*, le dieu scandinave. Ces Scandinaves auraient-ils emprunté *leur marteau* aux Indes? (1)

M. l'abbé Hamard écrivait déjà en 1887: «Régulièrement, les crochets du *swastika* doivent être dirigés vers la droite; quand ils ont une direction contraire, ils s'appellent proprement *sauvastika*; on a beaucoup disserté sur l'origine et la véritable signification de ce signe. Ce qu'il y a de plus probable, c'est que à l'origine, c'était un emblème du soleil lançant de toutes parts ses rayons, d'autant que dans les *védas*, le soleil est appelé une *roue d'or* ou une *roue brillante*. La roue elle-même a joué dans l'antiquité, spécialement chez les Gaulois, le même rôle symbolique. Le *swastika* n'en diffère que par ses crochets qui ont pour but d'indiquer la direction du mouvement. On a pensé qu'ils indiquaient soit le soleil du printemps, soit celui de l'automne, selon qu'ils étaient tournés à droite ou à gauche.» (2).

Pour contribuer à fournir les documents à l'aide desquels sera tranché peut-être ce différend, notons qu'au seuil, garni d'une lame de laiton, d'une boutique chinoise de Chang-hai, on a, par de gros clous en cuivre à tête ronde réalisé un système

(1) Cf. page 12.

(2) *Cosmos*, 1887. p. 204. En fait, les spécimens de la page suivante montrent presque tous des 卐.

évidemment symbolique de décoration, dont la croix constitue les éléments principaux. (1). (fig. 55).

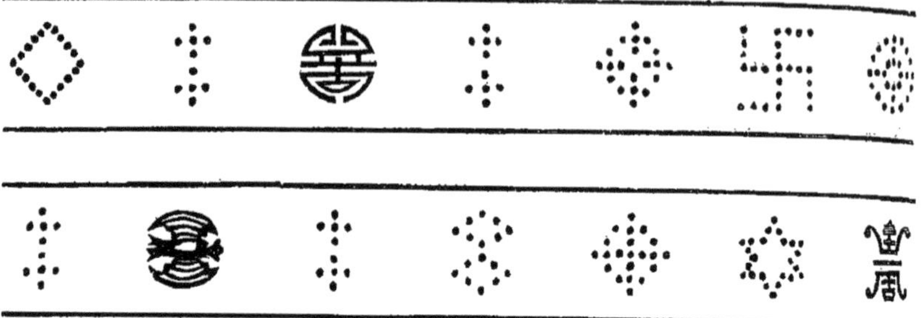

Fig. 55.

Le semis composite de l'étoffe représentée au frontispice de l'ouvrage de Audsley, *Keramic art of Japan*, procède de la même pensée figurative, semble-t-il. (fig. 56). Le 卐 y est en noir; le reste en or sur fond noir aussi. Quant aux deux autres signes qui alternent, on y lira peut-être le caractère *k'eou* 口, et le caractère *i* 巳, ou bien encore *ki* 己. Audsley n'indique pas la provenance de ce morceau sinico-japonais; il nous manque donc un des éléments qui pourraient metter sur la voie d'une explication plausible.

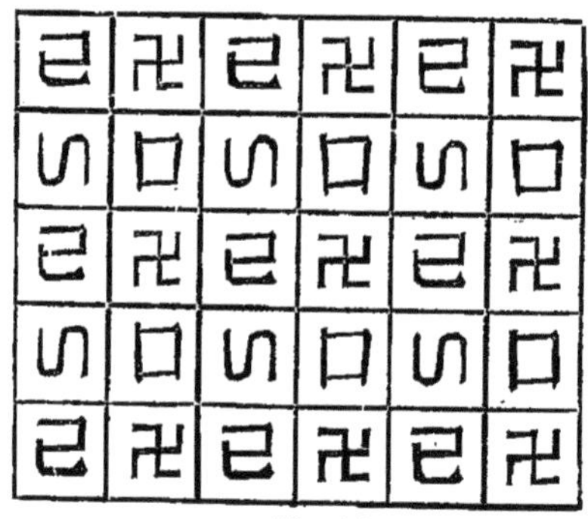

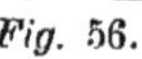

Fig. 56.

Fig 57.

Signalons la planche XIV du même ouvrage (fig. 57). L'étoffe qui recouvre l'étagère, supportant le vase reproduit, se présente avec plus de netteté et offre moins de complications: 3 lignes droites se croisant normalement et emprisonnant des 卍, répétés dans chacun des carrés de ce treillis. Le système n'est autre, en dernière analyse, que celui de nos *graffiti* nankinois, insérés à la page 25.

(1) Le format de ce livre nous oblige à la figurer en deux lignes. Dans la seconde, la *Chauve-souris* forme le *rébus* usuel, basé sur ce fait que le son chinois *fou* signifie à la fois cet animal et le *bonheur*. Ce genre de calembour, auquel se prêtent admirablement les quelques centaines de monosyllabes de la langue chinoise, est des plus communs. Le seuil représenté a plusieurs mètres de longueur.

§ II. LE 卐 COMBINÉ.

Exemples concrets — La «grecque chinoise et japonaise» — Méandres, damas, entrelacs.

Audsley nous fournira encore le début de ce paragraphe et son lien avec le précédent. Nous avons à relever, on s'en souvient, quelques exemples où le 卍 n'est plus isolé, quoique répété, mais relié, rattaché, combiné avec un ensemble dont il forme partie intégrante, sinon principale. Car il ne faut pas oublier que, dans un système décoratif de cette sorte, l'attention se portant de préférence et exclusivement sur *un* motif, en change, à son gré et tour à tour, le sens subjectif et par conséquent aussi la signification suggestive. En vertu de ce travail de transposition arbitraire, les formes principales peuvent devenir subordonnées.

Appliquant même cette théorie au 卍, si nous voulons décomposer, analyser, disséquer la croix *gammée*, nous la trouverons formée d'une croix +, et de quatre lignes parallèles deux à deux, s'embranchant à angle droit sur chacun des bras de la croix. Ou bien si l'on préfère s'en rapporter au nom même de *croix gammée*, c'est, avons-nous dit, la disposition dans un ordre particulier de quatre *gammas*, opposés par la tête autour d'un point central.

Or, dans les exemples empruntés soit à Audsley, soit à certains monuments originaux, la présence du 卐 est-elle *formelle* ou simplement *matérielle?* Est-elle voulue, intentionnelle, ou simplement accidentelle? N'y doit-on signaler qu'un croisement, une intersection, un raccord, un artifice commode ou ingénieux pour relier symétriquement deux motifs de mouvement contrarié?

Owen Jones (1), estime que l'ornement grec était un ornement *inférieur*, en tant que système, vu qu'à ses yeux l'art est *symbolique* par essence. Les ornements chinois, où entrait le 卍 originairement symbolique, pourraient peut-être se prévaloir au moins de cet avantage sur les rinceaux, les volutes et arabesques de l'ornementation hellénique ou gréco-romaine. On objectera que l'art classique contenait aussi les éléments du 卍 dans la *grecque*. Mais, cela fût-il exact, le 卍 y était-il autre chose, avons-nous demandé, que le résultat d'une rencontre fortuite, le fruit d'un renversement d'allure, d'un échange de direction, un cas d'aiguillage sur une autre voie, comme cela se pratique par nos ornemanistes modernes? Les yeux des Grecs le saisissaient-ils par sa signification figurative? Etaient-ils capables de l'isoler dans ce système décoratif, purement géométrique, imaginé par

---

(1) *Grammaire de l'Ornement.*

le désir d'innover, de varier, ou bien rencontré par un chanceux hasard (fig. 58), ou encore trouvé sous bénéfice d'inventaire parmi le lot, l'héritage des traditions venues des ancêtres, lesquels n'avaient pas su lui garantir à jamais sa valeur représentative?

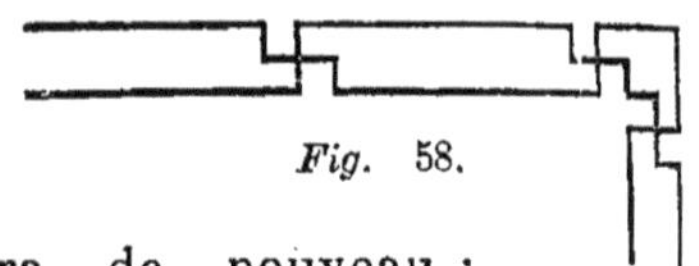

Fig. 58.

Il est vrai qu'on objectera de nouveau : vos Chinois eux-mêmes sont-ils plus aptes que les Grecs et les Romains à l'effort d'intelligence, requis pour analyser, élaguer, dégager le symbole, le motif principal, parmi l'encombrement des accessoires? Ainsi — nous venons au concret — dans l'exemple sinicojaponais (fig. 59.) est-ce le 卍 qui est le motif principal, on bien l'espèce de croisé *écossais* qui le reçoit? Libre à chacun de répondre comme il lui plaira. La discussion de ce puéril problème serait de mince profit; mieux vaut soumettre à l'examen du lecteur quelques-uns des plus saillants exemples sur lesquels s'engagerait le débat.

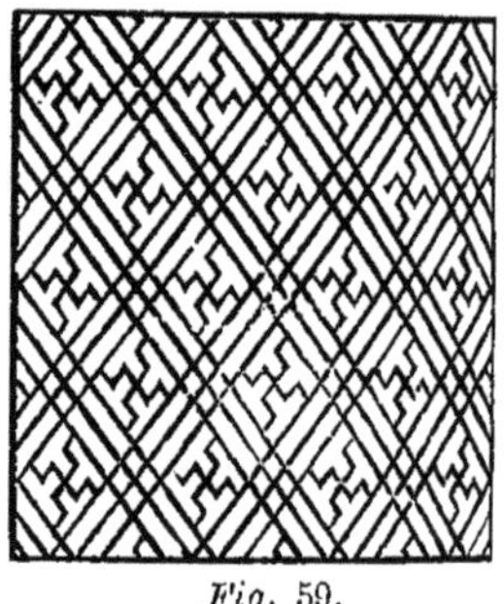

Fig. 59.

On pourrait les répartir en plusieurs catégories. La première comprendrait ceux du type des figures 60 et 61, où le 卍 résulte, par construcion, du simple croisement des lignes, sans être le butspécial du dessinateur.

Fig. 60.

Fig. 61

Dans la deuxième catégorie on rangerait les exemples où les 卍 entrent *en composition* avec les lignes droites. Deux sections subdiviseraient cette dernière catégorie : la première comprenant uniquement des angles droits, (fig. 62 et 63); l'autre, des angles aigus et obtus (fig. 64).

Fig. 62.

Fig. 63.

Fig. 64.

Le système figuré ci-contre et analysé plus haut s'exécute avec plus de richesse encore, comme le montre un des rares blocs de marbre blanc, qui subsistent, à Nankin, de la décoration primitive du tombeau de *Hong-ou*, le fondateur de la dynastie des *Ming*. Nombre de «chinoiseries» exploitent cette combinaison. C'est un motif répété à foison dans les plaques de céramique grise que les sculpteurs indigènes se plaisent à ciseler, en relief, en creux, ou à jour; c'est également un des thèmes préférés qui ornent les chaussures d'étoffe, les cotonnades imprimées, les satins, les taffetas et les velours estampés, tissés en noir ou en couleur pour habiller les élégants. Il présente une ressource décorative toute indiquée quand il s'agit d'égayer une paroi nue, un ravalement, un champ uni, un fond dépourvu de saillies. (1).

Aussi, M. Audsley ne craint-il pas de l'appeler «le méandre japonais par excellence». Or, les Japonais le tiennent probablement des Chinois. Car l'auteur exagère, à notre avis, en affirmant, dans son Introduction, que les Japonais trouvèrent peu à prendre chez les Chinois.

(1) Je l'ai rencontré souvent, dans la région de Nankin, ressortant en argent sur la plateforme des lourds étriers et sur les larges boutons en fer damasquinés du harnachement des mules, chevaux et ânes.

4

Il est plus heureux, croyons-nous, quand il fait observer que le *fret* (méandre) ou *zigzag,* est une des caractéristiques de l'art ornemental à l'origine des peuples. Pourtant, à moins de mettre la Chine hors de cause, nous ne partageons qu'imparfaitement sa manière de voir sur le point suivant : «L'art grec, dit-il, compte plus de variétés de méandres *(fret)* que l'art japonais; et, à notre connaissance, on ne trouve jamais dans ce dernier la forme carrée continue, si commune dans le premier. La fig. 1 de la pl. II, (fig. 65.) prise sur un plat de porcelaine, est celle qui s'en rapproche le plus. On verra, par comparaison avec la gravure ci-jointe (fig. 66), que l'amour de la variété a engagé l'artiste à se départir de la division carrée, sévère et uniforme, du modèle grec, pour adopter une division de parties longues et hautes alternées. La ligne qui forme le dessin est continue, comme chez les Grecs; ce qui rend l'exemple intéressant, car les *grecques* en lignes ininterrompues sont rares dans l'art japonais. La figure 2, (fig. 67) représente l'une des formes les plus fréquentes. On pourrait l'appeler une *grecque* oblongue et discontinue, chaque partie étant parfaitement distincte... La figure 3, (fig. 68) est un autre exemple de méandre interrompu.» (1).

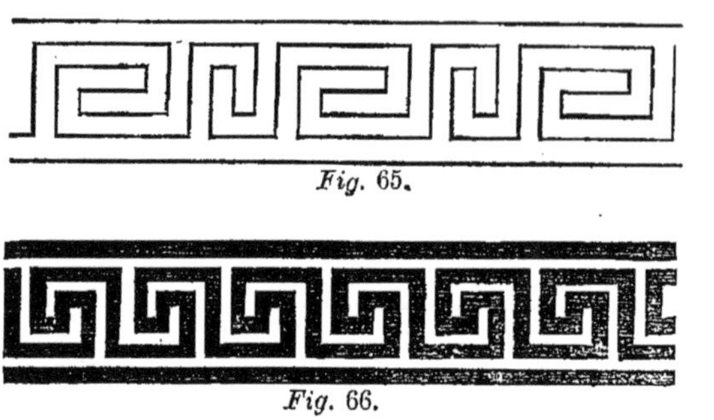

Fig. 65.

Fig. 66.

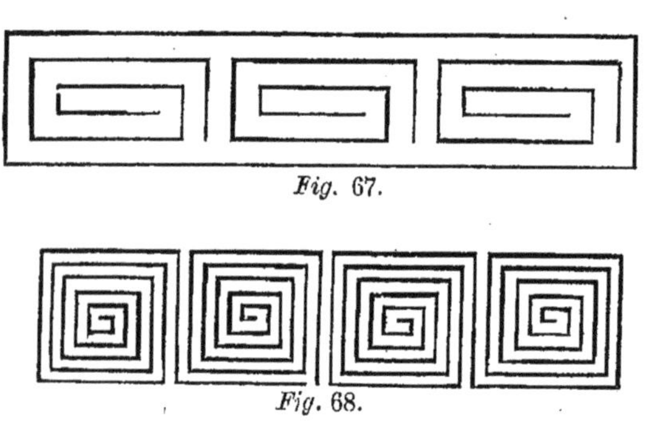

Fig. 67.

Fig. 68.

Ces remarques ne sauraient s'appliquer sans réserves à l'art chinois. Dans ce dernier, la répartition régulière de la *grecque* en carrés parfaits n'est pas rare; de nombreux exemples pourraient être apportés à l'appui de cette assertion, mais on les tirerait principalement d'anciens objets en métal, en céramique et en marbre.

Nous accordons toutefois que le dessinateur chinois de nos jours allonge le plus habituellement en rectangles la partition

(1) G. Audsley. *Keramic art of Japan.* — *London.* 1881. — p. 8.

carrée de sa *grecque* indigène. L'exemple suivant (fig. 69) complètera notre pensée : Il est réduit de moitié d'après l'original : le bord supérieur d'un brûle-parfums en marbre blanc, malheureusement mutilé, qui gît à Nankin dans un coin des ruines du tombeau des *Ming*. Sur la panse s'enroulent de belles sculptures de dragons impériaux : rare et intéressant témoin de l'habileté technique des praticiens chinois, au début du XVe siècle!

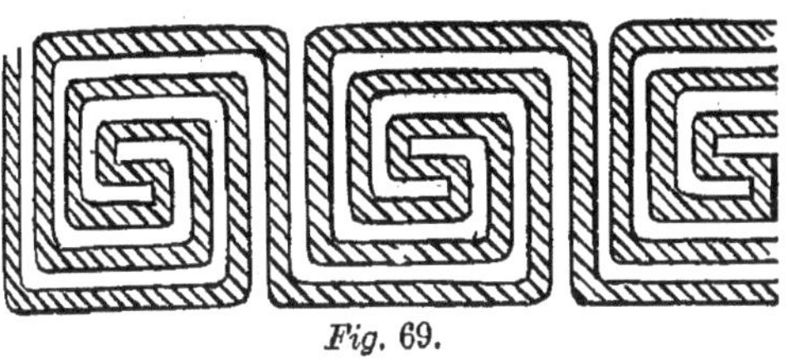

Fig. 69.

Les mêmes ruines nous conservent une *grecque* plus étirée encore; elle se développe sur le dos des quatre mandarins civils en marbre grisâtre qui gardent depuis cinq siècles les abords de la tombe impériale. Leur uniforme officiel est en effet couvert de broderies finement et scrupuleusement sculptées en relief, avec les moindres détails du costume mandarinal d'alors.

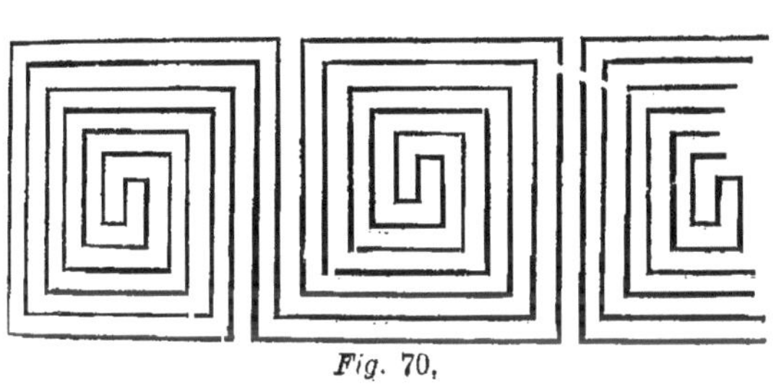

Fig. 70.

Ce motif, tracé d'un pinceau bien souvent très sûr, à main levée, orne d'innombrables potiches en porcelaine (fig. 70).

Un vase plus vulgaire et bien plus ancien, trouvé dans la République de San Salvador, offre une combinaison rudimentaire dont l'effet optique est presque le même (1). Elle passerait sans peine pour un ornement chinois (fig. 71).

Fig. 71.

Fig. 72.

Une boîte coréenne en fer, que j'ai eue entre les mains, fournit cette décoration damasquinée sur son couvercle incrusté d'argent (fig. 72). Un médaillon central y montre le caractère *cheou* modifié selon l'usage courant.

(1) Cf. La *Nature*. 14 nov. 1891. p. 373.

Aux exemples de méandres continus, qu'Audsley prétend si rares au Japon, nous ajoutons ce motif chinois, omettant les variantes peu compliquées, qui essaient d'en rompre la monotonie : (fig. 73). C'est une des ornementations habituelles des zônes de

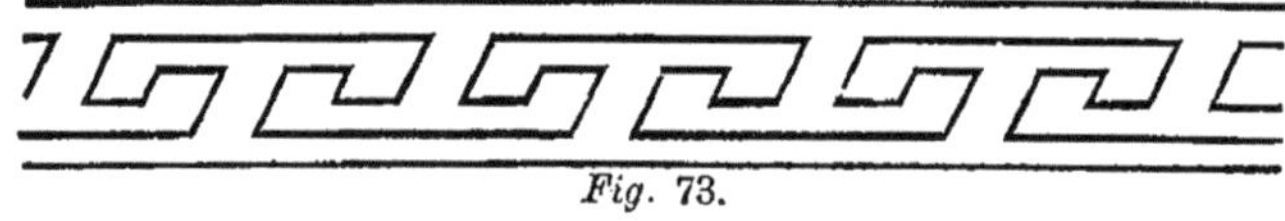

Fig. 73.

raccord sur ces hauts brûle-parfums, d'allure monumentale, qui ornent les cours de pagodes, et dont l'étude, étendue à la Chine entière, serait si fructueuse. Toute une classe de méandres s'y adapte aussi à des partitions triangulaires, selon ce type copié dans le *Ou-miao* 武廟 de Nankin (fig. 74).

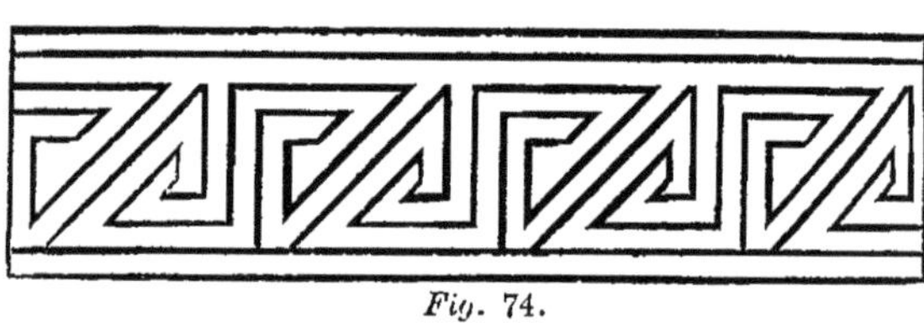

Fig. 74.

Nous compléterons ces données, un peu épisodiques, par ces réflexions empruntées à Owen Jones : « Les méandres chinois sont moins parfaits que tous ceux dont nous avons parlé, grecs, celtes, arabes, mauresques, etc... De même que les méandres grecs, ils sont formes de lignes perpendiculaires et horizontales, qui s'entrecoupent, mais ils n'ont pas la même régularité, et le méandre est plus généralement allongé dans une direction horizontale. Ils forment d'ailleurs le plus souvent des méandres brisés, c. à. d. qu'il y a la répétition constante de la même frette placée à côté l'une de l'autre, ou l'une au-dessous de l'autre, sans qu'elle forme un méandre continu.» (1).

On entrevoit notre réponse : ce sont de justes observations; toutefois il nous semble hasardeux d'affirmer que «les méandres chinois sont moins parfaits» que les autres. Leur tracé est tout aussi élégant, tout aussi varié, tout aussi heureusement adapté à la surface à décorer, surtout quand le 卍 y domine. A ces mérites, les Chinois ont ajouté, nous le verrons, celui d'ajourer parfois leurs méandres, de les édifier, d'en faire des balustrades, des membres utiles de la construction, non de purs ornements rapportés, appliqués par superfétation.

Nous groupons dans deux planches plusieurs des grecques, chinoises ou autres, éparses en divers ouvrages européens, ou copiées d'après nature, choisissant les plus typiques, avec celles où le 卐 se rencontre mieux accusé. A l'aide de ces motifs, le lecteur établira plusieurs comparaisons utiles. (Fig. 75 et 76).

(1) *Grammaire de l'Ornement,* p. 35.

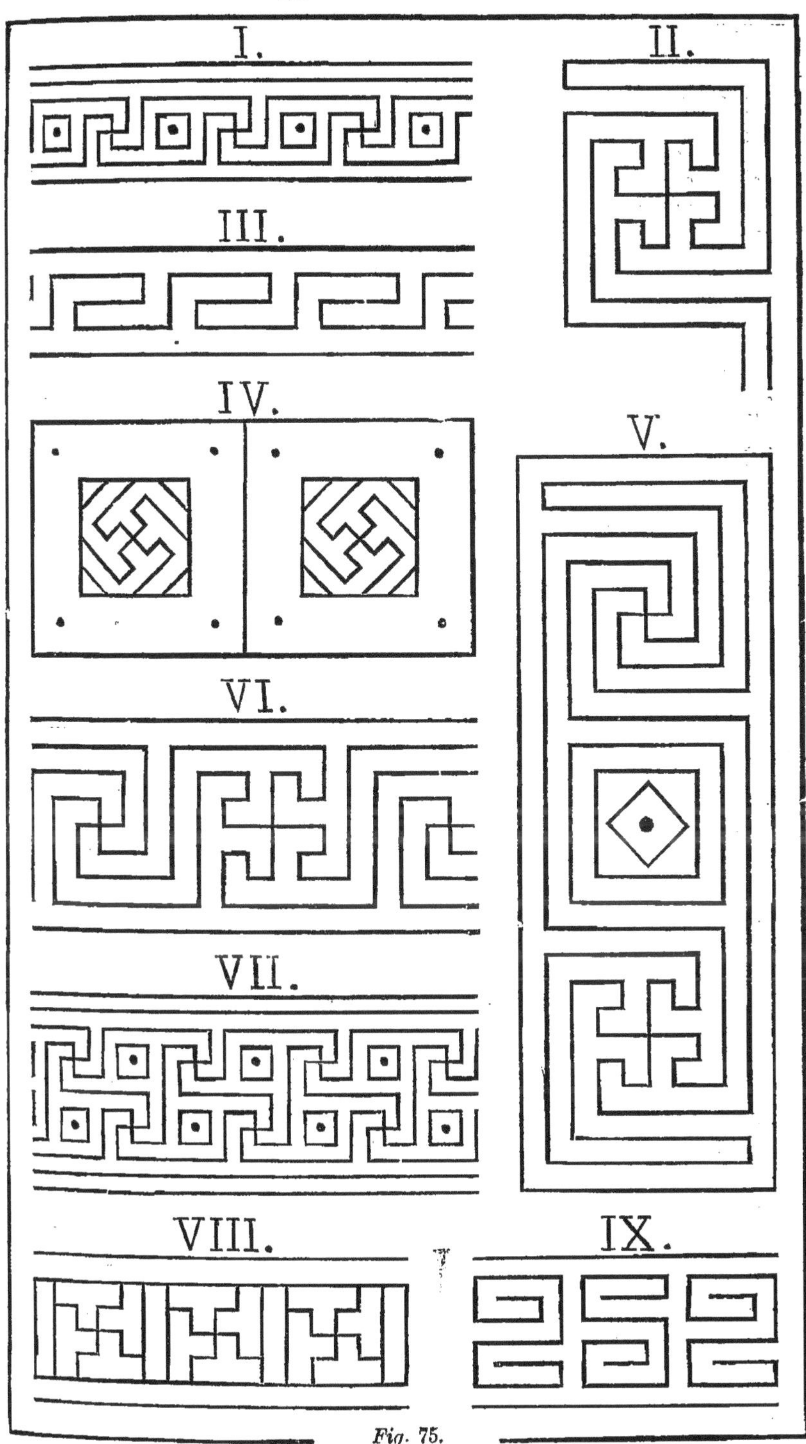

Fig. 75.

Dans ces deux planches les numéros I. II. V. sont pompéiens; VI. VII. X. XIV. XVI. XVIII. grecs; III. VIII. IX. XI. XII. XIII. XV. XIX. XX. chinois;

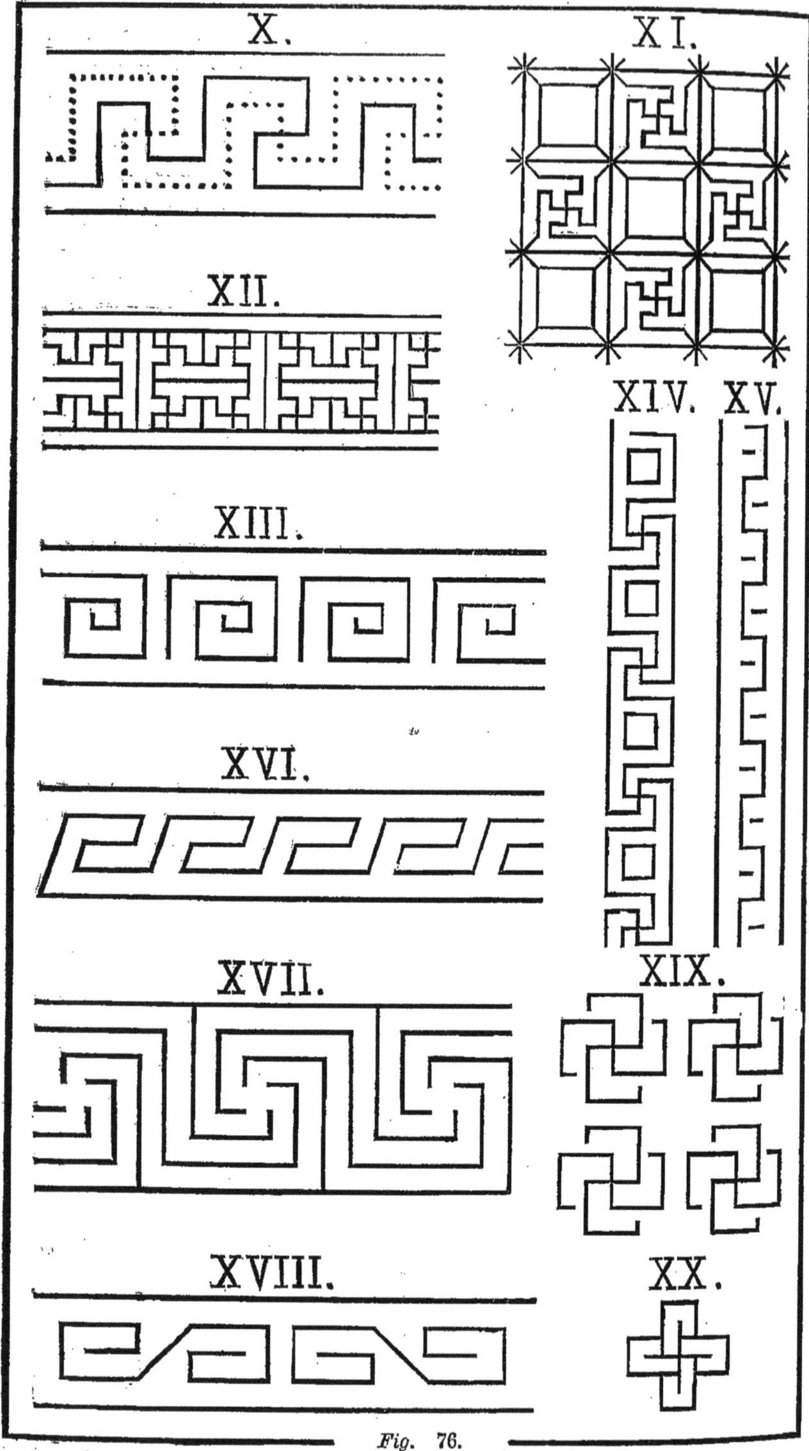

Fig. 76.

XVIII. vient du Yucatan; et le IV. est à la fois persan et chinois.

Il se souviendra aussi que plus d'un peintre, plus d'un architecte moderne, séduit par leur grand effet décoratif, s'est contenté de reproduire telle frise à *swastikas*, ombrés et figurés parfois avec leur déformation perspective.

Il va sans dire que cette *grecque*, si souvent nommée, est en réalité le *lei-wen* 雷文 des Chinois. Et nous nous en occupons ici un peu plus longuement; car plusieurs de nos faux 卐 ne sont dûs, croyons-nous, qu'à des variations sur ce thème original de la *grecque*, que l'on devrait plus justement appeler une *chinoise*, si l'on en croyait les habitants du Céleste Empire, tellement ils la considèrent comme particulière à leur art indigène.

Eug. Flandin, dans son *Voyage en Mésopotamie* (1), mentionne des *grecques* sur des monuments de cette région, *grecques* qui seraient ainsi d'origine *ninivite*. Il est vrai que M. Terrien de la Couperie émet une opinion quelque peu différente : «Le principal ornement de l'art chinois, dit-il, est une sorte de *grecque* ou *méandre*... qui semble congénial avec le goût chinois. Ils l'appellent le *yun-lei-wen* 雲雷文, *ornement du tonnerre et des nuages*. Ils expliquent qu'il dérive de quelque ancien symbole signifiant le tonnerre. Bien que nous puissions refuser d'admettre cette explication, il nous faut avouer que la *grecque* peut être originaire de Chine; puisque c'est une forme si simple qu'elle s'est présentée plusieurs fois indépendamment et spontanément un peu partout.» Nous avons appliqué cette observation au 卍 auquel elle convient a *fortiori* (2). «Il est assez curieux de remarquer que la *grecque* est presque inconnue dans l'art assyro-babylonien ; mais qu'on la rencontre souvent dans l'ancienne Egypte, en Judée, à Hissarlik, en Grèce, et aussi, sous une forme recourbée, sur des bronzes primitifs du Danemark.» (3).

Millin d'abord (4), Pauthier ensuite, ont attiré l'attention sur ces ressemblances entre des arts si différents. A propos d'un vase contemporain de la Guerre de Troie, (5) ils suggèrent, avec

---

(1) Cf. *Le Tour du Monde*. 1861. 2e semestre; p. 78.

(2) Plus justement encore elle s'applique à la croix, ornement plus simple que la *grecque* et le 卐, dont elle est le point de départ à tous deux. *Maspéro (L'Archéologie égyptienne* p. 281, fig. 201), prouve, par un exemple frappant, que la croix était un des éléments de l'*Ornementation* courante en Egypte. Sans grands frais d'érudition, on pourrait étendre la preuve à toute l'antiquité.

(3) *Western origin of the early Chinese civilisation*, p. 72.

(4) Cf. également, de Millin ; *Atlas d'un voyage dans le midi de la France*. Imprimé en 1807. Une mosaïque encadrant le combat de Thésée et du Minotaure, (trouvée à Aix en 1790), est composée d'entrelacs *que l'on dirait* chinois.

(5) Pauthier ; *Chine moderne* T. I. p. 205.

quelques bonnes observations de détail, plusieurs explications bizarres, excusables pourtant chez Millin, vu l'état des recherches archéologiques à son époque. (1).

Peut-être serait-ce ici le cas de produire certains *hoa-ts'iang* 花牆, murs à compartiments ajourés, où ces 卍 résultent du hasard seul de la construction, ordonnée à un autre but, ou bien du caprice du maçon qui les a combinés. Les modèles en sont des plus variés; en admirant la souplesse et l'imprévu du dessin de ces claires-voies, on se prend à souhaiter que l'architecture européenne s'en approprie plus souvent les ressources charmantes et presque infinies. Les découpages de certaines fenêtres gréco-byzantines, les entrelacs persans et mauresques à jour, des vitrages à la mise en plomb un peu lourde, les meneaux fleuris du style gothique flamboyant et Renaissance, mais, avec plus d'évidence encore, certaines œuvres chinoises elles-mêmes, montrent l'heureux parti décoratif qu'on en pourrait tirer. Si la place ne nous faisait défaut, nous nous arrêterions spécialement à celles de ces claires-voies où l'œil arrive sans grand effort, à découvrir notre croix *gammée*. De même, dans ce découpage ajouré en bois, si souvent exécuté par tout menuisier en Chine, les vides, les *clairs* en langage technique, figurent des croix grecques, tandis que les pleins dessinent des 卍. (fig. 77).

Fig. 77.

Les dessins de nombreuses tapisseries antiques, conservés grâce aux bas-reliefs exhumés à Nimroud, ne sont pas sans analogie avec certaines combinaisons chinoises.

Quelques-uns des carreaux d'une étoffe à compartiments, donnée par le *Wen miao se tien k'ao* 文廟祀典考 comme provenant du tribut d'anciens rois vassaux du Fils du ciel, sont ornés du 卍 (fig. 78).

Fig. 78.

(1) *Monuments antiques inédits* T. I. p. 132.

La Chine a encore employé les dessins géométriques de ce style pour former certains entrelacs, tracés en briques émaillées sur de larges parois revêtues de faïences multicolores. Je citerai comme spécimen les murs extérieurs du pavillon du tombeau de *Yong-lo* 永樂, (*Che-san-ling* 十三陵, près *Tch'ang-p'ing-tcheou* 昌平州, au Nord de Pékin), et j'en ai trouvé des traces à la sépulture de son père, *Hong-ou,* à Nankin. C'est, on le sait, une tradition assyro-chaldéenne, devenue indo-chinoise, recueillie et continuée par l'art persan. Aussi, verra-t-on sans trop d'étonnement la croix *gammée* se détacher décorativement sur le fût du minaret de Souk-el-Gazel, magnifique production de l'art iranien du XIIe siècle. (1).

(1) Cf. Le *Tour du Monde,* 1885. 1er semestre. p. 159. «La Perse, la Chaldée et la Susiane,» par Jane Dieulafoy.

Item, année 1886, 1er semestre. p. 93. et p. 101. Plusieurs des dessins persans v. g. sur le Minaret de Chouster, s'identifieraient avec certains motifs sinico-japonais.

C'est le cas aussi de la décoration, constellée de croix latines, de la façade du tombeau de Midas en Phrygie.

CHAPITRE III.

CONSTRUCTIONS ET 卐.

Ébinisterie et menuiserie — Claires-voies, balustrades — Architecture.

Une autre particularité des constructions du Céleste Empire, ce sont ces enchevêtrements de bâtonnets, de barreaux, de minces tringlettes en bois, analogues en menuiserie à ce que les *hoa-ts'iang* 花牆 sont en maçonnerie. Si la plupart sont conçus d'après le système asymétrique et bizarre, qui est une des caractéristiques populaires de l'art chinois, (fig. 79) et qui semble parfois rappeler le jontoiement réticulé ou craquelé des murs en pierres meuliè-

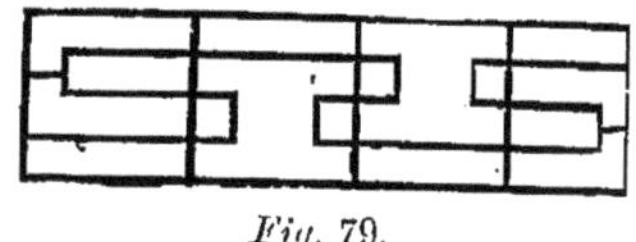

Fig. 79.

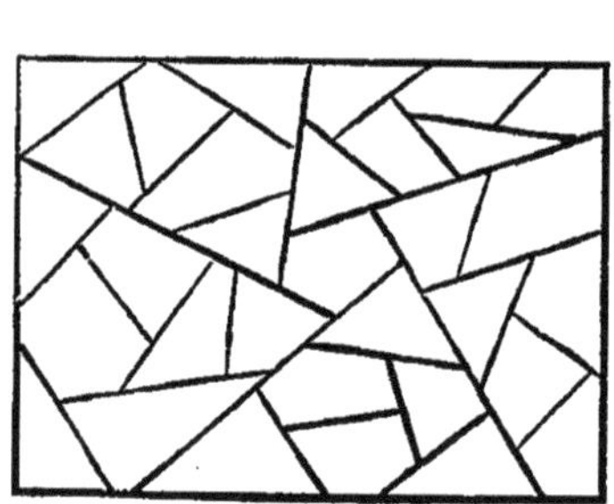

Fig. 80.

res, (fig. 80), nous en avons où le 卐 se dessine aussi. (fig. 81).

Voici une figure représentant un pavillon fort ancien, d'après le *Lou-king-t'ou* 六經圖, *illustration des 6 livres canoniques,*

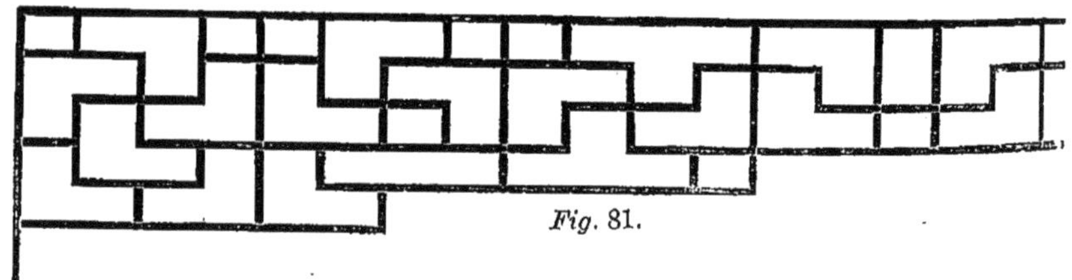

Fig. 81.

avec deux exemples de ces curieux motifs. Dans celui de l'étage supérieur, le 卐 semble à jour, ou bien obtenu soit par de la peinture, soit par des applications de céramique en couleur. La balustrade de l'étage inférieur est au contraire une claire-voie, dont les barreaux, d'un dessin très contourné, mais encore de mode actuellement, forment par leur intersection deux 卐 bien accentués, en place honorable, et voulus sans conteste, au moins comme ornement. (fig. 82).

Figure 28.

Les 卍 du haut, comme ceux de l'étoffe de tribut, p. 40, sont orientés vers la droite; pas plus que précédemment, je n'en tirerai ici de conclusion positive, interprétant cette particularité comme une distraction de dessinateur, ou un cas de non retournement de la gravure pour l'impression, si l'orientation du 卍 n'est en soi chose parfaitement indifférente. (Cf. p. 12).

Disons toutefois que le dessin de la balustrade inférieure est incomplet: construite, elle manquerait de solidité. Au reste, ces dessins n'offrent aucune garantie d'authenticité; nous les donnons uniquement comme spécimen du goût chinois moderne. Une preuve entre dix, c'est la présence de ces angles de toits si recourbés: d'anciens dessins, d'anciens monuments, v. g. les bas-reliefs de *Kia-siang-hien* 嘉祥縣, au *Chan-tong*, et le pagodin en pierre de *Si-hia-chan*, près Nankin, démentent la vérité de ces détails architectoniques, relativement récents en Chine. Ainsi, nos critiques d'exégèse et d'archéologie sacrée restituaient naguère, *en style de Vignole*, le temple de Jérusalem et son mobilier liturgique, décrits par Moïse.

Il y a donc profit à transcrire ici une très judicieuse remarque de Biot, applicable à d'innombrables illustrations originales tirées des ouvrages chinois: «Ces figures, dit-il à propos de dessins extraits de l'édition impériale du *Tcheou-li* 周禮, ces figures ne doivent être employées qu'avec le correctif d'une critique prudente. Leur premier défaut, c'est d'être postérieures au texte de beaucoup de siècles. Elles expriment donc les opinions, les conjectures des antiquaires chinois, plutôt que des objets réels.» (1).

Rien à ajouter à ces lignes. Elles expliqueront au lecteur pourquoi, aux dessins fournis par les recueils indigènes d'antiquité chinoise, nous avons préféré, sans contester la valeur relative de ces derniers, la reproduction directe des objets eux-mêmes, toutes les fois que nous l'avons jugée praticable.

Je ne détaillerai pas longuement ces assemblages compliqués de frêle menuiserie, soutenant et emprisonnant les écailles de placunes, qui laissent filtrer la lumière du sud dans les *T'ing* 廳 ou salles d'architecture chinoise. Il y aurait pourtant à y glaner d'heureux motifs. Le Japon a exagéré, avec moins de raison encore, ce goût de l'asymétrie dans les combinaisons de ses cabinets de laque et d'ébénisterie; il en a même abusé, sans mesure, jusqu'au plus ridicule enfantillage.

C'est du même système aussi, et en vertu des exigences du même style, que procèdent les dessins de ces balustrades, *lan-kan* 欄杆, que les Chinois prodiguent le long des corridors qui réunissent ou bordent les pièces principales, ou bien qui forment les garde-fous des promenoirs, galeries et vérandas, aux divers étages des kiosques et tours de pagodes. L'ingéniosité inventive et patiente des ouvriers chinois, laquelle triomphe si bien dans le détail, n'a pas dédaigné cette occasion de varier à l'envi les combinaisons géométriques de ces capricieux panneaux à jour. Le revers de la médaille est que ces claires-voies, cette grêle menuiserie, ces balustrades à assemblages multiples et hors de saison, accentuent encore le caractère éphémère, et ruineux par avance, des constructions de la Chine, relativement si indigente en anciens monuments.

(1) Le *Tcheou-li* ou Rites des *Tcheou*, traduction d'Edouard Biot. — Paris, 1851. p. 601.

Il n'y a pas à s'y méprendre, voici bien un 卍, dont l'agencement symétrique compose presque à lui seul les diverses sections de la balustrade minuscule d'un haut *hiang-lou* ou brûle-parfums, visible encore à la pagode du *Tch'eng-hoang miao* 城隍廟, dans la cité de Chang-hai. (fig. 83.).

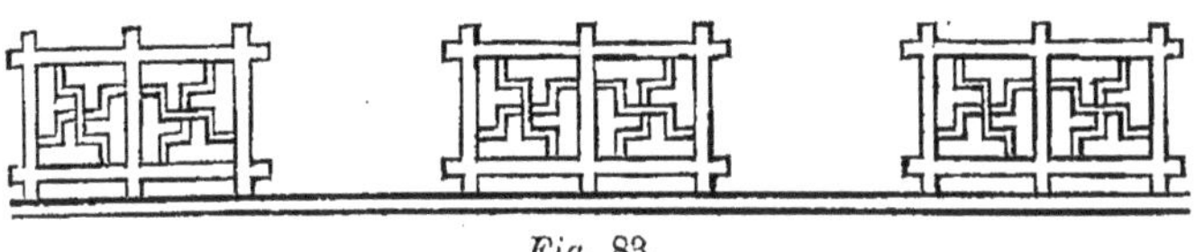

Fig. 83.

Le spécimen suivant constituerait peut-être ce que j'appellerais un faux 卐 (fig. 84); faux, dans l'intention du dessinateur, au sens expliqué précédemment. En dehors de sa disposition bien curieuse, il offre un sérieux intérêt par sa provenance : c'est un des singuliers ornements, en relief, que l'on voit sur un seul côté de la cloche en fer, suspendue sous le vestibule de la Pagode *Militaire, Ou-miao* 武廟, à l'est du *Pé-ki-ko* 北極閣, à Nankin.

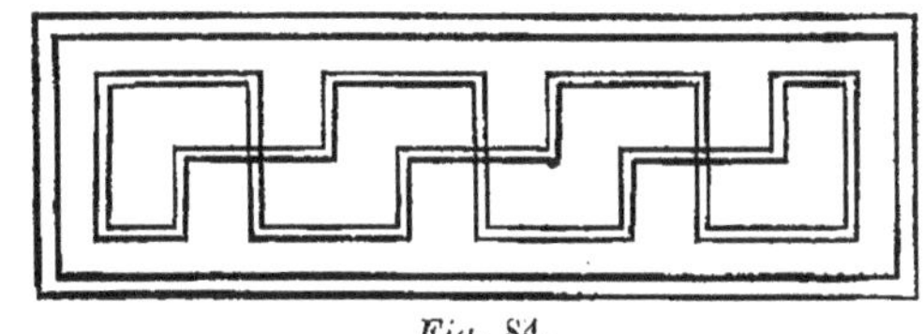

Fig. 84.

Cette cloche est de fabrication récente. Mais on n'ignore pas que, pour établir leurs moules, les fondeurs chinois se contentent aujourd'hui de faire des surmoulages d'anciens bronzes et qu'ils conservent religieusement, pour leurs objets rituels, des galbes déja vieux au temps de Confucius. Au reste, ce motif paraît aussi dans certains panneaux à jour d'ustensiles en fer.

Je n'hésite guère à rapprocher ce méandre d'un ornement de la même famille tracé sur l'orbe d'un vase grec très ancien, en or (1). L'art chinois, étudié plus à fond, réserve et fournira d'autres surprises. (fig. 85).

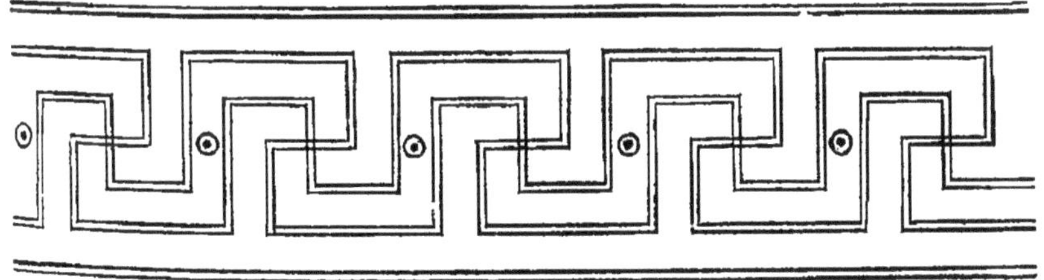

Fig. 85.

Le 卍, en dehors de sa valeur symbolique et alors même qu'il ne serait pas la résultante fortuite du tracé de lignes aven-

(1) *Les arts du métal*, p. 24. Album paru chez Rouam. Paris 1890.

tureuses, a dû tenter de bonne heure l'ornemaniste chinois en quête de motifs singuliers, par sa structure bizarre, déséquilibrée, symétrique et asymétrique à la fois. Je n'ai pas à dire quel parti l'art sinico-japonais a su tirer de cette asymétrie, trop vite désapprise par notre art moderne pseudo-classique. Ce qui caractérise en effet le 卐, c'est certainement, plutôt que sa croix centrale, la présence de ses bras repliés à angles droits, de ses quatre *gammas* tournant dans le même sens. Or ce *gamma* se trouve implicitement dans un grand nombre des conceptions de l'ornement chinois, qui, dédaignant les harmonieuses volutes, les floraisons cadencées et la souplesse un peu banale des enroulements ioniques ou corinthiens, de l'art occidental, leur préfère les retours brisés, cassés, abrupts, dont on voit ci-contre une des composantes typiques principales (fig. 86).

Fig. 86.

Appliqué au 卐, le procédé a donné sans effort l'ornement : (fig. 87). Nous accumulons à la suite, sans beaucoup d'ordre, quelques spécimens, soit de balustrades réelles ou figurées, soit de galons et encadrements usuels. Un grand nombre reproduisent d'une façon schématique des types de balustrades observées dans la ville de Chang-hai, où on les y compterait par milliers, comme dans toute agglomération chinoise, distribuées en panneaux limités, ou bien en longueurs indéfinies. (fig. 88).

Fig. 87.

On voit que parfois le thème adopté dérive plutôt de la *grecque* continue, (fig. 89), bien que plusieurs des combinaisons, isolant les 卍 deux par deux, ne semblent guère s'y rattacher. (fig. 90).

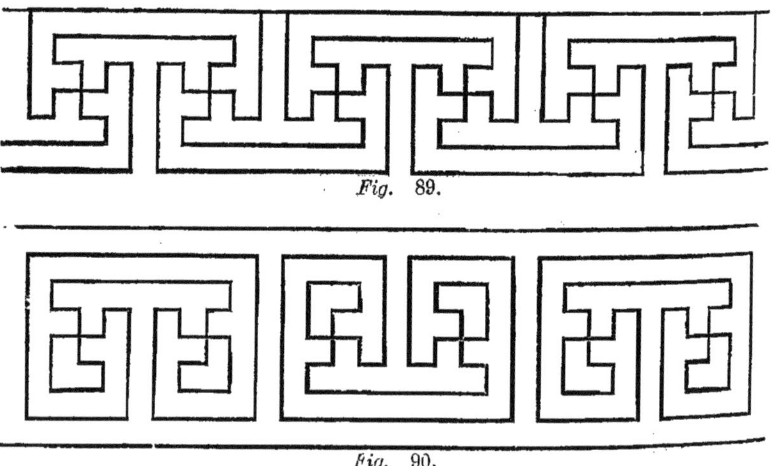

Fig. 89.

Fig. 90.

Pour éviter l'excès des classifications arbitraires, nous ne

Fig. 88.

ferons pas un groupe à part d'une série qu'on subdiviserait volontiers, comme ci-dessus, en motifs rattachés, et en motifs géminés et renversés. (fig. 91).

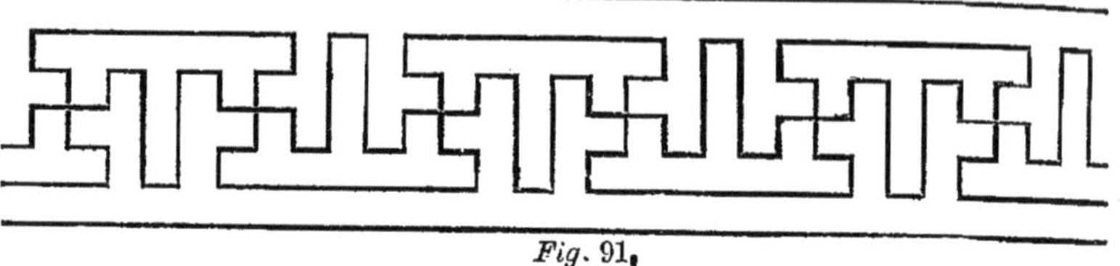

Fig. 91.

Cette particularité se rencontre dans les petites balustrades en céramique délicatement exécutées au-dessus des portes d'entrée des maisons. On en fait aussi des bordures de cadre.

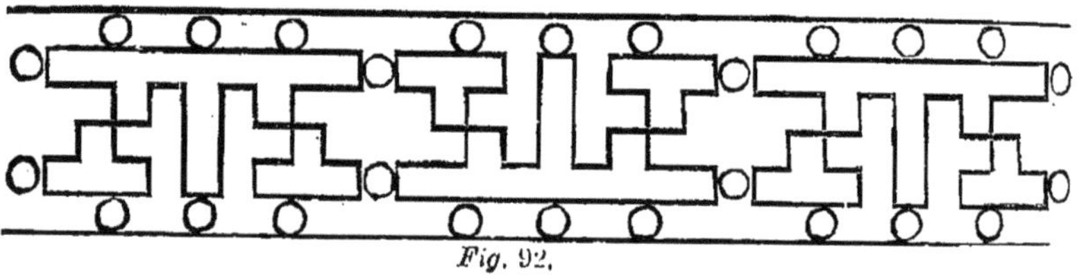

Fig. 92.

Ce n'est qu'une variante de cette autre balustrade, copiée aussi sur un de ces dessus de portes ornementées. (fig. 92).

Nous avons prévenu plus haut que nous ne figurions ici que des réductions schématiques ; l'aspect vrai, et meilleur, serait celui de ce fragment (fig. 93), dont l'original est en bronze.

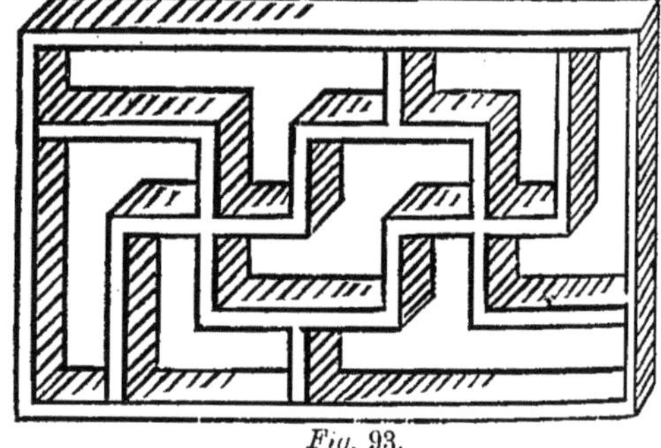

Fig. 93.

Plus tranché est le groupe, qui comprend des méandres où des éléments, en partie identiques aux précédents, se combinent d'une façon analogue, avec cette différence que, tous les angles restant droits, l'ensemble des motifs s'offre à l'œil obliquement. (fig. 94,95 et 96). Cette inclinaison à 45° des axes principaux

Fig. 94.

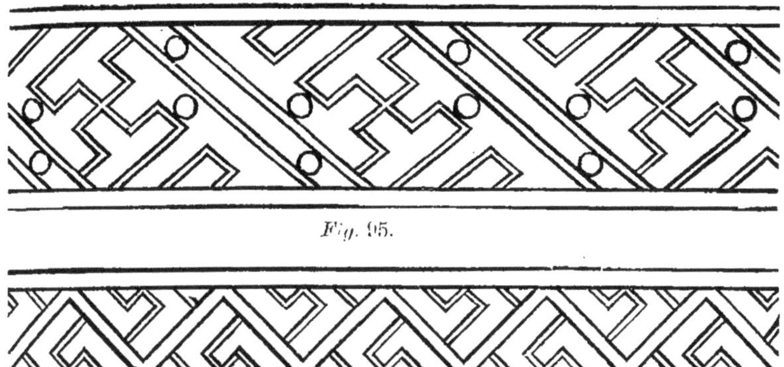

Fig. 95.

Fig. 96.

donne naissance, par un effet d'optique très connu, à des sensations visuelles tout autres et produit, en général, un décor moins pauvre d'aspect. Tel le cas de ce panneau carré, laqué or et rouge, et formant une robuste balustrade. (fig. 97).

Fig. 97.

Nous avons dit que les angles restaient droits: la règle n'est pas inexorable, et de sa violation résulte le modèle suivant dont l'économie est très saisissable : les axes horizontaux n'ont pas varié; seuls, les axes verticaux, demeurant parallèles, se sont inclinés sur la gauche. (fig. 98).

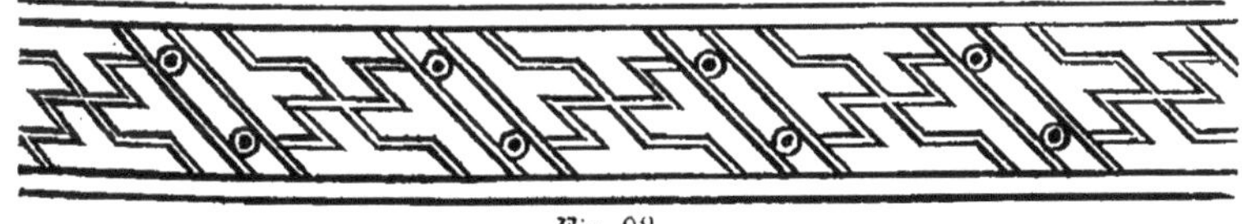

Fig. 98.

On ne saurait analyser les principales formes de ces *lan-kan*, sans signaler un motif des plus chinois qui en occupe le plus souvent le centre et auquel le 卍 ne sert parfois que d'accessoire, d'encadrement. Ce motif central c'est le *hi* 喜, «*joie*», modifié et régularisé selon la forme ornementale du caractère. Il nous intéresserait, sans aucun doute, par la forme cruciale qu'il affecte ordinairement. Nous y reviendrons un peu plus loin. Il se prête admirablement par sa distribution symétrique et en dehors de sa signification littéraire et littérale, «*heureux augure, joie, réjouis-*

sance», au rôle décoratif qu'on lui réserve en cette occurrence. C'est une pratique, du reste, usitée en Chine que de concrétiser pour ainsi dire, certains caractères plus populaires. Ainsi le caractère *fou* 福 «*bonheur*», répété à satiété dans l'ornémentation du Céleste Empire, suffit à remplir, sans trop se déformer, le panneau latéral d'un lit chinois que j'ai sous les yeux. (fig. 99). Parfois aussi portes et fenêtres en garnissent leurs frêles chassis.

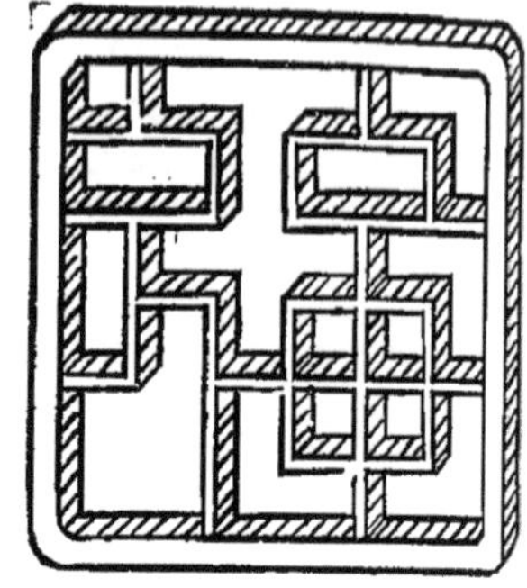

Fig. 99.

On trouve à acheter des théières qui ont la forme de *cheou* 壽 «*longévité*»; mais il est difficile de réaliser une adaption pratique plus malheureuse d'un souhait théorique, si tentant pour maint indigène, qui borne ses désirs aux félicités palpables de la vie présente! (1).

Fig. 100.

Le mur ruiné d'une ancienne pagode, à quelques kilomètres de *Tchen-kiang*, dans le site pittoresque connu des étrangers sous le nom de *Bungalow*, conserve le travail, délicatement sculpté sur céramique, dont nous donnons un croquis. (fig. 100). Ce sont des 卍 en réseaux, sur lesquels on a jeté le caractère *fou* 福,

(1) Cf. Paléologue. *L'Art chinois*, p. 151, 191...

symétriquement répété. L'ordre et la fantaisie s'y allient dans une mesure pleine de goût. En bordure s'allonge une sorte de large frise, sur laquelle se recoquillent des feuilles d'acanthe ou d'artichaut d'une opulente floraison, improvisées librement, avec un brio digne de certains acrotères grecs.

CHAPITRE IV.

LITURGIE ET ASCÈTES.

Exorcismes — Vases rituels à la croix — Caractères Cruciformes et autres — La croix dans le système monétaire chinois — Galons avec 卍.

Nous avons dit : le 卍 contient implicitement, et comme partie principale, un signe géométrique qui est la croix +. A diverses reprises, des auteurs, des voyageurs, des missionnaires, ont donc émis cette opinion que, dans un grand nombre de cas, le 卍 employé symboliquement, n'est peut-être que le signe dégénéré de la croix; et que par contre, la croix, reconnue sur d'autres monuments relativement modernes, ou signalée sur plusieurs objets d'art ou de culte, peut n'être aussi qu'un 卍 mal interprété, incomplet, ou intentionnellement transformé.

Au témoignage du P. de Prémare (1) dans l'ancien livre *Tcheou-li* 周禮, il s'agit de chasser le malin esprit. «Si tu veux, dit le texte, te délivrer de lui, prends deux morceaux de bois, place-les en forme de Croix au moyen de l'ivoire; puis jette-la dans l'eau, et le malin esprit ne pourra plus te nuire». L'auteur de cette citation fait remarquer que, par ce rite d'incantation ou d'exorcisme, on atteignait, d'après les commentateurs chinois, les quatre points cardinaux: le Nord et le Sud, par le trait vertical,

---

(1) *Vestiges des principaux dogmes chrétiens...* (Canton. 1725). Edité pour la première fois par Bonnetty et Perny 1878. p. 247. — Nous n'avons garde d'accepter aveuglément toutes les conclusions, tous les rapprochements, ni même toutes les traductions de l'érudit auteur, dont les *desiderata*, en ces matières, sont bien connus.

Une bienveillante collaboration nous vaut la bonne fortune de pouvoir offrir au lecteur (Cf. p. 239), une discussion consciencieuse à-propos d'un prétendu texte nous révélant que *Hoang-ti*, l'un des plus anciens personnages de l'histoire, aurait "joint ensemble deux morceaux de bois en forme de croix, afin d'honorer le Très-haut". Bien que la réfutation de ce fragment ait déjà occupé la critique, celle-ci reconnaîtra que le R. P. Havret n'a pas pris une peine superflue en nous communiquant le fruit de ses recherches sur ce point.

Le texte allégué, extrait des *Annales de philos. chrétienne* (XII. p. 458) avait motivé cette réplique de Mgr de Harlez : «Le nom même de *Hoang-ti* ou tout autre nom du même souverain est entièrement absent du *Shou-king*, comme du *Shi-king*, et de tous les anciens livres de la Chine».

l'Est et l'Ouest, par le trait horizontal. Il ajoute que *Lieou-eul-tchi*, auteur chrétien, affirme que «sur les anciens vases, au lieu des trois caractères *ts'ai* 才, *kia* 甲, et *tsai* 在, on mettait toujours une *croix* 十».

Si ces renseignements sont exacts, cette croix légèrement modifiée, a pu dans certains cas à déterminer, donner naissance au 卐. Les symboles, de forme si voisine, ont pu s'échanger l'un pour l'autre en Extrême-Orient, selon la pratique que nous avons vue temporairement en vigueur dans les Catacombes (*supra* p. 7).

Personne ne niera, du reste, que quand on dessine une croix horizontalement, avec la main, au-dessus d'un objet, comme on le fait dans maint rite religieux, le signe formé peut se confondre, pour l'œil qui le suit, avec le tracé du 卍. Les sacrificateurs de la liturgie gréco-romaine, comme les sorciers du grimoire chinois, pouvaient dessiner au gré des spectateurs, l'un ou l'autre de ces signes en «atteignant» de leur geste, chacun des quatre points cardinaux.

Du Halde (T. III. p. 65) avait déjà résumé ainsi divers renseignements fournis par les missionnaires: «Il reste encore des traces de la Religion de la croix, et c'est une tradition ancienne que cette figure † a la vertu d'empêcher les maléfices».

La croix figure tout au moins comme *ornement* sur plus d'un objet chinois. En voici trois exemples bien explicites et très caractérisés, que j'ai relevés à Nankin.

Fig. 101.

L'une de ces croix est répétée quatre fois en relief sur une grande cloche de fer de la pagode de *Ki-ming-se* 雞鳴寺 qui, à l'est du *Pé-ki-ko* 北極閣, domine l'amorce de l'ancien rempart des *Song*. Elle mesure 6c. de hauteur (fig. 101). La cloche porte de larges caractères *dévanagari*, accompagnés de leur figuration en chinois.

La seconde croix est copiée sur le beau soubassement de marbre blanc qui supporte la statue de *Koan-in*, dans la pagode de *Koan-in-se* 觀音寺, à l'est du tombeau des *Ming*. (1) Cette croix, de 10c. de diamètre, d'un relief très accentué et d'une très fine exécution, se détache trois fois sur ce soubassement, où elle occupe une place importante. (fig. 102).

La troisième croix, haute d'environ 40 centimètres, peinte en noir sur fond blanc, est prise sur le piédestal d'une vitrine à poussah, faisant face au nord, dans le premier *t'ing* 廳 d'en-

(1) Dans la dernière partie de ce travail, nous aurons à reparler de cette pagode. p. 207.

Fig. 102.

trée de la même pagode. Chacun des bras de cette croix porte le caractère *cheou* 壽 «*longue vie*». (fig. 103).

Fig. 103. (1).

Inutile d'insister davantage sur ces exemples authentiques, faciles à multiplier. Je me permets seulement de clore la série par le croquis ci-après: le chercheur y comptera sans peine huit croix et huit 卍, parfaitement tracés. C'est un dessin obtenu par le croise-

(1) Il semble y avoir 8 oiseaux, le bec tourné vers le centre.

ment des brins de cordelettes, en fibres de *chamærops*, sur le cadre formant le fond horizontal d'un lit chinois.

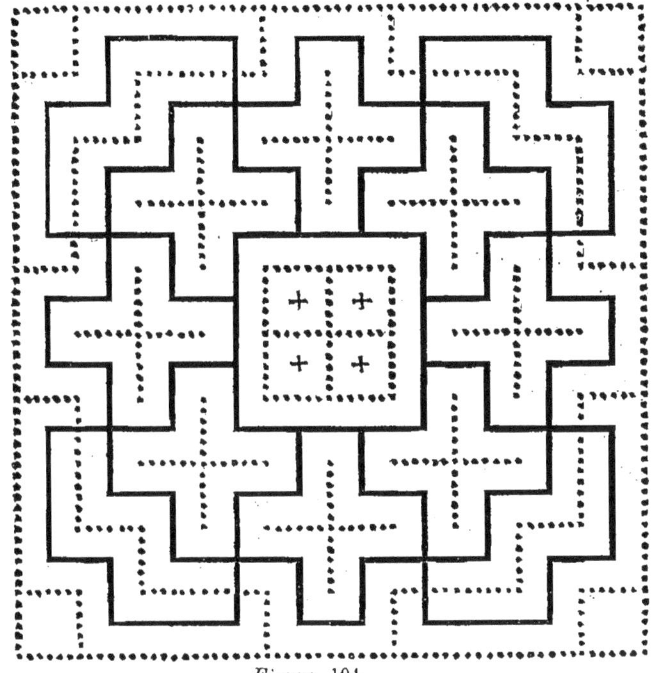

Figure 104.

Ces croix ornementales se distinguent à première vue de types très différents, où la disposition cruciforme se rencontre aussi, sans présenter autre chose que la distribution géométrique de deux lignes se recoupant au centre à angles droits. Etudions cette nouvelle classe de signes.

Les dessinateurs chinois, de toutes les industries utilitaires ou d'art décoratif, s'ingénient depuis des siècles, à ornemaniser sous forme symétrique, plusieurs de leurs caractères, devenus dès lors et tout à la fois : symboles, ornements, devises et talismans. Nous ne croyons pas oiseux d'en fournir quelques exemples, des plus habituels, où la croix se démêle avec si peu de peine, que des critiques—non des pires—s'y sont mépris, croyant y saisir quelque vestige indiscutable de christianisme. En fait et actuellement, bien qu'il soit imprudent de nier la part d'influence possible, probable parfois, de ce dernier, ce ne sont le plus souvent que de *fausses croix*. (1)

(1) Quoi qu'une certaine critique en écrive de nos jours, les anciens missionnaires n'étaient pas unanimes dans l'interprétation outrée de ces *Vestiges du christianisme.* Rappelons que l'ouvrage du P. de Prémare S. J. n'a pas été publié par la Compagnie de Jésus. (Cf. p. 2) — Nous copions un alinéa des *Mémoires concernant les Chinois* (T. I. p. 149) priant le lecteur de ne pas perdre de vue, en parcourant la suite de notre travail, les quelques remarques consignées dans cette page :

«De bons Missionnaires, qui avaient porté en Chine plus d'esprit que de discernement, plus de piété que de critique,... décidaient sans façon que c'étaient (*Chou-king*, *Chi-king*,...)

L'un de ces types, où l'on a prétendu trouver une figure cruciale, a frappé le P. de Mailla (1) qui le reproduit sous cette forme : (fig. 105).

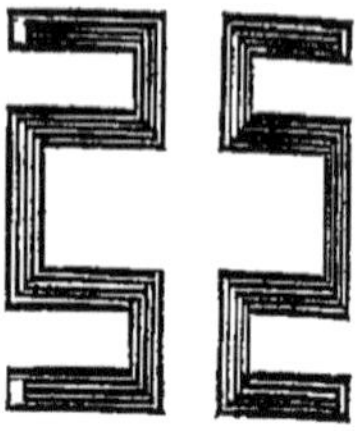

Fig. 105.

Ce serait le caractère *Fou* 黻, brodé anciennement sur les habits de cérémonie. «Le caractère *Fo,* disait l'Empereur *Chun* 舜 (2 221 av. J.-C.) est un symbole du discernement que l'on doit avoir du bien et du mal». D'après une autre planche, l'Empereur, monté sur son char impérial, porte encore ce caractère brodé sur le devant de sa robe, comme aussi plusieurs des officiers de sa cour. Il orne également une sorte de tablier circulaire s'attachant aux reins, et porté par *Hoang-ti* 黃帝 (2600 av. J.-C.) inventeur des habits de cérémonies et de sacrifices. On le retrouve enfin jusque sur le drap mortuaire des funérailles impériales. (fig. 106).

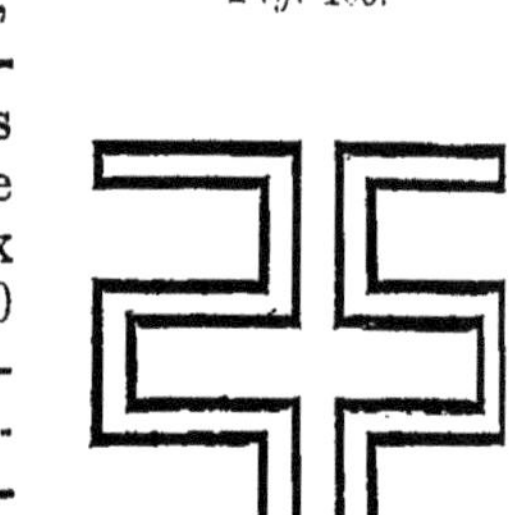

Fig. 106.

Un volume du *Lou-king-t'ou* 六經圖, présente *passim* une vingtaine de personnages en pied, revêtus de cette robe ainsi ornée, sous les dynasties à peine historiques des *Tcheou* 周 (1122), des *Ts'in* 秦 (249),

---

des livres, sinon d'avant le déluge, du moins de peu de temps après; que ces livres n'avaient aucun rapport avec notre Histoire (de Chine), et qu'il fallait les entendre dans un sens purement mystique et allégorique, typique et figuratif. En conséquence, ils y trouverent des choses merveilleuses, des prophéties en bon nombre, et des symboles du regne spirituel du Messie, qu'ils prouvaient très bien avoir été connu, espéré et attendu dans les beaux jours de la Dynastie des Tcheou.. Le pas est encore plus glissant pour de bons Missionnaires que le zele dévore et qui arrivent d'Europe avec le préjugé général que le soleil éclaire l'Occident de tout son disque et ne laisse tomber sur le reste de l'Univers que le rebut de ses rayons...» L'auteur avoue que la suite des études de ces «Figuristes» pour prouver leur systême «a été très utile à ceux-mêmes qu'il a le plus égarés,... leur facilita la prédication de l'Evangile, et finit par les désabuser eux-mêmes et par les mettre en état de faire remarquer aux Lettrés néophytes les traces sensibles de la Religion et de la Révélation qui brillent dans tous les King».—Extaits tirés de l'article intitulé *Antiquité des Chinois,* du P. Martial Cibot (1727-1780), enterré à Pékin.

(1) *Histoire générale de la Chine,* d'après le *Tong-kien-kang-mou,* par le P. de Moyria de *Mailla.* T. I. pp. 27, **115**, 336. Le P. de Mailla, né en 1669, mourut en 1748. Son *Histoire* fut publiée par Grosier, qui eut tort de la modifier trop souvent. Au dire d'Henri Cordier, le manuscrit est à la Bibliothèque Nationale.

D'après Cordier le P. de Mailla signe Jos. Mar. An. de Moyria de Mailla (lire Maillac).

et des *Han* 漢 (—206+222). Mr l'abbé Ansault avait reproduit pour les besoins de sa thèse la « Porte et frise du temple aztèque (ancien Mexique), à l'Exposition universelle de 1889». (1). Mettant hors de cause l'exactitude de cette restitution, — et cette assertion de l'auteur de l'article : *la frise de ce temple présente une multitu-*

Fig. 107.

de de croix latines — nous ferons remarquer que le motif *mexicain* est tout aussi bien *chinois*. (fig. 107).

Le motif d'un vieux vase de bronze, dessin un peu barbare du *Kin-che-so* 金石索, pourrait passer pour une variante de cette combinaison cruciale, où les croix sont assez saillantes. (fig. 108).

Fig. 108.

Plus curieuse encore est la plaque de métal dessinée au revers de la même page. C'est une sorte d'écumoire, de passoire, ou bien un couvercle perforé de vase rituel ; la fumée de l'encens ou les vapeurs des parfums et des mets passaient par ces cinq ouvertures en croix (fig. 109).

Le caractère *che* 十 10, dut être également, par sa forme cruciale, l'occasion de plus d'une erreur sur l'interprétation de son vrai sens. On a prétendu que les anciennes monnaies de la Chine portaient la croix. « Marco Paulo remarque dans son récit que les monnaies de la Chine portent une croix et l'histoire

(1) *Le Correspondant ;* 25 Oct. 1889. p. 265.

des monnaies de l'Empire, que je rapporte de mon voyage, confirme l'assertion du célèbre Vénitien», dit Marchal de Lunéville. (1) Est-ce exact? a-t-on confondu avec elle le 卐, dont nous avons cité plus haut quelques exemples? (p. 22) Est-ce le chiffre 十 qui a usurpé cet honneur de passer pour une croix? Il n'est pas rare, on le sait dans la numismatique de la Chine dont la numération est basée sur le système décimal, comme en témoignent les fac-similé ci-joints. Le lecteur aura sous les yeux le point de départ, le prétexte probable de cette erreur. Les sapèques les moins anciennes sont marquées de ce chiffre; isolé, il joue assez bien, pour les non-initiés, le rôle d'une fausse croix.

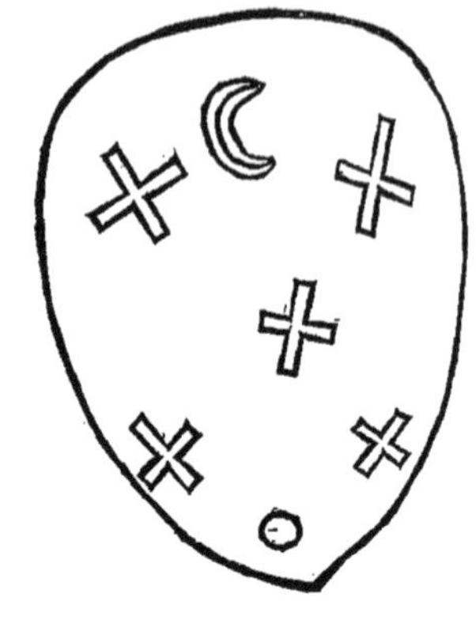

Fig. 109.

De grandes sapèques, valant *dix* petites, portent naturellement ce dernier chiffre en vedette. (2).

Fig. 110.

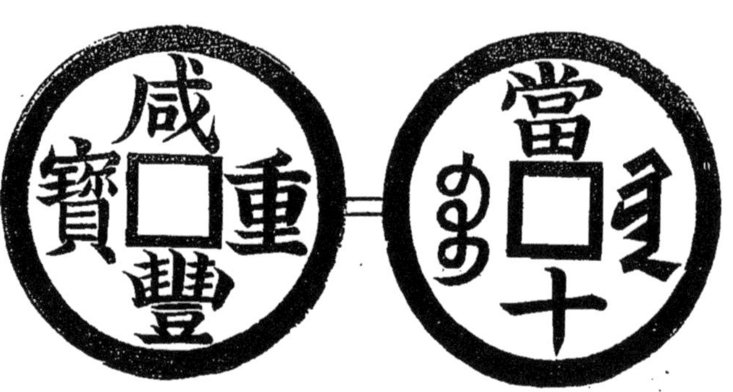

Fig. 111.

(1) *Annales de Philos.* Chrétienne. 1853 p. 132.

(2) Cf. *Coins of the present dynasty of China, by* S. W. Bushell M. D. *Journal of the N. C. B. of the Royal Asiat. Soc.* 1880. — New series. N° XV. p. 195 *et seq.* fig. 155.

Une sapèque de moyenne grandeur et assez fruste est ainsi figurée dans le second volume du *King-che-so* : (fig. 112).

Le revers d'une autre grande sapèque datant de 1621, offre encore ce chiffre 10 cruciforme, sans aucun autre signe (1) (fig. 113).

Fig. 112.

Joseph Hager, dans un travail sur les médailles chinoises, donne le dessin d'une monnaie, actuellement à Paris, que le P. Amiot faisait remonter aux *Tcheou,* soit à plus de 2,000 ans, mais qui serait du premier siècle de notre ère. Le signe de la croix latine, valant 10, y occupe une place des plus notoires. (2).

Fig. 113.

Au lieu de copier la figure de son ouvrage, nous jugeons préférable de puiser directement à une source indigène beaucoup plus riche, c. à. d. au *King-che-so* même. Le second volume nous présente, avec de courtes légendes, une quinzaine de ces figures,

---

(1) Ce fac-similé est calqué à la page 7 du 17e *kiuen* de l'ouvrage chinois 錢志新編. On pourra remarquer dans la notice explicative l'expression *tang che* 當十, littéralement «valant 10». 天啟大錢、食貨志曰、天啟元年、王象乾請鑄當十、當百、當千大錢、用龍文、略仿白金三品之制、於是兩京、皆鑄大錢、而民間不便於行、其後有言大錢之弊者、乃詔南京、且行停鑄、且收所鑄大錢、發與各局、仍改鑄小平錢、按天啟通寶大錢、背文有十一兩及鎮十十一兩、密字、府字、十字、又有光幕與對文者、

(2) *Description des médailles chinoises du Cabinet impérial de France*, par Joseph Hager. Paris. Imprim. impériale. 1305.

sapèques ou moules, parmi lesquelles il nous est loisible de choisir. Au commencement de son règne (9—22 ap. J. C.), l'usurpateur *Wang Mang* 王莽 fit fondre une série de monnaies en cuivre mélangé d'étain dont voici cinq spécimens différents.

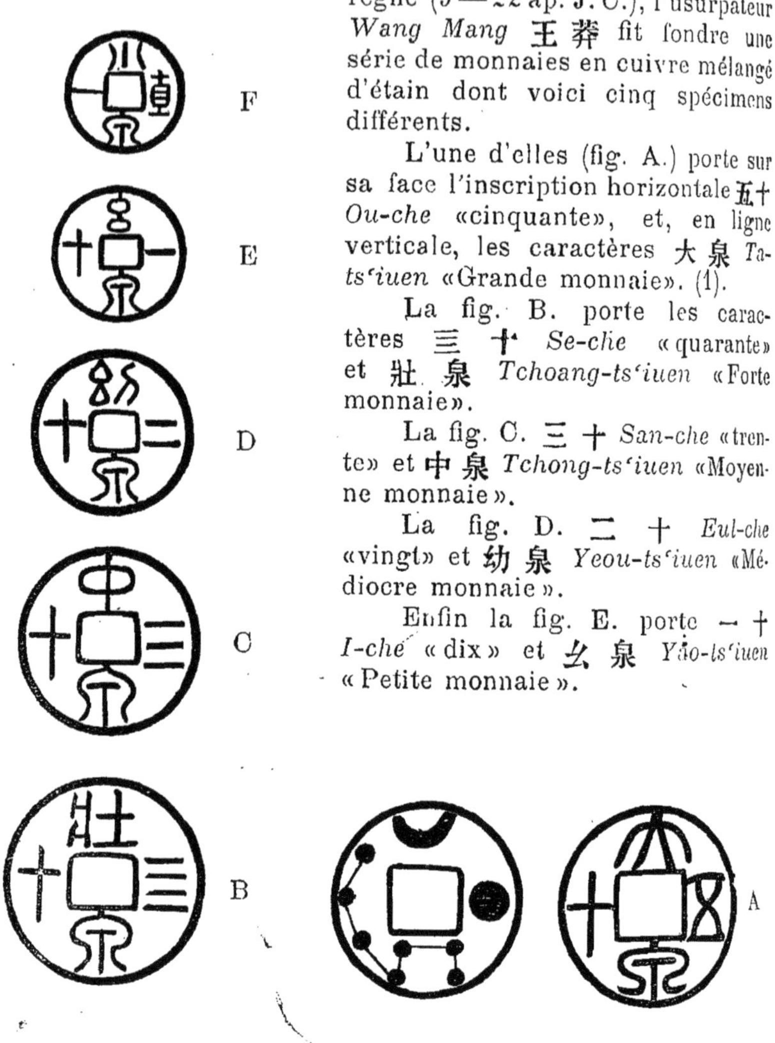

L'une d'elles (fig. A.) porte sur sa face l'inscription horizontale 五十 *Ou-che* «cinquante», et, en ligne verticale, les caractères 大泉 *Ta-ts'iuen* «Grande monnaie». (1).

La fig. B. porte les caractères 三十 *Se-che* «quarante» et 壯泉 *Tchoang-ts'iuen* «Forte monnaie».

La fig. C. 三十 *San-che* «trente» et 中泉 *Tchong-ts'iuen* «Moyenne monnaie».

La fig. D. 二十 *Eul-che* «vingt» et 幼泉 *Yeou-ts'iuen* «Médiocre monnaie».

Enfin la fig. E. porte 一十 *I-che* «dix» et 幺泉 *Yao-ts'iuen* «Petite monnaie».

Une pièce encore plus réduite, (fig. F.) portant les caractères 直一 *Tche i* «valant un» et 小泉 *Siao-ts'iuen*, servait d'unité monétaire. La fig. 115 en reproduit la forme d'après un moule du même *King-che-so*.

(1) Le revers de cette pièce représente le soleil, la lune et les sept étoiles de la constellation boréale.

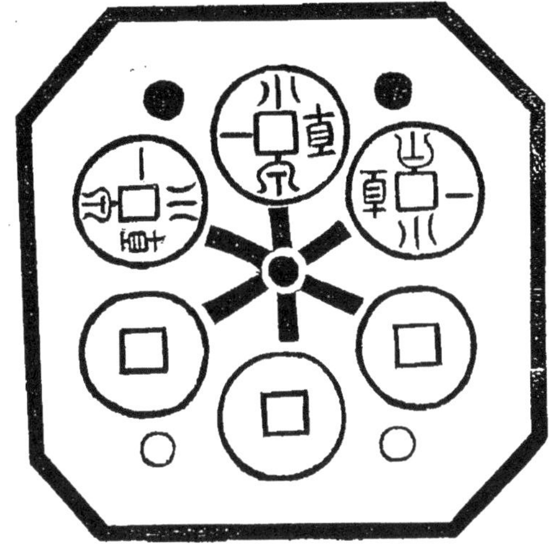

Fig. 115.

N'avions-nous pas raison d'écrire que la croix latine, en réalité le chiffre X, n'est point chose rare dans la numismatique chinoise? Il ne saurait être de médaillier bien pourvu qui ne le contienne plusieurs fois. En quelque sorte, la Chine, comme le Portugal, aurait ses «cruzades».

Nous retrouvons ce signe 10, presque aussi isolé, dans plus d'un facsimilé; en feuilletant tel recueil de monnaies, on découvre même qu'une croix de S. André, ayant la valeur de quatre unités (1), surmonte deux caractères mandchoux, au revers d'une sapèque de moyen module. (fig. 116.). Croix grecque, croix latine et croix de S. André ornent donc bien «les monnaies de la Chine»; mais on sait en quel sens cette affirmation est exacte.

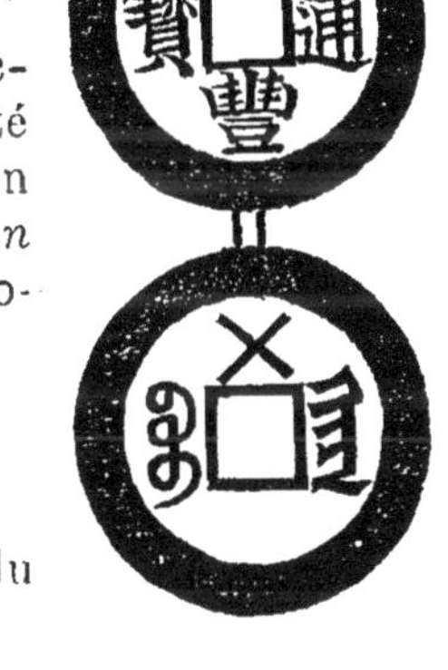

Fig. 116.

Dans une promenade à travers les caractères chinois, l'œil se trouve souvent sollicité à reconnaître de pareilles *fausses croix*. Peut-on les désigner autrement dans ces cinq *Kou-wen* 古文, anciens caractères en forme d'hiéro-

glyphes, insérés par le P. Amiot à la fin du Tome I des *Mémoires concernant les Chinois?*

A ces constatations un peu puériles de ressemblances par à peu près, on pourrait joindre la forme antique (fig. 118.) et la forme actuelle 古, que Dumoutier compare aux signes égyptiens (fig. 119). Elle paraît former le *bo-tree*, l'arbre de Bouddha, l'arbre sacré, qui sert de vignette à l'ouvrage de George Moore. (Cf. *supra* p. 14).

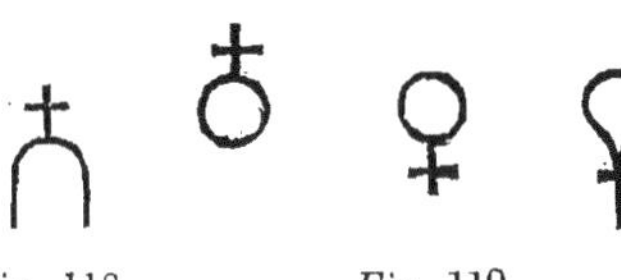

Fig. 118. *Fig.* 119.

(1) La croix oblique X est l'abrégé du chiffre 四 *quatre*.

Des vases de porcelaine sont uniquement décorés de multiples *hi* 喜, *fou* 福, ou *cheou* 壽, de couleur, juxtaposés et serrés du haut en bas, parfois en relief, sur le blanc de l'émail.

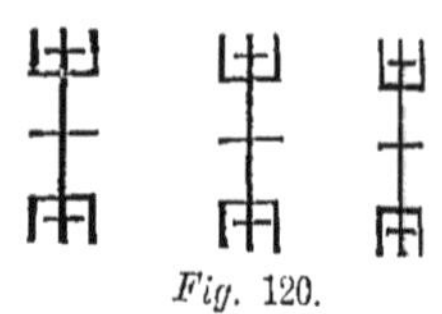
Fig. 120.

Sur le pourtour de la bobine d'un gland de soie très allongé, trois *cheou* 壽 s'enlèvent vigoureusement en teinte claire. (fig. 120). Dans un assortiment de passementerie ou mercerie indigène, plusieurs variantes de galons chinois, vus à Nankin, offrent ces alternances originales :

Fig. 121.

Fig. 122.

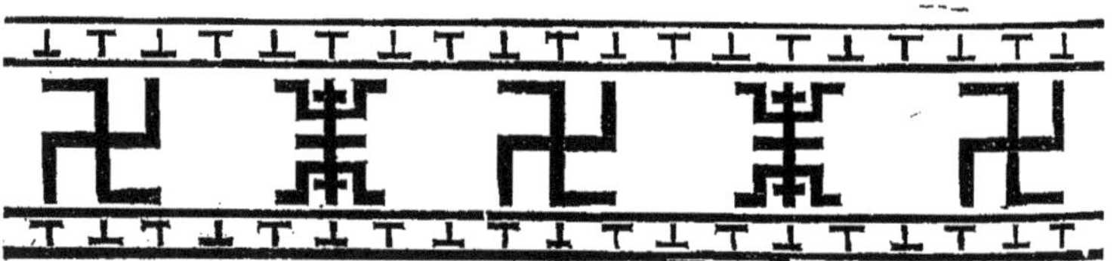
Fig. 123.

Assez fréquemment le 卍 est le motif principal, comme dans telle étoffe, recouvrant un soulier de la dernière mode, où ce signe ressort et résulte en blanc.

Un *nieou-yeou-che* 牛 油 石 pierre sonore admise dans certains orchestres chinois, affecte la forme du caractère *Hi* 喜. (fig. 124).

Le voici, plus fourni et plus décoré, sculpté en relief au pignon d'un mur de chaque côté d'une porte. (fig. 125).

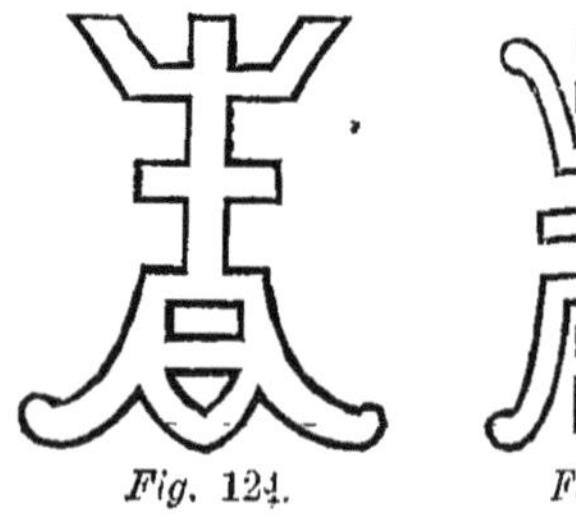
Fig. 124. *Fig.* 125.

Beaucoup de chandeliers en étain, en cuivre, voire même en porcelaine, se rapprochent de ce galbe, (fig. 126). autant que le permet la destination même de l'objet.

Fig. 126.

Ce qui explique la prédilection générale pour cette forme, c'est que le sens de ce caractère *Hi* est *se réjouir*. Aucun n'est plus populaire en Chine. Un jour chaque année, à Nankin, on le porte en chaise mandarinale, escorté de toute la garnison militaire, à travers toute la ville, de *yamen* en *yamen*; sorti le matin, il ne rentre que le soir et sa promenade est l'occasion d'un festival de premier ordre. Or des lampes de pagode, ainsi que des milliers d'ustensiles profanes, le montrent sous sa forme *ornementale* qui admet de nombreuses modifications telles que les figures 127, 128, 129 ci-dessous et semblables.

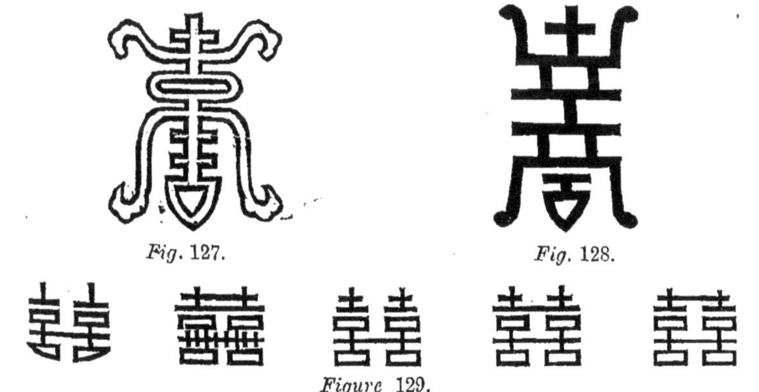

Fig. 127. *Fig.* 128.

Figure 129.

Autour du thème suivant — d'une valeur purement symbolique, à vrai-dire — les variations abondent :

Fig. 130. *Fig.* 131.

Gravé et doré, il paraît souvent à la tête des cercueils. (fig. 132). L'usage est d'y faire figurer un motif décoratif, personnage, symbole, ou scène pittoresque, qui atteint parfois un certain degré de richesse. Les chrétiens le remplacent habituellement par le chiffre de N. S. et de la S. Vierge, et modifient légèrement ces caractères ornemanisés, ponr les transformer en croix réelles, si ces ornements passent pour superstitieux.

Le spécimen de la figure 133, copié aussi chez des menuisiers de Nankin, montrera que cette transformation en symbole chrétien est des plus aisées. Nous ne donnons que la partie centrale de l'ornementation, souvent assez élégante, sculptée en léger relief, dorée sur fond rouge, plusieurs détails ressortant en or

Fig. 132.

Fig. 133.

vert. Ce motif ressemble vaguement aux croix de consécration, peintes sur les piliers de certaines églises polychromées. Parfois les barres transversales et verticales, plus nombreuses, font penser à une déformation, à un reste des linéaments incompris de notre IHS, ou Chrisme symbolique. D'autres variantes y joignent deux grands 卍; mais un accident m'empêche d'en fournir le dessin consciencieux.

Fig. 134.

Je n'ai qu'à baisser les yeux pour rencontrer le caractère *cheou* 壽 ainsi brodé sur le velours de mes souliers indigènes. (fig. 134). J'ai sur ma table une feuille imprimée en rouge, d'après une pierre sculptée, qui porte en titre: «Les cent manières d'écrire le caractère *cheou*».

L'enfantillage chinois s'y est donné libre carrière pour parfaire la centaine; plusieurs de ces idéogrammes, affectant une disposition symétrique, pourraient compter pour de fausses croix.

Fig. 135.

Le soubassement en pierres de la façade du *Club du Kiang-si*, 江西會舘, à Nankin, montre, gravé en relief, cet étrange arrangement de croix et de 卐, au milieu d'une ornementation exubérante. (fig. 135). Dans la figure 136 prise sur une potiche moderne, nous avons en outre un exemple de 卍, fortuits peut-être, dus à un croisements de linges. Une base d'autel bouddhique, tout récent, de la petite pagode nankinoise de *Si-fang-se* 西方寺, nous fournit ce dessin : (fig. 137). Au même endroit, j'ai relevé ce tracé moins simple : (fig. 138).

Fig. 136.

Je pourrais allonger encore la série de ces croix travesties ou plutôt de ces signes cruciformes. Le profit serait douteux. Ainsi

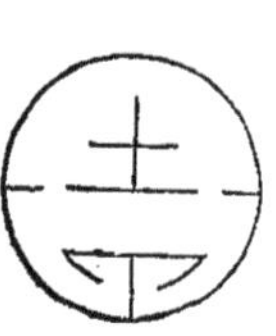

Fig. 137.

Fig. 188.

dans un assez vaste ensemble de fenêtrages à compartiments récemment exécuté à l'intérieur d'un *hoei-koan* 會舘, (maison de ville, club, hôtel d'une corporation), de Changhai, la croix fortuite 卝 se détache plusieurs fois, parfaitement isolée du reste. Toutefois, il n'existe là, comme dans une foule de cas, qu'une relation purement graphique et matérielle, avec le symbole du Christianisme. C'est affaire de simple coïncidence; les menuisiers auraient certes évité cette forme s'ils avaient cru qu'on pouvait y soupçonner une croix véritable.

Je doute, jusqu'à preuve du contraire, que le hasard seul doive intervenir dans un autre série de croix, de forme non équivoque, bien certainement voulue, fondues en relief sur bon nombre de vases liturgiques.

Les recueils chinois, à défaut des collections privées et publiques, offrent des suites de ces bronzes et vases rituels suffisamment classés pour guider l'amateur parmi ces mille profils, galbes et formes, si typiques, où la fantaisie s'est donné carrière, évitant presque toujours la vulgarité. Même pris à part, les motifs d'ornementation qui les couvrent mériteraient une étude détaillée, riche en surprises pour qui oserait l'entreprendre.

Parmi ces motifs, nous ne nous attacherons qu'aux ornements cruciformes. Le P. Cibot, présentant une planche, que nous compléterons en recourant aux dessins originaux, écrivait : «Ces vases sont remarquables par les croix clairement tracées qu'on y voit. J'en ai trouvé plusieurs autres de cette forme, avec des croix dont les Chinois ne disent rien; cependant, comme ces vases étaient pour les sacrifices, et que ce sont les seuls où l'on trouve des croix, il n'est pas coyable que ce soit un pur hasard. Comme ils n'ont aucune inscription, je ne voudrais pas garantir qu'ils fussent aussi anciens que le dit l'antiquaire chinois; (Dynastie des *Chang* 商 1766-1122); peut-être ne remontent-ils que jusqu'à *Han* 漢 (—206 + 221), ou même au *T'ang* 唐 (618-907).» (1) A la page 56 nous avons parlé d'un vase orné de croix (fig. 108); ajoutons que sur l'anse on remarque ce signe 卍, si fréquent dans l'art scythe, éginétique, étrusque ou perse primitif. Les figures 139, 140, 141, 142 nous fourniront les types principaux de ces vases rituels, (nous en connaissons une trentaine d'exemples), où la croix occupe une place tellement honorable, qu'on serait tenté de la comparer avec la disposition de la croix, inscrite aussi, bien en vue, sur le pied du calice de la Messe catholique. Elle y indique la partie que le Prêtre célébrant doit garder tournée par devers soi; peut-être la croix des vases chinois, au cas où elle est unique, remplissait-elle une fonction analogue. (2).

Ces objets liturgiques, ainsi marqués de la croix, ont dû exister en bien grande quantité, et être d'un usage bien commun, puisque les seuls recueils *Lou-king-t'ou* 六經圖, *Kin-che-so* 金石索, et *Po-kou-t'ou* 博古圖 nous en conservent vingt-six dessins différents.

---

(1) *Lettre de Pékin sur le génie de la langue chinoise par un Père* (le P. Cibot) *de la Cie de Jésus, missionnaire à Pékin.* — Bruxelles, de Boubers, 1773. La dernière phrase de la citation est à méditer: "peut-être ne remontent-ils que jusqu'à..." C'est insinuer qu'ils sont probablement postérieurs à l'ère chrétienne.

(2) Le vase de la figure 139 est accompagné de cette légende explicative :
右高九寸、深五寸八分、口徑五寸二分、容七合、重一斤三兩、銘二字曰、甲者、商君也、蓋商有小甲、河亶甲、沃甲、陽甲、祖甲之五君耳、又商人制器、多爲物象、故著立戈以寓其戒、觚之爲器、既以孤爲義矣、又復作戈以示焉、信乎、所謂無彝酒者也、豈特此哉、鼎也、甗也、皆以是爲飾、則知古人所欲作者、不獨飲而已、是觚也、腹無四稜、而款識高古、非商初之制、無以及此、

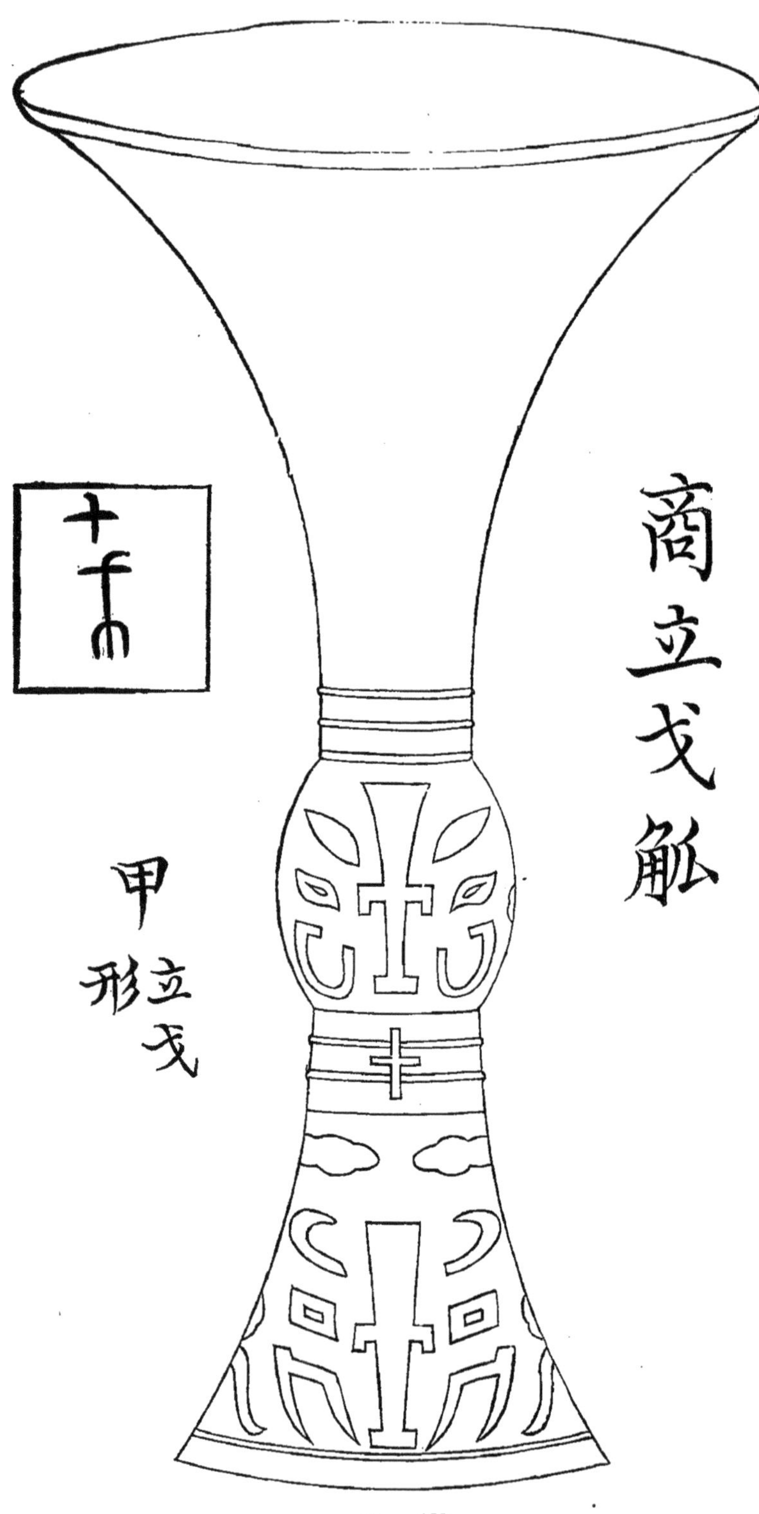

Fig. 139.

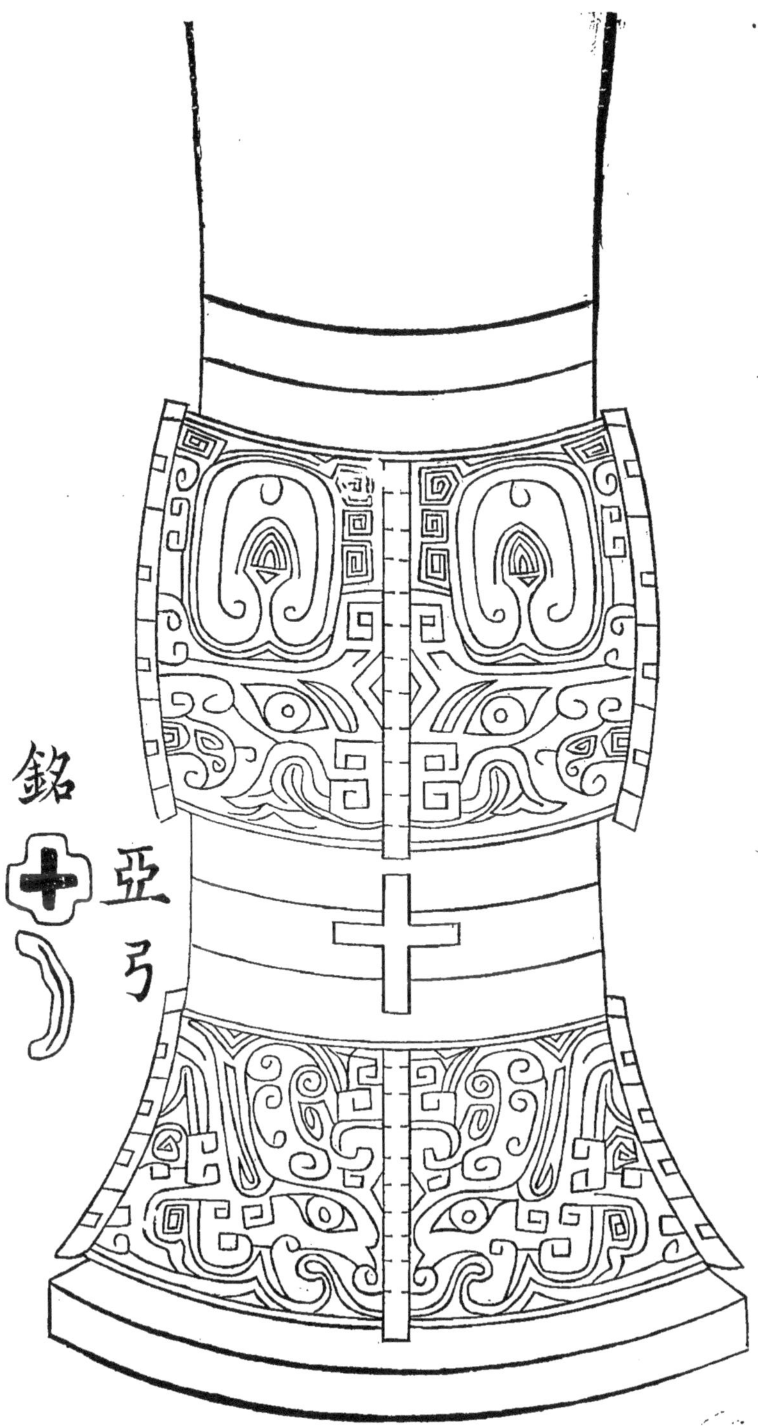

Fig. 140.

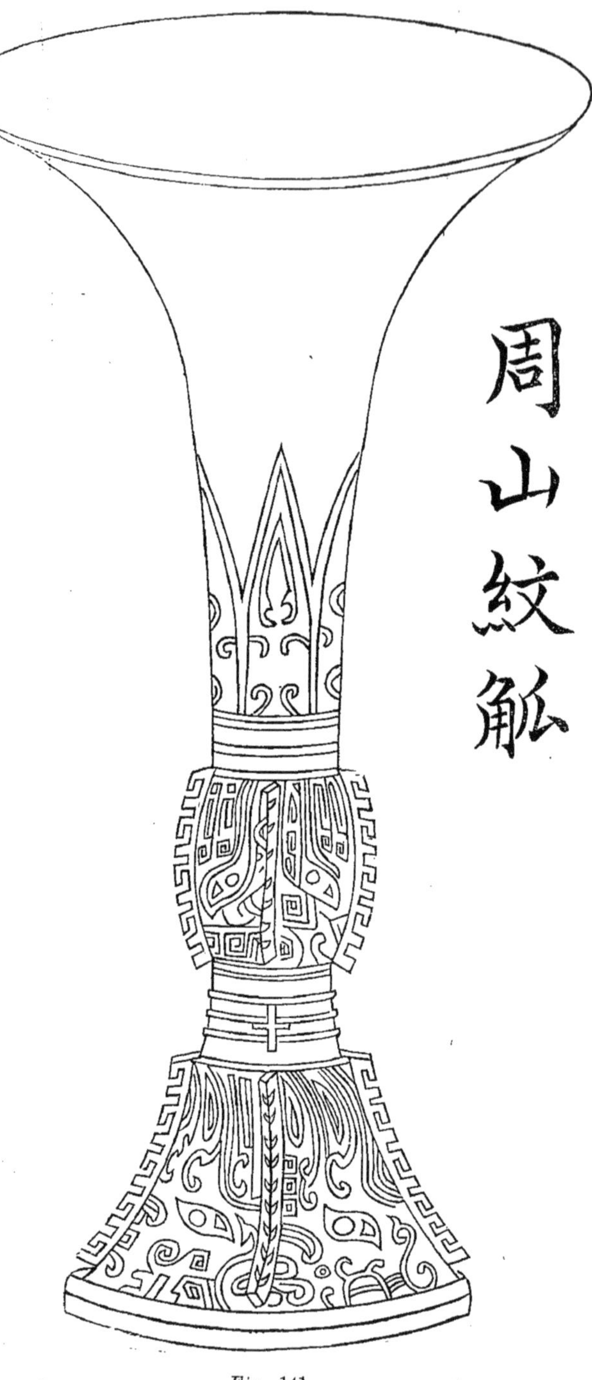

Fig. 141.

Fig. 142.

Sur ces dessins, c. à. d. sur la face antérieure du vase regardant le public, quatre vases portent trois croix. Habituellement la croix, unique ou trois fois répétée, se voit vers le bas, entre ou sur deux anneaux encerclant le vase, au dessous de ce

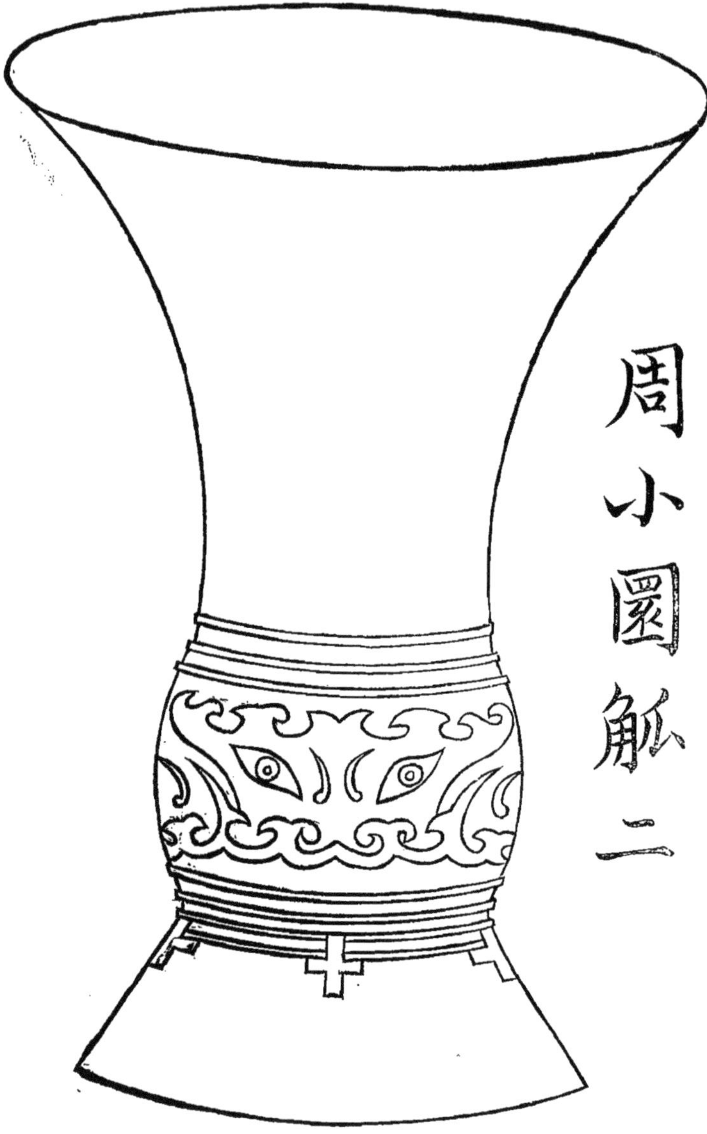

*Fig.*a 143.

que nous appellerions le *nœud du calice,* car nôtre calice eucharistique a eu cette forme. Toutefois, une disposition contraire, quoique très rare, se remarque aussi. (Cf. fig. 143.)

(1) Le *Po-kou-t'ou,* ouvrage en 16 livres, renfermant plus de 900 gravures, à

A la vue de plusieurs des croix des pages précédentes, le lecteur a pu s'écrier : «Mais ce n'est pas là *notre* croix ! telle et telle est un ornement; celle-là est fortuite; celle-ci n'en est que le travestissement; telle autre est un simple décor géométrique!» Est-il bien sûr, pourtant, que dans *aucun* cas on ne peut signaler, sans témérité, le moindre rapport *symbolique ou ornemental* avec *notre* croix?... Dans l'impossibilité où nous sommes de trancher cette question, assez complexe, et qui ne sera résolue, si elle doit l'être jamais, que pièces en main, à l'aide de longues recherches archéologiques et ethnographiques, contentons-nous de mettre sous les yeux du critique quelques données, pouvant servir, soit à mieux poser le problème, soit à en préparer la solution, sauf à le compliquer provisoirement.

§ II.

Ta-mo est-il S. Thomas? — Son culte au Se-tch'oan et sa croix — Croix au Tibet — Le patriarche Dharma — Jisô sauveur d'âmes.

Parmi les traditions qui ont, sur ce point, le plus intrigué, sinon dérouté la sagacité des historiens ou des sinologues, se place sans contredit au premier rang celle qui a trait à *Tamo* 達磨 (1), le personnage réel ou légendaire, venu jadis du Sud-Ouest en Chine prêchant une religion étrangère.

Gaubil (2) dans l'histoire de la dynastie des Tang, rapporte que «pendant la 7e année, appelée *K'ai-yuen* 開元 en 719 apr. J.-C.. le roi de *Fou-lin* ou *Ta-ts'in* 大秦 paya tribut à l'empereur *Hiuen-tsong* 玄宗 et lui envoya un prêtre d'une grande vertu, appelé *Ta-mou-tou,* — corruption peut-être du nom de Thomas, — très savant dans les sciences mathématique.»

Naguère encore, le voyageur anglais Colborne Baber, au retour d'une exploration au *Se-tch'oan* 四川, consignait les lignes suivantes. Outre les documents nouveaux qu'elles apportent, elles résument une grande partie de ce débat d'histoire religieuse : «De temps en temps on a publié de vagues renseignements sur une secte chinoise qui adore une divinité appelée *Tamo*, et regarde la croix comme un symbole religieux. C'est cette histoire qui a conduit les missionnaires catholiques romains

---

inspiré le travail «A dissertation on the ancient Chinese Vases of the *Shang* dynasty, from 1743 to 1496 B.C. London 1851». L'auteur, P.P. Thoms, ne fait pas même allusion, semble-t-il, à ces vases rituels à croix, bien qu'il reproduise un certain nombre des figures originales, regravées par un chinois pour sa publication.

(1) On trouve aussi dans les ouvrages bouddhiques : 答哩麻 *Ta-li-mo*, ou encore *Ta-eul-mo-yé* 達而麻耶, (Eitel, pag. 43 et 181).

(2) D'après Kesson. *The Cross and the Dragon*. London. 1854. pp. 38, 39.

à identifier *Tamo* avec S. Thomas, et à accepter comme prouvée la tradition sur la visite de cet Apôtre en Chine. D'autre part, le *Tamo* du bouddhisme est, si je ne me trompe, un patriarche bien authentique, qui vint en Chine au VIe Siècle. Il était donc vraiment curieux de découvrir dans ce temple une image sculptée de cet Apôtre, du Christianisme ou du bouddhisme, le reproduisant avec des traits hindous bien caractérisés, le teint foncé, surtout avec une croix latine sur la poitrine. Voici un croquis sommaire de ce symbole, qui est sculpté en relief dans l'original et colorié en rouge (fig. 144).

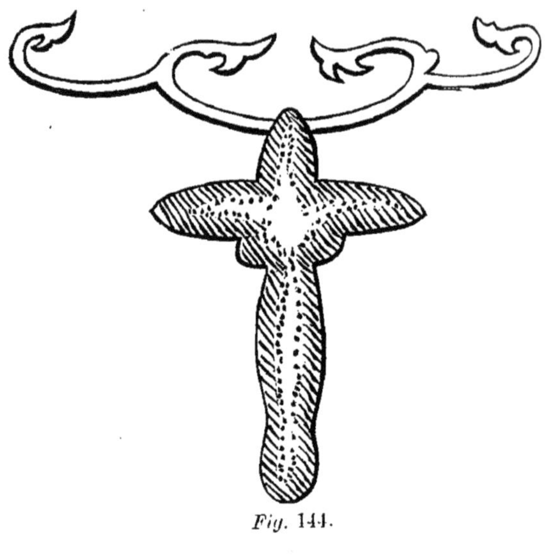

Fig. 144.

Les images de *Tamo* sont nombreuses dans les temples du *Se-tch'oan*, et il est presque toujours — je pourrais, je crois, m'aventurer à dire *toujours*, — représenté avec la figure noire, ou très-brune. Je n'ai jamais entendu parler d'un autre cas d'un portrait de *Tamo* portant une croix». (1).

Nous croyons pourtant qu'il s'en trouve, car l'auteur a raison d'énumérer parmi les caractéristiques de cette secte, «qu'elle regarde la croix comme un symbole religieux». Les missionnaires du *Se-tch'oan* pourraient sans doute en fournir la preuve péremptoire. Rappelons que le 卍 est spécialement le symbole ou emblème de *Dharma*. (2).

Dans son voyage au même mont *Omi*, le R[d] Virgil C. Hart signale aussi «une statue de *Tamo*, le dernier des Patriarches indiens qui vinrent en Chine. Il est prestement troussé, avec la chevelure, la barbiche, la moustache et les sourcils tout

(1) *Royal Geogr. Society* (Supplementary papers; Vol. I. part I). *Travels and Researches in Western China*. By. E. Colborne Baber. — London 1882. — Bien que ce *Tamo* ait la peau noire ou foncée, l'endroit s'appelle pourtant *Pé-fou-se* 白佛寺, "le sanctuaire du Bouddha blanc." Ce nom lui vient d'une autre particularité.

(2) On a dit que les Vestales portaient à leur collier "un emblème cruciforme, réminiscence du 卐 hindou." *Revue d'Ethnographie.* Juillet-Août 1885.

bleus». (1). Les idoles bouddhiques à cheveux bleus sont partout des plus communes.

Qu'était-ce en somme que ce *Tamo?* De quelle nation était-il? D'où venait-il? Où a-t-il existé? Quel est le fait ou le mythe qui a donné naissance à cette légende? Des réponses plus ou moins heureuses, des explications plus ou moins plausibles ont été fournies. Une des plus positives et des moins anciennes est celle de M. E. H. Parker, qui distingue deux *Dharma* ou *Tamo,* puisqu'on s'accorde à identifier ces deux prononciations, l'une indo-sanscrite, l'autre chinoise : «Le premier apôtre du bouddhisme en Chine est *Dharma*... Il était fils de *Hiang-yuh,* roi de l'Inde méridionale; en 520 de notre ère, il vint en Chine par le Sud et la voie de mer; puis il s'attacha à un temple appelé *Shao-ling-sse.* Il ne faut pas le confondre avec un autre *Dharma,* un peintre qui vint par terre au *Se-tch'oan* de 580 à 685». (2). Ce dernier est-il le *Tamo* de Baber, portant la croix latine? C'est peu probable, ou bien ce peintre était en même temps un missionnaire et un ascète, cas fréquent alors.

Le P. Trigault, dépourvu des ressources de l'érudition moderne, faisait déja ressortir cette coïncidence : quand le bouddhisme pénétra en Chine, en l'an 65 de notre ère, «Sainct Barthélemi Apostre publiait la loy Evangélique en l'Inde supérieure;... mais l'Apostre Sainct Thomas espandoit les raisons Evangéliques en l'Inde inférieure vers le midi». A propos des ressemblances entre les cérémonies bouddhiques et les nôtres, il ajoute : «En récitant leurs prières, les bonzes redisent souvent un certain nom, qu'eux-même confessent ne cognoistre pas; iceluy est prononcé comme *Tolome.* Ils semblent peut estre avoir voulu honorer leur secte par l'autorité de l'Apostre Bartholome». (3). Il est difficile que ce vocable *Tolomé* soit le même que celui d'*Omi-to-fo,* ou Amida-Bouddha des bonzes de nos jours.

On jurerait du reste que leur superstitieuse ignorance s'est ingéniée à embrouiller l'écheveau de ces traditions, devenues incohérentes ou contradictoires, si l'on s'en tient, pour le débrouiller, aux représentations graphiques, même avec les livres bouddhiques sous les yeux. Le Musée Guimet est assez riche en statues de *Tamo,* et le conservateur, M. de Milloué, a écrit à leur sujet : «En 65 de notre ère, sous le règne de l'empereur

---

(1) *Western China, a journey to the great buddhist centre of Mount Omei,* p. 205. Boston 1888. Ailleurs, le voyageur manifeste son étonnement en voyant aux environs de *Tch'eng-tou,* 成 都, la capitale du *Se-tch'oan,* des croix rouges ou blanches, cousues sur les habits des enfants, soit par devant, soit par derrière.

(2) *Journal de la Soc. Asiat. de Changhai.* Vol. XXIV. N° 3. — 1889-1890.

(3) De Riquebourg-Trigault. I p. 175. — *Histoire de l'Expédition chrestienne au royaume de la Chine.* Traduction de l'ouvrage du P. Nicolas Trigault Lyon, Cardon, 1616.

Mingˋ-ti, le missionnaire bouddhiste Dharma, appelé aussi Bodhidharma et Dharma-râja, fonda quelques monastères et une petite communauté qui vécut modestement sans faire beaucoup de progrès. Ce Dharma, en chinois Tâ-mô, a été pris un moment pour l'apôtre du Christ, Saint Thomas, comme lui grand faiseur de miracles». (1).

Le même Guide (p. 71), parle d'une statue de ce Dharma représenté la «barbe courte et frisée, un pan de son manteau rejeté sur sa tête». Une autre statue de bois le montre «en costume de prêtre, tenant un soulier dans sa main gauche» (p. 109). C'est aussi l'attitude de celle que l'auteur décrit ainsi à la page 178 : «Belle statue de bois bronzé, du XVIe siècle : le prêtre Dharma sortant de son tombeau, drapé dans son linceul, et un soulier à la main». (2).

Généralement donc on admet que ce *Ta-mo*, est le 28e patriarche, (ou selon une autre manière de compter, le 1er des six patriarches); il vint trouver à Nankin l'empereur *Ou-ti* 武帝 fondateur des *Liang* 梁, qu'il éblouit par ses doctrines ascétiques et ses exploits légendaires. Pourtant il délaissa Nankin, pour se rendre à *Lo-yang* 洛陽 au royaume de *Wei* 魏. L'anniversaire de sa mort se fête en Chine le 5e de la 10e lune. (3).

Au cours d'un «Dialogue avec un philosophe chinois sur l'origine du monde (4), on rencontre quelques mots irrévérencieux de ce philosophe lettré contre *Ta-mo*, «ce fainéant contemplatif,... ce personnage si vanté, qui est venu d'Occident à la Chine, et passa, dit-on neuf ans, sur la montagne *Tsong*, dans une contemplation continuelle». Que deviendrait le monde, se demande le philosophe, si *Ta-mo* trouvait beaucoup d'imitateurs?

Tout naturellement on doit pouvoir signaler des traces de ce *Tamo* dans les pays, jadis tributaires de la Chine, qui lui ont tant emprunté en fait de coutumes, de littérature et d'usages superstitieux. La Corée et l'Annam lui ont peut-être pris celui-là. D'après M. de Milloué (p. 137), la secte *Zeng-siou*, sorte de bouddhisme chinois introduite au Japon par le bonze *Do-guen* «prétend avoir conservé intacts les principes de son fondateur en Chine, le missionnaire *Ta-mo* (*Bodhi-dharma* ou *Dharma-râja*)». Nous ne savons si les statues du Musée Guimet et les

(1) *Petit guide illustré du Musée Guimet* 1890 p. 65.

(2) *Cf.* pp. 160, 238, 241 etc., ouvrages de bronze, de bois ou de faïence.

(3) *Cf.* Edkins, *Chinese buddhism*, London, 1880. p. 92. L'auteur y explique la raison de la sandale, caractéristique de certaines statues de *Ta-mo* dans les pagodes actuelles. Elle a trait à une particularité de sa vie apocryphe. Bretschneider, *Mediæval Researches*, traite un peu légèrement l'opinion des missionnaires catholiques, qui soupçonnaient dans le mythe de *Ta-mo* un vestige de l'Apostolat de S. Thomas. — Cf. Gaubil. *Astronomie Chinoise* p. 56.

(4) Du Halde *Mémoires concernant les Chinois*. III. p. 54.

types conservés au Royaume du Soleil Levant, en Corée et en Annam, le figurent avec la croix latine, la croix grecque ou le 卍.

Aux Indes, il semble que sa caractéristique soit autre, à moins que, comme on l'a soutenu plusieurs fois, le 卍 ne soit que le symbole réduit de la *roue de la loi,* la *tchakra* hindoue, «qui est toujours, un objet de culte ou au moins de bénédiction. On le trouve toujours honoré et généralement placé au-dessus des autres emblèmes. Je serais porté à dire que c'est le symbole de *Dharma*». (1). Cette interprétation rendrait moins singulier le changement ou l'équivalence de la *roue*, du 卍, de la + (fig. 145) et enfin la présence de la † au cou de *Ta-mo* au *Se-tch'oan.* Ces étapes de la *roue* à la croix latine † seraient plus clairement marquées.

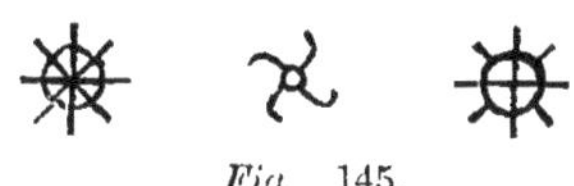

Fig. 145.

Si la *tchakra*, ou *roue de la loi*, symbole de la tradition bouddhique, du *Dharma* hindou — *Dhama,* en pâli, d'après Eitel, et *Ta-mo* en chinois — a pour signe algébrique le 卐, il est moins surprenant de rencontrer la croix, même latine †, sur la poitrine du *Ta-mo* chinois. (2). *Dharma* est aussi un des personnages de la triade bouddhique.

Bazin suggère une interprétation assez piquante et l'appuie de détails historiques plus précis ; resterait pourtant à savoir si nous n'avons pas affaire ici à un troisième personnage, différent de *Ta-mo* l'Apôtre, et de *Dharma* le peintre. Les Annales ou les traditions locales de la Chine, où l'on condense souvent ainsi plusieurs personnages en un seul, mentionnent un peu partout des ascètes ou ermites. Au nombre des passagers célèbres du *Ngan-k'ing-fou* 安 慶 府, «on cite le prêtre ou bonze *Thsán* (le *brillant*) qui vint de *Ta-mo* (Damas?) dans le *royaume du milieu*, sous le règne de *Yuen-thsoung* de la dynastie des *Thang* (de 713 à 756 de notre ère). Ce religieux de Damas n'avait, selon la tradition, que ses vêtements de religieux et un vase pour recevoir sa nourriture. Ce fut à *San-tshou* que *Thsan* arriva pour communiquer et propager sa doctrine, et il expliqua cette doctrine, cette loi *(fă)*, dans une vallée déserte de la montagne *Houân* (3). Il finit ses jours et fut enterré au sein d'un monastère situé

(1) Fergusson, *Handbook of Architecture*, p. 157. En réalité «tourner la roue de la loi, *Dharma Tchakra*, c. à. d. propager le bouddhisme», est une expression figurée qui a son pendant en celle-ci : «prêcher la Croix, la religion chrétienne».

(2) Nous avons donné plus haut, d'après les dessins de George Moore, les signes caractéristiques en question. Voir, page 212 de son ouvrage *The lost tribes*, ce qu'il dit de cette «roue bouddhique». Il renvoie lui-même à divers passages de la Bible, faisant remarquer que Çakya-mouni, né vers 623, peut avoir connu Ezéchiel, ou ses prophéties, dont tant de détails semblent reproduits par le Bouddhisme.

(3) «Cette montagne, très célèbre chez les chinois est située au Nord-ouest du *Canton* de *Tsien-chan*».

dans une vallée de la montagne en question. L'empereur *Youen-thsoung*, des *Thang*, lui conféra le titre honorifique posthume de maître de la contemplation spirituelle et miroir de la sagesse. Le religieux dont il est ici question fut vraisemblablement un des nestoriens de Syrie qui se rendirent en Chine pour y prêcher le christianisme dans le septième et le huitième siècle de notre ère et dont le *Monument* de *Si-nan-fou*, érigé en 781, porte témoignage». (1).

M. Dabry de Thiersant cite un ouvrage chinois, le *Kien-yu-tou* qui parle d'un «petit État nommé *Tamosze* (Damas.) enclavé dans le *Ta-tsin-kouo*, et *d'où sont venus les étrangers qui ont apporté en Chine la religion lumineuse*». (2). L'auteur français fait encore cette remarque (p. 33) : Le bouddhisme porte, en Chine, les noms de Fo-kiao, religion de Fo, ou Tamo-kiao, religion de Tamo. Quelques personnes ont cru que ces dernières expressions s'appliquaient à la religion de S. Thomas... C'est une erreur, Tamo est le nom chinois donné à Boddhi-Dharma... venu en Chine en 495». (3).

L'histoire démêlera peut-être l'inextricable *imbroglio* des traditions contradictoires qui gravitent autour de ces noms. On peut affirmer en attendant, que la légende, ou, si l'on veut, l'histoire semi-légendaire de Tamo compte parmi les plus répandues et les plus populaires de l'Extrême-Orient. Nous souhaitons vivement que l'on continue à collationner les textes indigènes, à signaler les indications du folk-lore local, et surtout les monuments archéologiques, où les traces de ce personnage restent les plus visibles.

La cinquième des «douze grottes, *Che eul tong* 十二洞» que l'on visite à *Koan-in-men*, l'une des portes de la «grande enceinte» de Nankin, est dédiée à *Ta-mo*, «saint bouddhiste, dit un des bonzes gardiens de ces grottes, venu en Chine de l'Occident, sous *Ou-ti*, des *Liang*, vers 502, et qui prêcha et voyagea dans beaucoup de pays. Une correspondance du *North China Daily-News* (17 av. 1890), décrit ainsi cet endroit : «La grotte de *Ta-mo* porte le N° 5, et se trouve en haut d'un escalier que l'on atteint par un sinueux et étroit sentier. C'est une petite anfractuosité dans le roc, laquelle n'a rien de remarquable ni d'attachant. La caverne est juste assez large pour abriter deux bonzes bouddhistes, un chien et une demi-douzaine d'images. L'idole, *Ta-mo*,

(1) *Chine moderne*, de Pauthier; 2e partie par Bazin. — Paris, Didot, 1853. pp. 81/82. L'auteur renvoie au *Ta-ts'ing-i-t'ong-tche*, K. 56, f° 44, *verso* — *Item* à *la Géographie spéciale du Chensi* en 60 vol. chinois. K. 77, f° 26.

(2) Dabry de Thiersant. — *Le Catholicisme en Chine au VIIIe Siècle.* Paris.— p. 24.

(3) D'après Eitel, *Bodhidharma* est le 1er patriarche pour les Chinois, (le 28e pour les Indous. Ils le nomment 達摩大師, Fils d'un roi de l'Inde du Sud, il s'appela d'abord *Bôdhitara* et vint en Chine en 520, apportant le *patra* ou palmier, *borassus flabelliformis*.

occupe le centre, et une représentation plus grande de la même divinité se dresse dans un des angles. Un «bouddha riant», le belliqueux *déva Wei-to,* et la déesse de miséricorde — c'est un des noms de *Koan-in*, — sont les autres idoles. *Tamo* est représenté sous sa forme habituelle, sévère et laide. Rien ne le distingue d'une centaine d'autres idoles. L'autel porte l'inscription symétrique : 自作自受我看東土人
自性自度行善西天佛

Je puis témoigner de l'exactitude de cette description. Dans une des plus vastes de ces grottes, creusées jadis dans les conglomérats rocheux d'une falaise haute de 60 mètres par le Yang-tse-kiang, qui les baigne encore de ses grandes eaux, on a disposé une pagode de style banal, dont les pieds trempent dans une mare limpide formée par les suintements du roc, perforé de couloirs très pittoresques. A l'entrée on a reproduit en léger relief et en grandeur naturelle la gracieuse image à large auréole de la déesse *Koan-in* 觀音, d'après le dessin du fameux *Ou Tao-tse*. C'est une œuvre de haut style. (1).

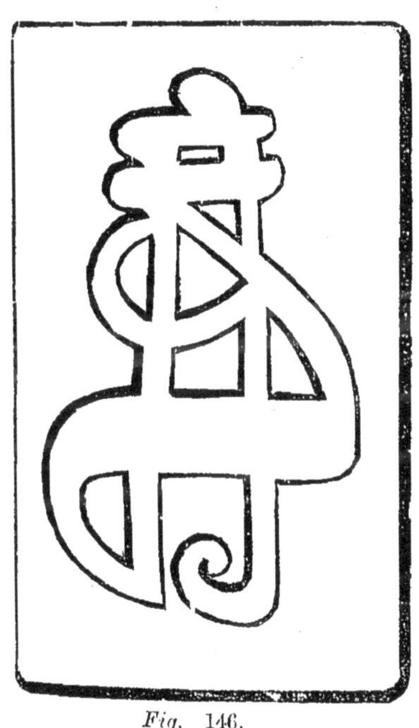

Fig. 146.

Fig. 147.

A quelques pas de là, dans la paroi même de la falaise, on a gravé le caractère *cheou* 壽 haut de plus de trois mètres. Au dire des bonzes, l'empereur *K'ien-long* l'aurait tracé d'un seul coup de pinceau (fig. 146). En regard (fig. 147) nous lui opposons

(1) Une pagode de la ville de Nankin appelée *Ouo-fou-se* 臥佛寺, se vante aussi de posséder une *Koan-in*, œuvre originale de ce *Ou Tao-tse* 吳道子, célèbre

l'esquisse réduite d'un autre *cheou* nankinois, incisé sur une dalle et mesurant 80cm sur 1m 25. C'est le chef-d'œuvre calligraphique d'un haut mandarin de nos jours, devenu Amiral du *Yang-tse-kiang,* et nommé *Wang,* qui l'aurait aussi enlevé sans retouches, d'un seul trait. Plus admiré qu'un tableau de grand maître, cet idéogramme est journellement visité et estampé dans le lieu de divertissement appelé *Mo-tch'eou-hou* 莫 愁 湖 le «*Lac de Sans-Souci*», à l'Ouest de Nankin.

Pour qui connaît ou soupçonne l'état réel et complexe du bouddhisme, du taoïsme et du confucianisme en Chine, ces transformations de traditions anciennes, ces emprunts déguisés aux mythes primitifs des sectes voisines, cet amalgame des pratiques les plus diverses, cette évolution sans terme de croyances sans fondement, cet apport d'observances vaines et de symboles inexplicables, tout cet ensemble de conditions qui font que, si la vérité religieuse se dévéloppe en raison et progresse en clarté, les fausses religions dégénèrent et accumulent des ténebres chaque jour plus épaisses, tout cela, dis-je, rend les investigations plus ardues, moins assurées, moins fructueuses, sans leur rien enlever, ni de leur intéret, ni de leur utilité.

Voyez par exemple, ce qu'est devenu pour nos chercheurs et interprètes de religions comparées, ce que j'appellerais le «thème *Jisô,*» au Japon.

Cette étude n'est pas indifférente à celle que nous essayons sur le 卍 et la croix en Chine, puisqu'on a voulu y voir le souvenir altéré de Jésus, le «sauveur», titre vénérable, lié désormais à la croix ✝ instrument de salut.

Le Musée Guimet possède plusieurs statues de bronze de *Jisô,* œuvres du XVIIIe Siècle. L'une est ainsi cataloguée: «Jisó tenant le bâton à sistre, debout sur un lotus décoré d'un swastika.» (*Petit Guide illustré* — 1890 — p. 177.) — Une autre grande statue de bronze de la même date, consacrée en 1723, nous est présentée par le même *Guide* (p. 171), comme «le bodhisattva Jiso, sauveur des âmes, debout sur le lotus tenant le bâton à sistre et la boule précieuse.» Ailleurs (p. 161), on le voit «assis et méditant, la tête appuyée sur sa main droite», ou bien «la tête ceinte d'une gloire ronde, ornée de fleurs de lotus» (p. 177); et partout il tient «le bâton à sistre et la boule.» Précédemment (p. 161), le *Guide* nous a averti que «c'est un ancien prêtre, qui s'est, dit-on, réin-

---

sous le nom de *Godoshi* au Japon. Cette pagode sinico-thibétaine, renferme comme celle des environs de Pékin, un bouddha couché, sorte de manequin richement habillé, reposant sur une espèce de divan somptueux, dans une vitrine oblongue; telles ces figures de martyrs en cire que l'on voit dans une châsse, sous certains autels, disposés selon la mode italienne. Cette pagode, une de celles où ont lieu les ordinations bouddhiques alors que se pratiquent les brûlures rituelles sur le crâne rasé des bonzes, possède avec divers autres trésors, une bibliothèque thibétaine, don impérial.

carné plusieurs fois. Il aurait vécu dans plusieurs mondes, et notamment, en Occident.» C'est une des idoles les mieux connues au Japon, puisque le Musée Guimet exhibe encore dans la salle impériale «six statuettes en bois du XIVe Siècle... représentant les six principales formes du dieu *Jisô*.» (p. 180).

Du reste, M. Guimet nous a résumé lui-même la biographie légendaire du héros en question: «quant à Jisô, c'était un des bienheureux Bouddhas; mais il abandonna son état divin, pour descendre sur les mondes inférieurs. Il a ainsi visité six mondes particuliers, où les bouddhas étaient méconnus. Ce dieu, dont le nom ressemble à Jésus, est venu sur notre terre, s'est incarné dans le corps d'un prêtre bienfaisant, qui guérissait les malades et sauvait les âmes. Sa grande préoccupation est de tirer de l'enfer les petits enfants condamnés pour des fautes commises dans les existences antérieures; il veut les affranchir des péchés originels, et c'est surtout pour cela qu'il a quitté le ciel;... il tient dans une de ses mains la boule de pierre précieuse, et dans l'autre le sistre à anneau, sorte de caducée qui lui sert à conduire les âmes.» (1).

Quoi qu'il en soit des traditions religieuses, indigènes et exotiques, qui ont donné lieu à ces légendes réelles ou supposées, on devinera aisément dans ces lignes une parodie criminelle, à peine déguisée, des miracles de N.S., de l'œuvre de la S. Enfance, du dogme du péché originel, parodie gâtée encore par l'intention peu généreuse de ridiculiser certaines images catholiques. Quant à définir, dans ces rapprochements sacrilèges, la part de responsabilité du bouddhisme japonais, et celle de l'ignorance ou de la passion antireligieuse du voyageur d'Occident, c'est une tâche oiseuse et répugnante à la fois. «Malheur, a dit un incrédule, à qui tourne en dérision ce qui peut sauver une âme!» En se bornant à classer ses collections ethnographiques, M. Guimet eût plus sûrement travaillé pour sa gloire. Si nous nous occupions de son livre, nous aurions à relever aussi, parmi nombre de bévues, l'aberration sectaire qui l'aveugle au point de lui faire risquer un inepte blasphème au sujet «du sacré cœur de Bouddha!» Il est vrai que n'osant en prendre tout l'odieux, il l'attribue à l'invraisemblable malignité d'un bonze japonais. Pendant ce temps, les grotesques singeries du culte bouddhique à Paris font sourire ici les moins croyants des catholiques, avec les plus rationalistes des protestants, mieux au fait de la réalité des choses en Extrême-Orient. Et la presse locale s'amuse des naïfs occidentaux, assez jobards pour admirer des élucubrations envers lesquelles les bonzes ne cachent pas leur mépris.

Quant à l'action moralisatrice du bouddhisme, un récent travail de M. l'abbé Desgodins démontre que, si ce culte ne verse

(1) Em. Guimet, *Promenades japonaises.* — Paris, Charpentier, 1883 p. 88.

pas partout, comme au Tibet, dans les fanges de l'obscénité ou les turpitudes d'un naturalisme tellement abject que l'énoncé n'en est tolérable que grâce à l'impudeur du latin, il demeure désormais sans influence aucune pour le relèvement moral des populations asiatiques. (1).

§ III.

Tchang Tao-ling, 1er pontife des Taoïstes. — *Liou Tong-ping* et son épée. — La *Si-wang-mou* et la reine de Saba.

A côté de *Tamo* et de *Jisô*, le mythe semi-historique de *Tchang Tao-ling* 張道陵 a eu également le privilège de piquer la curiosité de ceux qui se sont laissé entraîner à recueillir les restes, même défigurés, des usages et des dogmes chrétiens en Chine. Nous ne prétendons pas que chacun de ces traits, presque effacés, surchargés, faussés peut-être, de l'image primitive, ait une égale valeur pour en reconstituer les contours exacts et la vraie physionomie; mais là où le temps, aidé de la malice ou de la folie des hommes, a fait table rase, ou à-peu-près, du plan original, les moindres indices ont leur prix, ne fût-ce qu'à titre hypothétique; ils servent de jalons indicateurs dans la recherche de la pensée première, de la tradition des anciens âges. Puis, il ne faut pas oublier qu'un trait, insignifiant en soi, peut acquérir une importance majeure, dès qu'il sera rapproché d'un autre trait, aussi incompréhensible que lui, tant qu'ils étaient restés isolés. Ce sont des matériaux épars, jadis mis en œuvre sur un plan rationnel bien défini, mais dispersés de nouveau; la critique essaie de les restituer dans leur ordre voulu et significatif, sans se laisser décourager ni par les lacunes, ni par les méprises, ni par les incertitudes elles-mêmes de l'interprétation. Chaque jour l'érudit recompose ainsi des inscriptions jugées longtemps illisibles, des monuments disparus, des mosaïques disloquées et en miettes. C'est à ces titres aussi que nous résumerons ce que les Chinois racontent de *Tchang Tao-ling* et de ses successeurs. On jugera, après lecture de ces détails, s'il est improbable que le souvenir du Christianisme, et même le culte de la croix, aient laissé des vestiges en Chine

Encore actuellement, le Taoïsme, qu'on a défini *le bouddhisme habillé à la chinoise,* a pour chef spirituel un des descendants de *Tchang Tao-ling,* premier pontife souverain des *taoïstes,* et petit-fils à la huitième génération de *Tchang Liang* 張良, conseiller du fondateur de la dynastie des *Han*. Ce chef marche de

(1) Cf. *Revue des Religions*, 1893 — page 206.

pair à-peu-près avec le *Yen-cheng-kong* 衍 聖 公, le rejeton officiel de Confucius, et les bonzes de la secte lui paient un tribut, plus ou moins consenti, en diverses Provinces.

Voici les traits les plus marquants de la vie de *Tchang tao-ling*. Nons laisserons le lecteur faire les rapprochements et nous n'indiquerons les allusions possibles que par quelques mots entre parenthèse: (1)

A la naissance de ce futur bienfaiteur des hommes, l'an 34 de notre ère, un météore lumineux traverse le ciel obscur, comme une flèche de feu, et vient mourir à la porte de sa maison; (étoile des mages). Agé de sept ans, il lit, relit, médite et commente le *Tao-te-king* 道 德 經 de *Lao-tse*, le *Çakya-mouni* du Taoïsme; (Jésus au Temple). Il aimait à gravir les montagnes, à contempler de là le spectacle de la nature et à y instruire ses disciples; (le jeûne des 40 jours au désert, le sermon sur la montagne). Ayant inventé une drogue d'immortalité, il l'avale, et passe subitement, de l'âge de soixante ans, à l'âge d'un jeune homme, fort et bien fait; (la Résurrection) Le maître voulut "gouverner ceux qui faisaient profession de sa doctrine à *l'aide de la honte*». L'emploi des châtiments corporels lui répugnait; il préférait en appeler à la conscience et à l'honneur naturel de l'homme. Il fit donc un réglement spécial, ordonnant à ceux qui tombaient malades, de mettre par écrit tous les crimes, toutes les fautes dont ils s'étaient rendus coupables, depuis qu'ils étaient au monde, puis de jeter cet écrit dans l'eau «comme pour faire alliance avec les génies»; par là, les malades prenaient l'engagement de ne plus retomber dans les mêmes péchés, et consentaient à ce que la mort fût leur châtiment, s'ils violaient leur parole. «Quand ce règlement parut, tous avouèrent aussitôt leurs fautes: d'un côté, ils obtinrent la guérison de leurs souffrances; de l'autre, ils furent maintenus désormais dans le droit chemin par la pensée et le crainte de l'humiliation. Ils n'osèrent plus commettre les mêmes fautes que par le passé et changèrent de conduite en peur du Ciel et de la Terre. Les criminels, qui jusqu'alors avaient

(1) Nons empruntons ce qui suit presque entièrement à l'ouvrage de M. C. Imbault-Huart: «*La légende du premier pape des Taoïstes*».— Extrait du *Journal asiatiqne*. Paris 1885. — Nous y avons lu avec surprise (p. 5): «Le *Tsi-chô-tsuan-tcheng*, sur les génies et démons et l'absurdité des fables qu'on rapporte sur leur compte, par un Père chinois catholique, nommé Pierre *Houang Fei-tieng* (1879). On y trouve presque tout les textes relatifs à toutes les divinités, mais quelquefois écourtés pour les besoins de la cause». Mieux renseigné, Mr Imbault-Huart aurait hésité à maintenir sa remarque désobligeante. — Sur l'organisation du Taoïsme, cf. *Mercury* de Changhai, 29 Août, 1892.

(2) Ces travestissements sont encore dans la manière chinoise. Comparez ce que les pamphlets anti-européens de 1891 disent de la religion chrétienne, et voyez comment ils exposent nos croyances, d'aprés nos propres livres de doctrine, incompris, ou dénaturés à dessein.

violé les lois, devinrent en ce temps des hommes vertueux.» (1) (Souvenirs confus de la «loi d'amour» substituée à la «loi de crainte»; baptême; extrême-onction; repentir; sacrement de pénitence...?)

En l'an 157, le septième jour du 1er mois de la 2e année de l'Empereur *Heng* des *Han* 漢, à midi juste, *Tchang Tao-ling* réunit sur la montagne des nuages *Yun-chan*, 雲 山 sa femme et deux de ses disciples préférés; et de là s'élève en plein jour au ciel avec eux; (transfiguration, ascension?. Les autres disciples, qui étaient venus lui faire leurs adieux, le suivirent longtemps des yeux, mais il disparut dans les nuages, et on ne le revit jamais. (2)

Un des descendants de *Tchang Tao-ling*, qui, sous le nom de *T'ai-p'ing-tao* «chef de la grande paix», joua un rôle prépondérant dans la Rébellion des Bonnets jaunes (172 à 178 de notre ère) «invitait les malades à se prosterner et à penser à leurs fautes; puis il leur faisait boire une eau miraculeuse. Plus tard, une fraction de ces sectaires fit bande à part; ces disciples séparés se nommaient *Tsi-tsiou* «offrant le vin,» et prenaient pour devise *foi et sincérité;* il était sévèrement défendu de mentir; les malades faisaient eux-mêmes l'aveu de leurs fautes. Cette société établit des auberges et des hôtelleries gratuites. (Confession, messe, extrême-onction; œuvres de miséricorde corporelle des monastères?)

L'an 748, un descendant des *Tchang* reçut de l'empereur le titre de *T'ien-che* 天 師 «maître céleste.» Les *Song* les honorèrent également. En 1016, on leur bâtit un temple taoïste et ils furent exemptés des impôts. Les Mongols ou *Yuen* les favorisèrent. En 1276, *Koubilaï-khan*, qui gardait tant de chrétiens nestoriens à sa cour et leur laissait pratiquer leur culte devant sa tente, donna à *Tchang Tsong-in* un sceau en argent, avec la charge de présider à la religion du *Tao* 道 dans le *Kiang-nan*. Enfin, en 1278 un édifice religieux, décoré du nom de *Tchen-i-se* 眞 一 寺 temple du vrai un, fut élevé à Pékin, pour servir de résidence à l'un des descendants du même personnage.

Sans doute, c'est une méthode défectueuse et scabreuse tout à la fois que celle de procéder uniquement par rapprochements et analogies; l'expérience prouve de reste qu'elle a souvent conduit aux plus absurdes identifications et interprétations historiques; plus d'une thèse retentissante et erronée s'est échafaudée sur

---

(1) *Chen-sien-tch'oan* 神仙傳 biographies de 84 Immortels par *Ko Hong* 葛洪, dit *Pao-p'o-tse* 拖樸子, philosophe taoïste du IVe Siècle. — traduction de Imbault - H.

(2) La biographie insérée, avec le portrait du héros, dans le *Kiai-tse-yuen-tch'oan* (*méthode* illustrée de peinture d'un atelier de *Nan-kin*), insiste sur la noblesse et la majesté de sa démarche. Nous avons analysé cette *méthode* dans le N° de Juin 1890 des *Etudes religieuses et littéraires*, par des Pères de la Compagnie de Jésus.

l'abus de cette manière. Soutiendra-t-on pourtant que la légende et les faits positifs qui gravitent autour de ce pontife suprême, ses descendants, leur doctrine, l'organisation de leur secte, n'offrent aucun rapport avec le christianisme, qu'il n'y a jamais eu ni emprunt, ni imitation, que ces traces de ressemblances sont *toutes* absolument fortuites? Nous souhaitons voir cette secte de *Tchang Tao-ling* mieux étudiée et plus connue; on découvrirait peut-être comment elle a pu contribuer à conserver et à populariser en Chine le souvenir et la pratique du culte de la Croix.

Notons qu'encore actuellement on vend autour de nous des centaines de statuettes, figurant un autre héros thaumaturge, *Liu Tong-pin* 呂 洞 賓, avec une sorte de guitare ou d'épée sur le dos, laquelle revêt habituellement la forme très accentuée d'une croix. Et pour qui ignore la nature de l'objet qu'a voulu représenter l'artiste, c'est une croix plus qu'autre chose. Maint chevalier du bon vieux temps, sur le point d'expirer au champ d'honneur, embrassait, faute de crucifix, la garde de sa longue épée.

Quant à *Liu Tong-pin*, il naquit vers l'an 755 de notre ère, alors que florissait l'église chrétienne de *Si-ngan-fou* (1). Sa fête se célèbre le 14e jour de la 4e lune, et un drame *tao-se* s'appelle «le songe de *Liu Tong-pin*». Instruit dans les arcanes de l'alchimie, il possédait l'élixir d'immortalité, qu'on a voulu identifier avec l'*opium*. Exposé à dix sortes de tentations, il les a toutes surmontées. C'est alors qu'il obtint cette épée d'un pouvoir surnaturel, avec laquelle il tua tous les dragons de l'empire, délivrant le globe terrestre de toutes ses misères, pour quatre cents ans, dit la légende. Décidément, «nous sommes venus trop tard, dans un monde trop vieux!»

L'ouvrage de M. Imbault-Huart, auquel nous avons fait plus haut de longs emprunts, contient aussi certains détails sur un sujet familier aux écrivains taoïstes, c. à. d. sur la visite de la *Si-wang-mou* 西 王 母 «la mère du roi occidental.», (résidant sur les monts *K'oen-len* 崑 崙 aux abords du Tibet), à *Ou-ti*, des *Han*, ami de la doctrine du *Tao*, (Raison). Selon d'autres, *Meou-wang* 穆 王 «le roi magnifique», serait allé, la 17e année de son règne, visiter la *Si-wang-mou* elle-même, en Perse, 985 ans avant Jésus-Christ. (2). Pauthier (*Chine*. I. p. 94) raille les

(1) Le *Catalogue du musée Guimet* 1883 p. 142 dit : «Au moment de sa naissance, un parfum délicieux se répandit dans la chambre; une musique céleste se fit entendre et une grue blanche descendit du ciel sur sa maison.» Comme à Bethléhem, comme aux bords du Jourdain! — Cf. Pauthier; *Chine moderne*. 1er vol. p. 426.

(2) — Ces visites font, paraît-il, le sujet des si curieux bas-reliefs de *Kia-sian-hien* 嘉 祥 縣 au *Chan-tong* sculptés en l'an 147 de notre ère dans le temple des ancêtres d'une famille *Ou*. -Cf. *Journal of the Royal Geographical Soc. of London*. t. XL. 1870. Article de Markham. *Item* Douglas, *Ancient sculptures in China*. — Sur la *Si-wang-mou*, cf. Moyers; *Chinese reader's Manual*. — Cf. *supra* p. 15. X et W nos 253, 283, 284, 285.

missionnaires catholiques, qui ont signalé, dans ces légendes, des souvenirs de la visite de la Reine de Saba à Salomon. Tout lecteur impartial, peu ébranlé par le persiflage de Pauthier, hostile *a priori*, se prononcera moins vite contre la vraisemblance de cette hypothèse. L'examen de ces analogies nous entrainerait trop loin. Elles ne semblent pas aussi absurdes aux Lettrés chinois, comme le prouve le fait suivant, qui clora bien ce chapitre.

«L'empereur *Yong-tcheng* 雍正 (1723—1735), fils de *K'ang-hi*, ayant ordonné aux Missionnaires des Provinces de se retirer, voulut justifier aux yeux de tout l'Empire, une conduite qui paraissait condamner celle de son père. Pour cela il ordonna aux *Han-lin*, (académiciens impériaux) de réfuter les livres de notre sainte Religion, qu'il avait fait demander et qu'il leur envoya. Ces Docteurs les examinèrent avec soin, pour se mettre en état d'obéir à l'Empereur, qui avait cela à cœur. L'examen dura six mois, et finit par une Reqnête, où ils lui disaient humblement qu'ils ne pouvaient réfuter les livres des Européens, sans tomber en contradiction avec les *King* et sans s'exposer à la risée de tous les lettrés. La chose finit là, et les Missionnaires portugais ont encore les livres qu'on leur avait demandés, et qu'on leur rendit sans rien dire. Ce n'est qu'après la mort de ce Prince que les Missionnaires ont su cette anecdote». (2).

(2) — Article du P. Cibot. S.J. — *Mémoires concernant les Chinois* — t. IX., p. 380.— Le P. Cibot, qui relate cette histoire, l'accompagne d'intéressantes notes pp. 377, 387. pour établir ses théories sur la Religion primitive des Chinois, laquelle *était la vraie.* Il s'arrête à diverses traditions sur le Déluge, la Sainte Vierge et son divin Fils. Cf. Mgr de Harles, *Religion ancienne des Chinois.* On y soutient le monothéisme des premiers Chinois, adorant en *Chang-ti* 上帝 l'Etre suprême, le vrai Dieu, dont le Ciel, le *T'ien* 天; plus tard divinisé à son tour, représentait la Cour, la résidence céleste.

IIe PARTIE.

LA CROIX.

CHAPITRE I.

ANCIENS VESTIGES HISTORIQUES.

La première évangélisation. — Apostolat asiatique de S. Thomas. — *Kouo Tse-y*. — Les «adorateurs de la Croix». — Le *Che-tse-kiao*.

CHAPITRE I.

ANCIENS VESTIGES HISTORIQUES.

Au début de cette étude, nous avons rappelé deux points, hors de doute historiquement parlant: le premier, que le symbole de la croix ne dérive pas du 卐; le second, qu'en Occident les chrétiens du IIIe Siècle ont temporairement employé ce même 卐, pour déguiser la croix aux yeux des païens.

A la demande: en Orient, cette croix gammée n'a-t-elle pas joui d'une fortune analogue? nous répondrions: il parait très vraisemblable, après examen, que les deux symboles ont eu l'un sur l'autre une influence réciproque; qu'en d'autres termes, la 卐 a parfois frayé la route à la croix, et que parfois aussi, le culte et le souvenir de la croix ont servi à populariser le 卍, réduit alors à n'en être plus que l'équivalent truqué ou la forme avariée. L'une des plus anciennes mentions du 卍 se trouve, croyons-nous, dans le savant ouvrage qui a pour titre «*Alphabetum Tibetanum,* missionum apostolicarum commodo editum, studio et labore Fr. Augustini Antonii Georgii, Eremitæ Augustiniani. — Romæ 1762, Typis S. Congr. de Propaganda Fide. 2 vol in-4°.—A la page 460 nous lisons: «Crucis Imago quam Xacaitæ (les dévots de Çakyamouni) Tibetani in honore habent, hujus formæ est: (fig. 148). At hujusmodi Crucis figura quanto aliena est a vera crucifixione servatoris nostri, juxta Christianorum Fidem significanda, tanto Ea aptior videtur ad exprimendam *Manichaicam Crucifixionem Jesu patibilis de omni ligno suspensi.*» Il renvoie à la page 211 pour le sens de ces derniers mots, allusion à certaines infamies Manichéennes. En effet, p. 203, il avait donné la figure d'une croix qu'à une époque de l'année «les Manichéens bouddhistes du Népal érigent partout.» Ce sont deux bambous en croix, habillés de feuillage, d'où émergent une tête humaine, avec deux mains et deux pieds perforés. (1). (fig. 149). P. 527, il remarque que ce 卍 se voit aussi sur la poitrine de Sakyamouné au Japon.

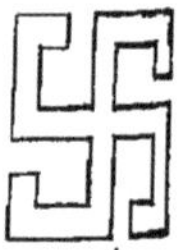

卐

Fig. 148.

(1) On a tour à tour nié et affirmé le culte rendu ou refusé par le Manichéisme à la Croix et aux images. Quoi de plus «ondoyant et divers» que l'erreur? Cf. Bergier; *Dictionnaire de théologie;* Manichéisme.

Ainsi, pour des yeux familiarisés avec le 卍, la croix apportée par le christianisme, semblait un symbole moins étrange: par contre, là où la croix avait trôné, le 卍 en vint à se substituer insensiblement, par manière de succédané, ou à reconquérir sa place jadis perdue, quand l'inévitable et fatale décadance des fausses religions, la dégénérescence des pratiques superstitieuses, la corruption de la foi orthodoxe le progrès du schisme, de l'hérésie, des habitudes idolâtriques, permirent à l'erreur de venger ses anciennes défaites.

Fig. 149.

A diverses reprises on a exploité ce passage de du Halde : «Le fameux *Kouan Yun-tchang* 關雲長, qui vivoit au commencement du IIe Siècle, connoissoit certainement J.-C., comme en font foi les monumens écrits de sa main, et gravez ensuite sur des pierres. On en a tiré des copies qui sont répandues de tous côtez, mais qu'il est impossible d'expliquer si l'on n'est pas chrétien, parce que *Kouan Yun-tchang* y parle de la naissance du Sauveur dans une grotte exposée à tous les vents, de sa Mort, de sa Résurrection, de son Ascension et des vestiges de ses pieds sacrez; mystères qui sont autant d'énigmes pour les Infidèles».(1.)

John Kesson relève cette allégation du P. du Halde, traduit ses paroles et, aussi perplexe que nous, ajoute: «Ces-monuments sont-ils connus d'autres personnes que du Halde, il est

(1) Du Halde; *Descr. de la Chine.* T. III. p. 66.

difficile de le dire, et son autorité en quelques matières est sujette à caution». (1). Du Halde a dû pourtant avoir quelque sérieux document en vue, pour parler avec cette assurance.

Les témoignages de source chinoise sont des plus formels au sujet du célèbre et vertueux *Kouo Tse-i* 郭子儀, grand ministre de l'Empire sous la XIIIe dynastie, que l'on croit avoir été chrétien, et qui aida successivement quatre empereurs des *T'ang* 唐 à chasser les Tartares de la Chine propre. Mgr de Visdelou lui a consacré une assez longue notice et dit qu'il mourut en 781, à 84 ans: «On fit ses funérailles avec une pompe presque impériale, et son tombeau fut placé parmi les tombeaux des Empereurs. Enfin, ce qui est le comble des honneurs, il fut associé aux sacrifices impériaux». (2). Sa mémoire est restée fort populaire en Chine. En passant un jour dans les rues de Nankin, je considérais les peintures de la boutique d'un peintre indigène; l'artiste, un vieux à barbiche blanche, me signala une grande image en couleurs de *Kouo Tse-i* l'une de ses dernières œuvres: «C'est un mandarin qui était de votre religion!» me dit-il. Je fis pour 300 sapèques l'acquisition de l'immense aquarelle.

Les *Mémoires concernant les Chinois* ont inséré sa biographie dans leur série intitulée «Portraits des célèbres Chinois». (3). Il est né au *Chang-si* et, simple bachelier militaire, devint par la suite Généralissime des troupes, puis premier ministre de l'Empereur *Tai-tsong* 代宗. C'est à l'an 754 que l'on reporte sa 1ère élévation. Cette notice est remplie de ses brillants faits d'armes, mais surtout de plusieurs traits extraordinaires de patience, de modération, de magnanimité, de pardon des injures, de dévouement à la dynastie des *T'ang,* qu'il défendit si bien contre les rebelles. C'était vraiment le bras droit de l'Empereur sous trois règnes successifs. D'après les *Mémoires,* il serait mort en 783, non en 781, dans sa 85e année. «Je pourrais ajouter pour la gloire de cet illustre Chinois, dit l'auteur, qu'il est presque certain qu'il a connu et honoré le vrai Dieu; puisqu'il a contribué de son crédit et de ses richesses à élever des Temples en son honneur, qu'il protégea ceux de ses ministres qui étaient venus des pays lointains pour l'annoncer et établir son culte, et qu'il se servait même dans les armées des conseils de l'un des principaux d'entre eux, ainsi qu'on le lit dans le monument de *Si-ngan-fou.* L'empereur, y est-il dit, ordonna au Prêtre *Y-sée* 伊斯, d'aller à *Chouo-fang* 朔方, (au Nord-Est du *Chan-si,*

(1) John Kesson; *The cross and the dragon.* p. 9.

(2) *Supplément à la Bibliothèque orientale d'Herbelot...* p. 182. — Cf. du Halde; T. I. p. 403. Le P. de Mailla, vol. VI, p. 248 à 320, rapporte ses expéditions militaires.

(3) Tome V; p. 405 à 416.

théâtre de la guerre), pour l'aider de ses conseils». (1).

Quand il mourut, l'Empereur fit porter son deuil pendant trois ans dans tout l'Empire. Grosier (2) dans une note sur l'Inscription de *Si-ngan-fou,* qui mentionne *Kouo Tse-i* avec éloges, remarque qu'il mourut au temps de l'érection de ce monument, environ 150 ans après l'arrivée d'Olopen en 635; puis il ajoute: «on se tromperait grandement si l'on concluait de là que le christianisme n'avait point été introduit dans cet empire antérieurement à l'époque de 635. Les bonzes chinois sont venus des Indes et autres pays situés à l'Occident de la Chine, et les chrétiens, qui sont venus ensuite, ont été confondus avec eux. On voit par ce monument que ces derniers ne se distinguent eux mêmes que par le pays de leur origine : *les bonzes de Ta-ts'in.* (3). Je fais cette remarque pour faire pressentir qu'il peut être question des chrétiens, aussi bien que des bonzes idolâtres, dans plusieurs endroits de l'histoire de la Chine, où il semble qu'on parle uniquement de ces derniers. S'il se présente quelque occasion de revenir sur cette matière, je pourrai n'étendre davantage. Le Colonel *H. Yule* (4) raille à tort cette manière de voir partagée aussi par De Guignes.

Ces considérations nous amènent à quelques faits où le symbole de la croix est particulièrement en jeu.

Que S. Barthélemi et spécialement S. Thomas ait implanté la foi aux Indes, c'est un point acquis à l'histoire, (Yule le reconnaît), et qu'on ne saurait plus contester. Ce dernier Apôtre a-t-il réellement évangélisé la Chine, comme semble le dire le célèbre texte du Bréviaire Chaldéen, c'est une hypothèse acceptable, fort

(1) Pautheir, *(Inscription syzo chinoise de Si-ngan-fou.* p. 65), réserve une *note* érudite à «*Kouo-tseu-i*». qu'il fait mourir en 781. Il ajoute qu'on peut voir son portait «grossièrement sculpté sur le grand panneau d'une armoire en bois doré qui se trouve au *Musée chinois* du Louvre. Il est entouré de nombreux serviteurs et d'une foule de femmes et d'enfants qui viennent implorer ses bienfaits. Confucius avec ses disciples est représenté sur un panneau latéral.» — A. Wylie relève aussi le rôle glorieux que l'Inscription de *Si-ngan-fou* attribue à *Kouo Tse-i*. — *Journ. of the Americ. Orient. Soc.* 1854-55, V. vol., p. 306.

(2) P. de Moyriac de Mailla. *Histoire générale de la Chine;* Tome VI. p. 319.

(3) Sur cette région du *Ta-ts'in* 大秦國 cf. *Hirth; China and Roman Orient,* 1885. Tous n'acceptent pas les conclusions de ce travail si érudit: «... With a considerable amount of learning and ingenuity which deserved better subject and success, he has attempted the impossible task of making many names fit countries and towns of Anterior Asia. — I find in my own notes that the name *Ta-ts'in* refers to five different countries; *An-sih* to two; *Tiao-tchi* to three,... and so forth». Terrien de la Couperie, — *The Babylonian and Oriental Record:* vol. III. p. 153.

(4) Dans son *Cathay* p. XCI. Voici la partie de ce texte, rédigé en forme de litanie, qui regarde la Chine :

Per divum Thomam evanuit error Idololatriæ ab Indis;
,, ,, Sinæ et Æthiopes conversi sunt ad veritatem;
,, ,, Regnum Cœlorum volavit et ascendit ad Sinas.

Cf. Kircher; *China illustrata,* p. 57 et son *Prodromus Coptus,* de 1636, p. 107 et 108.

plausible, mais qui restera longtemps encore, nous le craignons, une hypothèse. On peut admettre pourtant comme suffisamment prouvé, qu'au moins les disciples ou convertis de S. Thomas ont transmis le précieux trésor de la «bonne nouvelle», aux habitants des versants et gorges Sud-Ouest du Pamir, si toutefois cette triomphante annonce, en même temps qu'elle franchissait la haute barrière montagneuse du Tibet et de l'Indoustan, n'avait passé aussi, et peut-être simultanément, de la Syrie en Perse, en Transoxiane, en Bactriane et de là en Chine par une des routes géographiques, connues sous le nom de *T'ien-chan-nan-lou* 天山南路 et *T'ien-chan-pé-lou* 天山北路, les «chemins au Sud ou au Nord des monts *T'ien*». On ignorera longtemps encore les particularités des événements qui se sont déroulés autour de ce *pôle répulsif* du monde ethnographique!

En 222 de notre ère arrive à Nankin un Romain nommé *Tsin-lun,* auprès de *Suen-k'iuen* 孫權, qui sept ans plus tard devait régner sous le nom de *Ta-ti* 大帝, comme Empereur de *Ou* 吳; il venait de la part d'Alexandre Sévère ou d'Héliogabale. Il y rencontre une nombreuse colonie bouddhiste, beaucoup de bonzes partis, à la fin des *Han,* (207 ans apr. J.-C.) des bords du Gange, du Pendjab et du royaume bactrien, avec un assez bon nombre d'excellents traducteurs, fort instruits, empruntés à la Perse et aux contrées voisines. (1). Il est difficile qu'il ne se soit pas trouvé parmi eux des Lettrés, ayant connaissance de la religion chrétienne, s'ils ne l'avaient pas eux-mêmes embrassée. Sous *Ho-ti* 和帝 (89 — 106 apr. J.-C.) plusieurs ambassades étaient déjà venues par terre. Vers 285, on en signala une arrivée par mer, et députée par Dioclétien ou son prédécesseur.

L'abbé Huc explique pertinemment, par les Nestoriens, l'origine et la survivance des pratiques catholico-bouddhiques au Tibet, pratiques, observances et organisation imposées par les conquérants Mongols, témoins des offices nestoriens ou catholiques, célébrés à leur cour. (2).

M. Dabry fournit une autre explication, plausible aussi, croyons-nous, dans les lignes suivantes : «Le manichéisme n'a pas fait beaucoup de prosélytes en Chine; il n'en a pas été de même au Thibet. Ainsi, il paraît constant que Tsonchava (3) le fondateur du lamaïsme moderne, était dans l'origine, un

(1) Cf. Edkins; *Journal de la Soc. asiatique de Chang-hai;* année 1883. — «What did the ancient Chinese know of the Greeks and Romans.» p. 10. Item Paléologue; *L'art chinois.* p. 221. Wells Williams, (*The Middle Kingdom* — 2e Vol. p. 290. 4e édition, New-York 1871), pense que les deux moines, probablement Nestoriens, qui apportèrent à Constantinople, en 552, des œufs de vers-à-soie, n'étaient ni les premiers, ni les seuls qui aient alors évangélisé la Chine, où ils avaient résidé.

(2) *Le Christianisme en Chine;* T. II. p. 18.

(3) *Tsong-kha-ba* 宗喀巴.

prêtre manichéen, né dans une ville Tangouth. (1). La religion, dont le Dalaï-Lama est le pontife, ne semble être qu'un mélange de samanéisme, et de manichéisme.» (2).

Eitel expose comment le Bouddhisme, panaché de Sivaïsme et de Brahmanisme, pénétra au Tibet, du Kafiristan et du Cachemire; il y rencontra le Chamanisme et les superstitions indigènes; il se fondit si bien avec ces deux éléments, qu'une réaction se produisit, appelant une réforme, laquelle finit par réussir. «Mais alors les missionnaires nestoriens avaient atteint l'Asie Centrale, et quelques uns des réformateurs bouddhistes eurent connaissance de la vie du Christ et du cérémonial de l'Eglise Catholique».

«Obéissant aux instincts éclectiques du Bouddhisme, ils empruntèrent au Christianisme beaucoup d'idées, de traditions et de cérémonies, et quand ce parti vint à dominer au Tibet, ils amalgamèrent, en organisant l'église tibétaine, autant d'idées chrétiennes qu'en comportait l'orthodoxie bouddhique».

«Par là s'expliquent les coïncidences des traditions concernant la vie de Bouddha avec les récits évangéliques. Il ne faut donc pas s'étonner en apprenant que l'église bouddhiste du Thibet a son pape, ses cardinaux, ses évêques, ses prêtres et ses religieuses; qu'elle admet le baptême des enfants, la confirmation, la messe pour les morts, les rosaires, les chapelets, les cierges, l'eau bénite, les processions, les fêtes des saints, les jeûnes et abstinences, etc... Beaucoup de ces traditions et cérémonies chrétiennes envahirent la secte bouddhique en Chine ainsi que sa littérature, mais toujours dans des proportions moindres qu'au Tibet. De ce pays, le Bouddhisme se répandit en Mongolie et en Mandchourie, où il atteignit une prospérité extraordinaire». (3).

Avec une complaisance marquée et une insistance provocante, M. E. Reclus (4) relate plusieurs de ces communes ressemblances. Nous l'avouons, «cette extrême analogie des pratiques du bouddhisme et du catholicisme» est indéniable.: l'histoire l'explique d'abondance et notre foi ne s'en trouble point; mais les hypothèses émises par le géographe pour en rendre compte augmenteront peu son crédit en ces matières. «La plupart de nos missionnaires», dit-il, (il faudrait *quelques uns*), «ont vu dans cette presque identité du culte extérieur», (*presque* n'est pas de trop), «un artifice du démon essayant de singer le dieu des chrétiens». Cette raison n'est pas sotte, bien

---

(1) D'après Mayers, *Tsongkhaba* serait né à *Si-ning* 西甯, en 1417; Emile de Schlagintweit *(le Bouddhisme au Tibet)* dit en 1355.

(2) *Le Catholicisme au VIIIe Siècle* — p. 21.

(3) *Three lectures on Buddhism*, by Ern. Eitel, of the London missionnary society; second edition. London, 1873; p. 32. — Voir aussi : *Chinese Recorder*, 1874, p. 8. «*For and against Mongolian Buddhism*». Le VIe paragraphe porte ce titre : «Many of the teachings of Buddhism resemble those of our own Christianity».

(4) *Asie Orientale* pp. 79 et seq.

que peu adéquate; en tout cas la correction typographique exige ici une majuscule pour le mot *Dieu;* le démon lui-même, qui sait à quoi s'en tenir, n'en disconviendrait pas. M. Reclus poursuit: «D'autres ont essayé de prouver que les prêtres bouddhistes, après avoir abandonné leur antique cérémonial, se sont tout simplement emparés du rituel des chrétiens avec lesquels ils se sont trouvés en rapport dans l'Hindoustan.» La critique la plus prévenue applaudit au succès de ceux qui sont *parvenus à prouver* ces emprunts réels. «On sait maintenant quelle large part ces deux religions, relativement modernes, ont eue dans l'héritage des anciens cultes de l'Asie, et comment, de siècle en siècle, les mêmes cérémonies se sont continuées en l'honneur des mêmes divinités.» Le mot final vise à blesser; avec intention, ce *pathos* nuageux ne voile qu'à demi la pensée secrète de l'écrivain. Prétend-il dire que les deux religions, la vraie et la fausse, ont droit au même respect, ou plutôt, car c'est tout un, au même mépris? Quant à affirmer que le bouddhisme «conserve de siècle en siècle les mêmes divinités», on ne le peut sans ignorer ou violenter l'histoire. Autant la doctrine catholique est précise, fixe, immuable en droit et en fait, autant la croyance bouddhique est vague, changeante, insaisissable et sait s'accommoder aux passions, aux caprices et aux rêveries de ses adeptes: là est le principal secret de son expansion. Au Thibet, où l'on ignore jusqu'au nom même du Bouddha Sakyamouni, l'imagerie lamaïque n'est que pornographie. (1).

Le reste de la citation n'est ni plus logique ni mieux établi: «Il n'en est pas moins étonnant que, par l'effet d'une évolution parallèle en des milieux si différents, l'Occident et le centre de l'Asie, les formes extérieures du bouddhisme et du catholicisme aient maintenu leur ressemblance non seulement dans les grands traits, mais aussi dans les détails». La surprise est feinte et mal fondée; il n'existe aucune parité, soit historique, soit dogmatique, dans cette prétendue évolution, d'ailleurs si diverse. Puis, de fait, les détails de cette ressemblance, exagérée pour les besoins de la thèse, se compteraient sur les doigts de la main; témoin cent fois des pratiques rituelles des bonzes, je l'ai constaté à loisir. Enfin, même en forçant le chiffre de ces analogies superficielles, les phases de l'évolution lamaïque sont choses bien modernes, rapprochées du Christianisme, et dès lors le parallélisme n'est guère rigoureux. Il ne se vérifie, du reste, que pendant une courte période de temps.

Arrêtons ici ces réflexions; le sens des conclusions perfides,

(1) Cf. *Suprà* p. 89. — Les voyageurs modernes s'accordent avec les missionnaires du siècle dernier pour relever l'extrême inconvenance de plusieurs représentations ultra-réalistes de quelques pagodes lamaïques de Pékin. Le bouddhisme chinois, généralement plus réservé, ne s'est pas souillé de cette tare. *Cf.* de Magalhâens *Nouv. relat.* p. 351.

insinuées en style papelard par l'auteur, qui n'ose les formuler, déborde suffisamment. — Le catholicisme et le bouddhisme sont deux formes analogues de superstitions équivalentes! (1).

Impartial et mieux renseigné, M. E. Reclus avouerait que la philologie comparée, les études ethnographiques et les données de l'histoire contredisent sa monstrueuse théorie.

En somme, elle manque de base scientifique. Laissant donc des aperçus dont la partie conjecturale est fatalement aléatoire, la critique doit procéder sur le terrain moins mouvant de faits positifs, mieux établis. De même que la foi se transmèttait, plus ou moins pure, aux Indes, par ces «chrétiens de S. Thomas», ainsi les «Nestoriens» conservaient en Chine le dépôt presque intact, altéré pourtant, des vérités principales et des pratiques essentielles du christianisme. Les anciens missionnaires ont cru généralement à l'apostolat indirect de S. Thomas en ce dernier pays. En 1662, pour répondre au trop fameux pamphlet de *Yang Koang-sien* 楊光先 les P. Buglio et de Magalhâens composèrent l'apologie intitulée: «Origine de la loi de Dieu et sa promulgation.» On y expose, au témoignage du P. Adrien Greslon (2) que «S. Thomas avait envoyé de ses disciples à la Chine, et qu'ils y avaient converty grand nombre de personnes, qu'en plusieurs lieux ils avoient arboré l'estendard de la sainte croix; que ceux qui avoient receu la foy, prenant la croix pour devise, la mettant sur leurs portes, et faisant souvent sur eux-mêmes

---

(1) Dans ses *Trois lectures sur le Bouddhisme*, le Dr Eitel remarque qu'à part "le Crucifiement, presque tous les incidents caractéristiques de la vie du Christ, se retrouvent dans les traditions bouddhiques sur l'existence de Gautama Sakyamouni". D'après les dernières recherches archéologiques, ce Bouddha serait mort en 275 avant Jésus-Christ, (*Handbook*..., 2e édit., p. 139.), lequel, a-t-on insinué, pourrait avoir passé aux Indes entre la 12e et la 30e année de sa vie pour y copier le bouddhisme! Mais, ajoute Eitel, «les moindres ressemblances entre les deux vies sont comparativement d'origine moderne..., et les plus anciens classiques bouddhistes, plus récents que les manuscrits de l'Evangile, n'en contiennent aucune». Toutes remontent au plus au 5e ou 6e siècle. Le vrai Canon fut dressé et fixé entre les années 412 et 432 de notre ère, dans le bouddhisme de Ceylan, qui le transmit aux autres branches du Sud. (p. 17). Le bouddhisme du Nord, implanté en Chine, prétend remonter plus haut et tenir son Canon d'un concile du Cachemire au temps de N.-S.; mais ces deux canons coïncident, bien qu'on ait élargi celui du Nord. Eitel affirme encore (p. 24,) que ce n'est qu'en 1410 que les Chinois se procurèrent une édition complète du Canon bouddhique, et l'édition moderne, connue sous le nom de collection du Nord, fut complétée entre 1573 et 1619 de notre ère. Il n'a donc pas été clos au 4e concile général, sous le roi *Khanishka*, mort 45 ans après le Christ. De Chine, le bouddhisme atteignit la Corée en 272, le Tibet en 407 et le Japon en 552.

(2) *Histoire de la Chine sous la domination tartare*. Par le P. Adrien Greslon, Paris, 1671. — p. 84. — Le haineux pamphlet de *Yang Koang-sien* avait pour titre *Pou-té-i* 不得已. Le Père Louis *Buglio*, S. J. y répondit par le *Pou-té-i-pien* 不得已辨, plusieurs fois réédité à l'Imprimerie Catholique de Zi-ka-wei.

ce signe sacré, la Loy de Jésus-Christ avoit esté appellée durant longtemps dans ce Royaume la secte de la Croix. Que les Chinois mesme ne l'ignoroient pas, puisque leurs livres en faisoient mention, et que la tradition confirmoit que dans les Provinces de Chansy et Chensy, il y avoit anciennement des bourgades entières qui professoient cette Loy de la Croix.»

Selon l'explication fort vraisemblable du P. Kircher, ces restes de culte rendu à la croix s'étaient conservés chez les descendants des chrétiens, (nestoriens), dégénérés, qui s'étaient soumis aux Tartares, (dynastie des *Yuen* 元), au moment de la conquête, et avaient apostasié en plus ou moins grand nombre : «Ceux qui persévérèrent, dit-il, dissimulant leur croyance, ne gardèrent que quelques cérémonies extérieures. Et ce sont là ces chrétiens que les chinois ont en vue quand ils parlent d'*adorateurs de la croix* en Chine.» (1).

Peut-être serait-il opportun de résumer ici un intéressant chapitre du P. Trigault, qui, dans son *Expédition chrétienne en Chine,* n'a guère fait que mettre en ordre et compléter les commentaires manuscrits du P. Ricci. Il raconte d'abord comment un juif de *K'ai-fong-fou* 開 封 府 vient visiter le P. Ricci, espérant rencontrer en lui un coreligionnaire. Dans l'oratoire du Père, il aperçoit un tableau de la S. Vierge portant Jésus, adoré à genoux par S. Jean-Baptiste, et les prend respectivement pour Rébecca, Jacob et Esaü. Même méprise au sujet des peintures représentant les quatre Evangélistes. Enfin, l'on s'explique. Le juif reconnait le texte biblique dans une belle Bible hébraïque de chez Plantin, mais avoue ne pas savoir lire ces caractères hébreux. Il apprend aux missionnaires que ses compatriotes de *K'ai-fong-fou* possèdent le Pentateuque, et que les juifs sont encore plus nombreux à *Hang-tcheou,* 杭 州 la capitale du *Tchékiang*. Tant que Ricci interrogea ce juif sur la Religion chrétienne, il ne put obtenir aucun renseignement, mais dès qu'il parla *de la croix,* il fut compris. «En Chine, dit le P. Trigault, on ne connait ni le nom ni l'usage de la croix. Aussi les missionnaires jésuites dûrent-ils emprunter le caractère du chiffre 10, qui représente parfaitement une croix ✠. (2). C'est peut-être par une secrète providence qu'ils donnèrent de nos jours à la croix le nom que les anciens Chinois, contraints par la même pénurie d'expression, lui avaient déjà donné. Comme eux, ils l'avaient nommée *Che-tze,* «le caractère 10». Ainsi avaient fait nos Saintes Lettres en l'appelant la lettre T (le *tau* hébraïque), mais en empruntant un signe qui figure la

(1) *Yang Koang-sien* avait reproché aux Chrétiens, ses compatriotes, d'avoir repris cet usage, que nous trouvons souvent mentionné, alors et plus tard. — Cf. Greslon, op. cit. p. 41.

(2) Le caractère chinois s'écrit 十; la croix de Malte du texte de Trigault est due probablement au graveur européen.

la croix moins parfaitement que le signe chinois. Donc, quand on en vint à parler de la croix en se servant de cette appellation, (le caractère du chiffre 10), «cest Israélite raconta qu'en la métropolitaine *Cai-fun-fu* (1) sa patrie, et en un autre port très fameux nommé *Lincino*, de la Province *Sciantum, (Lin-t'ing-tcheou* 臨清州 au *Chan-tong* 山東) et en la Province de *Scian (Chansi* 山西), il y avait quelques estrangers, desquels les prédécesseurs étaient venus des Royaumes voisins, qu'ils estoient adorateurs de la croix, et avoient accoustumé d'en signer leur boire et manger avec le doigt, mais que ni luy ni ceux-là ne scavoient pourquoi ils faisoient ceste cérémonie. Le tesmoignage de cest Israëlite s'accordoit à ce que les Pères avoient ja entendus de diverses personnes touchant ceste coustume de faire le signe de la croix en divers lieux. Voire mesme qu'on signoit les petits enfans du mesme charactère de ce signe salutaire au front avec de l'encre, en divers lieux, pour les préserver des malheurs qui arrivent ordinairement aux enfans. Ce que Jérosme *Russellus* dit en ses commentaires sur la Cosmographie de Ptolémée, parlant des Chinois, s'accorde aussi avec ceci». — Trigault expose ensuite le fait de la découverte, chez un antiquaire, d'une cloche de bronze, marquée d'une croix et d'une inscription grecque; nous y reviendrons plus tard. Il poursuit : «Ce mesme Israëlite adjoustoit que ces mesmes adorateurs de la croix prenaient une partie de la doctrine, qu'ils récitoient, au lieu de prières de leurs livres, et qu'elle estoit commune à tous les deux; peut estre il vouloit dire les Psaumes de David. Ils disoient qu'il y en avoit eu principalement plusieurs d'iceux ez Provinces Septentrionales, et si florissans en lettres et en armes, que les Chinois, soupçonneux de nature, avoient crainte qu'ils n'attentassent quelque nouveauté.» Aussi les avait-on persécutés. «Et pour crainte de la

---

(1) Trois ans plus tard, Ricci envoya un frère chinois à *K'ai-fong-fou*, pour se mettre en rapport avec les adorateurs du vrai Dieu, qu'il y avait découverts. Cette colonie chrétienne, ayant été persécutée quelque temps auparavant par le Pouvoir officiel, beaucoup de ses membres apostasièrent ou se cachèrent. Le frère député par le P. Ricci eut donc peu de succès dans sa mission : sa qualité de chinois, sur laquelle on avait fondé trop d'espoir, le fit regarder comme un espion des mandarins. — Trois autres juifs vinrent trouver Ricci à Pékin et furent instruits des vérités chrétiennes. Sur l'issue relativement infructueuse de la tentative de Ricci, je trouve les lignes suivantes : «Le frère chinois qu'il avait envoyé fit tout ce qu'il put pour bien remplir sa commission et revint à *Pé-king* avec de fort amples mémoires. Les persécutions qu'on excita contre notre sainte religion et la grande révolution qui a mis les Tartares sur le Trône, livrèrent plusieurs fois notre église au pillage. Les mémoires sur les juifs ont péri dans ces malheureuses catastrophes, et à moins qu'on en ait envoyé alors une copie en Europe, ce que nous ignorons ils sont perdus pour jamais.» Cf. *Etudes religieuses et littéraires*, Nov. 1877. p. 751. Le P. Sommervogel y a inséré, sous le titre : «Les juifs en chine», un mémoire très important, et jusque là inédit, du P. Martal Cibot, mort à Pékin en 1780.

mort, les uns se firent Sarazins, les autres Juifs, plusieurs adorent les idoles. Leurs temples ont esté changez en temples d'idolâtres. Et nommoit le temple de la croix entre les siens, du nom qu'on l'a appelé depuis qu'il fut au service des idoles». (1).

Trigault ajoute qu'on appelle en Chine *Hoei-hoei* 回 回 les Mahométans, les Juifs et les Adorateurs de la Croix, quoique on distingue chacune de ces religions. On donne aussi à ces «professeurs de croix» divers noms qui font croire qu'ils sont venus de Perse et d'Arménie à la suite des grandes invasions militaires. L'auteur poursuit en détaillant les textes et les traditions qui lui semblent prouver, au point que «les plus opiniastres mesmes n'en sçauroient douter», l'Apostolat de S. Thomas et de ses successeurs en Chine. Ces documents sont à peu près ceux de la *China illustrata* de Kircher.

Du reste, obéissant, comme plusieurs missionnaires, aux mêmes préoccupations, le P. Trigault avait déjà mandé de Goa (24 Déc. 1607), «on nous écrit que du côté du Septentrion, bien avant, il se trouve une espèce de chrétiens, qui ont des croix et autres choses semblables aux catholiques». (2). Sous le titre : *Juifs et chrétiens en Chine»*, la *China Review* (1884-85. p. 361), rappelle qu'au début du XVIIIe siècle John Bell d'Antermony trouva quelques Juifs et quelques Mahométans à Pékin en 1720, qu'il supposa être entrés en Chine vers 1100 avec les Tartares occidentaux : «Il existe une secte très peu nombreuse d'adorateurs de la croix, *cross-worshippers*. Ils rendent un culte à la Ste Croix, mais ils ont perdu toute autre marque de christianisme ; ce qui indique probablement que l'Evangile a été prêché en ce pays avant l'arrivée des missionnaires jésuites».

D'après le sinologue André Müller, s'appuyant sur l'autorité des historiens du Céleste Empire, c'est en l'an 65 de notre ère que le philosophe indien *Xa-can* (Sakya?) serait entré en Chine et y aurait prêché, entre autres doctrines, celle de trois dieux en un. Il partage l'opinion de ceux qui pensent que le christianisme fut alors introduit et que ses enseignements furent dans la suite interpolés et conséquemment corrompus par les Chinois. Cette secte s'appelait *Xe-chiao* (*Che-kiao* 十 教) et aussi *Fo-kiao* 佛 教. «Xe, (*Che* 十, en romanisation française), dit Müller, indique la Croix; *Fo* 佛 est le Jupiter latin, et *Kiao* 教 signifie doctrine. D'ou Xa-ca, ou *Sakya,* ou *Sé-kiao,* veut dire *la doctrine de la Croix*. Les bonzes ou prêtres de *Fo*, (Bouddha) s'appelaient aussi *Che-kiao;* d'autre part *Fo* est appelé aussi *Fo-khan*, qui correspond au nom

---

(1) Trigault, *de Christianâ Expeditione...*, caput undecimum : De Saracenis ac Judæis ac fidei demùm christianæ apud Sinas vestigiis». — Nous empruntons souvent la naïve et fidèle traduction de de Riquebourg-Trigault. — (Cf. pour ce passage, T. I. p. 198).

(2. Dehaisnes, *Vie du P. Trigault*, p. 249.

indien *Sa-kam*» (1). Nous ne soutiendrions pas sans réserves cette ingénieuse théorie; elle figure ici à titre documentaire.

Le P. Le Comte observe que «nous ne sçavons pas tout ce qui s'est passé dans ce nouveau monde depuis la mort de Jésus-Christ... On ne doute point que S. Thomas n'ait prêché la Foy dans les Indes, et il est certain qu'en ce temps-là les Indiens connoissoient parfaitement la Chine, à qui ils payoient presque tous quelque tribut». Comme civilisation, dit-il, la Chine occupait alors le rang de Rome en Occident. «Ainsi peut-estre que S. Thomas s'y sera transporté luy-mesme, ou du moins qu'il y aura envoyé quelques uns de ses disciples». (2).

Le P. du Jarric intitule un chapitre de son ouvrage : «De la Mémoire qu'il y a ez Indes de l'Apostre S. Thomas et de ses gestes : comme les Portugais ont trouvé ses reliques à Méliapor... etc.». (3). Les principaux témoignages qu'il énumère se résument en ceux-ci : Il existe de nombreuses églises que la tradition dit avoir été fondées par saint Thomas, lequel aurait personnellement instruit les ancêtres de ces «chrétiens de S. Thomas». Ces derniers fêtent encore le dimanche dans l'Octave de Pâques, jour où l'Apôtre aurait mis sa main dans les plaies de N. S. (*Joann.* C. XXV. 27). Beaucoup d'inscriptions sur métal mentionnent les miracles du Saint et les donations, faites par les souverains du pays, aux églises bâties par lui ou en son honneur. Des chants indigènes confirment la tradition sur ce point. De Méliapore, il aurait été évangéliser la Chine : «D'autant que les Chinois en ce temps-là estoyent les maistres de la marine, et avoient en main tout le trafic et commerce de l'Inde, comme l'ont maintenant les Portugais : de façon qu'ils voyageoient souvent en ceste contrée». De là, S. Thomas seroit revenu à la Côte de Coromandel, où il fut martyrisé par les Brahmes, près

---

(1) John Kesson, *the Cross and the Dragon.* London, 1854. — p. 8. — Le P. Kircher, ou plutôt le P. Boym, dit de son côté : «Imo ipse venerabilis P. Mathæus Riccius cùm primùm in Sinas penetravit, *Xé-t'su-kiao* (十字教 *Che-tse-kiao*, en figuration française), nomen crucis doctrinæ reperit, quo nimirùm Christiani antiquitùs Crucis doctrinæ discipuli apud Sinas vocarentur». *China monumentis illustrata*, p. 9. — Dabry suggère (page 27 *op. cit.*) qu'on appliquait peut-être au Nestorianisme cette dénomination de *Che-tsé-kiao*, «religion de la Croix», que suivaient les *Chazinzariens*, (*chasus* en arménien veut dire *croix*), ou *staurolâtres*, (adorateurs de la croix». ΣΤΑΥΡΟΣ), qui étaient des nestoriens arméniens, n'adorant de toutes les images que la croix. J'ignore si *chasus* est un mot arménien et s'il signifie *croix*, mais j'estime que, sous sa forme quasi latine, il ressemble étonnamment à l'expression chinoise *che-tze*, «la croix», ou le *caractère dix*.

(2) *Nouveaux Mémoires sur l'état présent de la Chine*, par le P. L. Le Comte, mathématicien du Roy, — 3e édition Amesterdam 1698 — p. 97. — Cf. Hirth; *China and Roman Orient.*

(3) Du Jarric S. J. *Histoire des choses plus mémorables...* chap. XVII., p. 497.

de l'ancienne ville de Méliapore. (1).

Notre cadre ne comporte pas la discussion de ces divers témoignages ou traditions, qu'il nous suffit de rapporter.

Le P. Sémédo nous a laissé quelques remarques fort sensées, à propos du Monument de *Si-ngan-fou;* nous les introduisons ici par anticipation, et pour les vues judicieuses qu'elles renferment: «Il paraît donc évidement que la Religion chrétienne est entrée en la Chine dès l'an 631... Il ne faut pas néantmoins présumer de là qu'elle n'y ait point esté plantée par la prédication des Apostres,... Mais plûtost qu'ayant esté une fois publiée pour tous ces pays, elle se perdit, et puis elle fut restablie par de nouveaux soins. Le mesme est arrivé aux Indes, où l'Apostre S. Thomas avoit porté le flambeau de la foy, qui, s'estant esteint, fut rallumé environ l'an 800, dans la ville de Mongodouen, ou Patana, (Patna?) par un Chrestien Arménien nommé Thomas Chananéen, (2) lequel ayant renouvellé l'ancienne Religion répara les églises basties par le S. Apostre, et dressa des autels : ce qui a donné sujet de croire, sur la conformité des noms, que tous les bastimens, qu'on y void, sont des ouvrages du premier S. Thomas. Le mesme peut estre arrivé dans la Chine; et qu'après avoir receu la loy de l'Evangile dès aussitôt qu'elle commença d'estre annoncée au monde, elle en perdit tout-à-fait la mémoire jusques à la seconde fois, qui est celle dont parle l'Inscription... Le temps, auquel se perdit la mémoire des prédications du S Apostre, n'est pas beaucoup inégal et différent pour le regard des

(1) *Mailapur* ou *Mailapoura,* faubourg de Madras. — Cf. Du Jarric. *Op. cit.* 498. — Le Père raconte aussi qu'en 1517, "certain Arménien de nation Coje Escander," — faut-il l'identifier avec Escandel ? — conduisit les Portugais sur les ruines de cette ancienne ville de Méliapole, rebâtie en 1504 sous le nom de S. Thomé, où ils rencontrèrent un vieillard entretenant, à l'exemple de son père, de son grand-père et de ses aïeux, une lampe allumée sur le tombeau du saint martyr. Ils firent un rapport au vice-roi à Goa, et don Jean III de Portugal, averti, ordonna, en 1523, d'y faire des fouilles. Puis viennent des détails très circonstanciés sur la manière dont les ossements du saint furent trouvés et sur les garanties d'authenticité qui accompagnèrent la découverte. Le Père enfin expose au long comment on peut concilier avec tout cela la mention du Martyrologe romain «qui met le 3 de Juillet la translation du corps de S. Thomas de la ville de Calamine en l'Inde, à celle d'Edesse en Mésopotamie, et de là en la ville d'Orthone qui est en l'Apoulle d'Italie.« p. 507. Cf. *Acta Sanctorum.*

On peut lire à ce sujet, avec précaution toutefois, une longue note du Colonel Yule à la page 338 du IIe volume de son *Marco Polo,* 2e éditon. Il l'y insère à propos du chapitre XVIII du célèbre voyageur : "Discoursing the place where lieth the body of S. Thomas the Apostole : and the miracles there of". — *Item,* p. 342. — Il est à regretter que le savant Commentateur ait cédé parfois aux préjugés rationalistes de sa critique protestante, en matière religieuse; ses conclusions en souffrent et laissent trop voir qu'il ne possèdait point la vérité *intégrale.*

(2) Kircher, *China illustrata,* p. 55, partage cette opinion et appelle ce nouveau Thomas syrien : *Martome,* c'est-à-dire *le Seigneur Thomas.*

Indes et de la Chine... et de là on peut conclure sans difficulté, que ce n'est pas le premier establissement de la Religion chrestienne, mais plustost son restablissement». (1).

Kircher dans sa *China illustrata* exploite les richesses de son érudition pour prouver «la propagation de l'Evangile par l'Apostre S. Thomas et ses sucesseurs dans toutes les régions de l'Asie orientale». (2). Il nous serait facile de copier ici, comme tant d'auteurs, les textes espagnols, portugais, latins, grecs, arabes, hébreux et chaldéens de sa dissertation. Nous ne lui emprunterons que cette transition opportune : «*Ad derelictam semitam revertamur!* Reprenons le sentier que nous avons quitté». Il nous amène enfin à l'Inscription de *Si-ngan-fou*, dont le nom a déjà paru plusieurs fois sous notre plume. (3).

---

(1) L'inscription gravée sur marbre dans l'église élevée à Pékin en 1650, par le P. Adam Schall, débute ainsi : «La foi fut d'abord apportée en Chine par l'Apôtre S. Thomas sous la dynastie des Han occidentaux; elle le fut une seconde fois par les Syriens sous la dynastie des *T'ang*. Enfin elle se répandit pour la troisième fois au temps des *Ming*, grâce aux prédications et aux ouvrages chinois de S. François Xavier, puis du P. Matthieu Ricci...»

自昔西漢時、有宗徒聖多默者、初入中國、傳天主正敎、次則唐貞觀以後、有大秦國、西士數人、入中國傳敎、又次明嘉靖時、聖方濟各入中國界傳敎、至萬歴時、西士利瑪竇等、先後接踵入中國傳敎、譯有經典、著有書籍、傳衍至今、荷蒙大清、特用西法定造時、

(2) Kircher, *op. cit.;* 2e partie, chap. II. — Sur la venue de S. Thomas en Chine, voir la *Nouvelle relation...* par le P. de Magalhâens, p. 347.

(3) *Si-ngan-fou* 西安府 la Capitale de la Province du *Chensi*, 陝西 l'une des Provinces florissantes de la Chine primitive, est l'ancienne *Tchang-ngan* 長安, ville considérable, qui a peut-être joué le rôle historique le plus important parmi toutes les villes du Céleste Empire. Le Colonel Yule, comme Richtofen, l'identifie avec *Kenjanfou* (aliàs *Quenzanfou)*, de Marco Polo, (cf. XLI). — Cf. — "*The Book of Ser Marco Polo...* 2e édit 1875 —". Thome II, p. 21.

CHAPITRE II.

LA PIERRE DE *SI-NGAN-FOU*.

§ I. GÉNÉRALITÉS.

Découverte. — Authenticité. — Vicissitudes. — Incurie mandarinale et réclamations. — Etat présent. — L'inscription est-elle nestorienne?

Dans ce travail, la pierre ou monument de *Si-ngan-fou* 西 安 府 mérite à coup sûr un chapitre spécial. Elle porte en tête une croix bien formée, expressément mentionnée dans le texte de son inscription. Les premiers missionnaires jésuites, qui vinrent à la suite de M. Ricci évangéliser la Chine, se sentirent naturellement portés, souci bien excusable, à rechercher jusqu'aux traces les plus fugitives de la Religion chrétienne, qu'ils savaient avoir pénétré dans ce vaste empire.

Laissons parler le P. Sémédo, (1) une des autorités dans la question : «Pendant ces trente années, nous avons couru toute la Chine, nous avons fondé des églises dans les meilleures villes, nous avons planté la foy, et nous avons apporté toute sorte de diligence pour découvrir quelque chose de cette vérité..... Voyans d'un côté si peu de marques évidentes d'une chose de cette importance, authorisée par les écrits de tant d'autheurs, et appuyée sur de si fortes raisons, il n'est pas merveille si nous étions en doute et en perplexité : de l'autre, tenans la chose pour très asseurée, comme elle est, nous recherchions d'autres causes..... Enfin nous fûmes consolez, quand au milieu des ténèbres nous trouvâmes la source de lumière dans l'obscurité même, comme un témoignage évident, que l'Evangile a esté florissant en chine il y a plusieurs siècles: la chose arriva de la sor-

(1) *Histoire universelle...*, p. 226. Sur le P. Alvare de Sémédo Cf. Havret Var. Sinol. n° 12 pp. 31/32.

te:» Nous résumerons les plus saillantes particularités de son récit, souvent reproduit et parfois défiguré.

En 1625 (1) en creusant les fondements d'un édifice près de *Si-ngan-fou,* d'autres disent en voulant enterrer le fils du Gouverneur, espèce d'enfant prodige, les ouvriers rencontrèrent une table de Pierre, dont la partie supérieure portait gravée en creux une croix bien formée. Une longue inscription en 1780 caractères chinois, qui restent encore un modèle de calligraphie, mentionnait les vicissitudes en Chine de la Religion chrétienne, apportée du *Ta-ts'in* 大秦 ou de l'Occident, en 635, et honorée publiquement pendant un siècle et demi, c'est-à-dire jusqu'en 781, date de l'érection de la pierre. On y lisait aussi un précis de cette doctrine; et, sur la tranche, des inscriptions en caractères *estranghélo,* déchiffrés, plus tard, reproduisaient les noms des prêtres venus de Syrie à *Tchang-ngan* 長安 *(Si-ngan-fou)*, avec Olopen, leur chef, sous le règne de *T'ai-tsong* 太宗, second empereur de la dynastie des *T'ang.*

On ne tarda pas à avertir de la découverte le Gouverneur de la ville. «Au plustot il se transporta au lieu où estoît cette croix; il la vit, la considéra avec attention, la fit élever sur un beau pied-d'éstal, et couvrir d'un toict appuyé sur des pilliers par les costez... Il voulut de plus que ce riche dépôst fût mis et conservé dans l'enceinte d'un temple de Bonzes assez proche du lieu où il avoit esté trouvé». Une grande affluence de peuple se porta chez eux à cette occasion. Un lettré paien, ami d'un mandarin chrétien nommé Léon et résidant dans la ville de *Hang-tcheou* 杭州, au *Tché-kiang*, lui envoya une copie de la curieuse inscription.

Bientôt (1628), des Jésuites vinrent à Si-ngan-fou, avec Philipe, autre mandarin chrétien, député en ce pays pour les besoins de sa charge. «Ils n'y furent pas longtemps sans bast r une résidence... Le bonheur voulut pour moy que je fusse un des premiers destinés à avancer les affaires de cette nouvelle chrétienté et cette petite maison, que j'estime une des plus heureuses, pour la commodité qu'elle a de voir cette pierre. que j'ay veuë, leuë, considérée à loisir; et surtout je me suis étonné qu'elle fust si entière, et ces lettres si nettes et si distinctes après le cours de tant d'années». Ces lignes accréditent le témoignage irrécusable du P. Sémédo et lui donnent une valeur non équivoque. (2).

Le P. Kircher fait ressortir que ce texte indigène. mentionant avec tant d'à-propos la doctrine et les triomphes du catho-

---

(1) Ou encore en 1623. Cf. Var. Sin. 12e p. 59. Cette pierre de *Si-ngan-fou* fut élevée la 2e année de *Kien-tchong* 建中 (781), sous *Té-tsong* 德宗; 9e empereur des *T'an* 唐 le 7ème jour de la 1ère lune.

(2) *Bibliotheca sinica* d'Henri Cordier, donne pp. 325/329 la bibliographie raisonnée de la *Pierre de Si-ngan-fou.* — Cf. *ibid.* p. 324, "l'Apostolat apocryphe de *S. Thomas*".

licisme pendant cent cinquante ans, n'a été providentiellement découvert qu'au moment où des missionnaires européens se trouvaient de nouveau en Chine pour en comprendre le prix, en interpréter le sens et tirer profit de cette trouvaille. Découvert plus tôt, le monument aurait passé inaperçu, exposé au risque d'être détruit comme tant d'autres. (1).

Pauthier (2) égaré par ses préventions anticatholiques, avait d'abord écrit, en citant des extraits de la traduction de Mgr de Visdelou : «Nous n'avons pas cru nécessaire de la comparer avec l'original... On y remarque surtout un caractère bien prononcé des doctrines professées par les sectateurs de *Lao-tseu* (taoïsme),... et il serait difficile, sans la meilleure volonté du monde, d'y découvrir les doctrines du Christianisme, qui n'y est pas même nommé. D'ailleurs nous avouons sincèrement que nous ne voyons pas l'importance que l'on a voulu attacher à ce monument, lequel, en admettant son authenticité que nous n'avons aucun intérêt à contester, ne prouverait rien autre chose, selon nous, si ce n'est que des notions d'un christianisme bien vague, auraient été portées en Chine, sous le régne de *T'ăt-tsong*, comme une foule d'autres notions religieuses avec lesquelles elles auraient été confondues».

Pauthier s'est ravisé: nous pourrions l'entendre chanter sa palinodie dans les deux Mémoires, soigneusement documentés, qu'il a publiés sur cette question. (3). Du reste, sans attendre

---

(1) Le P. Boym, (Kircher, *China illustrata* p. 16) avait déjà exprimé un avis identique à-propos de la découverte à cette époque de plusieurs monuments de la foi chrétienne. Du reste cette remarque fort naturelle se trouve consignée, pour la première fois, croyons-nous, dans une vieille plaquette de 15 pages, imprimée à Rome dès 1631, et portant le titre : *Dichiaratione di una pietra antica, scritta e scolpita con l'infrascritte lettre ritrovata nel Regno della Cina.* Cette plaquette fort rare, rédigée en italien, existe à la bibliothèque des Jésuites de Zi-ka-wei, près Changhai, et elle fait suite à un ouvrage de 187 pages intitulé : *Lettere annue del Giappone de gl'anni* 1625, 1626, 1627. Les deux ouvrages, (de texte et de papier identiques), sont imprimés chez Corbeletti et le premier porte l'*imprimatur* accordé en 1361 par le P. M. Vitelleschi, Général de la Compagnie de Jésus. Nous reviendrons sur cette *version italienne*, que le P. Al. Pfister, mort à Chanhai en 1891 a le premier signalée; tout autorise à l'attribuer au P. Sémédo, mais je ne l'ai vue mentionnée nulle part. Immédiatement après le titre cité plus haut on lit: "L'esplicatione persente è conforme à quella, che venue da Pequìm, la quale parue più a proposito per esser più letterale di parola in parola".

La *Bibliotheca sinica* de Cordier n'indique que deux versions peut-être antérieures.

(2) *Univers Pittoresque. La Chine.* T. I. p. 299. — La traduction de Mgr de Visdelou est insérée dans le *Supplément à la Bibliothèque universelle de d'Herbelot.* p. 375.

(3) "De l'*Authenticité de l'Inscription nestorienne de Si-ngan-fou.* Paris, Duprat 1857". et "*L'inscription syro-chinoise de Si-ngan-fou.* Paris. Didot 1858". Mr E. H. Parker dausses "*Notes on the Nestorians in China*", cite plusieurs textes chinois corroborant le témoignage sur lequel Pauthier attire l'attention. Cf. *Journal de la Soc. asiatique de Chang-hai.* 1889—90.

jusque là, il avait fait imprimer, non sans une nuance de vanité: «Nous sommes heureux d'avoir été le premier Européen qui ait découvert dans les livres chinois un *témoignage certain, irréfragable, de la réalité du monument* en question». Et il cite ce témoignage tout au long. (1).

Le monument de *Si-ngan-fou* est authentique, et non point le résultat d'une «pieuse fraude jésuitique» comme on s'était acharné à vouloir le prouver affirmant ainsi l'importance de la découverte. Il est désormais oiseux d'établir cette authenticité, surtout après la discussion si serrée de Pauthier lui-même, dont Henry Yule admet les conclusions, Cf. *Cathay...* p. XCIII.) et le travail beaucoup plus sérieux encore de A. Wylie, avec lequel il faut désormais compter. (2).

Ainsi La Croze, Voltaire, Spizelius, d'Argens, le R[d] Horne, le prof. Neumann de Munich, Schmidt de S. Pétersbourg, Ernest Renan, Stanislas Julien, le prof. américain E. E. Salisbury (1852). en sont tous pour leurs frais de contradiction, quelques uns pour la confusion de leur ignorance, plusieurs pour la honte de leur mauvaise foi prévenue. «Voltaire, écrit Abel Rémusat, voulait à toute force trouver en défaut l'Inscription de *Si-ngan-fou*... Ce n'est pas le lieu de répondre ici à ses chicanes, parce que l'on croit en avoir fait apercevoir ailleurs la futilité». (3).

Tour à tour un nombre fort respectable de critiques ont développé la thèse d'authenticité avec une très inégale, mais victorieuse compétence. Naguère encore le Professeur Legge, qui s'est élevé au rang des interprètes les plus autorisés de ce monument épigraphique, sans pourtant faire oublier l'illustre sinologue A. Wylie, a conclu hardiment par cette grave affirmation, après examen des compilations indigènes: «Autant que j'ai pu m'en rendre compte, on attend encore un lettré chinois qui porte contre ce monument une accusation de supercherie frauduleuse». (4).

---

(1) *Chine moderne* Ière partie p. 107.

(2) *Journal of the American Oriental Society; fifth vol.*, 1856. p. 277-336. — Le même volume contient sur ce sujet une lettre du R[d] Mac Cartee datée de Ning-po, 1854 — Le III[e] volume à la page 401 avait inséré la communication du prof. E. E. Salisbury, combattant l'authenticité du Monument. Ce travail n'a plus qu'un intéret documentaire.

(3) *Mélanges asiatiques.* II. p. 189: «Olopen, prédicateur du Christianisme à la Chine». A. Rémusat renvoie au *Journal des savans.* Oct. 1821. — D'après Yule, *Olopen*, (ou Olopuän), est la prononciation chinoisée de *rabba*, qui veut dire *moine*, (ou mieux, *membre du clergé).*

(4) Legge; *Christianity in China*, p. 37. — *Cf.* le résumé historique sur l'arrivée d'Olopen à *Si-ngan-fou* et l'introduction eu Chine de la *Po-szc-kiao.* (parsis), *Ta-t'sin-kiao* 大秦教, ou 景教, *Kiang-kiao* traduit par Dabry de Thiersant. (op. cit. p. 22) selon la «*Description de Tchang-ngan (Si-ngan-fou), par Min-kieou des Song*, 960 à 1120 après J.-C.»

Voir aussi le récent article du P. Heller, dans la Revue: *Zeitschrift für Katholische Theologie.* 1885. — p. 74 — *Cf.* Kreitner, *Im fernen Osten.* Vienne 1881.

Un autre sinologue de renom, le Dr Eitel n'est pas moins catégorique : «Il est évident qu'il ne reste plus désormais la moindre raison pour douter de l'authenticité (de l'Inscription), qui, à vrai dire, n'a jamais été mise en question par un seul critique impartial et compétent, chinois ou étranger». (1).

Wylie expose (p. 289), que les Chinois, qui l'ont réimprimée, vendue, admirée comme calligraphie, et ridiculisée quant au sens doctrinal et religieux, n'en ont jamais contesté l'authenticité : «et même, dit-il, nous n'avons jamais trouvé la moindre trace de soupçon relatif à l'existence de la pierre, ou à la véracité des dates qu'elle renferme». A la fin de son travail, (pp. 330, 335 et 336), il formule son opinion avec une insistance plus explicite encore. A son avis, aucun document chinois des anciennes dynasties ne résisterait au procédé de critique erroné que l'on applique à la Pierre de *Si-ngan-fou*.

Au nombre véritablement écrasant de citations, extraites des livres chinois, en faveur de l'authenticité, l'Archimandrite Palladius suggère d'ajouter un passage encore plus concluant du *T'ang-hoei-yao* 唐會要, que le lettré *Wang P'ou* 王溥 rédigea par ordre du premier empereur des *Song*. Dans cette compilation des actes officiels de la précédente dynastie des *T'ang*, on a fait entrer, (section des diverses religions), un décret figurant déjà avec quelques variantes sur la pierre de *Si-ngan-fou*. C'est un édit publié en 639 par l'Empereur *T'ai-tsong* 太宗, mentionnant l'arrivée d'Olopen, louant la doctrine qu'il prêche et ordonnant de construire un monastère pour ses prêtres. La pièce est sous la rubrique «Monastère de *Ta-ts'ing*». Un décret postérieur (745), change *Po-se*, le nom de ce monastère, en celui de *Ta-ts'ing-se*. (2).

Voilà donc cette tablette définitivement classée parmi les plus précieux documents historiques ; la Chine, l'Asie, le monde entier, sont également intéressés à sa conservation. Bien que des estampages (ou *rubbing*) s'en soient répandus dans tout l'univers, on conçoit que le public savant se soit récemment ému de certaines rumeurs inquiétantes à son endroit.

Elisée Reclus avait imprimé ces lignes un peu aventurées : «L'inscription fut probablement brisée pendant la guerre des *T'ai-p'ipg* 太平, car si Williamson la vit en 1867, Richthofen ne la trouva plus lors de son dernier voyage dans le *Chensi* en 1872».

---

(1) Eitel ; *China Review*. 1887-88. p. 384. — Klaproth tenait aussi pour l'authenticité.

(2) *Chinese Recorder*, 1875. p. 147. — Le Tome III. des «Travaux des membres de la Mission ecclésiastique russe à Péking. — S. Pétersbourg, 1852-1866», contient une étude sur *Le monument Nestorien du VIIe Siècle*, par le prêtre *Tsvetkoff*. Mon ignorance de la langue russe m'interdit de formuler la moindre appréciation sur ce travail.

On s'explique le légitime émoi des sinologues. (1).

En Mai 1890, à la réunion générale de la *Société Asiatique de Chang-hai,* le Président, M. Hughes, alors Consul anglais de cette ville, pria ceux qui auraient l'avantage de voir le Monument de *Si-ngan-fou* de s'assurer si les mesures de précaution réclamées par son Excellence Von Brandt, auprès des membres du *Tsong-li-ya-men,* pour la conservation de l'Inscription, avaient eu leur plein effet et étaient vraiment efficaces. Von Brandt, au nom de ses collègues du corps diplomatique à Pékin, et à la requête de la Société asiatique, avait demandé que les mandarins locaux s'intéressassent à ce monument des anciennes relations entre la Chine et l'Occident.

Le *Journal de la Soc. Asiatique* donne la teneur de la correspondance échangée à cette occasion quelques mois auparavant: «Votre Excellence, écrivait M[r] Hughes à Von Brandt, verra d'après la photographie ci-jointe, que le monument de *Si-ngan-fou* est maintenant entièrement exposé aux intempéries des saisons. Il était encastré dans un mur en briques, il y a quelques années lors du voyage du R[d] Williamson, qui m'a confié cette récente photographie, pour vous la transmettre. Ce mur a été démoli, et le monument, demeuré sans protection, ne tardera pas à souffrir beaucoup. Il y a dans le voisinage plusieurs autres tablettes d'un grand intéret historique pour la Chine : nous espérons que votre Excellence engagera les hauts dignitaires de Pékin à prendre les dispositions voulues pour les protéger toutes, mais spécialement la tablette nestorienne... etc.». (2).

S. E. Von Brondt répondit qu'il en avait référé au *Tsong-li-ya-men,* au Prince *Tcheng* et aux Ministres chinois; ceux-ci avaient mandé aux autorités provinciales du *Chen-si* d'enjoindre aux autorités locales de prendre les mesures jugées nécessaires. Le Ministre allemand terminait ainsi sa réponse : «Nous vous serions, mes Collègues et moi, très obligés, si les membres de la savante Société, dont vous êtes le Président, voulaient bien nous communiquer de temps en temps les informations qu'ils auraient pu obtenir sur l'efficacité de ces mesures».

La Chine abonde en collectionneurs, en lettrés amateurs d'archéologie et de linguistique. Les inscriptions, les vases, les peintures, les monnaies, les bronzes, tous les bibelots du brocantage et de l'antiquité, rangés sous l'étiquette de *Kou-tong* 古董, sont, truqués ou non, l'objet d'un respectueux amour, qui

---

(1) Elisée Reclus; *Asie Orientale,* p. 293. — Il y a quelque part une erreur problématique que je n'arrive pas á préciser, car le Colonel *Yule* (*Marco Polo,* II. p. 23), semble attester que Richthofen a *vu* la pierre. — *Cf.* Richthofen, *China,* I, p. 553.

(2) *Journal de la Soc. asiat. de Chang-hai.* 1889—1890. — N° I, p. 136. La photographie transmise à cette occasion a probablement servi à graver la planche de l'ouvrage de *Williamson, Journeys in North-China ;* 1870.

frise l'engouement; nul pays n'est plus riche en publications archéologiques, privées ou officielles, anciennes ou récentes. Pourtant, j'ai vu détruire sous mes yeux, durant un court espace de temps, un si grand nombre de restes importants, précieux au plus haut point pour l'histoire locale indigène, que j'oserais conseiller aux sinologues européens de ne pas se départir d'une vigilante surveillance vis-à-vis de l'incurie chinoise, malgré les assurances diplomatiques et gouvernementales. Quoi qu'en disent des récriminations passionnées, ce ne sont pas les *Barbares étrangers* qui ont commis les plus regrettables actes de vandalisme archéologique; leurs dégâts sont comparativement insignifiants. Insurgés ou impériaux en campagne, *T'ai-ping* ou Tartares, *Mien-fei* ou *Ma-jen, Ko-lao-hoei* ou *Pé-lien-hoa,* mandarins locaux ou obscurs individus du simple peuple, les plus dangereux ennemis de l'archéologie chinoise sont à l'intérieur.

Outre l'argument fourni plus haut, un détail prouvera que les craintes de la *Royal Asiatic Society* n'étaient point chimériques. La pierre elle-même portera le témoignage, trop longtemps durable, d'un zèle ardent sans doute, mais indiscret. Au côté gauche de la tablette, c.à.d. à la droite de celui qui la contemple, sur les caractères *estranghélos* dont plusieurs sont à jamais perdus, se voit gravée une grande inscription, dont voici la traduction: «La neuvième année de *Hien-fong* 咸豐 (1859), soit 1079 années aprés l'érection de la pierre, moi, *Han T'ai-hoa* 韓泰華 de *Ou-lin* 武林, je vins la visiter. Je trouvai les caractères et l'ornementation en parfait état et je rebâtis l'abri qui la recouvre. Hélas! mon ami *Ou Tse-pi*, le Trésorier, n'était pas là! il aurait pu la voir aussi! je suis tout triste de son absence». (1). On se demande qui était cet amateur inconsidéré et de quel droit il s'est permis de mutiler cette partie de la stèle.

Comme Legge, M. Léon Rousset est moins sévère que nous pour *Han T'ai-hao* : «Le temple a été ruiné de fond en comble par les rebelles musulmans; seule la tablette, protégée par la maçonnerie qu'avait fait élever ce protecteur éclairé des lettres et des arts, se dresse encore au milieu des débris que la guerre civile a semés autour d'elle». Que n'a-t-il pourtant fait graver sa prose sur la face postérieure de la tablette! Il n'aurait pas compromis d'une façon irrémédiable une partie de l'inscription syriaque et chinoise d'une des tranches!

Un membre de phrase serait à modifier dans le texte de L. Rousset; car on verra plus loin que la tablette n'a guère été

---

(1) Cf Legge, *Christianity in China,* p. 31. — *Item, Journal de la Soc. Asiat.* de Chang-hai, 1888. — Note de E. H. Parker.

(2) Léon Rousset, *A travers la China,* 2e édit; Hachette 1866, p. 314.

protégée par la maçonnerie de *Han T'ai-hoa.* (1). Grâce à des photographies que je dois à l'obligeance du R. P. Hugh Scallan le courageux provicaire du *Chen-si* 陝 西, que les émeutiers ont tenté d'ajouter naguère à la glorieuse liste des martyrs de Chine, (2) je suis en mesure de fournir des renseignements positifs sur l'état actuel du précieux monument.

A la suite de la démarche de Von Brandt, un pauvre toit chinois, (un *T'ieng-tse* 亭 子) à deux versants, au faîte orné à chaque extrémité par les dragons habituels, a été élevé au-dessus de la tablette sur quatre colonnes de bois. On aurait désiré, pour cette nouvelle restauration du Kiosque, des précautions moins parcimonieuses; pourtant le monument est à l'abri de la pluie et les entreprises plus redoutables des hommes!

Je venais de formuler ce souhait quand je reçus une lettre du R. P. Gabriel Maurice, missionnaire franciscain au *Chen-si;* je ne puis mieux faire que d'en extraire ces passages, qui s'imposent d'eux-mêmes à l'attention du lecteur: «Aujourd'hui (Déc. 1892), la tablette se trouve au milieu de l'immense et misérable enclos en terre d'une bonzerie, elle aussi assez misérable, et habitée de quelques bonzes seulement. Elle est là debout, en plein champ, en plein air, en plein soleil, au milieu d'anciennes ruines et de pierres monumentales qui se dressent à ses côtés. Elle est dans un bon état de conservation. La croix y figure toujours splendidement au sommet... Le mesures de précaution réclamées par son Excellence Von Brandt, auprès des membres du *Tsong-li-ya-men,* pour la conservation de l'Inscription, n'ont été nullement efficaces. Les autorités locales ne s'intéressent nullement à ce monument pour le préserver. Seulement, pour ne pas se mettre en contradiction avec l'avis, ou la note, ou l'ordre reçu peut-être du *Tsong-li-ya-men,* les mandarins érigèrent au-dessus de la Pierre une misérable baraque, incapable de la protéger contre les injures de l'air et de la pluie, indigne du monument lui-même, et très dérisoire pour les nobles personnages qui s'y étaient intéressés, en suppliant la Chine de faire quelque chose, sinon de respectable, au moins de convenable. Qu'est-il arrivé? L'année dernière, à pareille époque, la baraque, (quatre pieux surchargés de tuiles), venait d'y être érigée... Aujourd'hui elle n'existe plus; on n'en voit même pas la trace, si ce n'est quelques mor-

(1) Une gravure du *China's Millions,* (March 1892, p. 33), non datée malheureusement, la montre isolée parmi les décombres. La courte notice, accompagnant la gravure, nous apprend que la pierre, de couleur grise, résonne comme une cloche sous les coups d'un marteau. Elle repose, selon l'usage, sur une tortue à demi enterrée; et cette disposition remonte probablement à l'an 1625, car Sémédo rapporte que le Gouverneur fit élever cette pierre «sur un beau pied d'estal».

(2) Cf. *North-China Daily News,* N° du 11 Oct. 1892.

ceaux de tuiles brises, semés ça et là aux alentours. Deux mots seuls expliquent cette disparition étrange: accident ou vol. Je crois aux deux. J'ai interrogé les bonzes à ce sujet; ils me répondirent que l'année dernière le vent avait renversé la baraque. C'est probable et cela en prouve la solidité. D'autres accusent les bonzes et des voleurs d'avoir jeté bas la construction, pour s'emparer de quelques morceaux de bois. En fait, tout a disparu... Les mandarins se garderont bien de faire une enquête, ou de penser à faire dresser quelque chose de plus solide pour protéger le monument». (1).

«Je crois qu'il y va de l'honneur du Corps diplomatique et de la *Soc. asiat.* de Chang-hai de réclamer encore auprès du *Tsong-li-ya-men.* Or la cahute érigée était plutôt un monument de mépris à leur adresse qu'un abri pour la pierre. J'affirme que cette baraque n'avait pas coûté plus de trois ou quatre taëls». (2).

Nous devons au R. P. Hugh une information précieuse au sujet du vandalisme des Rebelles musulmans: «Pendant la rébellion mahométane, la pierre fut renversée et le sommet fut séparé du corps de la pierre. Notre Evêque, Mgr Pagnucci dit que les Mahométans trouvèrent, dans un trou pratiqué entre les deux pierres, des documents qui auraient peut-être éclairé l'histoire sur l'origine du Monument. Son prédécesseur. Mgr Chiais, à la nouvelle de cette découverte envoya immédiatement auprès du Général des Rebelles, pour obtenir la restitution de ces documents. Mais en dépit de tous les efforts, on n'a malheureusement rien recouvré!» Le public intelligent s'associera aux regrets du zélé missionnaire sur cette perte irréparable et lui saura gré d'avoir bien voulu fixer ces souvenirs. (3).

A quelques pas de la stèle, se dresse un *Pai-leou* 牌樓, de

---

(1) Sémédo avait mentionné qu'en 1625 le Préfet de la ville l'avait fait «couvrir d'un toict appuyé sur des pilliers par des costez».

(2) Vu son caractère mesquin, nous renonçons à reproduire la photographie de cette «baraque». Avouons aussi que nous avons adouci quelques expressions vers la fin de cette lettre, qui n'était point destinée au public. Enfin, par suite d'une communication faite à la Société asiatique de Pékin, (24 Févr. 1893), les sinologues et le personnel diplomatique ont été dûment informés de la disparition ou suppression du trop misérable abri.

(3) Relativement au motif qui orne si heureusement la partie supérieure de la stèle, on me permettra de renvoyer aux lignes suivantes par lesquelles le P. de Magalhâens, qui habita près de trente ans à la Cour de Pékin, décrivait, en 1668, une partie du costume impérial: «Deux grands dragons, opposez l'un à l'autre, remplissent avec leurs corps et leur queuës entortillées les côtez et le devant de la poitrine, et semblent vouloir saisir avec les dents et les griffes une belle perle qui paroît tomber des nuës, pour faire allusion à ce que disent les Chinois, que le dragon se joue avec les nuées et avec les perles.» (*Nouv. Relat.* p. 306). — La disposition *arrondie* du haut de la pierre est aussi un présomption en faveur de l'authenticité; cette disposition ne se constate, avec ses particularités, que sur des monuments de cette époque. Sous les *Yuen* et les *Ming*, ce caractère architectoni-

style moderne, avec personnages en relief, et dont nous devons entretenir le lecteur. (1). Ce *Pai-leou,* en effet, porte au sommet une boîte en pierre, maintenant brisée, dans laquelle Olopen aurait enfermé les écrits scellés que les Rebelles *Nien-fei* détruisirent il y une trentaine d'années. «De temps immémorial, dit notre correspondance, on savait que cette pierre était creuse et qu'à l'intérieur il devait y avoir un trésor mystérieux. Sous *Tao-kouang* 道光 (1821-1851), le Gouverneur *Pi,* après avoir jeûné quelques jours, se rendit au monument. Comme il se disposait à faire sauter le couvercle de la boîte, le tonnerre gronda; effrayé, le Gouverneur se retira, persuadé que le Ciel s'opposait à l'ouverture de cette boîte, demeure sans doute de quelque divinité inconnue. Il la fit donc placer au haut du *Pai-leou,* où les Mahométans l'ouvrirent et la défoncèrent. On va jusqu'à dire que, sur le couvercle de la boîte, étaient écrits ces mots en chinois: «Olopen laisse à la postérité...» (2).

---

que s'était déjà modifié. L'identité de style et de plan, dont je parle, est clairement saisissable au sommet d'une stèle que j'ai pu photographier à *Si-hia-chan,* entre Nankin et *Tchen-kiang,* avant qu'elle ne fût recouverte d'un Kiosque. (fig. 150). Etonnamment conservée aussi, bien qu'elle soit toujours réste exposée à l'air dans un climat plus humide, cette pierre a été érigée 105 ans avant celle de *Si-ngan-fou,* en 676, par *Kao-tsong* 高宗, des *T'ang* 唐, qui fut en relation avec la Perse et protégea le pélerin *Hiouen-Tchoang* à son retour des Indes. L'écriture des caractères, extrêmement élégante, est du genre appelé *Hang-chou* 行書, sorte de cursive expédiée. Ces deux stèles forment donc les plus magnifiques spécimens du style épigraphique et sculptural de cette brillante époque. — Cf. *Chroniques* de Nan-kin. 江甯府志, 52e *Kiuen,* p. 5.

(1) On y voit gravée en creux l'inscription suivante :

大明萬曆十二
年歲次甲申
夏四月之吉

祇園眞境

秦藩典膳正甯
王臨潼縣周
榮里人謹立

(2) A côté du *Pai-leou* on admire une énorme cuve en marbre, orné de ramages sculptés très anciens. On a suggéré que ce pourrait être un antique *baptisterium.* (fig. 151. page 124). Trois hommes se tenant par les mains n'arrivent pas à en embrasser le contour. Les fleurons rudimentaires de la paroi extérieure sont manifestement analogues à ceux que l'on voit aussi à *Si-hia-chan* sur une base de colonne remontant au VIIe siècle. Le bord de la cuve porte à plat cette inscription circulaire, datant de *K'ien-long,* (1782):

伍亭華焉置
伯亭寶在因
毅銘作御淨
誠以証調是
軍系相土可
將敬實此印
臣前作現默度
大佛德變聞不
內寺一城如有
夫聖身化門無
大崇三有普生
祿大甕粵首衆
光奉寶明稽千
吉供此圓養大
初甕合就供露
月寶石成此甘
正華者是持以
寅蓮磷如主注
壬以磷閒非墟
隆泰蓮我賓清
乾米者擎非在

Fig. 150.

Sommet de la stèle de *Si-hia-chan,* près Nankin, érigée en l'an 676.

Nous aurions tort de vouloir reprendre, ou même résumer, les savantes études publiées sur la mémorable inscription. Disons pourtant un mot d'un point spécial qui se rattache à notre sujet : L'usage a prévalu d'appeler cette pierre «le monument *nestorien* de *Si-ngan-fou*». Sans entrer dans une aride discussion de texte, je ferai observer que c'est là une expression amphibologique, préjugeant à tort et sans preuves d'un point d'histoire incertain, mal établi, encore en litige, un vocable enfin qu'il serait très désirable de voir abandonner au profit de l'épithète *sino-chaldaïque* ou *syro-chinois*.

Pourquoi ne dirait-on pas simplement le *monument chrétien* de *Si-ngan-fou?* L'expression, juste et précise, n'aurait rien à redouter des révélations possibles de l'avenir. A notre avis suivant l'opinion des premiers interprètes, les PP. Sémédo,

Fig. 151.

Michel Boym, Kircher, E. Diaz, Le Comte, (opinion partagée par Dabry de Thiersant et plusieurs écrivains), le précis de la doctrine venue du *Ta-t'sin* 大秦 et appelée *King-kiao* 景教, est la pure doctrine catholique, telle que l'Eglise Romaine la croit et la professe encore.

Wells Williams, pour lequel l'authenticité de l'inscription est irréfragable, a écrit un peu légèrement : « Kircher et le Comte l'ont réclamée comme un témoignage des succès de l'Eglise Romaine, (papiste), en Chine ; mais des écrivains plus récents ont eu la candeur d'avouer qu'elle rappelle les travaux apostoliques des nestoriens». (1), Ces écrivains étaient-ils compétents?

Que cette inscription, au sens orthodoxe, soit l'œuvre d'un clergé infecté du schisme nestorien, — et là est l'amphibologie, — il est malaisé, vu l'état incertain et provisoire des recherches historiques relatives à ces époques, de réfuter péremptoirement l'opinion qui l'admet. Il est prudent toutefois de se prémunir en cela contre des conclusions prématurées : des découvertes ultérieures viendraient peut-être les infirmer ou même les faire mentir. Abel Rémusat, pour qui Olopen est Syrien et monophysite, expose avec réserve et loyauté que la doctrine de l'inscription « semble appartenir à la croyance particulière des Nestoriens ou des Jacobites». (2). En dernière analyse, pour lui comme pour d'autres, c'est plus affaire de sentiment que de raison.

Dabry de Thiersant, en complet désaccord avec la première manière de voir de Pauthier sur la valeur historique de l'inscription, se sépare aussi nettement de l'opinion de l'abbé Huc, (1859), qui y reconnait des preuves non équivoques de nestorianisme doctrinal. (3) Dabry cite même ce passage courageux de *Kircher (China*, p. 9) : «Je vais tâcher... d'obliger les hétérodoxes eux-mêmes, qui liront la traduction de cette inscription syro-chinoise, à avouer qu'elle ne contient rien qui, durant le cours de dix siècles, n'ait été enseigné par les propagateurs du Verbe divin ; de plus, qu'elle est conforme, par les expressions et par le fond, à la doctrine orthodoxe de ces temps éloignés ; enfin, que la doctrine, répandue en Chine à cette époque par des prédicateurs évangéliques, est la même que celle que l'Eglise universelle, apostolique et romaine nous propose de croire aujourd'hui». En pareille matière, Kircher n'a pu être aussi affirmatif sans raisons valables et résistant au plus sérieux examen.

---

(1) *The Middle Kingdom.* — 1e édition. New-York, 1871 — 2e vol p. 291 et 297. La traduction anglaise de l'inscription, qu'il emprunte au Docteur Bridgman, ne présente rien de spécial.

(2) *Mélanges Asiatiques.* — II. p. 189. Paris, 1829 : «Olopen prédicateur... etc.»

(3) Ce n'est pas le seul cas où l'on pourrait opposer Huc *junior* à Huc *senior* ! Sa gloire d'explorateur est plus solide et mieux assise.

Voici en partie l'argumentation de Legge : «Du Halde (1) dit qu'il est difficile de juger si ceux dont il est ici parlé étaient catholiques ou nestoriens. Mais certainement nous ne trouvons rien dans l'inscription qui indique qu'ils étaient Catholiques Romains, car on n'y mentionne pas le Siège Papal. D'autre part, pour ne rien dire des noms Syriaques et de l'écriture Syriaque qui y abonde, on y lit que cette pierre *fut dressée au temps de Hanan-Yeshu, le catholicos et le patriarche.* Sans aucun doute les chrétiens dont parle l'inscription appartenaient à l'église nestorienne». (2). Le raisonnement est faible et la conclusion hâtive.

Legge poursuit avec une certaine candeur: «Et je serais bien aise d'être un peu plus fixé que je ne puis l'être sur ce que l'on regarde comme la doctrine spéciale des Nestoriens». Puis il essaie péniblement, sans trop y réussir, de préciser ce qu'est cette hérésie, après quoi il reprend : «Est-ce là oui ou non l'expression correcte de la doctrine nestorienne? Tout ce que je sais, c'est que le point délicat est évité dans notre inscription». L'aveu est bon à retenir. Il le réitère du reste un peu plus loin : «La grosse difficulté, *the great crux,* la question de Nestorianisme a été éludée, et très sagement éludée, par les auteurs de l'Inscription».

Donc, l'opinion formelle de Legge est que *l'Inscription, œuvre des Nestoriens, ne fait aucune mention des doctrines nestoriennes.*

Vylie (p. 413, *op. cit.)* proclame après Neumann, que rien dans le texte ne prouve invinciblement une doctrine nestorienne. Il avait déjà reconnu (p. 336) que «dans l'Inscription il ne découvrait aucune caractéristique de la religion catholique romaine, qui ne fût aussi bien applicable aux autres communautés chrétiennes». (3).

D'après le Dr Eitel, l'inscription, par le fait qu'elle contient des caractères syriaques, et mentionne des titres écclésiastiques syriens, se rattache à une forme syrienne de christianisme; «mais, ajoute-t-il, je ne vois pas clairement pourquoi cette tablette doit être appelée nestorienne, plutôt que catholique». Il remarque bien aussi qu'on aurait tort d'y chercher, malgré tout, coûte-que-coûte, la formule exacte du Nestorianisme, puisque les au-

---

(1) *Description de la Chine.* T. II. p. 189.

(2) *Christianity in China.* p. 41. — La discussion des textes syriaques, d'une si haute importance pour résoudre ce problème historique mal défini, est l'objet du savant travail de *T. H. Hall: «Syriac part of the Chinese Nestorian Tablet.»* (Journal of the Americ. Orient. Society,, vol. XIII; 1889). L'auteur y venge Kircher de plusieurs critiques peu fondées du docte Assemani *(Bibliotheca Orientalis),* mais nous réservons notre opinion sur le point principal du débat.

(3) Notons qu'à deux reprises (p. 411 et 418), Salisbury, l'un des plus récents opposants de l'authenticité, avoue sa double incompétence en langue et littérature chinoises.

teurs n'avaient nullement pour but d'en présenter l'exposition. «Puis, dit-il encore, nous ne pouvons croire que les Syriens fussent les seuls chrétiens qui envoyèrent des missionnaires en Chine». (1).

En dehors d'une présomption *a-priori*, assez naturelle, ou si l'on veut, d'un préjugé fondé peut-être avant examen, l'unique argument, qui militerait en faveur d'une signification *doctrinale* nestorienne, repose sur l'interprétation au moins hasardeuse des deux seuls caractères 分 身. (2).

Pourtant il est hors de doute, et Legge l'a admis, qu'ils peuvent s'expliquer, sans aucune torture pour le contexte, la grammaire, la ponctuation, le style, ou le sens propre des idéogrammes, *en accord* avec l'enseignement catholique le plus orthodoxe.

Je dis qu'une interprétation à peine plausible de deux des 1780 caractères est le seul argument en faveur du nestorianisme doctrinal de l'Inscription. On doit en effet tenir peu de compte de l'argument négatif insinué par Legge. Il faudrait démontrer, pour l'admettre, ou que l'Inscription *devait* parler du point en litige, ou qu'elle *prétendait* fournir un exposé *complet* de la doctrine enseignée à cette époque.

Or, aucune de ces deux hypothèses ne se peut soutenir. Un argument négatif perd toute valeur probante ici. Qui, en histoire, contesterait l'exactitude d'une particularité bien établie par ail-

---

(1) *China Review*. 1887-88. — p. 385. Plusieurs des conclusions du D. Eitel sont inadmissibles. Il termine à peu-près ainsi son article : Peu importe que la tablette soit d'origine Nestorienne ou Catholique. Dans ces monastères, qui fleurirent si nombreux de 635 à 845, on ne conservait qu'un christianisme éclectique, bâtard, nominal, hybride, adulateur du Pouvoir, mélangé de Confucianisme, de Taoïsme et de Bouddhisme. La valeur historique de la tablette de *Si-ngan-fou* est donc peu considérable..., etc. — La conclusion n'est guère rigoureuse ; la logique voudrait aussi que la majeure du raisonnement fût appuyée sur des preuves moins boiteuses.

(2) Comme l'un des prochains numéros des *Variétés sinologiques* doit être consacré à l'*Inscription* de Si-ngan-fou et que la discussion du vrai sens de ces deux caractères fera l'objet spécial d'une dissertation, nous nous abstenons pour le moment d'être plus explicite sur ce point. On y établira péremptoirement qu'il faut en revenir à l'opinion de Sémédo, aidé dans sa traduction par des lettrés indigènes très érudits qui font encore autorité. Cette opinion se trouve ainsi formulée par la première *version italienne :* (Cf. p. 115). Allhora una Persona divina della Santissima Trinità, chiamata il Messia, ristringendo e coprendo la sua Maesta, accommodandosi alla natura humana, si fece huomo." (p. 4.) — Le *Prodromus Coptus* de 1636 traduit «Tunc una de divinis personis Sanctissimæ Trinitatis dicta restringendo, tegendoque Majestatem suam, et se humanæ naturae accommodando, homo factus est».

En somme l'auteur de l'inscription, pour mieux affirmer le dogme catholique, aurait fait ici allusion à ces paroles de S. Paul : "Jésus-Christ s'est anéanti lui-même, il a pris la forme d'un esclave ;" et autres analogues : *Christus exinanivit semetipsum, factus obediens... formam servi accipiens.*

leurs, sous l'unique prétexte que tel historien a gardé le silence à son sujet? Puis, qui prouve trop ne prouve point. Legge lui-même a remarqué, après Yule, que l'Inscription ne mentionne «ni le crucifiement, ni la mort, ni l'ensevelissement, ni la résurrection du Christ». (1). Ce sont pourtant événements notables. Concluera-t-on que les auteurs de l'Inscription n'y croyaient point ou les ignoraient?

Et je ne veux point m'arrêter longtemps au facile et paradoxal plaisir de rétorquer ainsi l'argument: «Si les rédacteurs de l'Inscription avaient été Nestoriens, il n'auraient pas manqué cette occasion propice d'y introduire expressément les nouveautés doctrinales qu'ils avaient tant à cœur de faire triompher ailleurs à cette époque. Ils l'ont négligée; donc ils n'étaient pas Nestoriens». (2).

Comme aujourd'hui, les prêtres catholiques enseignaient, dès ce temps-là, qu'ils sont les Apôtres autorisés, les dépositaires responsables, les interprètes subordonnés, et non pas les auteurs indépendants de la croyance catholique; ils la transmettent, la sauvegardent, la discutent avec respect et sans parti pris déraisonnable, mais ils n'osent pas, sous couleur de *libre examen*, la façonner à leur gré. Peut-être le clergé n'a-t-il pas jugé utile d'affirmer alors ce qu'alors personne ne contestait; d'où plusieurs lacunes dans l'exposition doctrinale de la pierre de *Si-ngan-fou*. Laissons objecter à la soi-disant Réforme que l'Eglise était alors chrétienne, que plus tard elle devint catholique romaine!

John Kesson (3) en relatant l'accusation portée jadis contre les Jésuites d'avoir forgé cette inscription, raisonne différemment: «La pierre existait quand les Jésuites entrèrent en Chine et elle avait été réparée cent ans auparavant par les Chrétiens... Si les missionnaires jésuites avaient prétendu commettre cette fraude pieuse, aux dépens soit des Chinois, soit des Européens, il n'est pas vraisemblable qu'ils eussent produit un *credo* plus conforme à celui de l'Eglise grecque qu'à celui de l'Eglise latine; ni surtout qu'ils aient négligé une aussi belle occasion d'affirmer la suprématie du Pape, l'existence de la messe, de la transsubstantiation, du purgatoire et de quelques autres dogmes principaux de leur propre communion. La croyance y est si évidement nestorienne qu'il serait superflu de le prouver».

L'intention est louable et je ne puis savoir mauvais gré à John Kesson d'avoir déchargé les Jésuites incriminés. Mais lui

(1) Legge. — *Op. cit.* p. 40.

(2) Wylie, (*Op. cit.* p. 325), se prononce également, pour l'origine nestorienne de de l'Inscription. Il s'appuie aussi sur l'expression *fen-chen* 分身, mais il reconnait qu'*elle peut à la rigueur s'interpréter dans un sens catholique.*

(3) *The dragon and the Cross* pp. 40 et 41.

non plus, sur le point principal, ne décide rien. *Adhuc sub judice lis est.* (1).

Nous voudrions écarter ces considérations; fondées sur une pure discussion de texte, à défaut de documents historiques qui puissent trancher la question, elles relèveraient plus du domaine de la philologie que de la théologie. Tout se réduit dès lors à un problème de diplomatique, compliqué d'une question d'histoire, l'un et l'autre également obscurs, et sollicitant les labeurs de spécialistes compétents. D'autres chercheurs mèneront à bien cette besogne épineuse. Toutefois, comment laisser passer la burlesque interprétation du Docteur Williamson? D'après le révérend ministre, l'inscription de *Si-ngan-fou* est une inscription.... *protestante!* Il faut citer ce texte invraisemblable : «Cette tablette non seulement énonce les principales doctrines de notre religion: mais c'est encore un témoignage fort important de notre croyance, à opposer aux idolâtres et aux catholiques romains; car elle montre que la forme Protestante du Christianisme ne date pas d'hier». (2)

Certes, il est bien avéré que la *forme protestante du Christianisme ne date pas d'hier;* elle date en effet du XVIe siècle. Olopen précurseur de la Réforme...! C'est une découverte inattendue que celle de l'existence de cette réforme près de mille ans avant la naissance de ses auteurs, Luther, Calvin, Henri VIII!

(1) Le Colonel Henry Yule admet complètement *l'impossibilité* de forger un pareil document; comme Wylie il stigmatise la *témérité* de l'allemand Neumann, qui ose accuser Sémédo de l'avoir inventé. — Cf. *Cathay...* p. XCIII.

(2) C'est la traduction de M. Léon Rousset (*A travers la Chine,* 2e édit. Paris Hachette, 1886, p. 314.) L'auteur de cet ouvrage, si riche d'observations, a formulé des opinions plus que contestables sur la religion, les missionnaires, voire même l'origine, les conditions et la légitimité de l'intervention française en Chine en faveur du catholicisme. Il oublie qu'à tout gouvernement civil incombe le strict et glorieux devoir de protéger la *vraie* religion. Par contre, il a fait preuve d'un ferme bon sens, en appréciant ainsi la revendication du R[d] Williamson : «On ne peut s'empêcher de sourire en voyant à quel point la passion de la controverse religieuse peut égarer certains esprits et leur faire assez perdre la notion du temps et de la vérité historique pour les amener à exploiter au profit de leur opinion les documents qui s'y rapportent le moins».

Voici le texte exact de Williamson : «The preserving care of a wise Providence was the first thought in our minds, for this tablet not only enunciates all the leading doctrines of our holy religion, but is a most important witness in favour of our faith in opposition both to the heathen and Romanists, as it shows that the Protestant form of Christianity is not of yesterday.»

Question accessoire : la mort, le crucifiement du Christ..., *omis* dans le texte, ne sont-ils pas des points principaux de notre sainte Religion. «*all* the leading doctrines...?»

Il est assez piquant de constater avec quelle prudence le *China's Millions, (loc. cit.),* a modifié ce passage en le copiant à-peu-près : «It enunciates all the leading doctrines of Christianity, and is a most important standing witness in favour *of the Truth.*» C'est plus acceptable.

Après tout, les Protestants ont bien trouvé l'existence de leur protestantisme dans des textes plus anciens encore de six siècles, dans ceux des Saints Evangiles! Non *catholique romaine*, l'inscription de *Si-ngan-fou* prouverait tout au plus que, dans le monde, le protestantisme n'est pas la première hérésie en date.

Certes, nous savons gré au R^d^ Williamson et à son compagnon de voyage de nous avoir fourni de bonnes informations archéologiques sur l'Inscription syro-chinoise. Nous envions le bonheur qu'ils ont eu de contempler de leurs propres yeux, au-dessus du texte, cette croix et ces sculptures, auxquelles nous reviendrons dans les pages qui vont suivre : pourquoi faut-il que les préjugés de secte leur aient dicté, là et ailleurs, d'aussi naïves remarques?

Le Professeur Legge, creusant le triste et troublant problème de l'extinction totale, en Chine, du flambeau de la foi, ainsi rallumé par Olopen et ses compagnons, énumère plusieurs causes, dont nous ne relèverons qu'une seule ici. Il raconte qu'un jour ayant interrogé, sur cet insuccès du nestorianisme, un des plus zélés missionnaires protestants de la Chine, ce dernier lui répondit : «Comment pouvaient-ils réussir?... Ils n'avaient pas l'Evangile avec eux et vous vous étonnez qu'ils aient échoué!» (1).

«Ils n'avaient pas l'Evangile!» En êtes-vous certain? Trop de prédicants tenteraient de nous habituer à cette suffisance, qui révolte le bon sens. Quel titre les autorise à accaparer le monopole du Nouveau Testament, qu'ils ne tiennent pourtant, comme le dimanche et cent autres traditions, que de l'Eglise romaine? Est-il bien admissible ou vraisemblable que les grands révoltés Luther et Calvin, de désintéressement suspect, de moralité douteuse, soient les descendants légitimes de ceux auxquels il a été dit : «Qui vous écoute m'écoute, qui vous méprise me méprise?» (2).

Puis où donc, sinon dans l'Evangile, les rédacteurs de l'Inscription ont-ils copié ces détails éminemment évangéliques? «Le Christ en s'anéantissant s'est fait homme et il a paru dans le monde. Un ange a annoncé à une femme vierge qu'elle enfanterait un saint dans le royaume de *Ta-ts'in*. Des rois de Perse,

---

(1) *Christianity in China*, p. 51. D'autre part, le savant professeur d'Oxford, si versé dans tout ce qui concerne l'histoire et la littérature du Céleste Empire, s'est honoré aux yeux de la critique pour avoir eu la loyauté d'écrire : «On ne peut pas dire que j'ai parlé avec les préjugés protestants des missions Catholiques Romaines. Je rends hommage à l'habileté, à la persévérance et au dévouement des missionnaires et à la sagesse de leurs méthodes. Ils méritaient le succès et l'ont obtenu. S'ils ont trop recherché la faveur impériale et ont fait des concessions, regrettables peut-être, pour l'obtenir, comme je l'ai reproché aux Nestoriens, pouvaient-ils faire autrement, vu les circonstances données?»

(2) Luc; X. 16.

guidés par la clarté d'une étoile étincelante, sont venus offrir leurs hommages au nouveau-né... Le Fils de Dieu... est remonté au ciel..;... il a établi le baptême qui, par l'eau et la vertu de l'Esprit Saint, efface les taches originelles... etc.» (1).

Ces considérations, accessoires ici, risqueraient de nous faire perdre de vue la Croix, qui doit dominer cette seconde partie comme elle brille de fait en tête de la pierre de Si-ngan-fou. Avant d'examiner plus spécialement ce glorieux symbole qui s'y trouve si providentiellement sculpté et conservé depuis tant de siècles, nous prierons le lecteur de remarquer la double mention explicite qui en est faite dans le courant même de l'inscription.

§ II. LES CROIX DANS LE TEXTE.

Outre la croix gravée au sommet de la pierre, le signe de la Croix est mentionné deux fois, avons-nous dit, dans le texte, c.à.d. dans la partie constituant l'exposé doctrinal, mais chaque fois dans des conditions fort différentes.

Tout d'abord, dans les premières lignes verticales et presque au début, on trouve une phrase assez obscure pour exercer la sagacité des traducteurs : 判十字以定四方、鼓元風而生二氣.

Legge l'interprète ainsi : «Ayant déterminé les quatre points cardinaux dans l'espace, comme par les extrémités du caractère employé pour 10 十, Il (l'être suprême, un, immuable, vrai, incompréhensible, éternel et simple,) mit en action le souffle primordial et produisit le double éther.» Une note de Legge, qui y voit, à tort ou à raison, l'ancienne cosmogonie du taoïsme et la

(1) Il serait trop facile d'aligner ici, sans grands frais d'érudition, les références, par chapitres et versets, aux passages correspondants des quatre Evangélistes. Et pourtant ces Nestoriens *ne possédaient pas l'Evangile!* Veut-on dire qu'ils ne le comprenaient pas? Que cette intelligence était réservée au protestantisme futur? Williamson assure toutefois que la forme protestante du Christianisme était déjà en vigueur à cette époque! Inchoérences, contradictions, extravagances, qui fourniraient un nouveau paragraphe aux «*Variations des Eglises réformées*,» de Bossuet.

Plusieurs interprètes voient même le sacrifice de la messe, la Communion, la Confession, la prière pour les défunts, mentionnés dans ces passages : «Sept fois par jour ils assistent à l'office et ils prient pour soulager grandement les vivants et les morts. Une fois tous les sept jours ils ont un service public, purifiant leurs cœurs et recouvrant leur innocence».

Sans remonter à de Visdelou, à Pauthier, à Dably, Legge est formel sur ce point, à la page 9, dans la traduction du texte et dans les explications en note. Pour Kircher, il y a trouvé matière aux plus riches développements d'histoire apologétique.

vieille philosophie chinoise, remarque avec justesse «qu'il n'est pas nécessaire de supposer que l'écrivain de l'inscription pensait ici à la Croix, symbole du Christianisme, comme il l'a fait plus loin».

Sémédo avait traduit: «Il forma les quatre parties du monde en forme de Croix. Il mêla le Chaos et en tira les deux principes». (1).

A. Wylie (p. 269) rapporte la réflexion suivante, insérée à propos de ce passage par un Lettré chinois de haut rang dans la grande collection d'épigraphie qu'il publia en 1805: «Maintenant les catholiques qui lèvent constamment la main pour faire le signe de la croix, se conforment avec précision aux termes mêmes de la Tablette».

L'attention du P. Trigault avait déjà été éveillée par cette équivalence, en Chine, de la croix + et du caractère signifiant 10, comme on le voit par la citation que j'ai insérée à la page 96. Kircher du reste avait cité ce passage (p. 36), avec la manchette: «Crucis figurà Sinæ denarium numerum denotant». On a fait plusieurs fois remarquer aussi que la croix grecque + en Chine et la croix de S. André des chiffres romains X signifient également 10. Rappelons encore que l'expression «dix fois», précédant un adjectif chinois, en fait un superlatif de perfection qui répond à *très extrêmement*. (2).

---

(1) *Léonticwski*: «C'est lui qui étendit en croix les quatre parties du monde». *Kircher* (Boym): «In figurà Crucis fecit quatuor mundi partes, commovit chaos, fecit duos *Kis*». *Ki* veut dire air, soufle, en chinois.

On semble avoir simplement mis en latin ce passage de la *version italienne*: «... in figura di Croce fece le quattro parti del mondo, comosse il Chaos, fece due *Kis* (cioè due virtù o qualità, chiamate Iñyañ) cambio le tenebre, fece il Cielo e la Tierra...» La parenthèse indique qu'il s'agit du *Yang* 陽 et du *Yn* 陰 dans ces deux *Ki*.

John Kesson: «Il étendit en croix les quatre parties de la terre, vainquit le chaos et créa les deux espèces d'air...» Le traducteur y voit une allusion au verset 7e du 1er chapitre de la Genèse sur la séparation des eaux primitives, «Et fecit Deus firmamentum, divisitque aquas quæ erant sub firmamento, ab his quæ erant super firmamentum.» En note, il cite une variante dans le texte chinois, d'après le «Jésuite *Yan-man*», qu'il ignore avoir été le P. Emmanuel *Diaz* (junior) ou *Yang Ma-no* 陽瑪諾.

Pauthier: «Prenant le signe de la croix pour déterminer les quatre parties du monde, il donna le mouvement à l'air primordial».

Dabry: «C'est lui qui a créé l'univers en établissant les quatre parties du monde sous la forme d'une croix».

Visdelou: «Il a formé une croix pour déterminer les quatre parties du monde»: sa *paraphrase* aggrave encore le contre sens.

(2) Cf. suprà p. 6 où nous avons expliqué avec quelles restrictions cela doit s'entendre. Au Japon, faute d'expressions exactes, ou pour éviter certaines équivoques de sens, résultant de la similitude des sons pour plusieurs caractères, les premiers missionnaires avaient introduit, (comme ils l'ont fait à la Chine), une cinquantaine de mots portugais,

Le dictionnaire *Chouo-wen* 說文, composé vers le second siècle de notre ère, donne cette explication du caractère *Che* 十: 十數之具也、一爲東西、丨爲南北、則四方中央具矣、 «Dix (十) est le plus accompli des chiffres; le trait horizontal dont il est composé représente l'Est et l'Ouest; le trait vertical le Sud et le Nord; et de la sorte leur ensemble comprend les quatre points cardinaux ainsi que le centre».

La seconde mention de la croix dans le texte présente plus d'intérêt puisque ce signe figure là explicitement, avec sa valeur symbolique et religieuse. Quant à la représentation *graphique*, elle est absolument la même de part et d'autre, le sens seul du texte accuse la différence fondamentale : 印持十字、融四照以合無拘

Comme ci-dessus, nous juxtaposons les principales traductions : *Legge* : (Les ministres de cette doctrine) «portant avec eux le sceau de la Croix, répandent une harmonisante influence partout où le soleil brille et ils unissent tout ensemble sans distinction». Et sa note précise son interprétation : «Le caractère *dix* 十 est ici pour le signe ou la figure de le *Croix*».

Dabry : Le sceau de la religion est une croix s'étendant avec quatre pointes brillantes et qui unit sans qu'il puisse être enlevé ou effacé». Le traducteur voit là une allusion au *caractère* indélébile imprimé par le sacrement de baptême. Plus loin (p. 17) parmi un exposé contestable des erreurs attribuées au Nestorianisme, il range celle «de ne pas vouloir reconnaitre d'autre image que la croix». (1).

Leontiewski ou Marchal de Lunéville : «Par le signe de la croix, nous réunissons les quatre points du monde éclairé par le soleil.»

---

dans le langage catéchistique. Le mot *cruz* était de ce nombre; «car le caractère *Yu-mogi* (十文字 *zieu mong zi*) qui représente une *Croix*, signifie seulement le nombre 10». (Cf. Solier S. J. *Histoire ecclésiastique du Japon.* — Paris 1627. p. 12).

En Chine, par suite de certaines exhortations intempestives de prédicants, les païens nous interpellent parfois en criant *Yè-sou* 耶穌 Jésus, comme ils poursuivaient S. François-Xavier en répétant *Dios, Dios, Dios!* Une de leurs vexations est aussi, aux environs de Chang-hai, de tracer des croix par terre, au-devant des missionnaires, pour la leur faire fouler aux pieds.

(1) Le Manichéisme adopta généralement une pratique tout opposée. Manès, né en Perse en 240, soutenant que Jésus-Christ n'était né, n'était mort et n'était ressuscité qu'en apparence, ses partisans, d'après Bergier, «ne rendaient aucun culte à la croix, ni à la S. Vierge.... L'aversion de ces sectaires pour le culte de la croix, des saints et des images, leur concilia l'affection de sarrasins mahométans,» à la fin du VIIIe siècle. Leurs erreurs formèrent le noyau de celles des iconoclastes, des Albigeois, des Priscillianistes, des Cathares, etc. Plus haut, p. 97, nous avons émis le sentiment contraire de l'*Alphabetum Tibetanum* qui établit la parodie sacrilège du culte de la croix chez les manichéens de l'Asie centrale. Nous y croyons volontiers.— S. Cyrille nie que Manès ait jamais été chrétien.

J. Kesson n'a fait que mettre en anglais cette même phrase.— *Visdelou:* «Le sceau est une croix, qui fond les quatre illustrés pour les unir sans empêchement.» *Paraphrase:* «Pour étendard, cette Religion tient la croix, afin de lier ensemble tous les hommes de la terre et les unir entre eux, sans aucun empêchement».

Kircher (Boym) préoccupé de laisser au texte toute son ampleur et son sens un peu flottant, a craint de trop préciser : «... Signaculo ✠ crucis dispersi in quatuor partes mundi, ad congregandos et pacificandos sine labore...» La *version italienne* avait dit: «...*Usa la croce, por comprender tutti senza eccetione...*»

A cause de sa bizarrerie, à cause aussi d'une particularité étrange nous ajoutons la traduction fournie par Pauthier: «Le sceau employé dans le nouveau pacte a été le signe de la croix ✠, qui s'étend vers les quatre points lumineux, comme la fleur *Ssé-tchao,* pour réunir toutes les créatures dans la même foi sans les confondre.»

Qu'est-ce que cette fleur *Sse-tchao?* Qui est-ce qui autorise Pauthier à la faire intervenir ici? Je laisse à d'autres le souci de répondre à ces questions. (1) Nous ne pouvons pourtant nous dispenser, vu la singularité du fait, de transcrire ici la note de Pauthier: «Le signe ou caractère en question est effacé dans le *fac-similé* de l'Inscription conservé à la Bibliothèque impériale. (2). Dans l'édition de *Wang-tchang,* accompagnée de commentaires (dont nous donnons ci-après la traduction), le caractère en question est remplacé par le signe habituel chez les Chinois pour indiquer dans leur typographie les signes *effacés, illisibles* ou *inconnus* des textes qu'ils reproduisent: le signe ▭. Le sens de la phrase indique suffisamment que ce devait être le signe de la Croix, représenté plusieurs fois dans l'Inscription par le caractère chinois 十 *Che,* dix, qui lui ressemble, mais qui, à cette place, était probablement figuré comme en tête de cette inscription, pour mieux représenter la fleur *Ssé-tchao*». On sait qu'il n'en est rien; comme le prouve de reste le texte chinois que j'ai cité à la page 123.

Plaignons Pauthier de n'avoir pas eu un texte exact à sa

---

(1) Nous avons donné le texte Chinois à la page précédente. Pressentant l'insuffisance de sa version, Pauthier est revenu sur ce point dans une de ses «Notes philologiques et historiques» placées à la fin de son travail, (p. 57.) Il s'exprime ainsi: «Ce qui confirme pour nous la supposition que le caractère *effacé et inconnu* des Chinois était le signe de la Croix ✠, c'est la comparaison qui est faite, dans le texte Chinois, de cette *croix* avec la fleur *Ssé-tchao,* (四 炤) qui *s'étend des quatre côtés.*» Puis il cite un extrait d'un dictionnaire Chinois qui, dans une description d'une botanique fantaisiste, prétend que l'arbre semi-légendaire *mi-kou* «dirige ses fleurs *Ssé-tchao* en quatre pointes brillantes».

(2) Qu'il soit *effacé,* nous en doutons un peu, bien que nous ne puissions nous en assurer, si loin de Paris.

disposition. Il est malaisé d'expliquer pourquoi l'édition de *Wang-tchang* est ainsi défigurée. Est-ce une fraude intentionnelle? Je n'ai pas vérifié non plus le mauvais état *au même endroit* (!) du *fac-similé* que possède la Bibliothèque nationale de Paris (1). Je puis affirmer seulement que les deux *(rubbings)* estampages sur lesquels a travaillé le Dr Legge, comme aussi les douze que j'ai eus sous les yeux, portent tous le caractère 十, avec un soupçon de surcharge pour le trait vertical, enlevé par une cassure de la pierre. A. Wylie ne signale aucune adultération sur les deux estampages dont il disposait.

§ III. LA CROIX DU SOMMET.

L'Inscription de Si-ngan-fou est précédée de 9 grands caractères chinois, rangés en rectangle (3 × 3), surmontés d'une croix parfaitement gravée dans la pierre, sous un ensemble d'ornements, en relief mal déterminés jusqu'ici dans les diverses relations, Nous en dirons un mot plus loin.

C'est sur la *forme* même *de cette croix* que j'attire maintenant l'attention du lecteur.

Personne n'a jamais élevé le moindre doute sur sa présence, et cette présence est une des particularités qui a dû frapper le plus vivement la curiosité des spectateurs païens, quand la dalle de marbre réapparut au jour en 1625. Par ce seul fait, le monument affirmait sa signification générale, son ancienneté, sa provenance chrétienne, et par conséquent, l'importance hors ligne de la découverte. Aussi voyons-nous les premières relations qui la mentionnent relever ce détail en termes presque identiques.

---

(1) Au témoignage de Legge, la plus grande partie du 102e chapitre de la *Grande collection d'inscriptions sur métal et sur pierre*, en 160 chapitres, que *Wang-tch'ang*, âgé de 82 ans, publia en 1850, est occupée par l'Inscription de *Si-ngan-fou*. Mais cette version est fautive aussi. Cette Collection s'étend de 2.000 av. J.-C. à l'an 1264 de notre ère.

Pauthier. *(l'Inscription syro-chinoise*, p. 21) affirme qu'ailleurs encore «l'édition de *Wang-tch'ang* porte, au lieu du caractère 口 *Kh'eou*, «bouche», le signe ■, quadrilatère qui représente, dans les textes chinois, les caractères *effacés* ou *inconnus;* et nous avions d'abord pensé, dit-il, que ce signe avait été placé dans cette édition, au lieu de celui de la croix ✠. Mais le *fac-similé* de la bibliothèque impériale, que nous avons consulté depuis, porte très lisiblement (?) le caractère *Kh'eou*, «bouche». Le même auteur (p. XVI), prétend aussi avoir copié sur le *frotti-calque (rubbing)* de Paris la grecque qui encadre le *fac-similé typographique* de son Mémoire.

Mais si l'on rencontre une complète unanimité sur la présence de cette croix, tant s'en faut que l'accord se maintienne dès qu'il s'agit d'en préciser et définir la forme.

L'examen porte sur un fait relativement facile à constater; la croix existait et existe encore; des témoins dignes de foi l'ont contemplée; des auteurs compétents l'ont décrite; des dessinateurs l'ont reproduite, et plusieurs affirment l'avoir fait d'après d'exacts *fac-similés;* on l'a même photographiée; — et pourtant, sur trois types principaux qui en ont été fournis, ce sont les moins exacts qui ont obtenu le plus sûr crédit. Que la critique historique en reçoive, une fois de plus, une leçon motivée, sinon de scepticisme au moins de prudente réserve !

C'est en effet à trois types principaux que se ramènent les divergences sur la forme de cette croix. Nous allons les considérer successivement, adoptant, pour plus de clarté cette sorte de triple classification :

A. Le type inexact de *Kircher,* Pauthier,...

B. Le type inexact de *Bonnetty,* Kesson,...

C. Le type exact de *Williamson* et des estampages.

A. Type inexact de Kircher. La plus ancienne reproduction. — la première en date. — de la croix de l'inscription, a paru dans le *Prodromus coptus* de Kircher, imprimé à Rome en 1636. Elle a dû être exécutée d'après un dessin infidèle, aidé d'une description écrite ou verbale, vu sa valeur médiocre; par contre les caractères chinois qui accompagnent l'estranghélo, figurant plus loin dans le même ouvrage, sont superbes d'allure et n'ont pu être gravés que d'après un décalque ou *rubbing,* comme le prouvent leur dimension, leur fidélité et leur grâce, inimitable pour de simples dessinateurs ou copistes, si appliqués qu'on les suppose. Cette absence d'estampage (1) pour la partie supérieure explique seule comment Kircher, habituellement si soucieux de l'exactitude, s'est résigné à laisser paraître sa reproduction fautive de la croix et du titre de la pierre. Moyennant un estampage, c'eût été un jeu que de graver exactement cette croix, quand, au contraire, la reproduction de caractères chinois, si bien jetés et d'une telle perfection calligraphique, présente en soi les plus sérieuses difficultés.

En effet (p. 52) le texte du *Prodromus*, joint à la vignette, s'exprime ainsi : «Lapis autem.... summitati tenet crucis figuram, non absimilem ei quam Equites portant Melitenses».

Fig. 152.

Dans sa *China monumentis illustrata,* Kircher, enrichi

(1) D'après son propre aveu, p. 261 *op. cit.* la croix manquait aussi aux estampages de Wylie.

peut-être de documents qu'il estimait plus sûrs, est heureusement revenu à cette pierre, pour lui consacrer le tiers de son volume. Bien plus, un chapitre spécial intitulé *De Cruce in supremo Lapidis apice incisa* (p. 52), s'occupe uniquement de la croix.

Quel que soit le jugement que l'on porte sur ces ouvrages, il n'en demeure pas moins vrai que le *Monument de Si-ngan-fou* n'a jamais été, à tout prendre, étudié avec plus de critique, d'érudition, d'ampleur, de loyale indépendance et de sérieux. La science actuelle y relève plus d'une erreur; mais elle n'oublie pas que le Père a travaillé sur un texte douteux par endroits, (même aujourd'hui,) et cela plus de deux siècles avant nous, qui avons encore à souhaiter que les facilités d'information s'améliorent notablement en Chine. Du reste, l'empressement avec lequel ce travail s'est vu copier, et même piller, est une garantie solide de son mérite. Au surplus, c'est une de ces erreurs secondaires qui fait l'objet du présent paragraphe.

A la page 12 de la *China* est encartée une gravure sur cuivre de cette croix. On la rangerait volontiers dans la catégorie de celles qu'on nomme hastées; mais il vaut mieux en présenter ici une copie, plus claire en soi qu'une description. (fig. 153.)

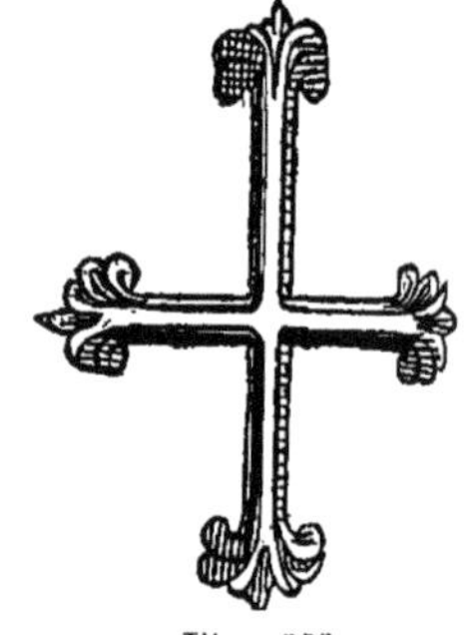

Fig. 153.

Cette croix est manifestement plus inexacte que la précédente. Comme on le verra plus loin, le consciencieux Kircher s'est ravisé à tort. Si l'on recherche la raison de cette inexactitude, dont il n'est qu'en partie responsable, et surtout de la modification malheureuse subie par cette seconde figuration, on n'en saisit guère d'autre sinon que les documents lui faisaient alors défaut. «Ceux, dit-il (p. 5), qui ont considéré cette croix avec soin, affirment que ses extrémités se replient en fleurs de lys, comme celle qu'on voit à Méliapore sur le tombeau de l'apôtre S. Thomas, à-peu-près semblable à celle que portent les chevaliers de S. Jean de Jérusalem». Il faut en conclure que Kircher n'avait pas vu de ses yeux le *rubbing* de cette croix. Du Halde, travaillant plus tard sur des documents encore moins certains, ne la décrit pas autrement.

Dans son souci de se couvrir, et pour se justifier peut-être d'avoir abandonné le type donné dans son *Prodromus,* Kircher cite cette phrase du *Novus atlas sinensis* du P. Martin Martini : «En tête est une croix, à peu-près comme celle des chevaliers de Malte.» Munie de ce correctif, l'assertion ménage et la prudence et la vérité. Evidemment, répétons-le, Kircher n'avait pas sous les yeux de dessin exact, encore moins d'estampage, comme il s'en fait et s'en faisait dès lors en Chine si couramment. Il est vraisemblable que les premières copies envoyées par le lettré chi nois et celle soumise à l'Empereur, (au dire des relations), n'étaient que des estampages, lesquels ne sont pas arrivés pourtant jusqu'en Europe. Le savant jésuite fut réduit à s'en rapporter à une description erronée ou par à-peu-près, qu'elle vint d'un Chinois, du P. Boym, du P. Sémédo ou de quelque autre de ses collègues. On sent en effet dans son dessin (deuxième manière), la préoccupation de concilier les trois éléments qu'il avait à sa disposition pour reconstituer cette figure de croix : c'était, lui disait-on, a/, une croix de Malte ou de S. Jean, — b/, fleurdelisée — c/, semblable à celle de Méliapore. Nous reviendrons sur ce dernier élément. (1).

En fait, la figure de la *China illustrata* a eu la mauvaise fortune de fixer si longtemps l'opinion sur ce point qu'elle a égaré Pauthier lui-même. En tête de son texte, fautif du reste, il a reproduit, peut-être calqué, cette 2e Croix de Kircher, aux extrémités *hastées,* qui a passé pour la forme authentique. On serait tenté d'en conclure que le *fac-similé* de la Bibliothèque Nationale, écourté par le haut, ne présente pas l'estampage de la croix. C'est pourtant le cas contraire et l'erreur devient inexplicable, puisque ce *fac-similé* porte encore actuellement, en 1892, (comme me l'assurait naguère un de mes bienveillants correspondants), cette croix, aussi nettement figurée, *en épargne,* que tous les autres caractères de l'estampage. (2).

Fait assez curieux aussi : le bel ouvrage du P. Emmanuel Diaz, (1574-1659), donnant la gravure de trois autres croix trouvées ailleurs, néglige de reproduire celle de *Si-ngan-fou.* Peut-être n'en avait-on alors qu'une copie d'une valeur incertaine. (3).

Il semble évident que Pauthier n'avait pas quelque chose de bien net en vue quand, s'en rapportant aveuglément à plusieurs passages de ses lectures, il écrivait : «On voit des croix parfaitement semblables sur les médailles d'Héraclius Constans II, qui régna

---

(1) La *version italienne* la décrit ainsi : «Questa Pietra... ha da capo un titolo di forma piramidale, longo due palmi, e largo uno ; e di sopra scolpita una croce quasi simil'à quelle di Malta, posta sopra le nuuole».

(2) Bonnetty, *Annales de Phil. chrétienne*, 1853, p. 139, prétend donner «une autre forme de *cette croix*, telle qu'elle a été prise sur le monument, et telle qu'elle existe dans le *fac-similé* qui se trouve à la salle des manuscrits de la Bibliothèque impériale». Je renonce à chercher le mot de cette énigme. Cette croix a-t-elle été récemment ajoutée à l'estampage parisien, ou bien aucun des écrivains n'a-t-il eu la pensée de vérifier ses dires? Cette dernière hypothèse est plus que probable.

(3) L'imprimerie de *T'ou-sè-wè* a réédité en 1878, le *T'ang king kiao pei song tcheng t'siuen* 唐景敎碑頌正詮 (N° 19 du *Catalogus*) qui est le commentaire du P. Diaz sur le Monument de *Si-ngan-fou.* —

Le *Catalogue* du P. Couplet, mis à la suite de l'*Astronomia europæa* du P. Verbiest inscrit parmi les ouvrages du P. de Gouvea (1592-1677) : *Elogium S. Legis lapidi insculptum oblatumque ab eodem Prorege ; — sub nomine ipsius (Patris) editus a Prorege Tung,* ajoute le *Catalogue*, au numéro XLIV.

à partir de 641 à Constantinople... Cette même croix est portée sur leurs mitres et leurs poitrines par les Métropolitains des Chrétiens de S. Thomas ou Nestoriens de l'Inde». (1).

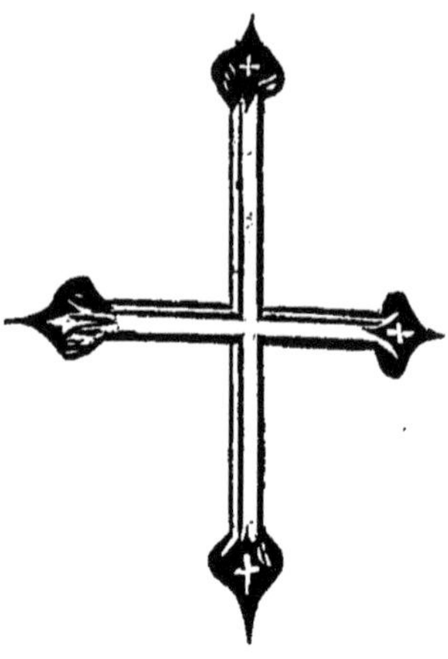

Fig. 154.

En tête de la planche annexée à son étude, le *Christianisme en Chine*, M. Dabry a fait graver la croix ci-contre, qui n'est autre que celle de Pauthier, avec ses extrémités en fer de lance ou de pique (fig. 154.) L'ouvrage, du reste, n'en indique nullement la provenance, et le dessin est manifestement une copie de seconde ou troisième main, sans autre prétention. Qu'il nous suffise d'en signaler l'existence et d'en relever l'inexactitude.

B. Type inexact de Bonnetty (Léontiewski, Kesson). Nous ignorons si l'exactitude du type de Kircher a été mise en question avant l'article de Marchal de Lunéville (Léontiewski), inséré dans les *Annales de Phil. chrétienne* en 1853. L'auteur, fit reproduire à la p. 154 un dessin fort différent de cette croix qui devient un croix *trilobée*, non plus *hastée*. «Le marbre, disent les *Annales*, est orné d'une croix gravée en intaille, que nous avons mise ci-après en tête de la traduction; elle est semblable à celle des Chevaliers de S. Jean de Jérusalem, et à celle de la tombe de l'apôtre S. Thomas dans l'Inde; deux fleurs, semblables à des pensées, séparées par des nuages, sont dessinées en dessous.» Kircher, Sémédo, Boym avaient déjà mentionné ces nuages, qui existent en réalité, mais sans les reproduire. (fig. 155)

Fig. 155.

(1) Voir aussi la forme de ces croix dans deux planches publiées par les *Annales de*

Le type Kircher-Boym céda provisoirement la place au nouveau venu, présumé plus conforme à la réalité. Si bien que John Kesson dans son ouvrage déjà cité, *la Croix et le dragon,* où il n'a fait que retraduire en anglais la traduction et les notes franco-russes Marchal-Léontiewski, a reproduit aussi, sans le moindre scrupule sur sa non authenticité, le décalque présenté par les *Annales* de Bonnetty. C'est même cette croix trilobée moins les fleurs accessoires, qui fournit la vignette de son livre. (1) (fig. 156).

Fig. 156.

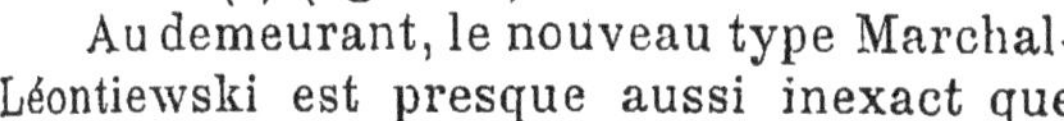

Au demeurant, le nouveau type Marchal-Léontiewski est presque aussi inexact que ceux auxquels il s'est substitué. (2). Reste à expliquer comment on l'a pu proclamer conforme à la croix «telle qu'elle a été prise sur le monument et telle qu'elle existe dans le *fac-similé* qui se trouve à la Bibliothéque impériale! »

Laissons cette question d'importance minime pour en venir à la forme exacte, précise, authentique, qui survit encore aujourd'hui et rayonne depuis onze siècles au front de la célèbre Inscription.

C. Type exact de Williamson, Yule. Le plus expédient est de présenter au début de ce paragraphe le décalque rigoureux de cette intaille. (fig. 157). Elle est reproduite en vraie grandeur

---

Phil. chrétienne t. XV. p. 122, 3e série. — N'ayant pas ce dernier ouvrage à notre disposition (cas trop fréquent, hélas! du missionnaire en Chine ou ailleurs), il nous est défendu de pousser plus loin la discussion sur ce point particulier.

(1) Ces *Annales* ont accumulé les études sur le monument de *Si-ngan fou.* Au commencement de l'article de 1853, p. 139, Bonnetty renvoie à cinq ou six passages de sa *Revue*, à ce sujet. Le travail de Marchal-Léontiewski a paru en anglais et en russe dans les *Annales de la Soc. de Géographie de Russie*, 1851.

(2) Les chrétiens de Chine, même dans les Provinces reculées, semblent avoir été mieux renseignés, au siècle dernier, sur la figuration exacte de cette croix. Mgr Pottier écrivait du *Se-tch'oan* en 1777 : «Nous avons ôté la copie de l'Inscription de *Si-ngan fou*, pour la remplacer par les tablettes ordinaires, auxquelles les chrétiens sont habitués». Les Prêtres des Missions Etrangères leur avaient révélé la valeur apologétique de ce document et les avaient engagés à en suspendre des copies dans leurs maisons. Mais «il est probable que quelques ignorants parmi les néophytes avaient cru voir des signes superstitieux dans la partie de cette inscription qui n'était pas en langue vulgaire». — Léonide Guiot, *La Mission du Su-tchuen* au XVIIIe siècle. — Paris, 1892; pp. 15, 195 et 260.

Il a pu arriver aussi qu'on ait redouté une interprétation nestorienne, patronnée par quelque missionnaire mal avisé, ou encore qu'on se soit laissé intimider par des criailleries d'Europe sur la non authenticité.

Fig. 157.

et sans intermédiaire sur l'un des estampages chinois que j'ai encore sous les yeux en traçant ces lignes.

Ce n'est pas, du reste, pour la première fois quelle paraît, avec une exactitude et une précision très suffisantes. Nous ne faisons pas difficulté de reporter au R[d] Williamson l'honneur d'avoir le premier reproduit un décalque analogue. Nous ne lui reprochons que d'avoir un peu embelli le dessin original de la croix, figurée ici avec plus de rigueur, mais les contours sont exacts dans sa vignette, et les enjolivements en sont dûs peut-être au caprice du graveur sur bois. A moins pourtant qu'il faille les attribuer à M. Lees, compagnon de voyage de Williamson, et auteur du croquis. La croix est bien une croix de Malte : mal copiés ou mal compris, les trois cercles qui ornent chaque extrémité ont peut-être donné lieu, soit à l'interprétation *trilobée* de Léontiewski, soit au vieux type *fleurdelysé*, soit aux rapprochements tentés avec la Croix de S. Thomas et de S. Jean, soit encore au profil *hasté* de Boym, Kircher, Pauthier et Dabry de Thiersant.

La planche phototypique mise en tête du travail de Legge n'est qne la reproduction d'un lavis qui réunit deux des trois dessins de Williamson ; l'un est la croix de Malte authentique ; l'autre est une copie au pinceau de la gravure sur bois du croquis de Lees. Il représente tout le haut de la pierre, qui, sans doute, n'avait jamais été reproduite. On y soupçonne une sorte de draperie, peut-être des silhouettes d'animaux assez indécises. Ce sont les dragons écailleux dont nous avons parlé plus haut. Sans trop s'en rendre compte, Williamson a défiguré ce superbe morceau de sculpture.

Legge remarquait prudemment à ce propos: «C'est à M. Lees que nous devons les singulières figures qui forment l'ornementation autour du titre ; une étude ultérieure viendra peut-être modifier légèrement la représentation qu'il en fait. (1). Nous lui em-

(1) Cette modification est plus profonde qu'il ne la prévoyait.

Le lecteur est désormais fixé sur le motif de l'ornementation supérieure, constituée par un enchevêtrement de dragons squammeux. Nous avons fait ressortir à la page 111 l'air frappant de ressemblance, d'étroite et évidente parenté qui, à première vue, rattache tellement cette stèle à celle de *Si-hia chan*, plus vieille d'un siècle, que plusieurs s'y trompent et les prennent l'une pour l'autre. Animalier plus que médiocre s'il s'agit de l'exacte vérité dans le rendu de la nature vivante ou morte, le Chinois se révèle artiste consommé pour imaginer et construire telle bête fantastique ou de style héraldique; mais il excelle surtout dans la représentation du dragon national ! En rédigeant la note 2 de la page 85 sur les bas-reliefs relatifs à *Si-wang-mou*, (l'Istar ou Vénus chinoise, au dire du Dr Edkins), nous ignorions qu'ils venaient d'être l'objet d'un excellent travail intitulé: «La sculpture sur pierre en Chine, au temps des deux dynasties *Han*, par Edouard Chavannes». Paris, Leroux 1893, in 4°, pp. XI — 88, avec 66 planches.

pruntons aussi la croix gravée immédiatement au-dessus de ce titre. Le procédé d'estampage qui assure l'exacte reproduction des caractères intaillés est absolument inapplicable aux sculptures en relief.» (*op. cit.* p. 34.) Il s'agit du procédé chinois, que nous avons décrit ailleurs. (1)

Souhaitons qu'on ne tarde pas à exécuter, au profit des grands musées du monde, des estampages fidèles, ou des surmoulages plus désirables encore, de ce vénérable monument, qu'on tremble de voir ainsi exposé aux vicissitudes du temps et des événements, toujours si inclémentes en Chine!

Une correspondance adressée au *Daily News* (20 avr. 1893) par le R[d] Duncan Moir, très zélé pour l'étude et la préservation de la célèbre stèle, exprime la juste indignation de l'auteur en constatant que plusieurs des caractères venaient d'être martelés par malveillance. Il rétablit en outre la vraie forme de quelques idéogrammes inexactement figurés dans le texte de Legge.

Williamson est l'un des derniers voyageurs qui aient *publié* le récit de leurs excursions auprès et autour de la fameuse pierre. Ce récit est un sûr point de repère pour l'histoire successive du monument. «On nous informa, écrit-il, que la tablette nestorienne existait encore parmi les ruines d'un temple appelé le *Ching-tung*, en dehors de la porte de l'Ouest... Traversant les faubourgs, nous parvînmes aux restes d'une pagode bouddhique; un vieux bonze nous dit: «Ce n'est pas là votre temple, *le voici;*» et il nous montrait un ensemble de ruines vers le Sud-est. Nous traversâmes un champ de blé, et, franchissant un mur à demi renversé, nous entrâmes. Là, à notre joie, je trouvai la tablette que je reconnus d'après un *fac-similé* que j'avais chez moi. La tablette se dresse entière, sans aucune égratignure, dans un renfoncement en briques faisant face au Sud, parmi des amas de pierres, de briques et de décombres... Nous ne pûmes voir les inscriptions syriaques des côtés, mais nous trouvâmes le syriaque qui est en bas; vraisemblablement les inscriptions syriaques latérales sont encastrées dans la maçonnerie.» Grâce aux derniers renseignements des missionnaires catholiques, on sait dans quel sens il faut modifier plusieurs de ces lignes, pour se figurer les conditions dans lesquelles le monument provoque désormais les investigations ultérieures. (2).

---

(1) Cf. La Revue *Etudes religieuses*... t. XLIX. mars 1890. p. 438.

(2) Notons quelque légère incohérence dans la description de Williamson, en désaccord avec sa gravure du *Monument sous abri*. Aurait-il réussi à voir les caractères chinois de *Han Tai-hoa* sans voir les caractères syriaques qu'ils coupent en partie? Or, il mentionne les premiers en avouant qu'il n'a pu considérer ces derniers. Comment du reste examiner les tranches de la stèle, si elle est aussi encastrée dans la maçonnerie que l'indique la figure? Le texte, comme document, l'emporte ici sur l'illustration.

Les *Annales* de Bonnetty (1) avaient inséré une lithographie assez besoigneuse intitulée : «Vue intérieure de la pagode où est renfermée l'inscription chrétienne de *Si-ngan fou*». C'est une modeste salle de pagode comme chaque Province en compte par milliers. La pierre est enclavée, à main droite en entrant, dans le mur d'un autel bouddhique à peu près vraisemblable. Comme toute indication de provenance manque, nous nous contenterons de faire mention de cette planche, espérant voir paraître bientôt des reproductions dont on n'aura aucune raison de suspecter la sincérité; elles nous permettront d'attendre des documents moins incomplets, tels que les souhaite, avec notre foi, la critique plus exigeante de notre époque.

---

(1) *Annales de Phil. chrétienne.* IVe Série, t. VII, nc 38, p. 150. — Le Colonel Yule n'avait pu fournir non plus ces caractères syriaques des tranches, dans son *fac-similé* photo-lithographique de l'Inscription. (*Marco Polo*. t. II. p. 23). Par contre, le décalque de la croix mis à la page 24 est suffisamment exact.

CHAPITRE III.

TRADITIONS ANCIENNES SUR LA CROIX.

§ I.

Les Juifs chinois. — Le *Tau* cruciforme. — La croix de Méliapore.

C'est donc un fait définitivement acquis à l'histoire; elle peut l'enregistrer sans témérité: d'après le texte de la pierre de *Si-ngan fou,* à la fin du VIIIe siècle, les Chrétiens avaient des établissements prospères en Chine. Et pour arriver à ce résultat, pour emporter de haute lutte cette sorte de reconnaissance officielle, que d'efforts courageux, que de tentatives héroïques, que de tenacité persévérante, que de temps surtout n'avait-il pas fallu! Ce monument constate l'épanouissement progressif du Christianisme, nestorien ou non; il ne le représente pas comme un événement imprévu, accidentel, subit, éphémère et transitoire, mais comme un fait se produisant sans suprise, logiquement, et au grand jour. Tirons en cette conclusion que la croix, le symbole préféré du Christianisme, ne resta pas en Chine un symbole caché, dissimulé, intelligible aux seuls initiés et adeptes, en vertu d'une sorte d'ésotérisme particulier, puisqu'on l'arborait alors comme le blason, le chiffre de cette religion. (1).

Faute de documents. je ne sais s'il faut étendre à la Chine d'alors l'usage nestorien signalé par le P. du Jarric: «Les prêtres portent la couronne sur la teste, non pas en forme ronde comme nous, mais en croix». (2).

---

(1) Il semble qu'en gravant cette croix au frontispice du monument on prétendait traduire ce passage de l'inscription tracée en dessous: «le sceau de cette religion est une croix... 印持十字».

(2) *Histoire des choses plus mémorables advenues tant ez Indes...* par le P. Pierre du Jarric, Tolosain, S. J. Bourdeaux. 1608.

La vocation immédiate, l'accès au Christianisme avait été, sinon aplani, préparé du moins de longue date aux Chinois avant et après l'avènement du Sauveur. «Deux cent six ans avant J.-C. les Juifs avaient déjà une synagogue florissante dans le centre même de l'Empire chinois, et y conservaient précieusement les livres de Moïse, de Josué, des Juges, de Samuel, des Rois et de quelques Prophètes». (1). On a retrouvé naguère plusieurs de ces livres entre leurs mains. Ils auraient répandu la foi au Rédempteur attendu, et c'est à cette influence latente qu'on devrait attribuer, a-t-on dit, les traces de cette vague croyance signalées dans les ouvrages de Confucius. (2). Il y aurait peut-être lieu d'appliquer ces quatres lignes à quelques passages des Classiques chinois : «Je soupçonnerais les Grecs, dit Langlois de l'Institut, d'avoir été quelquefois comme l'artiste qui, après avoir coulé un vase sur un moule étranger, brise ce moule afin qu'il soit impossible d'en constater l'origine». C'est une excellente réflexion citée par Mgr Laouënan (p. 5), qui a écrit lui-même cette phrase pleine de sens : «contrefaire l'œuvre divine est, pour le démon, le plus sûr moyen d'entraîner les âmes dans l'erreur; or, l'erreur lui est plus profitable que le mal».

Nous aurions trop d'occasions d'appuyer le bien fondé de ces deux assertions par des faits tirés de l'histoire de l'évolution religieuse sur le continent asiatique.

D'autres Israélites vinrent en Chine sous les *Han* à travers la Perse et le Khorassan, après la ruine de Jérusalem par Titus. Ceux de *Si-ngan fou* se disent de la tribu d'Aser; trois mille Mahométans arrivérent dans cette ville au VIIe siècle de notre ère, avec un parent du Prophète; et l'Empereur *I-tsong* 懿宗 (860-874), fauteur du boudhisme, y fit apporter, du monastère de *Fa-men se*, un os de Bouddha. Son successeur *Hi-tsong* 僖宗 fit rendre cet os au monastère. (3).

---

(1) Cf. *Choix de Lettres édifiantes*. I. — *Item :* Claude Buchanan. «*Recherches sur les Chrétiens d'Asie*», utilisées par Mgr Laouënan. *op. laud.* T. I. p. 454.

(2) Cf. *Variétés* n° 17. Inscriptions juives de K'ai-fong fou par le P. Jérôme Tobar. S.J. — *item :* E. H. Parker. «The preaching of the Gospel in China». *China Review*. 1889-1890.

(3) *Cf.* Pauthier. *Chine*. T. I. p. 328. — Au témoignage de Mgr Laouënan, (p. 167) à Cochin et à Cranganor, on reconnaît deux tribus de Juifs. Les uns *noirs*, mélangés avec les indigènes, sont descendus probablement au VIIe siècle av. J.-C., à la suite de la destruction de la Ville sainte par Nabuchodonosor. Les autres, *blancs*, prétendent avoir abordé aux Indes, sur la côte Occidentale, vers 490 de notre ère, chassés de leur pays à l'époque de la prise de la même ville par Adrien.

La religion juive porta en Chine les noms de *I-se-lo-yé kiao*, 一賜樂業教, «religion d'Israël», *Tiao-kin kiao*, 挑筋教 «religion de la circoncision (?)», *Kieou kiao*, 舊教 «ancienne religion». Ses partisans se sont parfois appelés *Lan-mao hoei*, 藍帽會 «Musulmans au bonnet bleu».

Ezéchiel, dit l'histoire biblique, fut emmené prisonnier à Babylone (597), avec Jéchonias, roi de Judas, par Nabuchodonosor II, quelques années avant la naissance de Confucius (551). C'est en captivité, à la suite de la seconde des cinq déportations successives du peuple de Juda, qu'il fit connaître ces prophéties d'un relief si expressif et de peintures si vives, que la loi en interdisait la lecture aux jeunes Hébreux avant l'âge de 20 ou 30 ans. Or, ces Juifs réfugiés aux Indes ou en Chine n'ont pu tous ignorer le chapitre IX, et notamment les versets 4, 5, et 6, les plus saillants, qui mentionnent les instructions données par le Tout-Puissant à l'Exterminateur : «Passe par le milieu de la ville de Jérusalem et marque le signe *Tau* sur le front de ceux qui gémissent et se plaignent des abominations qui s'y commettent». Puis, s'adressant à six autres exterminateurs aux ordres du premier : «Traversez la ville derrière lui, et frappez ! Que votre œil comme votre main soit sans pitié ! Tuez-les tous sans qu'aucun n'échappe, vieillards, adolescents, jeunes filles, femmes et enfants! Mais ne tuez aucun de ceux que vous verrez marqués du signe *Tau !*» Ils firent comme il leur avait été commandé.

Ces lignes terrifiantes ont dû s'imprimer profondément dans l'esprit des Juifs, bouleversé par les récentes calamités et la catastrophe des mois précédents. Ils furent certainement frappés de l'inexplicable et préservatrice vertu de ce signe, qui seul permettait d'échapper au massacre général. Aussi est-il impossible que cette particularité ait jamais été totalement oubliée, chacun se promettant, le cas échéant, de s'assurer le bénéfice de l'unique gage de salut.

Or, selon S. Jérôme, ce *Tau* protecteur était une croix, puisque telle était la forme du *Tau* alors dans l'ancienne écriture hébraïque. Origène, Tertullien, S. Clément d'Alexandrie, S. Isidore, Sulpice-Sévère, S. Augustin, S. Ambroise, admettent cette opinion. (1).

---

(1) Mr l'abbé Trochon cite ces autorités dans ses notes sur Ezéchiel. Ainsi, remarque-t-il, les Israëlites en Egypte devaient rougir leurs portes du sang de l'agneau égorgé s'ils voulaient être épargnés par l'Ange destructeur. (Exod. XII. 13-22.) — Ainsi encore le sceau du Dieu vivant qui rayonnait sur le front des élus. (*Apoc.* VII. 3. — XIV. 1.) Cf. *La Sainte Bible*, traduction et commentaires, Paris Lethielleux 1880 — p. 74 du Tome XIV.

Voir aussi sur le *Tau* signe religieux : «*Symbole de la* croix». Hochard. *Ann. de la faculté des Lettres de Bordeaux.* Cf. *Le Correspondant*, 25 oct. 1889. — *Item :* Kircher, *Prodromus coptus*, p. 162, disserte sur le *Tau* cruciforme et sur certains hiéroglyphes égyptiens, croix ansée et autres, mieux connus désormais; page 278, dans son alphabet copte ou abyssin, il représente le *T* ainsi:

Le *Tau* ת, ת ou ת, figure ainsi sur les monnaies juives : × ou +. Ces

Qu'on n'accorde au *Tau* que la forme moins accentuée de notre *T*, la disposition cruciforme y est suffisamment indiquée, puisque c'était la croix, *crux, furca,* des Romains et des premiers Chrétiens. Quiconque la trace sur son front ou dans l'espace ne fait guère pratiquement de différence entre le T latin, la croix latine †, ou la croix grecque +. Il n'est donc pas téméraire de supposer que la connaissance, en Chine, de ce signe et de sa vertu, est dérivée en partie de ces Juifs immigrés d'aussi bonne heure, avec un grand nombre de leurs livres sacrés. (1). C'est un argument pourtant que je me garderais bien de vouloir outrer.

Quand les anciens «Chrétiens de S. Thomas» d'abord, puis les «Nestoriens» du VIIe siècle apportèrent la vraie croix chrétienne, «qu'ils prirent comme sceau de leur religion,» dit l'Inscription de *Si-ngan fou,* il n'est pas nécessaire de recourir à une fiction trop audacieuse pour croire que ce signe ne parut pas trop insolite, la voie lui ayant été frayée par les Juifs réfugiés dans les régions moyennes du bassin du Hoang-ho. Ils abondent, du reste, les

---

formes sont celles de l'aphabet araméen au temps d'Esdras. Cf. Fillion, *Atlas de la Bible,* pl. LXVII.

(1) Le mémoire du P. Cibot, présenté plus haut (p. 106), mentionne que peu de temps après le voyage du frère chinois envoyé par le P. Ricci, «la synagogue de *K'ai-fong fou* fut réduite en cendres avec les bibles et les livres qu'on y conservait. Tout ce qu'on sait des recherches qu'avait fait faire le P. Ricci (1552 — 1610), encore ne le sait-on que par tradition et par des manuscrits sans autorité, c'est que 1°/ la bible de *K'ai-fong fou* avait près de 600 ans et était bien conservée; 2°/ qu'elle était sans points; 3°/ que la copie du commencement et de la fin du Pentateuque, qu'apporta notre frère chinois, se trouva conforme avec ceux de la bible hébraïque de Philippe II. Le P. Aleni (1582 — 1649) alla quelques années après à *K'ai-fong fou* pour faire lui-même de nouvelles recherches et confronter la bible de *K'ai-fong fou* avec celle de Philippe II, qu'on a encore au collège. Mais quelques offres qu'il fit aux Juifs, il ne put pas même obtenir de voir leur bible.... Le P. Gozani (1647 — 1732) alla exprès à *K'ai-fong fou* et écrivit une assez longue lettre où il rendait compte du succès de ses recherches. Il y joignit une copie des *Che-pei* ou inscriptions gravées sur de grandes tables de marbre qui sont à la porte de la synagogue. Le P. de Beauvollier (1656 — 1708) les traduisit et les envoya en France.... Le P. Domenge (1666 — 1735) voulut bien se charger de faire un voyage à *K'ai-fong fou.* Il envoya divers mémoires en 1721 et 1724. Nous ignorons s'ils ont été publiés.» L'auteur rappelle encore diverses tentatives du P. Gaubil (1689 — 1761). Les *Che-pei* ou inscriptions datent de *Yong-lo* (1519) mais elles sont conformes aux anciennes. Il ajoute: «Les Bibles de *K'ai-fong fou* ne sont plus que des copies de celle qui fut envoyée, après l'incendie, par les Juifs du Kharossan.... Il y a ici, à Pékin, une bible, dans un temple d'idoles appelé *Fong-king se,* ou temple, où l'on garde les *King*». — Cf. *T'oung-pao,* mars 1893; deux mss. inédits du P. Gaubil sur ces Juifs.

monuments où l'on observe des dessins qui pourraient passer pour des T ; des miroirs taoïstes (fig. 158) employés souvent à des sortilèges, les reproduisent avec une persistance bien singulière. (1).

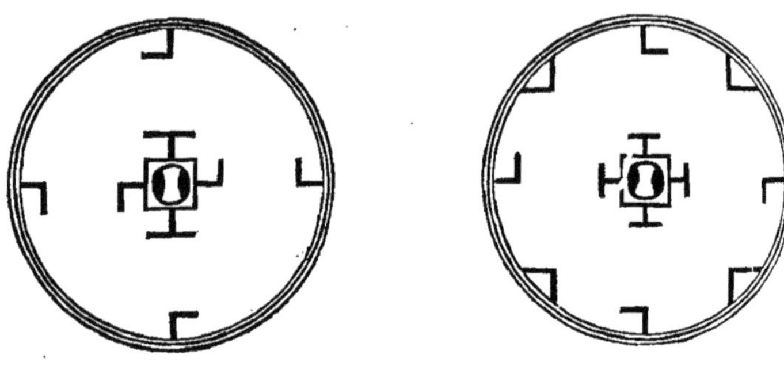

Fig. 158.

Nous avons insinué plus haut que l'erreur sur la forme exacte de la croix de *Si-ngan fou* ne s'était accréditée que parce qu'on avait voulu lui trouver une ressemblance graphique avec celle découverte au milieu du XVIe siècle, près du tombeau de S. Thomas, à Méliapour. Il n'est donc pas sans intérêt de rechercher quelle était la forme de cette «croix de S. Thomas». Le P. du Jarric emprunte à Osorius le récit de cette découverte ; nous le résumons ici.

Vers 1548, les Portugais voulurent faire bâtir une chapelle sur la colline où le S. Apôtre avait été massacré par les Brahmanes, près de Méliapore, ou «ville de S. Thomas.» Dans les fondations d'un monument ruiné on trouva «une pierre de marbre blanc, de quatre pans de long, et trois de large, sur laquelle d'un costé estoit gravée à demy relief une croix : qui de tous les quatre coings aboutissoit en fleur de lys cambré, ou courbé dehors,

(1) Cf. aussi Gust. Dumoutier, *Revue d'Ethnographie*, 1885, p. 335. On y lit que «le *tau* égyptien, d'après Champollion, est la forme hiératique, ou la dégradation, l'abréviation tachygraphique de l'hiéroglyphe figuré par la croix ansée.» L'auteur donne de fort curieux exemples du signe T, hiéroglyphes du temple de la croix à Palenqué, Amér. centr. ; mais il use trop en proposant l'identification du *tau* T avec le caractère chinois qui signifie *clou*. La même remarque a été faite au sujet des analogies qu'il relève entre le caractère et les signes

et contremont; et sur la poincte d'en haut y avoit la figure d'une colombe, etc...» Une inscription, en pehlvi, l'entourait. La pierre était couverte de taches de sang qu'on disait être celui de S. Thomas. Du Jarric termine ainsi sa description : «Or voicy la figure de la dicte Croix, tirée le plus naïfvement qu'il a esté possible, sur celle qui a esté portée des Indes».»

Fig. 159.

La pierre fut installée dans la nouvelle chapelle. Plusieurs fois, assurent de graves témoignages, elle répandit du sang pendant la Messe, et en telle quantité que le prêtre eut à l'éponger et que des linges en furent tout tachés. (2). Sur ce prodige on doit au moins suspendre son jugement. Après tout, bon nombre d'écrivains, réputés sérieux, nient encore, a *priori*, sans examen, contre les conclusions de la plus saine critique, *tous* les miracles comtemporains, de Lourdes et d'ailleurs, si faciles pourtant à contrôler par la science! (3).

(1) Laissant de côté tout l'entourage, nous figurons la réduction en demi grandeur de la croix seule. Kircher, (*China illustrata*, p. 54), a fait entrer la figure entière dans une planche, gravée sur cuivre pour son ouvrage. On y voit un missionnaire catholique et deux Indiens devant un autel portant un calice. La reproduction est assez fidèle, bien que légèrement «interprétée». Kircher consacre plusieurs pages à l'étude de cette croix miraculeuse de l'Apôtre S. Thomas, et renvoie à *Osorius*, cité par Baronius (tome I, *anno Christi* 57). — Dans le *Prodromus Coptus* de Kircher avait déjà paru une petite vignette (haute de 6c) de cette pierre, avec une gravure spéciale pour les caractères, le tout assez exact.

(2) Du Jarric. *op. cit.* p. 508 *et seq.*

(3) Yule (*Marco Polo*, t. II, p. 339), donne la vignette: «Ancient cross with pehlvi inscription on St. Thomas Mount near Madras, from photograph». Nous n'en reproduisons que la partie centrale, la croix. (fig. 160). A la page 342, il parle de S. Thomas et de cette croix, dont une lithographie avait paru dans l'*Indian Antiquary*. Il expose comment l'ancienne traduction de l'incription en pehlvi, due à deux brahmes, est une imposture et il soumet les variantes de la traduction actuelle. D'après lui, cette inscription daterait du VIIe ou du VIIIe siècle, tandis que Fergusson ne fait remonter le monument qu'au IXe. La *forme* seule de cette croix, telle qu'elle fut représentée jadis, nous intéresse ici; car elle explique comment elle a influencé la figuration conventionnelle de la croix de *Si-ngan fou.*

Fig. 160.

§ II.

Lamas plagiaires du Christianisme. — Le Prêtre Jehan. — La croix et le *Veni Creator* à la cour des Khans. — Croix chez diverses tribus. — Escandel.

Pour en revenir à la Chine, le Christianisme, bien qu'infecté peut-être des erreurs nestoriennes, et représenté par des ministres, indignes trop souvent, tirés du pays même, y maintenait hautement, an VIIIe siècle, l'étendard de la croix, que nous retrouvons quelques centaines d'années plus tard planté devant la tente des terribles *Khans*. On sait comment, par suite des effrayants progrès de l'Islamisme, l'Europe chrétienne vit ses communications coupées avec la Chine, chrétienne aussi en partie, et comment les Nestoriens restèrent seuls en relation avec celle-là. Les églises chrétiennes chinoises tombèrent, à partir de 782, sous la direction du Patriarche de Séleucie, qui, jusqu'en 980, envoya des missionnaires dans l'*Empire du Milieu*.. « Ce fut alors que pour la dernière fois il en fit partir six. Ces six prêtres trouvèrent le Christianisme éteint en Chine. Les Chrétiens avaient péri de différentes manières, leur église avait été détruite et il ne restait plus qu'un seul fidèle dans la contrée », au dire d'un de ces moines missionnaires. (1).

En 845, l'Empereur *Ou-tsong* 武宗 (841—846), se faisant rendre compte de l'état des religions eu Chine, voulut séculariser les bonzes, et fit renvoyer dans leurs pays les prêtres étrangers de la Perse et du *Ta-ts'in* 大秦 au nombre de 3.000. On n'en garda que quelques-uns dans les deux cités de *Lo-yang* 洛陽, au *Ho-nan*, et de *Si-ngan fou* 西安府 au *Chen-si*. (2).

Pour nous, nous avons peine à croire à l'entière destruction du Christianisme en ces régions. Il a dû se passer là ce qui arriva au Japon, quand le pouvoir officiel se félicita naguère d'avoir

(1) *Missions Catholiques*, 1886, p. 52. Article de M. Romanet du Caillaud, qui renvoie à Aboul-Farage, cité par Reinaud, *Introduction générale à la géographie des Orientaux*. p. CLIII. — Consulter le *T'oung-pao* de mars 1892 sur le «roman géographique» intitulé *Itinéraire juif d'Espagne en Chine au IXe siècle*. C'est une suite d'articles, insérés par M. Moïse Schwab dans la *Revue de Géogr*. de Paris, 1891, et où la fiction se taille à dessein un rôle qualifié d'excessif.

(2) La tablette de *Si-ngan fou* fut probablement enterrée, par des mains amies ou hostiles, au moment de cette tourmente. Voir, à ce propos, le travail du Dr Edkins sur les persécutions religieuses exercées en Chine, de 398 à 1622, contre les Bouddhistes et les Taoïstes. *Chinese Recorder*, XVe vol., n° 6.

«On a découvert tout récemment, sur les bords du lac Isikoul, des tombes revêtues d'inscriptions, où furent ensevelis au VIIIe siècle, les premiers apôtres nestoriens qui se soient fixés dans cette partie du Turkestan. Des sièges métropolitains de l'Eglise nestorienne avaient été établis à Balkh, à Merv, à Almalik et à Samarkande». Léonide Guiot, *La mission du Su-tchuen*... p. 15.

écrasé le catholicisme. Il y réussit presque, hélas, mais « à son dam », puisque la civilisation japonaise recula, perdit cette avance si laborieusement gagnée qu'elle essaie de reconquérir maintenant sous la contrainte ou avec l'aide des nations civilisées, en se débarrassant des étreintes du bouddhisme chinois. En Chine aussi, le feu couva sous la cendre des incendies ; ça et là il resta au cœur des Chrétiens persécutés « un peu de vieille foi, parfum évaporé ! »

Evaporé, c'était encore le *bonus odor Christi,* la bonne odeur de Jésus-Christ ! Aussi, la rumeur de l'existence de ce christianisme dégénéré, dans le royaume du «Prestre Jehan,» excita-t-elle puissamment l'intérêt du monde latin ; et la papauté, plus que jamais ardente au prosélytisme, voulut tendre la main à ces frères malheureux de l'Extrême-Orient.

Au sujet de ce titre singulier de *Prestre Jehan,* on a suggéré diverses explications. Pour les uns, ce ne serait que la prononciation corrompue du mot *Khan,* passant dans les idiômes néo-latins, et défiguré par leur inaptitude à reproduire l'aspiration initiale de ce monosyllabe tartare. (1). Le P. Philippe d'Avril l'appelle toujours le «*Preste Jean,*» et embrasse l'opinion de Scaliger, qui y voit une corruption du mot persan *Prestegiani,* lequel veut dire *Apostolique.* « On disait *Padischah Prestegiani.* Ce personnage régnait au *Kitay,* vaste territoire entre la Chine et l'Empire du Grand Mogol.» Selon d'autres, en vertu de la coutume asiatique des temps reculés, il offrait seul le sacrifice à la divinité suprême, d'où lui serait venue l'appellation de *Prestre.* Le *Dalaé Lama,* du royaume de *Tangout,* serait son successeur et c'est à tort qu'on le chercherait en Ethiopie : «Le *Preste Jean* et les peuples qui lui obéissaient étaient autrefois chrétiens, dit le P. d'Avril... Tous les peuples orientaux le reconnaissent pour chef de leur religion, et ce qu'il y a de plus remarquable, c'est qu'il porte le nom de *Lama,* qui en langue tartare signifie la croix ; les *Bogdoï,* qui conquirent la Chine en 1644, et qui sont soumis au *Dalaé* dans les choses de la religion, ont toujours aussi des croix sur eux, qu'ils appellent aussi *Lamas* et pour lesquelles ils ont un respect tout-à-fait extraordinaire, qui marque assez qu'ils ont été autrefois instruits du sacré mystère, dont ce signe adorable nous est un mémorial éternel». (2). L'ouvrage d'où nous tirons ces remarques (à contrôler, sans aucun doute) est des plus curieux. L'auteur, errant avec plusieurs autres jésuites en Pologne, en Russie, en

(1) Les Chinois figurent et prononcent ce mot *han* 汗.

(2) Phil. d'Avril : *Voyages en divers états d'Europe et d'Asie, pour découvrir un nouveau chemin à la Chine.* Paris. 1692. pp 177, 194 etc. Cf. la savante note d'Henry Yule sur le Prêtre Jean. *(Marco Polo, II.* 539.*)* Nous osons à peine faire remarquer l'analogie de sons entre lama et *Tamo.* On dit que le roi George, descendant du Prestre Jehan, nestorien, avait embrassé le catholicisme.

Perse et dans l'Asie antérieure, contrecarré surtout par «le moscovite,» ne parvint jamais, malgré son incroyable énergie, à la Chine proprement dite, but de ses efforts. Il a dit ailleurs des *Bogdoï* ou Tartares orientaux : «On en voit plusieurs parmi eux qui portent des croix, qu'ils appellent *Lamas*. Ils ont de l'inclination pour la Religion chrétienne et plusieurs se sont déjà faits catholiques. Ils n'aiment point les Mahométans ny les Nestoriens, parce que ce sont eux qui donnèrent autrefois du secours aux Tartares occidentaux, lorsqu'ils furent repoussés de la Chine.» Ces traditions courantes, rapportées par le P. d'Avril, ont certainement leur intérêt, au moins comme reflet des croyances ethnographiques d'alors.

Rappelons en quelques pages plusieurs faits dont la connaissance importe au progrès de notre étude. Innocent IV avait envoyé aux Tartares, dès 1245, des missionnaires franciscains et dominicains. Ces derniers s'arrêtèrent auprès du Prince mongol *Batchou*, qui les renvoya au Pape en 1248, avec une lettre et une ambassade. Jean du Plan-Carpin quitta Lyon en 1245, traversa l'Europe et conduisit les franciscains auprès du grand Khan *Batou*, (petit-fils de Djengis-khan, *T'ai-tsou*) qui les reçut avec honneur. Son fils et successeur Couyouk, *Ting-tsong*, leur fit le même accueil. (1). «Quelques Chrétiens attachés au service de *Kaïouck*, supposaient qu'il était chrétien au fond du cœur, parce qu'il entretenait des prêtres qui desservaient une chapelle placée devant sa tente, et où l'on chantait et l'on sonnait les cloches aux heures d'usage, selon le rit grec : il est curieux de rapprocher ces rapports de ce que disent les historiens chinois de la faveur dont jouirent, à la cour de *Kouïouck*, les deux lamas *Ouatotchi* et *Namo* venus du Kaschmyr.» (2).

Jean du Plan-Carpin et ses compagnons trouvèrent *Couyouk* et sa cour au campement de la *Horde d'or* (Sira Ordou) près de Karakoroum. Le Khan y siégeait en effet sur un trône d'or, d'ivoire et de pierreries «ouvrage d'un orfèvre russe appelé Come. Ils y reçurent beaucoup de renseignements de plusieurs Russes

---

(1) Mgr Laouënan. *op. cit.* t. I. p. 468. — Sur les *Kitai*, Jean du Plan-Carpin donne ces renseignements caractéristiques : «*Kitai* autem homines sunt pagani:... habent Novum et Vetus Testamentum; Vitas Patrum et Eremitas; unum Deum colunt, Dominum Jesum Christum honorant et credunt vitam æternam, sed minime baptizantur. Scripturam nostram honorant et reverentur, christianos diligunt. Meliores artifices non inveniuntur in toto mundo, in omnibus operibus in quibus homines solent exercitari». Cap. V. § 1. n° VI; p. 258. — S'agit-il ici de bonzes et de Juifs chinois, vaguement entrevus et confondus? La dernière phrase pourrait jeter quelque jour sur des traces d'influence gréco-européenne, relevées sur plusieurs monuments d'architecture chinoise au temps des *Yuen* et des *Ming*.

(2) L'auteur a-t-il en vue *Ou Tao-tse* et *Tamo?...* — *Cf. Relation des Mongols ou Tartares, par le frère Jean du Plan de Carpin, de l'ordre des Frères-Mineurs, par M. d'Avezac.* Paris. 1838. Les particularités, sur ce Christianisme supposé et sur ces rites, sont extraits à peu près mot à mot du texte de Jean du Plan de Carpin, (p. 370 de l'ouvrage), au dernier chapitre, § II; nos 11 et 12.

et Hongrois, prêtres et autres, sachant parler le latin et le français, vivant au milieu des Tartares depuis nombre d'années. (1).

Les missionnaires avaient été introduits à cette cour par le grand-chancelier-interprète du *Couyouk,* nommé *Tchinquay,* chrétien ainsi que le premier ministre *Quâdâcq:* tous deux ardents fauteurs du Christianisme. (2).

Comment supposer que le symble de la croix ait pu rester dès lors un symbole inconnu, étrange, dans ces vastes régions, qui doivent nécessairement en recéler des vestiges?

Les échanges d'ambassades entre S. Louis et les divers *Khans,* au milieu du XIIIe siècle, assurèrent au Christianisme une place respectée auprès de ces souverains Mongols et Tartares, qui toléraient les Nestoriens d'Asie. Louis IX avait fait remettre au grand Khan Mangou *(Hien-tsong),* avec un baldaquin où la vie de N.-S. était brodée, un petit morceau de la vraie Croix. Nous ignorons ce qu'est devenue cette relique, considérable sans doute, et la première de cette nature, peut-être, en ces pays. *K'ou-bi-laï* (Che-tsou 世祖), succéda à Mangou, en 1260, et éleva à la dignité royale Boddhi Dharma, ou «Bouddha vivant.» C'était alors un bouddhiste tibétain, nommé Pa-se-pa, dont le nom se rattache à une tentative de réforme alphabétique dans l'écriture chinoise. On lui assigna une principauté en sa partie, avec le titre officiel de Grand Lama, ou *Dalaï Lama.* «Ce fut là, dit Pauthier, l'origine de ce pouvoir lamaïque que l'on a l'habitude de faire remonter dans la nuit des temps;» par là s'explique comment le culte des Lamas et son organisation reflètent tant de ressemblances chrétiennes: on y a copié les usages nestoriens observés à la Cour des Khans. Simulant un respect hypocrite pour l'incarnation pseudo-divine de Po-ta-la (monastère de Lhassa), les empereurs de Chine prirent soin de développer parallèlement l'autorité temporelle du Lama suprême qu'ils «protégeaient»: politique plus habile que fière qui leur annexa le Tibet.

Naturellement, ces origines lamaïques flottent encore dans des ténèbres mal dissipées, et les conclusions formulées avec le plus d'assurance restent, au demeurant, fort problématiques. «Selon les traditions, dit Emile de Schlagintweit, *Tsong-khapa* eut quelques entretiens avec un étranger de l'Ouest, remarquable par son grand nez. Huc croit que cet étranger devait être missionnaire européen et attribue aux renseignements que *Tsong-khapa* aurait reçus de ce prêtre catholique la ressemblance du service religieux au Tibet avec le rituel catholique romain. Nous ne pouvons pas encore nous prononcer sur la question de savoir ce que le bouddhisme aurait emprunté au catholicisme; mais les rites du bouddhisme, relevés par les missionnaires français, tiennent pour

(1) *Caput ultimum,* § II. — n°s 6 et 8 — p. 196 de la «*Relation des Mongols etc....*»

(2) *Abou-el-Faraj; Historia compendiosa dynastiarum....* p. 321.

la plupart aux institutions particulières de cette religion, ou bien ont éclos à des époques postérieures à *Tsong-khapa* (1).» Le moins contestable mérite du réformateur est d'avoir tenté d'affranchir le bouddhisme de ses jongleries charlatanesques. K'ou-bi-laï, mort à Pékin âgé de 80 ans, échangea lui aussi des lettres et des ambassades avec Grégoire X. A cette époque se rattachent les pérégrinations de Guillaume de Rubrouck et des frères vénitiens Polo. Tout cela a été raconté dans maint ouvrage spécial. (2).

Nous ne pouvons nous y arrêter longtemps. Dans l'ouvrage de Hayton, qui était du sang royal d'Arménie, dit le P. d'Avril, (3), et dont la femme descendait d'un des trois Rois mages, se trouve le renseignement déjà fourni par Kircher (p. 91) : dans le «*Kiaferstan,* c'est-à-dire au pays des Infidèles, selon les Mores, habitent les Chrétiens de S. Thomas. Outre qu'ils baptisent leurs enfants, ils portent encore peintes sur les tempes et sur le front trois croix de couleur rouge, qu'ils expriment du bois de sandal».

En 1274, au Concile général de Lyon, présidé par Grégoire X, on vit arriver seize ambassadeurs venus de la part d'Abaga, Khan des Perses, et neveu de *K'ou-bi-laï.* (4). En 1304, le Patriarche Mar Jabalaha, converti au catholicisme, s'y soumit au pape Benoit XI.

---

(1) «Le bouddhisme au Tibet». *Annales du Musée Guimet*, III. p. 45. — cf. *suprà* p. 93. — A la page 96 du même ouvrage sont consignés des détails précis sur le Dalaï Lama et l'origine de son autorité. Son pouvoir temporel sur tout le Tibet ne daterait que de 1640.

(2) A la cour de *Karakoroum*, siège du grand Khan, en employait (outre un *Russien*, architecte, mari de dame Paquette, une Lorraine), «un orfèvre parisien, nommé Guillaume Boucher... Sa femme, fille d'un Sarasin et née en Hongrie, parloit bon français. Nous trouvâmes aussi là... Bâsiles, fils d'un anglais, né aussi en Hongrie... Guillaume l'Orfévre avait fait faire une image de la vierge en sculpture à la façon de France, avec une Boitte d'argent pour garder le S. Sacrement. Il fit faire aussi un oratoire sur un chariot très beau et bien peint d'Histoires saintes». Les étrangers abondaient à cette cour. Cf. *Voyage remarquable de Guillaume de Rubruquis*, envoyé en ambassade par le roi Louis IX... l'an de N.S. MCCLIII. traduit de l'anglois par le S. de Bergeron.

(3) Ph. d'Avril S. J. *op. cit.* p. 192. — Dès 1132, à *K'ai-fong fou*, et un peu plus tard, aux environs (1271), on trouve des catapultes, des balistes et des canons, employés sous la direction d'étrangers. En 1290, *K'ou-bi-laï khan*, attire à sa cour, des pays voisins et d'Europe, des gens habiles dans les arts, les sciences, l'industrie; il accueille des officiers de terre et de mer, des interprètes pour diverses langues. Marco Polo gouverna trois ans *Yang-tcheou* 揚州 avec vingt-sept villes; il mentionne un allemand et un chrétien nestorien, qui construisaient des mangonnaux pour ce souverain. (Pauthier. *Marco Polo.* p. 358). — *Item, China Review*, 1889-90. p. 379, sur l'origine étrangère des armes à feu en Chine.

(4) Les grands Khans furent Djengis-khan († 1227), Ogotaï, Couyouk († 1248), Mangou, et K'ou-bi-laï († 1294), qui fonda la dynastie Mongole des *Yuen* 元 et transféra la capitale de *Karakoroum* à *Khan-baliq* (Pékin). Il était fils de Tou-li et petit-fils de Djengis-khan, comme Mangou et Hou-la-gou. Ce dernier est le fondateur des Ilkhans de la Perse, qui finirent en 1353. Voir l'ouvrage érudit de M. H. Cordier : *Les voyages en Asie au XIVe Siècle du B. frère Odoric de Pordenone.* Paris, Leroux, 1889.

Nicolas III (1277-1280) avait envoyé en Chine une nouvelle ambassade en lui adjoignant cinq franciscains. Son successeur Nicolas IV (1288-1292) députa Jean de Monte-Corvino à Péking, pour remettre une lettre à K'ou-bi-laï. En ce temps-là, la femme et la fille de Argoun, Khan des Perses et autre neveu de K'ou-bi-laï, étaient au nombre des chrétiens.

En 1307, dit H. Cordier, Clément V envoya à K'ou-bi-laï sept frères mineurs, ayant rang d'évêques, qui devaient sacrer Monte-Corvino comme archevêque de Khan-bâliq et primat de tout l'Extrême-Orient, et être ses suffragants». Trois moururent aux Indes, un retourna en Europe. « André de Pérouse, Gérard et Pérégrin arrivèrent à Péking, en 1308, où ils consacrèrent en grande pompe Monte-Corvino. En 1312, Clément V envoya trois autres suffragants à l'archevêque de Péking... Un évêché fut créé dans le *Fou-kien* à Zaïtôun, dont le premier titulaire fut Gérard, qui, étant mort en 1313, eut pour successeur désigné André de Pérouse: celui-ci refusa le poste qui fut donné à Pérégrin. Ce dernier étant mort en 1322, André de Pérouse, qui résidait depuis quelque temps à Zaïtôun, accepta enfin la nomination d'évêque.» On avait établi une mission franciscaine à Ili «et son chef, Richard de Bourgogne, fut nommé évêque d'Ili-bâliq. Cette chrétienté fut détruite en 1342.... En 1362, Jacque de Florence, cinquième évêque de Zaïtôun, probablement successeur de Pierre de Florence, fut massacré par les Chinois. Les franciscains observantins, avec le P. Pedro d'Alfaro, gardien des Philippines, ne revisitèrent la Chine qu'en 1579.» (1).

D'après l'archimandrite Palladius, la propre mère de ce grand K'ou-bi-laï, la princesse *Sorhahtani,* mariée à *Touli* fils de Djengis-khan, était aussi une chrétienne. (2). Après sa mort, son portrait fut conservé dans le «monastère de la croix», 十字寺 *Che-tse se,* dans la Province du Kansou; plus tard on le transporta à Péking, dans le *Ts'e-t'ang* 祠堂, temple ancestral, qui lui fut consacré. En 1276, sous Jean XXI, avait couru le bruit de la conversion de K'ou-bi-laï.

On sait comment en 1256, à Karakoroum, deux ou trois ans après le départ de Rubrouck, *Mangou* appela des bonzes bouddhistes, des Taoïstes, et des Chrétiens, pour discuter leurs doctrines particulières en sa présence. Ces Chrétiens, adorateurs du Messie, s'appelaient 迭屑 *ti-sie,* traduction de *Terza,* nom que leur donnaient les Mahométans. (3).

---

(1) Henri Cordier. *Odoric de Pordenone,* Introduction.

(2) «*Traces of Christianity in Mongolia and China in the XIIIth Century* — Drawn from Chinese sources; by archimandrite *Palladius* — *The Chinese Recorder* VI, 1875; — pp. 104-113.» M. Henri Cordier n'exagère à aucun point de vue en proclamant ce mémoire «un des plus importants pour l'histoire ancienne du Christianisme en Chine».

(3) Jean de Monte-Corvino appelle les caractères Ouigours «*litteræ tersicæ*». Ces

Palladius mentionne la fondation à Péking, en 1289, par K'ou-bi-laï, d'un Consistoire chrétien sous le titre de 崇福司 *Tch'ong-fou-se*. Les documents chinois qu'il cite, établissent qu'il avait la surintendance du culte dans tous les *temples de la Croix* de tout l'Empire. C'était une sorte de juridiction de chorévêque et on l'étendit encore en 1315.

Palladius apporte ensuite un texte chinois, publié dans une Description (datant de 1330-1332) de *Tchen-kiang* 鎮江, où l'on résume une inscription qui parle d'une église chrétienne, bâtie en 1281, sur le mont *Kin-chan*. Cette inscription offre un précis du christianisme dans lequel je relève ce détail: « La croix 十字 est une image représentant un corps d'homme. Ils ont l'habitude de la suspendre dans leurs maisons, de la peindre dans leurs temples, de la porter sur leur tête et sur leur poitrine.» Puis suit une phrase qui semble tirée du monument de Si-ngan fou.

Marco Polo mentionne deux églises à *Tchen-kiang*, bâties en 1278, par *Mar Sarghis*, qui y introduisit le christianisme: cette Description de Tchen-kiang *(Tche* 志*)* en énumère sept, construites par *Mar Sergius (Ma-Sie-li-ki-sze)*, outre un cimetière chrétien. L'Empereur leur accorda des terres dans le Kiang-nan, et des exemptions de taxes. Les Chrétiens augmentèrent ces biens, et le texte chinois fait remarquer que ces constructions furent élevées sans pressurer le peuple. *Mar Sergius* gouverna *Tchen-kiang* pendant cinq ans.

Sous les Mongols mêmes, deux des temples (ceux de *Kin-chan*), furent changés en pagodes (en 1303), et attribués aux Bouddhistes, comme en fait foi une inscription qui prétend que les Chrétiens avaient usurpé ce droit de bâtir des églises. Elle relate que l'on «commanda de détruire les croix», et qu'elles furent remplacées par des poussahs que peignit l'artiste *Liou-kao*. Il fut défendu en outre aux Chrétiens et à leur postérité de soulever jamais des revendications. Ces faits sont attestés encore par une seconde inscription, où l'on trouve les noms de trois autres gouverneurs Chrétiens de ce pays (1283-1286;—1308-1312;—1312-1316), sans compter plusieurs illustres personnages. L'archimandrite Palladius conclut son beau mémoire en faisant observer qu'il existe un certain nombre de ces Descriptions, inédites ou cachées dans des bibliothèques, qui ont trait à l'existence du Christianisme en Chine. Puisse-t-on en faire profiter le public!

A quelques lieues au Nord de *Tchen-kiang*, la grande ville de *Yang-tcheou* 揚州 possédait aussi des églises; les Annales chinoises en témoignent. «Les armées de Gentchiscan, dit Gau-

Ouigours, que Hayton nomme *Tarsæ*, étaient chrétiens. «Saraceni crucis adoratores, præter vulgare gentis vocabulum, quo Christianos omnes *Isaï*, i. e. Jesuinos vocant, etiam in hoc regno (Sinarum) antiquos illos crucis professores *Terzai* appellant». Trigault. *De christiana Expeditione*. 1615. p. 231. —Ainssi s'appelaient en Perse les chrétiens arméniens.

bil (page 37; *Histoire* de Gentchiscan), devaient avoir beaucoup de Chrétiens.» Pauthier, (Marco Polo, p. 480, 487), accumule les détails sur les Alains chrétiens. En 1221, le terrible Khan avait pris Samarkande, Balk et Hérat, enrôlant dans ses hordes un grand nombre de vaincus. (1). Un de ses ministres, *Yelutchoutsay* (mort en 1243), était presque sûrement chrétien, ainsi que quelques autres, particulièrement *Gaiscue,* son médecin, «qui était peut-être *franc,* ou *européan,*» dit Gaubil (p. 102 et 136). Ils s'employaient à attirer à la cour du monarque tout un personnel occidental de savants, d'artistes, d'interprètes, de gens de loi et d'artisans, où les Chrétiens occupaient une place notable. Cour de Médicis mongols ou Fontainebleau chinois!

Le Bienheureux Odoric de Pordenone, parti en 1318, baptisa à Péking 20.000 infidèles et revint en 1330 rendre compte, au pape, de sa mission. Il avait trouvé à la cour de Péking le vénérable archevêque octogénaire, G. de Montecorvino, et l'Empereur y avait assigné un rang aux Frères Mineurs. Les prêtres des diverses religions représentées devaient assister aux fêtes impériales et donner leur bénédiction à l'Empreur, «*primi di tutti i cattolici,* les catholiques avant les autres.» Un grand nombre des membres de la Cour étaient chrétiens. Mentionnons un fait qui montre la place que tenait déjà le culte de la Croix; on peut regretter ces beaux temps! Odoric de Pordenone raconte que l'évêque, Monseigneur Andrea Perugino et les Frères Mineurs allèrent un jour au-devant de l'Empereur, (c. à d. le grand Khan *T'ai-ting* 泰定 ou Témour,) qui rentrait à Péking, Le pieux cortège chantait le *Veni Creator* et se faisait précéder du crucifix. Dès que le Khan vit le saint emblème et entendit les chants, il manda près de lui l'évêque et les Frères, ôta sa superbe coiffure et fit une révérence à la Croix, que l'on tenait élevée devant lui. (2). Jean de Monte-Corvino bâtit deux églises à Péking, qu'il habitait depuis 1294, et où il devait mourir en 1333, après y avoir baptisé plus de 30.000 païens. Il avait été envoyé en Chine par Jean XXII, avec vingt-six prêtres de son ordre et six frères laïques. (3). Un franciscain français, Nicolas, professeur de théologie à Paris, le remplaça comme archevêque de Péking.

(1) Cf. E. Bretschneider. *Mediæval Researches from Eastern Asiatic sources.* London' Trübner 1888.

(2) Cf. p. 117. *Sopra la vita e i viaggi del Beato da Pordenone Studi. Teofilo Domenichelli e Marcellino da Civezza.* Prato. 1881. De graves méprises déparent cet ouvrage.

(3) Deux de ses sept suffragants furent successivement évêques de *Zaïtoûn.* Pour Martini, du Halde, Deguignes, Pauthier, Yule et Bretschneider, *Zaïtoûn* est la ville actuelle de *Ts'iuen-tcheou fou* 泉 州 府, au *Fou-kien.* Cordier *(Odoric de Pordenone,* p. 281) discute et motive cette identification pour laquelle il penche décidément. Mais à la fin du même ouvrage (p. 521), il avoue que sa conviction semble ébranlée après lecture des travaux du consul Geo. Philipps en faveur de *Tchang-tcheou* 漳 州, en particulier «The identity of Marco Polo's Zaitun with Changchau». *T'oung-pao,* n° 3, oct. 1890. p. 218.

En 1338, Benoit XIII reçut une autre ambassade de la cour chinoise et députa à Péking quatre franciscains avec le titre de Nonces apostoliques. De l'Empereur ils reçurent des honneurs à peine croyables (Cf. Huc, p. 433). Enfin, en 1370 et 1371, Urbain V nomma un professeur de Paris, Guillaume de Prato, archevêque de Péking, où soixante missionnaires allèrent le rejoindre. François de Podio (catalan) se rendit même en Chine (1371) comme légat apostolique, avec douze compagnons.

Malheureusement la dynastie chinoise des *Ming* 明 arrivait au pouvoir, en détrônant la dynastie tartare; la religion chrétienne parut sombrer dans la tourmente de guerres qui désola l'Empire. «Il est à présumer, écrit sagement Pauthier, que les nombreux étrangers, qui, sous le règne de la dynastie mongole étaient entrés en Chine et y avaient occupé de nombreux emplois, en furent chassés par la nouvelle, qui se prévalut de sa nationalité chinoise ; et que les sectateurs étrangers des religions étrangères, les Nestoriens et les Catholiques, furent aussi expulsés à la même époque.» (1).

Après un siècle et demi, S. François-Xavier devait héroïquement tenter de relever la Croix en Chine. Il évangélisa d'abord les Indes, où cet auguste symbole avait conquis sa part de notoriété. (Les relations entre ces deux contrées, si peuplées, étaient alors plus fréquentes qu'aujourd'hui). Quand Albuquerque prit Goa en 1510, «il y fit bastir une belle église, dans laquelle il colloqua une croix de bronze, portant l'image de N.-S. Jésus-Christ crucifié, qui fut trouvée en démolissant quelques maisons ou temples d'idoles.» (2).

Il ne devait pas non plus dissimuler en Chine le mystère de la Rédemption par la croix, le missionaire et martyr hongrois, Matthieu Escandel, dont les disciples répétaient, encore plus de deux siècles après sa mort : «Jésus-Christ, Marie toujours vierge l'a conçu, vierge l'a enfanté, et vierge est demeurée». Au reste, on nous a conservé un fragment du sermon prononcé par le courageux missionnaire quelques moments avant sa mort : «... Il a fallu que J.-C mourût pour les hommes. Avec le prix de son précieux sang qu'il a répandu pour les pécheurs sur l'arbre de la croix, Dieu s'est tenu pour satisfait en sa justice». (3).

C'est encore avec le signe de la croix que le saint martyr

---

(1) Pauthier. *Marco Polo*, p. 488. — Il dit ailleurs, (*Chine moderne*, p. 428), qu'un vice-roi chrétien, du Kiang-si, combattit glorieusement contre les Tartares à la chute des *Ming*. — Cf. Du Halde (III. p. 82), qui le nomme Thomas *Kiu* et lui associe «Luc *Tchiu*, Généralissime des troupes chinoises».

(2) Du Jarric S. J. *Histoire des choses plus mémorables*... t. II. p. 40.

(3) *Les Missions catholiques* 1886, p. 52. Article de M. Romanet du Caillaud. Le colonel Yule expédie trop lestement la *légende* d'Escander dans une note de la page CII de son *Cathay and the way thither*.

éteignit le bûcher qu'allumaient les bonzes pour le brûler. Et quand il eut été lapidé, au bord du Canal impérial, on éleva sur sa tombe une croix de pierre que Mendez Pinto dit y avoir vue en 1541, soit 242 ans après sa mort. Si elle a pu y subsister tant d'années, on aurait la preuve que ce n'était pas un emblème proscrit en ces parages, où l'on ose à peine l'arborer de nos jours en public. (1).

Malgré une tolérance relative, il ne cessa pourtant jamais d'être le *signum cui contradicetur*. Au moment des guerres qui ensanglantèrent le sud de la Chine lors du renversement de la Dynastie des *Ming*, le P. André Koffler S.J. 瞿安德 «fut surpris (12 déc. 1660) par une troupe de Tartares victorieux qui lui demandèrent, le sabre à la main, quelle religion il professait. Le Père se contenta pour toute réponse de faire le signe de la croix, en prononçant ces paroles : «*Per signum crucis de inimicis nostris libera nos Deus noster !*» et à l'instant les vainqueurs lui fendirent la tête en forme de croix.» (2).

Si complète qu'ait été la double éclipse subie par le Christianisme au VIIIe et au XVe siècle en Chine, il n'est guère croyable que le souvenir de la croix ait totalement disparu. Aussi est-il tout naturel que l'histoire ou l'archéologie ait conservé et vienne révéler de temps à autre des traces indubitables de ces anciennes traditions. (3). Nous comptons que l'avenir mettra encore au jour plusieurs de ces témoins irrécusables, enfouis peut-être çà et là, sous nos pieds, ou près de nous, dans le sol de quelques unes des dix-huit Provinces. Les découvertes du passé sont du reste assez riches pour nous permettre de replanter quelques jalons indica-

(1) «On a découvert récemment à deux lieues de la ville de *Lin-tsing tcheou* (Chantong), deux tombeaux de missionnaires franciscains du XIVe siècle. Sur l'un on peut lire le nom de Bernard ; c'était le nom d'un compagnon du B. Odoric de Pordenone, qu'il y laissa à son passage pour en diriger l'importante chrétienté. L'autre est celui d'un évêque franciscain, dont le nom n'a pu être déchiffré sur la pierre sépulchrale (érigée en 1387). Un manuscrit contenu dans une bouteille cachetée à la cire, qui se trouvait dans le tombeau, s'est réduit en poussière dès qu'on l'a eu touché. Toutefois, dans le même tombeau on a trouvé une petite boîte en bronze renfermant un anneau épiscopal et une croix pectorale, sur laquelle était gravé le sceau de S. François. Vu leur forme, ces deux insignes épiscopaux datent du XIVe siècle». Compte-rendu des séances de la Soc. de Géogr. de Paris, janv. et févr. 1893. Note de M. Romanet du Caillaud.

(2) *T'oung-pao*, août 1890, p. 108.

(3) La dernière page du second volume du *Kin-che-so* 金石索, «l'enchaînement des métaux et des pierres», ouvrage du XVIIIe s., à la suite de plusieurs planches reproduisant diverses monnaies chinoises de tout âge, insère sept médailles catholiques (face, tranche et revers), que l'auteur déconcerté qualifie de «monnaies européennes et étrangères». Elles sont grossièrement dessinées, mais on y reconnaît N.-S., la S. Vierge, S. Jean-Baptiste, S. François-Xavier, la Vierge de S. Luc, peut être S. Ignace, S. Thérèse et S. Jean de la Croix. (Cf. *suprà* pp. 23 et 57).

teurs et provisoires dans le champ d'investigations que nous essayons d'explorer. Nous en présentons quelques-uns au lecteur.

Marco Polo racontant l'expédition de *K'ou-bi-laï* contre *Nayan*, un de ses vassaux révolté qui tenait campagne en Mongolie, remarque qu'il était «crestiens baptisiez et portoit sur son enseigne la croiz». (1). Le P. Gaubil fait observer que l'histoire chinoise est muette sur ce christianisme de *Nayan* et sur son Labarum; mais l'argument négatif ne porte pas et l'on aurait tort de l'opposer également à l'existence de la religion chrétienne et au culte de la croix, en Chine, dans les dix premiers siècles de notre ère. Outre que nombre de persécutions contre les bonzes et le taoisme, relatées dans les chroniques indigènes, s'appliquent probablement aux Chrétiens, quoi qu'en pense *Yule* (2), nous nous expliquons très bien cette «conspiration du silence», si familière aux annalistes du Céleste Empire. Ils ne mentionnent guère clairement non plus l'expédition anglo-française de 1860, la cession de *Hong-kong*, l'ouverture des Ports au commerce européen, etc... Qu'on lise seulement la relation officielle de la prise des *Pescadores* ou celle du bombardement de *Fou-tcheou* par l'Amiral Courbet, en Août 1884! (3).

Je possède en outre deux échantillons de vieilles médailles octogonales, mal venues, et semblant être des copies fondues en Chine d'après des originaux d'Europe. (C'est un procédé encore employé autour de nous). Elles portent d'un côté le Christ en croix, accompagné de la S. Vierge et de S. Jean l'Evangéliste nimbés. Le revers représente probablement *N. D. del Pilar*, entourée de chrétiens qui la vénèrent. Nous donnons ci-contre (fig. 161) la partie portant l'inscription. Cet exergue, fautif peut-être, n'offre guère qu'un sens conjectural, que je n'ai même pas la témérité d'indiquer.

Fig. 161.

(1) Pauthier. *Marco Polo* p. 247. — *Marco Polo* de Yule, I, p. 335, ch. V du Livre II. Le grand Khan fit exécuter Nayan, et consola les chrétiens de la mort de ce félon, ne voulant pas qu'on en conclût rien contre la vertu de la croix. En 1591, aux Indes, le roi de Porca, émule de Constantin, prit, comme étendard de guerre, trois croix cousues sur un drapeau. Il vainquit ses ennemis, se convertit et propageà la Foi en son royaume, où il fit dresser de grands calvaires. Ce glorieux symbole y opéra beaucoup de guérisons et de miracles. — Cf. du Jarric. *Histoire des choses...* p. 451.

(2) Le Colonel Henry Yule, *Cathay and the way thither*, p. XCI, blâme Deguignes d'admettre l'opinion que nous énonçons.

(3) Cf. *China Review*, 1887-88. — Les Chinois avouent 831 morts dans l'affaire de *Fou-tcheou;* ils leur ont élevé un temple commémoratif, où s'offrent des sacrifices trois fois par an. Ils se vantent de nous y avoir coulé plusieurs navires, — dont ils ne fournissent pas les noms.

§ III.

Croix trouvées au *Fou-kien.* — Monnaies et médailles. — La «pagode de la croix» près Chang-hai.

Heureusement les entrailles de la terre ont parfois conservé des témoignages sensibles des vrais événements, pour les produire au grand jour, à l'heure marquée par la Providence. Qu'on en juge. L'histoire des missions franciscaines nous apprennd qu'il y avait deux églises à *Zaïtoûn* (1) l'une dans la cité, l'autre dans une forêt non loin de la ville.

C'était un grand centre catholique (2). «On a trouvé dans cette ville, dit M. Martini, des vestiges de Chrestiens et beaucoup de pierres taillées et gravées du signe de la sainte Croix, avec l'image de la Vierge Marie Mère de Dieu, devant qui les esprits célestes se prosternaient, et deux petites lampes pendantes sur ces Croix mesme dans le palais d'un certain Gouverneur; on y trouva une fort belle Croix de marbre, que les Chrestiens en tirèrent après avoir eu permission, et qu'ils mirent dans l'Eglise que nous avons dans cette ville, avec beaucoup de dévotion et de pompe. J'ai aussi veu avec mes compagnons un vieux livre chez un homme docte, fort bien écrit en lettres Gothiques sur du parchemin fort délié, où il y avoit la plus grande partie de l'Escriture sainte en latin; je fis tout mon possible pour l'avoir; mais je ne pûs obliger celui qui en estoit le maistre de me le donner, quoy qu'il fust payen, encore que je l'en priasse et que je lui offrisse de l'argent; me disant qu'on gardoit ce livre dans sa famille comme une chose fort rare que ses ancestres y avoient conservé plusieurs années.» (3). (*Martini* p. 157). Ces souvenirs se complètent par ailleurs : «D'après l'histoire des dominicains espagnols en Chine, rapporte un écrivain qui habita *Tchang-tcheou* ces dernières années, on utilisa, pour reconstruire les murs de la ville, les matériaux des églises ruinées, et beaucoup de ces pierres portaient des croix

---

(1) *Tchang-tcheou* 漳州; cf. *suprà*, p. 147 n. 3.

(2) Un passage d'André de Pérouse, cité par H. Cordier (*Odoric de P.* p. 282), s'exprime ainsi : «Je fis construire, dans une forêt peu éloignée de la ville, une église convenablement belle, avec une habitation suffisante pour vingt-deux religieux ; il y avait quatre chambres pour loger les prélats.» Plus tard il y eut trois églises de Franciscains en cette ville.

(3) A. de Rémusat parle de cette dernière trouvaille, dans le *Nouveau Journal asiatique*, T. IV, p. 398. Les protestants conviennent qu'ils n'ont pas introduit la Bible en Chine; quand cesseront-ils d'affirmer, contre toute vérité, que les prêtres catholiques l'interdisent aux Chinois? La discipline ecclésiastique de l'Eglise, en Chine comme ailleurs, pourvoit uniquement à ce que la lecture des Saints Livres, texte ou traduction, se fasse avec un humble respect, sans imprudence ni danger. Depuis longtemps elle ne cesse de travailler à produire une version chinoise qui soit le digne pendant de la *Douay Bible*, — œuvre ardue entre toutes, de l'aveu même des protestants des diverses dénominations. Jusqu'aux *Tchang-mao* qui l'ont essayée il y a quelque quarante ans! Cf. *T'oung-pao* de mai 1892.

gravées. Une autre découverte curieuse, ayant trait à ces missions, est celle mentionnée par P. Ricci, et qui semblerait se rapporter précisément aux ruines de l'église franciscaine, bâtie par André de Pérouse en dehors de la ville de *Zaitoûn* : « Les païens de *Tchang-tcheou*, dit Ricci, trouvèrent dans une colline voisine, appelée *Saysou*, une autre croix, sculptée dans un seul bloc de pierre et d'une forme magnifique. J'ai eu le plaisir de la placer dans l'église que j'ai bâtie en cette ville. Les païens ignoraient à quelle époque elle remontait et comment elle se trouvait enterrée là ». (1).

Fig. 162.

Les croix dont il est ici question sont-elles celles dont nous trouvons les trois fac-similés au début de l'ouvrage du P. E. Diaz (mentionné plus haut p. 127) sur l'inscription de *Si-ngan fou?* Les trois figures sont accompagnées d'un texte chinois que nous traduisons ici : 1°) *Croix A*. « Monument de pierre de la Sainte Croix, sur la montagne *Si-chan*, au sud de la préfecture de *Ts'iuen-tcheou fou*. La 47e année de l'Empereur *Wan-li* 萬歷 (en 1619) on trouva ce monument dans la terre, et la 11e année de l'Emppereur *Tch'ong-tcheng* 崇禎 (en 1637) on en fit le décalque ci-contre. (2). (fig. 162).

Dans une note de son *Cathay* (p. CI), Yule rappelle qu'une Bible latine du XIe siècle, reste probable de la mission de Monte-Corvino, acquise d'un Chinois par le jésuite Philippe Couplet, dans la Province de Nanking, se conserve à Florence, dans la Bibliothèque Laurentienne.

(1) *Histoire des missions dominicaines en Chine*. Madrid, 1871. Vol. II. p. 316. — Cf. *Journal de la Soc. Asiatiq. de Chang-hai*, XXII, n° 1 : « *Chang-chow the capital of Fuhkien in Mongol times*, by Philipps», consul anglais. Voir aussi le *T'oung-pao*, (*suprà* p. 147); cette Revue suggère (p. 236) que «*Saysou* serait peut-être *Sai-soa* 西山, la colline de l'Ouest.»

(2) *Si-chan* se trouve un peu au nord d'Amoy (*Emouy*, *Hia-men* 厦門).

2°) *Croix B.* «Dans la pagode appelée *Choei-lou se* 水陸寺, située dans la ville de *Ts'iuen-tcheou fou*, se trouve une pierre, avec une croix, trouvée par le père d'un mandarin du Tribunal des châtiments appelé *Sou Che-choei* 蘇石水. Les Chrétiens la virent la 11ᵉ année de l'Empereur *Tch'ong-tcheng*, au milieu de la 2ᵉ lune (en 1638), et ils la transportèrent dans l'église la veille du dimanche de la Passion. D'après l'histoire de cette ville, cette pagode fut construite sous la dynastie des *T'ang* 唐 la 6ᵉ année de l'Empereur *Yuen-tsong* 元宗 (en 717). Elle n'existe plus». (fig. 163).

Fig. 163.

3°) *Croix C.* «En dehors de la porte *Jen-fong* 仁風 de la même ville, à environ trois lis (un mille anglais, ou un kilomètre et demi), au bord du lac *Tong-hou* 東湖, s'élevait une pagode appelée *Tong-chan se* 東禪寺, bâtie vers la première année de l'Empereur *Hi-tsong* 僖宗 (en 874), de la dynastie des *T'ang* 唐, et maintenant détruite. A une centaine de pas de cette pagode, dans un champ, se trouve une pierre marquée d'une croix. Personne ne la connaissait. Cette même année de l'Empereur *Tch'ong-cheng* 崇禎 (en 1637), le 4ᵉ jour après Pâques, les Chrétiens la virent, et, à la 3ᵉ lune, la transportèrent dans l'église». (1) (fig. 164).

Fig. 164.

C'est à ces croix que se rapporte vraisemblablement la men-

(1) Dans la réédition de l'ouvrage du P. Diaz, *T'ang-king-kiao-pei-song*, à l'imprimerie de *T'ou-sè-wè* (1878), la notice sur ces croix et les figures originales sont exactement reproduites à la fin du livre. Cf. *Catalogus librorum venalium in Orphanotrophio T'ou-sè-wè*, n° 19. — Cf. *suprà*, p. 127.

tion insérée dans les *Mémoires concernant les Chinois* (1). Le P. Cibot y dit : «L'inscription de *Si-ngan fou* n'est pas le seul monument de notre sainte Religion qu'on ait trouvé en Chine. Il y a encore deux croix de ma connaissance. (2). On a beau faire, on ne prouvera jamais que Dieu n'est pas infiniment bon. L'histoire de ses miséricordes sur les nations ne nous est pas connue; mais il n'y a que notre ingratitude qui puisse nous faire douter qu'elles soient infinies».

Les extraits suivants feront peut-être double emploi avec ceux que nous avons présentés à la page 97. Nous croyons pourtant devoir leur donner place ici, vu leur singularité. «On nous a rapporté qu'il y avait quelques endroits où les habitants adoroient la croix et en faisoient le signe sur les viandes avec d'autres cérémonies, sans sçavoir pourquoi. J'étois en la capitale de *Kiangsi* (江 西) quand j'appris d'un Chrétien, qu'au petit païs de *Tamoxan* (3) quelques uns avaient coutume de former le signe de la croix sur le front, au sortir de leur maison; mais quand on les interroge sur cette pratique, ils n'ont point d'autre réponse, sinon qu'ils la tiennent de leurs ancestres. A la Cour de Pékin, un juif ayant été visité par un de nos Pères, lui en parla plus clairement, jusques à cotter les lieux et les familles qui pratiquoient le signe de la croix. Nous envoyâmes sur cet avis un de nos Frères, qui, nonobstant ses soins et ses recherches, n'en peust jamais rien découvrir, soit qu'on l'eust pour suspect, ou plustost que ces familles fussent entièrement esteintes. Avec cela, ce Juif asseuroit qu'il y avoit eu anciennement un grand nombre d'Adorateurs de la croix dans les Provinces du Nord. Ce juif parloit de plus de six cens ans». (4). Le P. Sémédo, auteur de ces lignes, rapporte également l'usage étrange, déjà relaté (p. 97), de tracer une croix à l'encre sur le front des nouveau-nés.

Cette pratique fut en vigueur aussi au Tonkin : «Aussitôt que les enfants sont nés, j'ai vu souvent, rapporte le P. de Rhodes, que les parents leur marquent sur le front une croix avec du charbon ou de l'encre ; je leur demandais à quoi cela servait à l'enfant et pourquoi ils faisaient cette peinture sur son front. «Cela, «me disaient-ils, c'est pour chasser le démon et l'empêcher de nuire «à l'enfant.» (5).

C'est une observance qui s'est perpétuée en divers lieux; en voici deux récents témoignages. L'abbé Krick, missionnaire chez les

(1) T. VIII, p. 234.

(2) On pourait soutenir aussi que le P. Cibot a ici en vue les *fei-lai tsien* 飛 來 剪 qui feront l'objet d'un chapitre spécial.

(3) Ce mot semble devoir s'écrire, en romanisation actuelle, *Ta-mo chan* et signifier *la montagne de Ta-mo*. S'agit-il du *Se-tch'oan* ?

(4) Sémédo, S. J. *Histoire universelle de la Chine*, p. 226.

(5) *Voyages et missions du P. de Rhodes*, p. 79.

Abords, peuplade d'un des versants de l'Himalaya, a vu ces sauvages marqués des signes de la fig. 165. «Les uns, et c'est le plus grand nombre, ont au milieu du front une croix de Malte parfaitement formée, couleur noir-bleu indélébile; d'autres ont la croix ordinaire.» Ces gens prétendent que ce tatouage leur vient d'une tribu située au Nord. «Tous s'accordaient à dire que c'est le signe de Dieu, qu'il est bon de le porter, car «celui qui en est marqué, assuraient-ils, est «reconnu et protégé de Dieu; s'il meurt, il est reçu dans le ciel. «— Et celui qui n'aurait pas ce signe, ajoutai-je, où ira-t-il? — «Dieu est irrité contre lui et ne saurait le recevoir.» (1).

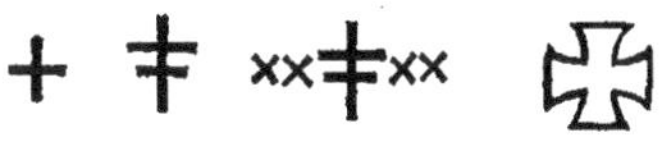

Fig. 165.

Le *Tour du monde* (1892. Ier semestre, p. 92), présente la vignette de ce pagne porté par des Indiens de la Guyane: (fig. 166). Tout est surprise dans ces révélations des découvertes de l'ethnographie américaine. Em. de Schlagintweit (Musée Guimet. III. p. 11), le rappelle et poursuit: «Le Bouddhisme avait été aussi introduit au Mexique par des prêtres chinois au Ve siècle après Jésus-Christ, et il eut des disciples dans ce pays jusqu'au XIIIe siècle.» Le P. d'Avril (p. 210, *Voyages en divers états*...; 1692) relate le témoignage de voyageurs russes qui pensent que l'Amérique fut peuplée par l'Asie septentrionale, la Mer de Tartarie et ses îles. Le Rév. F. G. Master rapporte que mille ans avant C. Colomb, «cinq bonzes bouddhistes abordèrent au continent américain, emportés par les courants japonais à travers l'Océan. L'un deux revint en Chine et son voyage au Mexique, qu'il appelle *Fou-sang* dans son journal, est mentionné dans les Archives impériales chinoises; etc...» (2).

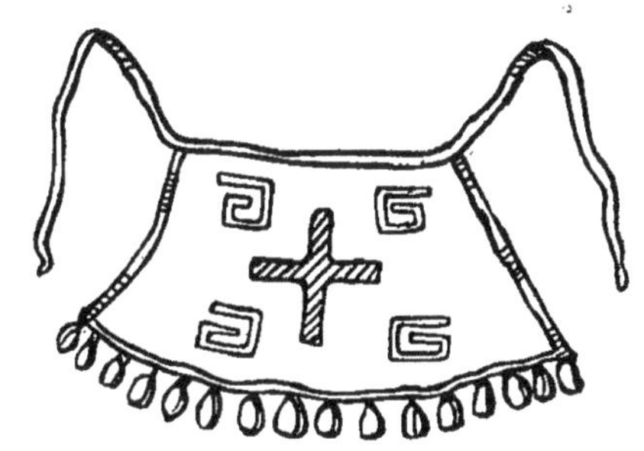

Fig. 166.

---

(1) *Annales de la Propagation de la foi*, 1851; et *Relation d'un voyage chez les Abords en 1853, par M. l'abbé Krick.* Ces deux traits ont été cités par M. l'Abbé Ansault.

(2) De singulières analogies dans l'ethnographie, le folklore et la linguistique, donneraient à ces dires quelque vraisemblance spécieuse. Plusieurs vieilles monnaies chinoises auraient été déterrées dans la Colombie britanique. — Cf. *The Shanghai Mercury*, 9 août 1893. — Le *T'oung-pao* de mai 1892 pp. 101-168, a inséré un travail des plus érudits de Gustave Schlegel sur ce Royaume de *Fou-sang* 扶桑國, qu'il ne faut chercher que sur la côte Nord-est de l'Asie. Un volume de Charles Leland, *Fusang or the discovery of America by Chinese Buddhist priests (London*, 1875), avait soutenu d'autres théories, et H. de Charencey, après de Humboldt, avait signalé au Mexique des affinités iraniennes avec les populations de la Haute Asie. Cf. *Revue des questions historiques*, 1876; vol. 20, p. 348. Ces vagues affinités peuvent s'expliquer autrement.

M. Burnouf, avons-nous dit (p. 3), affirme que l'on trace le 卐 sur le front des jeunes bouddhistes. Cela peut être vrai aux Indes, où les vrais bouddhistes sont relativement rares. En Chine, où ils fourmillent, et où ils ont, comme partout ailleurs, accommodé le Bouddhisme à leur fantaisie, je crois cette pratique tombée en désuétude.

Les enfants chinois reçoivent souvent une touche de carmin sur le front ou sur les joues. Est-ce une vaine observance, ou un simple ornement, une sorte de « mouche » écarlate, conforme au goût des Asiatiques, qui prétendent relever la pâleur de leur teint?

Mais le 5e jour de la 5e lune, on rencontre de jeunes enfants et des adultes présentant, sur la partie antérieure de leur crâne frais rasé, quelque marque tracée avec de la mine orange ou de l'orpiment, *hiong-hoang* 雄黃. Les parents se flattent que les reptiles, qui ont horreur de ces substances (?), n'oseront en voyant ce signe nuire à la personne que l'on entend préserver. Le même jour, dans un espoir analogue, on suspend aux portes des maisons des feuilles lancéolées de roseaux comestibles *kiao pé* 茭白, des tiges d'armoise, d'absinthe ou de quelque autre plante. L'orpiment, dilué dans l'alcool, sert aussi à faire des aspersions dans les appartements.

Ces usages ne sont ni récents ni purement locaux. Dans une relation du P. d'Entrecolles sur la conversion et la ferveur d'une vieille dame, jadis fort superstitieuse, on rencontre cette particularité: «Quand on expliqua à cette bonne catéchumène l'auguste signe de la croix, et combien il est redoutable aux démons, elle fit une remarque que je ne dois pas omettre : «Cela est admira-«ble, s'écria-t-elle! N'avez-vous pas fait réflexion qu'aux réjouis-«sances du 5e jour de la 5e lune, nous faisons aux petits enfants «que l'on mène dehors, une croix avec du vermillon, au milieu «du front, et cela, afin de les préserver du malin esprit?» En effet, un de mes chrétiens, qui est du même village, convient de cette coutume; cela confirme ce que quelques uns nous assurent, que la religion chrétienne a été connue anciennement à la Chine, sous le nom de *Che-tse kiao*». (1).

L'année dernière, M. l'abbé Bauron a constaté cette coutume en Afrique. La croix, jadis signe d'infamie, s'y est changée en ornement: on la remarque ostensiblement tatouée sur le front des *Djebalia,* race berbère de Tunisie. On y voit l'indice de leur ancienne conversion au Christianisme et l'usage a persisté, malgré la conquête du pays par l'Islam. (2). En Asie, sur plusieurs des

(1) 十字教 = "*la religion de la Croix*". — Cf. *Lettres édif.* X. (Lyon 1810). — Lettre datée de *Jao-tcheou fou* 饒州府, au *Kiang-si*, 1715.

(2) *Les Missions catholiques*, 17 juin 1862, p. 303. « La croix en tatouage». — Voir aussi la gravure du numéro précédent.

pentes du massif montagneux du Tibet, la critique doit presque toujours l'interpréter dans le même sens.

«Les premiers missionnaires qui pénétrèrent au Laos (Tonkin), en 1878, avaient retrouvé les traces d'une évangélisation primitive dans la croix que les *Muongs* portent sur la poitrine, au milieu de tatouages variés.... Presque tous en avaient une dessinée sur le revers de la main et parfois elle était très grande et très belle.» (1).

Une récente relation confirme la coutume (signalée par C. Baber), qu'ont les païens du *Se-tch'oan* de coudre des croix de couleur sur les habits de leurs enfants, « pour empêcher les missionnaires catholiques de les voler », a-t-on dit, sans grande vraisemblance. Baber a vu un Chinois, quelque temps prisonnier chez les *Miao-tse* 苗 子, peuplade aborigène du voisinage; en signe d'esclavage, cette tribu lui avait tatoué une croix bleue indélébile sur le front. (2).

En Afrique, au Zanguebar anglais, Mgr A. Le Roy voyageant parmi les sauvages *Wa-boni*, a vu «sur leurs jupons de peau tannée, des croix parfaitement dessinées, des croix de perles rouges avec bordures de perles blanches». La gravure qui accompagne le texte de sa relation (3), donne à ces croix la forme de la figure 167. Il ajoute: «Cette apparition de la croix en un pays où nous pensions être les premiers à devoir l'introduire n'est pas, du reste, la seule qu'il nous ait été donné de constater en ce voyage. Sur un autre fleuve au sud de celui-ci, le *Sabaki*, nous devions la retrouver au cou d'un enfant des *Wanyika*, gravée à la pointe d'un instrument sur une petite plaque de cuivre. Mais il n'en connaît pas la signification: «C'est «un signe que portaient nos pères, dit-il, «que portent nos frères jusque là-bas, et «que, moi aussi, je porte à mon cou.» (fig. 168).

Fig. 167.

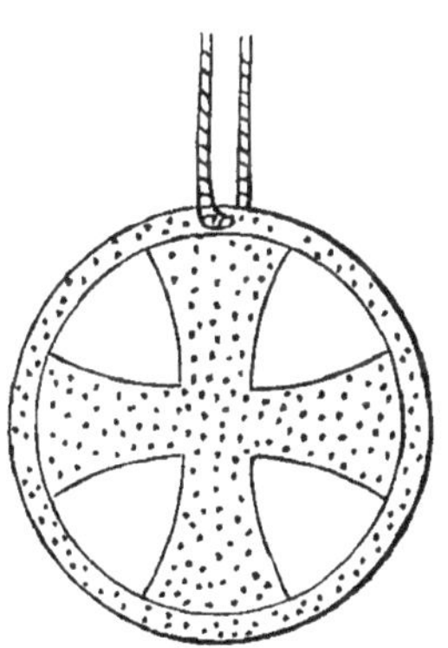

Fig. 168

(1) E. Ricard. *Aug. Séguret ou le jeune martyr du Laos.* p. 291. Paris, Palmé, 1885.

(2) *Op. cit* p. 141. — Cf. *suprà* p. 73.

(3) *Missions Catholiques.* 28 nov. 1890, p. 581. — *Item*, année 1891, page 368, où l'on voit des statues des Iles Salomon (Océanie), avec une croix sur le front. Enfin le même Recueil (27 janvier 1893) cite ce passage de Duveyrier, voyageur au Sahara: «La croix se trouve partout chez les Touaregs, dans leur alphabet, sur leurs armes, sur leurs boucliers, dans les ornements de leurs vêtements; ils portent sur le front en tatouage une croix à quatre branches égales.» (p. 47).

Le dessin ci-contre (fig. 169) me remet en mémoire un motif en relief, large de $0^m. 30^c$, que j'ai relevé sur une base de colonne, ou tambour en pierre d'une haute antiquité, gisant à l'entrée de la pagode ruinée de *Si-hia chan* 栖霞山, au N.E. de Nankin. Cet ornement ne peut guère être que la «roue de la loi», car cette pagode était un centre florissant de bouddhisme sous *Liang Ou ti* (502-549) et *T'ang Kao tsong* (650-684). C'est ce dernier empereur qui commanda au pélerin *Hiuen Tchoang*, de retour après une absence de 19 ans, de mettre en ordre la collection des 657 livres sanscrits, avec les statues et images religieuses, qu'il rapportait des Indes. (1).

Fig. 169.

Des Turcs envoyés à Constantinople à la fin du VIe siècle (sous Chosroës II), comme prisonniers, portaient aussi la croix sur le front. En temps d'épidémie, leurs mères les avaient préservés de la contagion, disaient-ils, en la leur traçant, à l'instigation des Chrétiens. (2).

Il n'y a rien d'aussi tenace qu'une coutume populaire; rien d'aussi mobile parfois. C'est le vent qui change de nom en changeant de direction. Cet usage de tracer des croix a donc disparu ou s'est modifié, au point de devenir méconnaissable. (3).

Les objets matériels changent moins. Quelques uns se sont rencontrés, marqués de ce cachet de Christianisme. «Un de nos Pères, dit Trigault, a veu une cloche de fonte très élégante à vendre entre les mains d'un antiquaire, au sommet de laquelle une petite église estoit gravée, et, au devant de l'église une croix, et aux environs quelques caractères grecs.» (4).

Ce témoignage semble trop formel pour que nous puissions soupçonner que cette croix n'était qu'un 卍 : la circonstance adjointe de la «petite église» précise la forme probable du symbole ou de l'ornement en question. Pour ce qui est des «caractères

(1) Cf. Pauthier. *L'Inscription de Si-ngan fou*, p. 74.

(2) H. Yule. *Cathay and the way thither*, p. CI.

(3) Les païens tracent encore des croix sur le mortier de leurs maisons, dans un but prophylactique, au pays de *T'ai-p'ing fou* 太平府, sur la rive sud du *Yang-tse-kiang*. Nous en verrons d'autres exemples.

Dans les monastères tibétains «les fenêtres n'ont pas de vitres, elles sont fermées par des rideaux noirs sur lesquels sont cousues des figures en forme de croix latines, formées par des bandes d'étoffes blanches. La croix symbolise le calme et la paix...» E. de Schlagintweit : *Le Bouddhisme au Tibet*, p. 116. — Au dehors, de grands cylindres symboliques sont aussi décorés de ces croix blanches sur fond noir. *Ibid.*

(4) De Riquebourg. *op. cit.* p. 198.

grecs», peu importe qu'on y voie des caractères grecs ou sanscrits (dévanagari?), si fréquemment encore employés maintenant sur les cloches bouddhiques. Le P. de Sémédo remarque avec sa réserve habituelle : «Il peust se faire que cette clochette y ait esté portée d'ailleurs depuis peu, par quelque rencontre, qui arrive assez souvent : je fais le mesme jugement d'un livre des Fables d'Esope en latin, relié comme les nôtres, que je vis en la Province de Nankin.» (1).

Cette hypothèse n'est pas applicable à une autre trouvaille du plus haut intérêt, mentionnée par le P. du Halde qui traduit ainsi une lettre du P. franciscain Castorano adressée en 1722 à la Congrégation romaine de la Propagande : «Un chrétien de *Lin-tching tcheou* (2) m'apporta une ancienne médaille qu'il venait de trouver par hasard dans la place publique parmi un tas de vieilles ferrailles... On y découvrit clairement d'un côté l'image du Sauveur et de l'autre côté l'image de la très-sainte Vierge. Ces images étaient tout-à-fait semblables à celles qui se trouvent sur les médailles qu'on frappe de nos jours, à la réserve qu'il n'y avait autour ni caractère ni inscription. Ce qu'il y a de remarquable et ce qui prouve que la médaille, dont il est question, n'est point venue d'Europe, mais qu'elle a été fabriquée à la Chine, c'est que... la médaille dont je parle est attachée à un petit denier chinois avec lequel elle a été ainsi unie par la même fonte, et le denier est percé au milieu à la manière chinoise. L'un et l'autre est représenté dans la figure suivante. (fig. 170). La lettre A marque l'endroit où est empreinte la figure du Sauveur; et la lettre B marque le revers où est pareillement empreinte la figure de la très-sainte Vierge. On lit sur le denier le nom de l'Empereur qui régnait lorsque la médaille fut fabriquée, et les caractères chinois marquent que c'était *T'ai-p'ing*. J'ai consulté sur cela les annales chinoises, et j'ai trouvé qu'il y a eu deux empereurs de ce nom, l'un de la dynastie impériale *Van-liang*, appelé *King ti*, qui régna vers l'année de J.-C. 536. L'autre de la famille *Gu* nommé *Ti-leang*, au temps du Triumvirat, lequel arriva vers l'an de J.-C. 266. En sorte qu'il doit y avoir 1186 ans, ou même 1456 que cette médaille a été

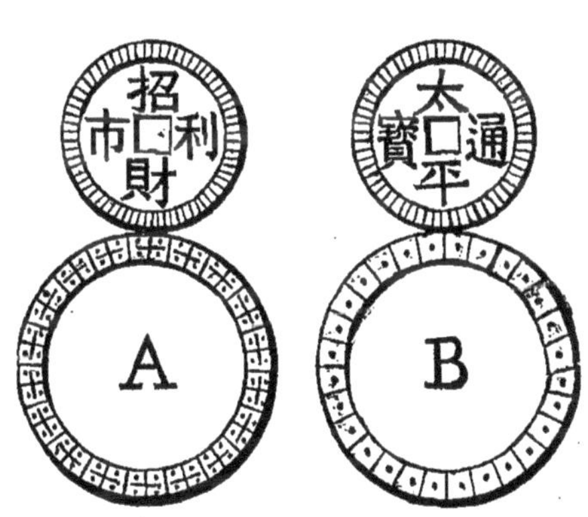

Fig. 170.

(1) de Sémédo. *Histoire universelle de la Chine*, p. 227.

(2) *Lin-ts'ing tcheou* 臨 淸 州 au Chan-tong.

fabriquée. Un autre chrétien de cette ville ayant considéré attentivement la même médaille, me dit que lorsqu'il était encore gentil, il en avait trouvé une toute semblable, mais qu'ignorant alors de quel usage elle pouvait être, il l'avait brisée...» (1). C'est à-propos de cette *médaille-sapèque* que *Yule* blâme *Deguignes* de se montrer si crédule. Ce dernier «rapporte, dit-il, sans la condamnation qu'on peut supposer qu'elle mérite, la découverte d'une médaille représentant la Vierge et l'enfant, unie à une sapèque chinoise de cuivre, de l'an 556 (536), dont la gravure se trouve dans les Lettres édifiantes.» (2). Le dédain du colonel *Yule* n'empêche, 1°) que le témoignage est formel et oblige au moins à suspendre son jugement; 2°) que, s'il y a *eu* des Chrétiens en Chine en 536, comme lui-même l'admet, il est *naturel* et possible qu'on en trouve des traces.

Joseph Hager s'est occupé aussi de la *médaille chrétienne* trouvée en 1722. Il ne croit pas qu'elle soit, vu l'inscription, antérieure au VIIe siècle et suggère au P. Amiot un troisième nom de règne, *Taï-ping*, vers 976 de notre ère. Le revers, qu'on n'a pas encore traduit, signifierait, d'après Hager, Rédemption (ou Rédempteur des *crimes*, ou des châtiments *che-hing* 市 刑. Il déplore naturellement, et pour cause, qu'on ne nous ait pas transmis le dessin de la figure que portait cette médaille, laquelle n'était nullement une monnaie. (3).

Des documents d'un autre ordre réclameraient une place ici, et la liste s'en augmentera probablement quand l'attention aura été éveillée sur ce point. Nous avons en vue ces nombreuses pagodes de Chine, dont l'appellation actuelle trahit une destination primitive bien différente, ayant trait au Christianisme et spécialement au culte de la croix. Car on appliquerait sans peine à la Chine la remarque faite au sujet des *stoupas, dagobas* ou *viharas* de l'Inde : une secte s'est bien souvent emparée d'un monument construit ou même simplement commencé au profit présumé d'une autre secte ou religion dépossédée. Le protestantisme ne s'est-il pas souvent installé dans les chefs-d'œuvre de *notre* architecture médiévale ?

Dans la ville chinoise de Chang-hai, notre église actuelle de *lao T'ien-Tchou t'ang* 老 天 主 堂, *vieille église du Seigneur du Ciel,* a servi jusqu'en 1861 de pagode dédiée au dieu de la guerre, *Koan-ti* 關帝, particulièrement cher aux mandarins militaires. (4).

---

(1) *Lettres édifiantes.* XVIe recueil. Edition de 1724. Préface de du Halde, p. XIV.

(2) *Cathay and the way thither.* p. XCI.

(3) Hager. *Description des médailles chinoises du Cabinet impérial de France.* Paris 1805, p. 71. — Cf. *suprà* p. 166. — Il renvoie aux *Lettres édif.*, au *Journal des Savans,* août 1760, et à Deguignes, *Histoire des Huns...* Vol. I. p. 50.

(4) C'est leur Confucius et un exemple saillant d'évhémérisme chinois. Il vivait à l'époque des *Trois Royaumes* (1er siècle de notre ère), et fut un général du plus haut renom,

Telle était la condition de beaucoup d'églises désaffectées, puis rendues aux catholiques par le Gouvernement chinois, en vertu des stipulations de la *convention additionnelle* du traité de T'ien-tsin (25 oct. 1860).

Naturellement toutes n'ont pas été restituées; toutes ne pouvaient l'être. Ce qui nous intrigue ici, ce sont ces dénominations presque chrétiennes qui ont survécu à la ruine, aux dévastations, à l'accaparement même, par le paganisme, d'édifices jadis consacrés au vrai Dieu.

Est-ce le cas, comme on l'a insinué un peu vite peut-être, est-ce le cas de la *Pagode de la Croix, Che-tse miao* 十字廟, qui s'élève encore à deux lieues au N. E. de la ville de Song-kiang, non loin de Chang-hai, dans un endroit nommé le *bourg de la Croix, Che-tse tchoang* 十字莊? Il est bien singulier qu'on y honore encore le *Tch'eng-hoang* 城隍, *génie tutélaire de la ville,* sous le titre *Si-yang ming wang* 西洋明王 qu'on peut traduire par «le sage Roi d'occident» *(Europæus sapiens Rex).* En outre ce petit hameau s'élève sur un des cinq districts exemptés par le gouvernement de l'impôt du riz, privilège assez rare et dont jouit aussi une partie de notre terrain de *Zi-ka-wei.* Cette propriété était jadis une dépendance de la sépulture de *Siu Koang-k'i,* 徐光啟 ou *Siu ko-lao* 徐閣老, le grand-ministre d'empire, converti par le P. Ricci, et fondateur au XVIIe siècle des belles chrétientés de Chang-hai et des environs. (1).

Malheureusement, dans cette pagode assez misérable, desservie par quelques bonzes illettrés et de fort bas étage, nous n'avons retrouvé aucun vestige architectonique de sa destination soi-disant chrétienne. Seule, une pierre encastrée dans la muraille, mentionnant les noms de ceux qui, sous l'Empereur *Wan-li* 萬歷 (1575-1620) ont contribué à sa restauration, atteste par son ornementation qu'elle remonte au temps de cet Empereur. Les autres inscriptions, moins anciennes, paraissent indifférentes, pour ne pas dire

---

bien que finalement malheureux. L'Empereur *Hoei tsong* le mit en 1128 au rang des «esprits célestes»; divinisé en 1594, il demeure l'un des dieux les plus populaires. — On m'affirme qu'avant sa restitution aux catholiques notre église, transformée en pagode, abritait une chambre strictement close où nul n'osait pénétrer.

(1) Cf. P. Hoang S.J. *Notions sur la Propriété en Chine.* Chang-hai 1897. (Var. sinol. n° 11). p. 19.

Siu Koang-k'i (1562-1633) fut ministre d'Etat sous *Wan-li* et jouissait d'une brillante réputation littéraire. Il a été «canonisé» au sens chinois du mot sous le titre de *Wen-ting* 文定. Le P. André Koffler avait baptisé la mère, la femme et le fils aîné Constantin du petit-fils de *Wan-li*, nommé *Yong-li* et reconnu comme empereur dans plusieurs provinces du Sud, lors de l'invasion tartare. Cet infortuné monarque s'était déclaré catéchumène, favorisait le Christianisme et avait nommé les PP. Boym et Koffler «assistants à la Cour impériale». Sur la tentative patriotique du nouveau Constantin, voir le *De bello Tartarico* du P. Martin Martini, et surtout le *T'oung-pao :* «Une mission chinoise à Venise au XVIIe siècle», article de M. Girard de Rialle. (août 1890, p. 99).

davantage, à de plus glorieux souvenirs (1).

Le *Che-tse miao* 十字廟 perpétuait-il la mémoire du culte antérieur de la croix, honorée par les Nestoriens? était-il voisin d'une église contemporaine de *Siu ko-lao* 徐閣老 dont la famille développa si heureusement le christianisme dans cette préfecture? La croix a-t-elle été connue aux environs, avant l'arrivée du P. Ricci? Ce nom de *la Croix,* au contraire, a-t-il trait à tout autre chose? Faut-il l'expliquer dans un sens purement païen? Nous sommes inclinés à le croire, jusqu'à ce que des recherches ultérieures fournissent, à l'encontre de cette opinion, une réponse péremptoire.

Fermons enfin ce chapitre par la reproduction d'un panneau d'une balustrade chinoise. Notre vignette est calquée sur un dessin paru dans le *Hoa-pao* 畫報, journal illustré par des indigènes et publié à Changhai; quatre 卍 y cantonnent un motif cruciforme, variante symétrique du caractère 福 *fou* «*bonheur*». Cette composition mettra en garde le lecteur contre certaines interprétations qui, abusées par des similitudes d'ordre graphique, signaleraient notre croix chrétienne là où des habitudes décoratives, fort différentes, expliquent la présence d'un tout autre signe.

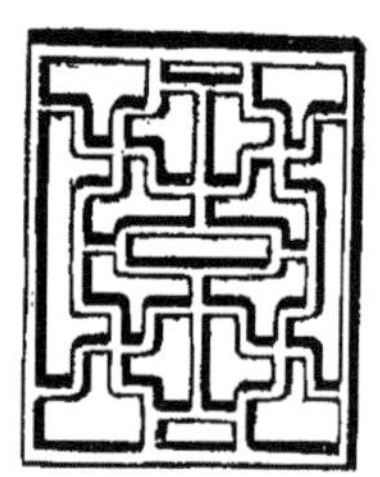

Fig. 171.

(1) En effet, l'une des tablettes, gravée la 32e année du règne de *Kia-tsing* 嘉靖, en 1553, affirme que « cette pagode date, sous ce titre, du début de la dynastie des *Ming*». On y venait rendre un culte à «l'esprit divin de la Montagne orientale», le *T'ai-chan* 泰山 du *Chan-tong* 山東, une des cinq montagnes saintes de la Chine. A *Kia-tsing* succéda *Long-k'ing* 隆慶, (1567), sous le règne duquel Matthieu Ricci reprit l'évangélisation du Céleste Empire. Voici le texte chinois de l'inscription: 本廟起自國初、原係舊額、內奉東嶽聖帝云云、嘉靖三十二年、正月三十日立、

D'après une tradition, vivante encore parmi les catholiques de ce district, les missionnaires auraient eu, à la Pagode de la Croix, une sorte de procure où l'on recueillait le riz offert en contribution volontaire pour les besoins de cette chrétienté.

CHAPITRE IV.

IMAGES ET CRUCIFIX.

Aux yeux du monde entier, la Chine s'est fait une réputation presque indiscutable d'hostilité systématique à toute innovation. Ce conservatisme réfractaire n'est pourtant pas aussi ancré dans les mœurs que le répètent les manuels de Géographie; on se tromperait étrangement si l'on regardait les Chinois comme des ennemis-nés de toute modification; et, mieux étudiée, l'histoire de cette race donne un fréquent démenti à certaines affirmations courantes trop absolues. Les « Fils de Han » forment avant tout un peuple positif, pratique, utilitaire, qui ouvre la porte bien large à toute invention, de quelque provenance qu'elle soit, si, d'aventure, il y soupçonne un profit immédiat, tangible, réel ou chimérique. L'intérêt prime alors l'antipathie de race pour l'*Occidental!*

En effet, quoi qu'en dise la légende, la nation chinoise n'a pas tout inventé ; elle a reçu aussi, imité, copié, et subi ; et dans ces emprunts ou échanges avec ses ancêtres, ses vainqueurs ou ses tributaires, tout n'a pas été profit pour elle ! Moins isolée qu'on ne le suppose, souvent envahie, dominée et asservie par des dynasties d'origine mongole ou mandchoue, elle est redevable à autrui du bouddhisme, de l'émail, de l'opium, et de vingt autres choses. Le costume des hommes est celui des Tartares, les derniers et actuels conquérants, qui ont fait tomber bien des têtes pour imposer la tresse de cheveux. Or cet usage a été si victorieusement nationalisé que l'on ne saurait plus guère concevoir un Chinois « sans queue ». L'Empereur est un étranger, qui ignore peut-être la langue de son peuple; sa cour est une cour étrangère pliée, malgré elle ou par calcul, à l'étiquette chinoise. De nos jours et sous nos yeux, les Célestes encombrent les steamers de leurs côtes et du Yang-tse, les rares lignes de chemin de fer tolérées et les voitures qui circulent sur les *Concessions*. Les allumettes chimiques, le pétrole, les draps de laine, l'horlogerie, les cigares et les cigarettes, les parapluies européens — avec la culture et l'abus de l'opium, hélas ! — pénètrent jusqu'au fond des plus lointaines Provinces. Dans l'histoire de la Chine, dans sa littérature, ses monuments, ses mœurs, sa politique, sa vie sociale, ses révolutions civiles et dynastiques, ses arts, son industrie et ses pratiques superstitieuses, se révèlent les traces les plus évidentes des importations étrangères, qu'elle s'assimile avec une indolente souplesse et une insouciance toute asiatique.

Quoi d'étonnant alors si le culte de la Croix a pénétré et persisté chez elle en quelque endroit, malgré l'hostilité du pouvoir, les persécutions locales, les efforts trop réels du démon, et l'austérité de la religion dont ce signe est l'étendard?

Nous allons relever, au sujet de ces bénignes influences, divers témoignages, qui, fragmentés, perdus et épars çà et là, passent inaperçus, et qu'il y a peut-être intérêt à voir classés et distribués méthodiquement, tout au moins rassemblés en quelques pages, pour les sauver de l'oubli.

§ I.

Le Calvaire de *P'ou-t'ouo.* — Culte pseudo-chrétien de *Koan-in.* — La Vierge de S. Luc en Chine. — La croix talisman des païens.

P'ou-t'ouo 普陀, l'une des îles du groupe des *Tcheou-chan* (1) est par excellence une île bouddhique, par son renom et le nombre de ses monastères ou pagodes. Or, la croix s'y dressait naguère, bien que peu comprise sans doute. « Il est plus que probable, dit le R[d] Wright, qu'au milieu de leurs études et de leur solitude, les bonzes de *P'ou-t'ouo* sont au courant des travaux des missionnaires catholiques qui ont jadis visité leur pays, et ont été si favorablement accueillis par *K'ang-hi.* Il est aussi parfaitement certain qu'ils sont familiarisés avec les pratiques religieuses des Portugais de Macao; car divers objets qui y ont trait se vendent publiquement dans les boutiques de *Ting-hai* (2). Ces faits bien connus pourront donc expliquer la présence anormale d'une grande croix bien sculptée, placée en évidence sur un piédestal massif et assez orné, que l'on rencontre parmi les ornementations architecturales aux approches d'un temple bouddhiste.» (3). (fig. 172).

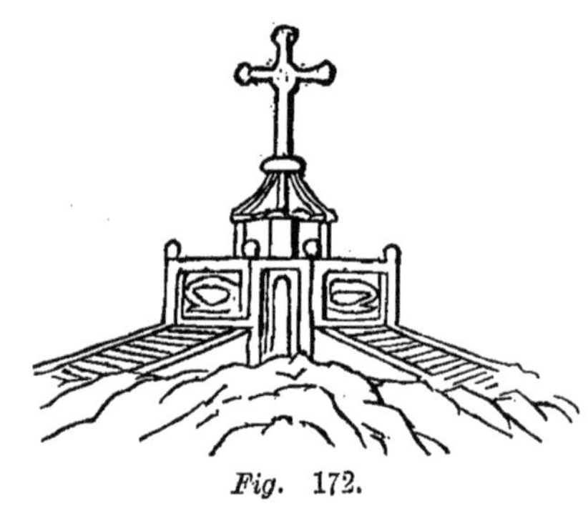

Fig. 172.

---

(1) 舟山, *Chu-san* des cartes anglaises, non loin de *Ning-po.*

(2) Sous-préfecture située dans l'île principale de l'archipel.

(3) « *China, the scenery, architecture,...* » par le R[d] *Wright,* avec dessins de *Allom.* t. II. p. 29. 4e volume. Cet ouvrage, dont les gravures sont plus remarquables par leur valeur artistique que par leur exactitude et leur couleur locale, s'est aussi publié avec un texte allemand et un texte français.

Peu en mesure de contrôler ces témoignages (1), j'ignore si ce calvaire subsiste encore; je ne voudrais même pas assurer qu'il doit bien son origine aux raisons avancées par l'auteur. J'affirme pourtant que c'est un trait vraisemblable de mœurs chinoises, et, à l'appui de mon dire, je puis fournir des traits analogues, non moins étonnants.

Les *Missions Catholiques* de 1872 ont inséré à la page 701, un article sous ce titre : «*Fang-t'ou-ti* 方 土 地, divinité chinoise d'origine française.» En 1836, Mgr Rizzolati, Vicaire apostolique du *Hou-koang* 湖 廣, gravissait le *Tâ-ling,* pic central des montagnes qui s'élèvent entre les villes de *Fong-siang* 鳳 翔 et de *Han-tchong* 漢 中. Entré dans une pagode, il vit une idole portant les vêtements sacerdotaux et le *tsi-kin* 祭 巾, sorte de bonnet dont les prêtres catholiques peuvent se couvrir la tête en Chine, depuis 1615, dans les cérémonies sacrées. Cette idole représentait le P. Etienne Le Favre, qui, au dix-septième siècle annonça l'un des premiers la foi au Chen-si. (2). Il y est resté célèbre par ses miracles. La tradition rapporte qu'un jour qu'il devait traverser, pour les besoins de son ministère, la région du *Tâ-ling,* alors infestée de tigres, on voulut en vain le retenir. Arrivé en face de plusieurs de ces fauves, il leur défendit d'attaquer désormais les gens en ces parages. Depuis, aucun accident ne se produisit. Il avait annoncé la date de sa mort, qui eut lieu en 1659, le jour de l'Ascension. Quelques instants auparavant, il demanda à tenir

(1) L'île sacrée de *P'ou-t'ouo* est à 18 heures de Chang-hai, par bateau à vapeur. Elle mesure 800 mètres de largeur, sur 5 kilom. et demi de longueur. Depuis plus de 1.000 ans, elle est consacrée au culte de Bouddha, ou plutôt à la déesse *Koan-in* qui y a détrôné Sakya-Mouni. On y compte jusqu'à 60 pagodes desservies par 1.500 bonzes, fort ignorants en général. Deux d'entre elles sont classées *pagodes impériales*; *K'ang-hi* les fit couvrir de tuiles jaunes, restes du Palais des *Ming* à Nan-king. — *Avalôkites'vara*, la *Koan-in* indoue, avait été transportée miraculeusement sur une fleur de lotus dans l'île de *P'ou-t'ouo*, (la moderne *Tattah*, la *Pattala* des Grecs, *Pôtaraka* des Hindous, *Pôtala* des Tibétains), à l'embouchure de l'Indus. D'après cette légende *chinoisée*, *Koan-in*, née en Chine, a vécu neuf ans dans l'île de *P'ou-t'ouo*, près de *Ning-po*.

Cf. Eitel, *Chinese Buddhism*, pp. 20 et 93. — Voir aussi Huc et Gabet, *L'Empire chinois*, ch. XVI. — *The Chinese Recorder*, vol. X. n° 2, notice par J. Butler. — Item. *Globus*, 63. (1893) pp. 117-122, « *Die heilige Insel Puto* », von Dr. O. Franke.

(2) Le jésuite Etienne Le Favre (Faber, Lefèbre, ou Fabre), naquit à Avignon en 1598, vint en Chine en 1630, y mourut en 1659, et fut enterré près de *Siao-tsai-tse*, chrétienté du *Han-tchong fou*, où l'on voit son tombeau. Il est auteur d'un « Voyage par mer d'Europe en Chine ». A propos de *Koan Yun-tchang* (cf. p. 89), du Halde avait écrit (T. III p. 66) : « Que si longtemps après la mort de ce grand homme on l'a érigé en Idole, cette erreur populaire ne prouve rien contre son Christianisme, et rend témoignage à sa vertu. »

en main un rameau vert; puis, ayant tracé en l'air un signe de croix, il expira.

Je me souviens avoir vu dans la pagode qui surmonte la colline de *Lang-chan* 狼山 (1) au bord du *Yang-tse kiang*, à quelques kilomètres à l'est de *T'ong-tcheou* 通州, une idole avec les traits et le costume européens, assez semblable au portrait du P. Verbiest. Ce n'est pas un cas isolé, au dire de ceux qui ont parcouru la Chine.

On sait aussi que les horlogers chinois honorent le P. Ricci comme leur patron et conservent son image ou sa tablette dans leur boutique, avec les bâtonnets odorants et les cierges rouges d'usage.

Du reste, tout ce qui est image, vieille peinture, pierre étrange ou curieusement sculptée, objet bizarre et inaccoutumé, devient presque toujours le centre d'un culte superstitieux en Chine. Le panthéon bouddhiste ou taoïste est largement ouvert, et l'admission au rang des dieux ou demi-dieux singulièrement facile. On aurait même vu « une statue de Napoléon I dans un temple bouddhique, avec de l'encens fumant devant elle ». (2).

Cette tolérance (3) se pratiqua à toutes les époques, mais elle ne s'égara pas toujours aussi misérablement. Un vice-roi de Nan-king ayant vu, une fort belle peinture du Sauveur du monde, richement encadrée dans une sorte de typtique à volets, l'emporta chez lui et l'installa dans le vaste oratoire de son palais. C'était un progrès sur le culte rendu jadis au simple symbole de la croix. « Il voulut que ses courtisans dressassent un autel en cette chapelle, et commanda qu'on allumast des cierges et bruslat des parfums dessus; et ayant faict poser ceste image sur cest autel, après s'estre revestu des plus somptueux ornements de son office, il s'approcha et rendit avec grande révérence les honneurs deüs, jusqu'à la quatriesme fois, et avec les cérémonies accoustumées...; tous les autres domestiques firent le mesme en grande révérence. Et retournoit tous les jours avec les mesmes cérémonies lui rendre toujours le mesme honneur. Et un de ses valets de chambre, par le commandement de son maistre, prenoit soin de tenir toujours du feu et des parfums odorants, dans l'encensoir. Pendant tout ce temps, le Vice-Roy laissoit entrer tous les principaux de la ville

(1) *Lang-shan cross.*

(2) D'après John Resson. *The Cross and the Dragon.* London 1854. p. 182.

(3) Le grand *Catalogue impérial* en 120 volumes 四庫提要 a admis dans ses listes plusieurs ouvrages d'origine catholique. Le Dictionnaire de *K'ang-hi* 康熙字典, sorte de Lexique officiel, analogue à notre Dictionnaire de l'Académie, insère lui-même depuis longtemps des expressions chrétiennes, sans en excepter le saint nom de Jésus, avec la glose : « Dans le langage de l'Occident, Sauveur du monde. » Cf. E. Faber. *A systematical digest of the Doctrines of Confucius.* Hong-kong. 1875. p. 34.

et les magistrats pour voir ceste Image merveilleuse. » (1).

Ces « saintes images », selon l'expression des Chinois, jouèrent un grand rôle au début de cette nouvelle évangélisation du Céleste Empire. Plusieurs faits nous prouvent que les missionnaires surent en tirer le plus sage parti pour reconquérir au Christianisme la place d'honneur déjà perdue à diverses reprises. « Le P. Nicolas Lombard, sicilien, allant chez un honnête magistrat, païen, près de Canton, vid, dans un oratoire, une belle Image de la Mère de Dieu, avec l'Enfant Jésus que le sainct précurseur adoroit, au milieu de plus de cinquante simulacres d'idoles; et il n'y avoit aucun qui sceust dire autre chose de ceste image, sinon qu'elle estoit de la Mère de Dieu, et de la Royne des Roynes... On trouva, par après, qu'elle avoist esté dépeinte selon le modelle de celle qu'on avoit mise entre les présens du Roy. » (2). Le père en prit occasion « de leur faire entendre le très sainct et très auguste sacrement de *Dieu-homme*, et toute l'histoire du précurseur sainct Jean. Ils bruslèrent sur le champ toutes leurs idoles, replacèrent dans leur oratoire la seule image de la bien-heureuse Vierge et de S. Jean-Baptiste... Puis le père leur fit mettre les genoux en terre,... et promettre que doresenavant ils adoreraient le seul Créateur et modérateur de toutes choses. » Ce fut l'occasion d'un grand nombre de conversions. Jadis, à Rome, N. S. avait ainsi pénétré dans le *laraire* impérial. (3).

Ces païens évangélisés si opportunément n'eurent pas à se repentir de leurs prostrations devant la sainte image. Peut-être y avaient-ils vu une variante de leur *Koan-in* « que les Catholiques, dit l'érudit Dr Hunter, identifient avec la Vierge Marie, tenant son enfant entre les bras, avec une auréole autour de la tête, une figure en adoration à ses pieds et l'Esprit planant au-dessus sous la forme d'un oiseau. Mais il est juste de remarquer que les premiers Chrétiens nestoriens de la Chine peuvent avoir été la source de ces ressemblances : les traces de la liturgie de la déesse de la miséricorde, Kwan-yin, dans laquelle les analogies avec les cérémonies du Christianisme oriental sont les plus frappantes, n'ont pu être reconnues d'une manière certaine dans le canon chinois plus haut que l'an 1412 de l'ère chrétienne. » (4).

---

(1) De Riquebourg-Trigault, *op. cit.* p. 550. Cf. *ibid.* pp. 162. 169. 171. Ce vice-roi habitait alors la ville de *Sou-tcheou* 蘇州, capitale de la Province du *Kiang-sou*. « Il ne peut pas estre en la cité de Nanquin, qui est une Cour regale aussi bien que Péquin », dit Sémédo, *op. cit.* p. 345,

(2) Nous reparlerons plus loin de ce tableau, compris parmi les présents destinés à l'Empereur. Il s'agit ici du P. Longobardi (1559-1654).

(3) Le P. d'Orléans (*Vie du P. Ricci.* Paris, Josse. 1693, p. 154), rapporte un fait analogue; mais c'est le P. Cattaneo qui est en scène. J'ignore s'il y a confusion, ou si le fait s'est produit deux fois, avec des circonstances presque semblables.

(4) Cité par Mgr Laouënan T. I. pp. 450, 451. Il est à regretter que le Dr Hunter nourrisse tant de préjugés contre le Christianisme.

Aussi, un autre auteur protestant a-t-il écrit d'une façon plus générale : «Nous sommes plutôt disposés à croire que la tonsure, le célibat, l'usage de l'encens et de l'eau bénite, la messe, les cloches, les livres d'église, les cierges, les couvents, les prières à la Vierge et autres observances ont été empruntés par les bonzes bouddhiques aux moines chrétiens; absolument comme il arrive qu'un marchand s'appoprie l'enseigne du voisin, son rival, pour lui ravir ses pratiques.» (1).

Un article du *Messenger*, revue protestante de Chang-hai, nous fait connaître une secte spéciale, très intéressante. Persécutée à outrance par le Gouvernement chinois, très tenace, très fervente et très répandue dans les Provinces du Nord-Ouest, elle s'appelle le *Kin-tan kiao* 金丹教, *la religion de la pilule d'or*. L'article, qui décrit cette secte d'après un de ses livres réimprimé à *P'ou-t'ouo,* sur des éditions de 1416 et 1666, débute par un précis de la vie de *Koan-in*, qu'elle aurait composé elle-même. Puis, avant d'examiner quelle attitude doivent garder les protestants à l'égard des partisans de cette secte, l'auteur nous expose leurs doctrines religieuses et les ressemblances qu'on y découvre avec le Christianisme. Cette secte adore le *fils de Dieu* dans un temple spécial et exprime sa double nature, divine et humaine, par le caractère 呂 *Liu,* composé de deux bouches 口 en communication. Ce *Liu-tze* 呂子 avait jadis la figure peinte en blanc; mais comme le Gouvernement sévissait contre la secte, on a dû modifier cette couleur, «qui témoignait de l'origine, étrangère et non indoue» du dieu. En effet, les Mandarins rattachaient cette société à la terrible *Pé-lien kiao* 白蓮教, secte du *Nénuphar blanc,* association politico-secrète; ils avaient le droit de mettre à mort les membres du *Kin-tan kiao,* sans en référer à Péking. L'auteur de l'article dresse la liste de seize ressemblances doctrinales communes avec le Christianisme, entre autres: l'incarnation d'un dieu, le jugement selon les mérites, le mépris et l'éloignement du monde, le secours spirituel accordé à la prière, l'existence des Cieux selon les descriptions de l'Apocalypse, la croyance en un Dieu suprême, (croyance des moins bouddhistes), la résurrection des corps, l'immortalité des âmes, etc... Si la doctrine primitive s'est altérée, c'est le résultat de l'incendie des livres en d'innombrables

---

Le *Petit Guide illustré du Musée Guimet.* 1890, p. 74, signale «une *Koan-in* donneuse d'enfants, portant au cou un collier en forme de croix et tenant sur ses genoux un enfant.» Ce type est fort commun, mais la croix n'y est pas très accentuée; certaines pendeloques de collier ont pu être prises pour une jeannette.

Le R[d] Wright reconnaît aussi que le culte de *Koan-in (*ou *Mi-tsu-po)* dérive du culte dégénéré de Marie, apporté par les Nestoriens. *op. cit.* 2e vol. p. 53.

(1) John Kesson. *The Cross and the Dragon.* London 1854. pp. 183, 184.

persécutions. L'écrivain incline à croire que Nestorius est le premier fondateur de cette secte. Un scrupule assez plaisant l'arrête pourtant: « Nestorius était un adversaire déterminé de la *Mariolatrie;* il n'aurait donc jamais sanctionné le culte de *Koan-in;* mais il peut se faire que ses adhérents, plusieurs générations après lui, se soient corrompus par leur étroit contact avec le bouddhisme. » (1). On a objecté à l'auteur (une dame), qu'elle n'explique guère comment le *bouddhisme* peut conduire à la *Mariolatrie.* Du reste cette partie de l'article se termine par ces remarques plus justes: « Si l'on ne peut faire remonter cette secte au Nestorianisme dont on a perdu la trace, il reste un double problème: qu'est devenu ce Nestorianisme? à qui les dévots à *Koan-in* ont-ils emprunté leurs idées et leur liturgie chrétiennes?» (2).

Comme il est prouvé que le Christianisme a pénétré à diverses reprises en Chine, et dès les temps les plus reculés, nul ne s'étonnera qu'on ait retrouvé çà et là des vestiges matériels de ce culte, à côté des traces immatérielles. Le contraire serait plus surprenant. Le *Kin-tan kiao* conserve des restes irrécusables de traditions chrétiennes: pourquoi le symbole même de ce Christianisme n'aurait-il pas aussi persisté, au moins comme ornement, sinon comme signe religieux ou amulette, dans les régions où fut connu jadis le sacrifice sanglant du Calvaire? Le P. *M. Martini* (1614-1661), témoigne qu'on a recueilli dans la Province

(1) *The Messenger*, jan. et febr. 1893, p. 21. « A Key to modern religious Sects and a probable Clue to lost Nestorianism in China; — or, the Goddess of Mercy *(Koan-in)*, and our attitude towards her worshippers ». Article de Mrs T. Richard. — Voir aussi le journal *The Shanghai Mercury*, 27 febr. 1893.

(2) Par raison d'être, pour excuser son existence, le protestantisme a besoin de combattre la *Mariolatrie.* Ce spectre, inventé par lui, se prête sans se lasser à fournir les terreurs imaginaires et intéressées qu'exploite la Réforme contre l'Eglise Romaine, dont elle s'obstine à dénaturer la doctrine en ce point. « Toutes les nations me proclameront bienheureuse !» avait dit Marie en son *Magnificat :* la Réforme *proteste,* s'inscrit en faux et prétend faire mentir cette prophétie. Un ouvrage publié à Chang-hai (1891), sous le titre: *Shantung,* par le R[d] Alex. Armstrong, principal du Collège de Tche-fou, a consacré aux missions catholiques de cette Province trois ou quatre pages, où ne dominent ni l'exactitude, ni la courtoisie, ni même l'équité. Dieu pardonne à l'auteur ses injures, son mépris, son ignorance, ses imputations ! Ce court chapitre se termine par un « air de bravoure », par un bouquet de feu d'artifice, dont la dernière et impuissante fusée vise à atteindre la Sainte Vierge, « *la Mère de Dieu,* selon l'appellation blasphématoire des Catholiques ». (p. 146). — Sans faire ridiculement parade de leur intelligence de la Bible, les bambins de nos écoles savent que, selon le texte sacré, « si Dieu le Fils s'est incarné, s'il s'est fait homme, s'il est né de la Vierge Marie », la logique oblige à dire que cette Vierge est la Mère du Christ qui est Dieu; que Marie, par conséquent, est la *Mère de ce Dieu* fait homme. Le Concile d'Ephèse (431) a depuis près de quinze siècles tranché cette question. S. Jean Damascène (676—760) s'écriait: « Puer hic Deus est: quonam igitur modo ea Dei Genitrix non sit, quæ peperit?»

du *Fou-kien* des croix fort anciennes et des images représentant la Ste Vierge avec son vivin Fils dans les bras. « On les voit encore aujourdh'ui dans notre église, ajoute-t-il, et elles servent beaucoup à confirmer l'ardeur des néophytes et à exciter leur dévotion. On peut croire pieusement que ce sont des restes de l'apostolat de S. Thomas et de ses successeurs. » (1).

La gravité de ces témoignages nous a engagé à les insérer ici. Un fait beaucoup plus récent (1891), prouve que les Chinois procèdent encore à l'occasion avec la même indépendance, ou bien, si l'on veut, se montrent encore aussi prompts à amalgamer diverses croyances superstitieuses. Le dogme les inquiète peu ; ils n'en ont cure, n'en possédant même pas l'exacte notion ; la pratique extérieure, l'observance rituelle est tout ; leur *religion*, codifiée et classifiée par la critique d'Europe, consiste uniquement en usages endémiques; et comme nous l'avons constaté pour divers traits relatifs au culte de la croix, l'apport de chaque jour augmente sans raison ce dépôt de prétendues traditions, que l'on s'empresse parfois d'attribuer à une haute antiquité.

Maintes et plaisantes méprises au sujet de l'architecture, des religions, de la littérature, de l'histoire, de la civilisation de l'Inde, devraient rendre moins entreprenante et plus circonspecte certaine herméneutique trop myope. Défiance outrée, scepticisme *à priori*, hostilité hargneuse et préventive, quand il s'agit d'exégèse évangélique : crédulité admirative, sans examen ni contrôle, à l'aveuglette et *à priori* aussi, dès que le bouddhisme est ou paraît être en cause ! Pascal, de son temps, riait déjà de ce travers.

Voici le fait que nous voulions narrer au début du précédent alinéa. Parmi les émeutes de la vallée du *Yang-tse*, qui ont, en 1891, causé la ruine plus ou moins totale de tant de chapelles de la mission du *Kiang-nan*, celles de *Tan-yang* 丹陽 et des environs ont acquis une douloureuse notoriété. Ces tristes événements ont été racontés ailleurs. Sans aucun prétexte, sur un mot d'ordre occulte, églises, écoles, résidences, ont été brûlées, renversées ou pillées. Quand le calme est survenu — presque aussi vite que la tempête elle-même s'était déchaînée — les missionnaires se sont naturellement employés à rentrer en possession des objets de culte qu'ils savaient avoir échappé à l'incendie. Par crainte des mandarins dont les missionnaires aiguillonnaient le bon (?) vouloir, par peur aussi des châtiments temporels que la Providence infligeait parfois aux coupables, certains voleurs et recéleurs restituèrent ou se montrèrent d'assez facile composition. Or une famille païenne, qui s'était approprié, dans une chapelle près de *Kiang-in*

(1) *Cf.* Kircher, *China illustrata*. p. 133. — *Item*. Martin Martini, *Novus Atlas Sinensis*. — Voir aussi, sur ces croix, les figures de la page 153 ci-dessus. Il s'agit probablement de la même découverte.

江陰, un tableau à l'huile représentant la Ste Vierge (Immaculée Conception), s'est refusée jusqu'à ce jour à le rétrocéder, même à prix d'argent. Cette famille, escomptant le pouvoir bienfaisant et protecteur de la Vierge des Européens, plus puissante que la *Koan-in,* ne se cache pas pour lui rendre un culte domestique, plein de respect et d'espoir. Puisse en effet la Vierge immaculée se montrer aussi secourable, envers ces naïfs païens, que dans l'histoire du P. Cattaneo, citée dans les pages précédentes! En attendant, il faut repeindre un autre tableau; car le réglement de l'indemnité et les clauses accessoires empêchent tout recours contre l'intempestive dévotion de ces pillards.

Dans le courant de l'année 1893, un missionnaire lazariste me disait que dans sa mission, au Tché-kiang près de *K'ai-hoa hien* 開 化 縣, un tableau européen de Marie portant son divin Fils se trouvait ainsi entre les mains des païens. On se le prête de famille en famille, comme un talisman merveilleux dans nombre de maladies: une assistance réelle et des faits indéniables nourrissent et récompensent, paraît-il, la confiance ignorante, mais fondée, de ces malheureux pour leur *N.-D. de Bon Secours.* Dans le même pays, on a recueilli des bénitiers, épaves d'anciennes chrétientés disparues; on y parle même d'un missionnaire dominicain d'autrefois, auquel on attribue encore des miracles.

J'ai sous les yeux un fragment de la correspondance d'un autre missionnaire, qui nous révèle combien les populations païennes sont promptes, en Chine, à partager la croyance des chrétiens à la vertu surnaturelle de la croix. En 1876, une sorte de frayeur épidémique se répandit dans la région de Nanking, au sujet d'enfants enlevés par les *diables (Koei-tse* 鬼 子*),* ou de tresses de cheveux mystérieusement coupées par ces mauvais génies. Ces rumeurs grossies ou exploitées par des personnes malveillantes, attirèrent plus d'un désagrément sérieux aux missionnaires, en terrorisant le pays; et le contre-coup de l'agitation, factice ou réelle, se fit sentir parmi les néophytes comme parmi les païens. Les premiers, qui eurent naturellement beaucoup plus à souffrir, n'ont pas encore oublié les sévices des mandarins, ni les tracas de cette malheureuse année. Or, notre lettre, datée du 13 mai 1876, témoigne qu'à *T'ai-P'ing fou* 太 平 府, préfecture de la rive droite du fleuve entre Nanking et *Ou-hou* 蕪湖, toute la population, pour empêcher les *diables* de couper les *queues* des enfants ou même d'enlever ces enfants, a fait tracer à la chaux plusieurs formes de croix autour de chacune des ouvertures des maisons; car il faut prendre, disent ces païens, les armes des Chrétiens pour les combattre plus sûrement. Il est resté quelques traces de cet usage dans le pays. (1).

(1) Sur ces émeutes et troubles des *queues coupées,* voir des articles détaillés dans les *Missions catholiques illustrées,* de 1876.

Une autre correspondance raconte que, dans ce même été de 1876, «les païens de *Kiang-in* 江陰 (non loin de l'embouchure du *Yang-tse kiang*), se mirent à tracer à la chaux des croix sur la porte de leurs maisons, sur les routes et les places publiques, à l'entrée des pagodes, et, dit-on, jusqu'aux abords du Tribunal. La croix devait les sauvegarder.»

Il y a 35 ans, dans la région de Nanking, au temps de la rébellion des *Tchang-mao,* plusieurs villes, en leur pouvoir ou menacées par eux, avaient sur les portes de leur enceinte murée des croix tracées à la chaux, comme protection contre l'ennemi. Dans quelques-uns des endroits qu'ils occupaient, ils avaient hypocritement affiché les Commandements de Dieu, et des crieurs publics parcouraient les rues en les proclamant.

Plus tard, à Nanking même, en 1870, un peu avant les massacres de *T'ien-tsin*, on avait déjà propagé les rumeurs habituelles au sujet de vols d'enfants, d'yeux enlevés, d'entrailles arrachées, et ces calomnies avaient aussi produit une effervescence incroyable parmi la population, augmentée d'environ 50.000 étrangers, attirés par la session des examens pour la Licence. «Par un effet bizarre, dit le P. Colombel alors à Nanking, la ville était pleine de croix tracées à la chaux. On en faisait dans les rues pour reconnaître les Chrétiens à leur hésitation à les fouler. Les particuliers en traçaient sur leurs portes, persuadés que ce signe des Chrétiens détournerait les voleurs d'enfants. On élevait des croix sur les toits pour se protéger contre eux. Aux environs de la résidence, on ne pouvait faire un kilomètre sans en rencontrer plus de vingt. On joignait à ces croix toute sorte de superstitions.» Le Vice-roi *Ma Sin-i,* qui avait voulu défendre les missionnaires et les chrétiens de Nanking, fut assassiné le 26 août, tandis que, le 21 juin précédent, un meneur entreprenant avait fait réussir à *T'ien-tsin,* contre les sœurs de charité et les européens, le coup monté en vain par lui à Nanking même.

§ II.

Tableaux et images à la cour de Péking. — Croix dans les cortèges. — Calomnies contre les missionnaires. — Apparitions de croix.

Par sa doctrine, par ses apôtres, par sa croix ou par ses images, le Rédempteur a renouvelé tentatives sur tentatives pour forcer les portes de l'Empire du Milieu, racheté comme tout le reste du monde.

Le P. Matthieu Ricci, entré en Chine en 1583, sous *Wan-li* 萬歷 (*Chen-tsong* 神宗, des *Ming* 明,) emporta à Péking, avec divers présents pour l'Empereur, un portrait du Sauveur et un de sa sainte Mère. Quand il y arriva le 24 janvier 1601, et qu'il offrit ces tableaux au Fils du Ciel, celui-ci en fut extraordinairement frappé. «Le Roy, dit le P. Trigault, passa aussi de l'étonnement en la peur. Car ne pouvant supporter la veüe de ces images, il envoya elle de la très saincte Vierge à sa mère, qui estant aussi trop affectionnée aux dieux morts, ne peut aussi soustenir la veüe de l'image du Dieu vivant. Car estant espouventée de cette vivacité, elle a commandé jusqu'à présent qu'elles fussent gardées dans le thrésor... Les Eunuques ont rapporté à nos Pères que le Roy mesme les honora avec révérence, qu'il leur fit aussi brusler de l'encens et autres parfums... Il garda pour soi-mesme l'Image plus petite du Sauveur J.-C. et la posa en sa sale principale.» (1).

Au rapport de M. Huc, le P. Schall eut aussi la consolation d'introduire le portrait de N.-S. dans une cour asiatique. Il lia connaissance avec le Roi de Corée, prisonnier des Mandchoux à Péking, et quand le pauvre monarque fut renvoyé en ses états par *Choen-tche* 順治, le Père lui donna une image du Sauveur. M. Huc cite intégralement la lettre royale de remerciement que le P. Schall reçut de Corée à cette occasion. (2).

La *Vierge de S. Luc,* par son caractère byzantin, ses tons fondus, son exécution naïve et soignée, sa grâce un peu mièvre, la clarté de sa composition, la sécheresse même de son rendu, plaisait fort aux Chinois, qui, goûtant mal le genre moyen-âge proprement dit, aiment encore ce genre de peinture, comme toutes celles de l'Ecole ombrienne, et celles conçues dans le style de nos Primitifs et Préraphaélites d'Europe. (3).

Leur prédilection s'étayait du reste sur un fondement plus solide. Dans la ville de *Nan-tch'ang* 南昌, au Kiang-si, un de nos voisins apporta son jeune fils à notre église pour rendre grâces au Dieu qui l'avait sauvé d'une maladie jugée mortelle. «Comme ce jeune garçon estoit déjà privé de tout sentiment, et comme il ne luy restoit plus aucune espérance de vie, il luy sembla de voir la mère de Dieu avec son petit enfant venir majestueusement vers luy ; le petit Jésus l'appeloit souvent par son nom propre, et à ceste voix, comme en s'éveillant d'un profond sommeil, il commença de se mieux porter; il n'y eut aucun des domestiques qui doutast que ce ne fust celle-là mesme, de laquelle ils avoient souvent veü l'Image chez nous, et l'enfant guéry en fit entièrement foy : car comme on luy eust présenté deux images de la très saincte Vierge, il choisit celle qu'on dict autresfois avoir esté pein-

(1) De Riquebourg-Trigault. *op. cit.* p. 683.

(2) Huc. *Le Christianisme en Chine.* T. II. p. 393.

(3) Nous avons lieu de croire que ce que les anciennes relations attribuent à la Vierge de S. Luc doit se rapporter parfois à la Vierge dite *della Strada*, qui en est une sorte de variante.

te par l'Evangéliste S. Luc.» (1). Le père et l'enfant, renonçant aux idoles, furent baptisés.

En Chine, plus que partout peut-être, les images religieuses ont une utilité apostolique indéniable, que le Catholicisme, le Bouddhisme et le Taoïsme ont également reconnue. Avec plusieurs curiosités d'horlogerie et d'optique, le P. Claude Aquaviva, Général des Jésuites, avait envoyé aux Pères « une image du Sauveur J.-C., tirée par un peintre fort fameux de Rome. Le P. Gaspar Cælius, Provincial du Japon, envoia une autre image du Sauveur, plus grande, ouvrage certes élégant du P. Jean Nicolas, qui a esté le premier maistre sous lequel les Japons et Chinois ont, au grand bien de l'une et l'autre Eglise, aprins l'art de peindre à la façon d'Europe. Un Prestre, Religieux des Isles Philippines, envoia en don un pourtraict très beau de la Mère de Dieu, portant le petit enfant Jésus entre ses bras, que le S. Précurseur adoroit aussi dévotieusement. Ceste pièce estoit apportée d'Espagne.» (2).

C'est peut-être cette dernière peinture espagnole que le Vice-roi du Chan-tong admira sur la jonque qui portait le P. Ricci à Péking. Rendons la parole au P. Trigault : « La femme du Vice-Roy en ce temps avoit veu en songeant quelque déité avec deux enfans à ses costez, et le Vice-Roy avoit veu dans nostre batteau l'Image de la Mère de Dieu avec l'enfant Jésus, que sainct Jean adoroit. Elle pensa donc que son songe signifioit cela, et obtint de son mari qu'il envoiast un peintre au navire, pour copier le plus naturellement qu'il pourroit ceste effigie. Mais parce qu'en cela les peintres de la Chine ne sont guère bons maistres, le P. Matthieu (Ricci) craignit qu'il ne fust venu pour la gaster, et, de fortune, il avoit une copie de ceste image assez bien tirée par un jeune homme de nostre maison. Ceste copie fut envoiée au Vice-Roy, qui la receut avec grand honneur.» (3).

Une autre image du Sauveur fut placée dans la chapelle de la propriété, (ancienne pagode), accordée par l'Empereur pour le tombeau de Ricci près de Péking. « L'un de nos frères l'avoit pendant ce temps très proprement peinte en ceste mesme métairie.» Relevons ce détail du cortège funèbre lors de l'enterrement : « Les néophytes, portans chacun un cierge en la main, suivoient une croix couverte d'un riche dais portatif.» (4). Abel-Rémusat fut si frappé de cette particularité qu'il la nota en soulignant ainsi les deux mots principaux de sa phrase : « Les Chrétiens le portèrent ensuite en procession et la *croix levée,* sans craindre d'étaler ce

(1) De Riquebourg-Trigault. *op. cit.* T. II. p. 838. A la page 644, le P. Trigault avait déjà mentionné cette Vierge, « telle qu'on dit que sainct Luc a dépeinte, qui estoit assez grande et avoit esté envoiée de Rome.»

(2) De Riquebourg-Trigault. *op. cit.* T. I. p. 326.

(3) *Ibid.* p. 659.

(4) *Ibid.* p. 1091.

signe à la vue des infidèles au travers de la capitale et jusqu'à une lieue au-delà.» (1).

A la suite de la *Nouvelle Relation de la Chine* du P. G. de Magalhâes (1609-1677), descendant de Magellan, figure un abrégé de sa vie par le P. Buglio; nous y lisons le précis des incroyables honneurs que l'Empereur *K'ang-hi* 康熙 rendit au défunt à l'occasion de ses funérailles, qu'il voulut aussi splendides que celles d'un prince. Bien que le cérémonial chinois le plus caractérisé relevât cette pompe (70 hommes portaient le cercueil), le convoi était ostensiblement chrétien, comme en fait foi cette brève remarque: «On voyait ensuite trois autres brancards ornez de plusieurs pièces de soye; dans le premier on portait la Croix; dans le second l'image de la S. Vierge; et dans le troisième celle de S. Michel l'Archange.» (p. 383).

De même, aux funérailles du P. Verbiest, « on voyoit une grande croix ornée de banderolles, qui étoit portée entre deux rangées de chrétiens, vêtus de blanc;... puis suivoit l'Image de la S. Vierge et de l'Enfant Jésus, tenant le globe du monde en sa main.» (2).

Dans la cérémonie des honneurs rendus, à Péking, par *K'ien-long* 乾隆, au P. Sikelpart, son peintre, âgé de 70 ans, « le dais abritant les présents impériaux était surmonté d'une croix.» (3).

On a répété à satiété cette vieille vérité, que c'est par l'imagerie, la peinture et la sculpture, que le bouddhisme a envahi la Chine, le Tibet, la presqu'île indo-malaise, le Japon, la Corée, tout l'Extrême-Orient. On a cité souvent les envois périodiques d'images et de statues faits des Indes en Chine, et les diverses acquisitions en ce genre auxquelles se rattachent les noms de *Ming-ti* 明帝, *Hiuen-tchoang* 玄奘, *Fa-hien* 法顯, et cent autres. (4).

Elle-même, l'Inscription de *Si-ngan fou*, gravée en 781, contient ce passage: « Le très vertueux Olopen, du royaume de Ta-ts'in, apportant ses écritures et ses images de bien loin, est venu et les a présentées à notre capitale.» Or Legge ajoute en no-

---

(1) *Mélanges Asiatiques.* II. p. 212. Paris 1829.

(2) Du Halde. *op. cit.* T. III. p. 99. — Le D[r] J. Edkins, à la fin de l'ouvrage du R[d] Wiliamson, *Journeys in North China* (2[e] vol. p. 376), s'évertue à prouver, en décrivant l'ornementation de la tombe de Ricci, comment les catholiques d'alors admettaient les observances idolâtriques du culte bouddhiste! (Le style funéraire des cimetières européens ne s'inspire-t-il pas abusivement d'Athènes et de Rome païennes?) Il poursuit la même entreprise en narrant la pompe profane de l'enterrement du P. Verbiest le 11 mars 1688. Les faits et le sens commun réfutent assez ces allégations.

(3) *Mémoires concernant les Chinois.* VIII. p. 287.

(4) Cf. *suprà* p. 158. Nous avons développé ce sujet, en 1890, dans les *Etudes religieuses.* T. LI. pp. 270 s.

te : « Je suppose que ces images-là devaient être des crucifix. » (1). La croix aurait donc joui dès lors d'une éclatante notoriété, que l'oubli n'a pas pu couvrir en quelques années.

On sait comment l'empereur *Choen-tche* 順治, père de *K'ang-hi* 康熙, ami intime du P. Schall, avait été retenu, par les liens de la polygamie, loin du Christianisme, dont il observait certaines pratiques extérieures. C'est lui que l'on surprit un jour étudiant le catéchisme, et s'essayant à faire le signe de la croix. Le P. Schall, avec lequel il avait pleuré en lisant un soir la Passion de J.-C., lui avait offert un album de la vie de N.-S., sur parchemin, en lettres d'or, (avec traduction chinoise), renfermé dans un étui d'argent, le tout venant du duc Maximilien de Bavière. Les présents eurent grand succès à la cour tartare. L'impératrice s'agenouilla et adora jusqu'à terre l'Enfant Jésus. Un autre jour, l'empereur considéra, avec la plus grande vénération, une image du Sauveur, d'après celle du voile de S. Véronique. Il en fit faire, vaille que vaille, quatre copies par ses « peintres ordinaires »; puis il renvoya l'original au P. Schall, protestant qu'il se sentait incapable de lui rendre en son palais le culte qu'elle méritait. (2).

Le P. Greslon relate un fait presque identique : un prince du sang rendit aux Pères « une fort belle image de la S. Vierge, tirée sur celle de S. Luc, avec S. Ignace et S. Xavier à ses pieds. En leur donnant cette Image, il leur déclara qu'il ne sçavoit pas comment il falloit l'honorer ; il les pria de la mettre dans leur église ; et il leur promit de fournir ce qu'il faudroit pour faire brûler sans cesse une lampe, devant cette Image. » (3).

Un trait assez plaisant témoignera de l'ardeur des Chinois d'alors à se procurer nos emblèmes catholiques. A *Nan-tch'ang* 南昌, capitale du Kiang-si, un édit d'expulsion avait été prononcé contre les Pères Emm. Diaz, Cattaneo et M. Ricci. « Deux ou trois satellites leur apportèrent la condamnation. L'usage donnait droit à quelque présent, aux satellites, qui, en place d'argent, réclamèrent une image de N.-S. pour la vénérer, bien que la sentence même qu'ils notifiaient défendît, sous les peines les plus graves, de garder de pareils objets. Ils voulaient, disaient-ils, se faire chrétiens. Les Pères refusaient d'accéder à leur demande. Or, comme un ouvrier apportait à leur résidence quelques unes de

---

(1) Voici le texte même : 大秦國大德阿羅本、遠將經像、來獻上京、 Cf. Legge. *Christianity in China.* p. 11.

(2) *Historica relatio de ortu et progressu fidei in regno Chinensi.* Editio altera. Ratisbonne, 1672. pp. 36, 211, 212. A ce propos, le P. Schall avait composé un ouvrage intitulé *De sancta salvatoris imagine, libellus supplex ad imperatorem.* — Cf. Verbiest. *Astronomia europæa.* Dillingen, 1587, supplem.

(3) P. Adrien Greslon. *Histoire de la Chine sous la domination des Tartares.* Paris, 1671. p. 349.

ces images, toutes préparées à la mode chinoise, les satellites s'emparèrent par force de l'une d'elles et s'enfuirent sans attendre autre chose. L'un de ces gens du prétoire mourut quelques jours après, ayant imploré et obtenu le baptême pendant sa maladie.» (1).

Au sujet de cette imagerie comme moyen d'apostolat, les témoignages abondent, et nous pouvons choisir à notre gré. La coutume était de donner à chacun des nouveaux baptisés une image de N.-S., avec les chiffres de Jésus et de Marie, pour coller sur leurs portes, au nouvel an, selon l'usage indigène. Les images venues d'Europe firent bientôt défaut. «C'est pourquoi les Nôtres furent contraints de faire graver à un sculpteur estranger l'image du Sauveur sur une table de bois; car les Chinois ne sçavent que c'est de graver sur le cuivre.» (2).

Dans plusieurs des nouvelles Missions de Chine, quand les païens se déclarent catéchumènes et expulsent de leurs maisons poussahs et images superstitieuses, ils reçoivent des missionnaires actuels une image de la croix, avec caractères explicatifs inscrits à l'entour. Au Hou-nan en particulier, cette croix, richement ornementée, occupe le milieu d'une large bande de papier jaune. La décoration générale a été habilement combinée pour offrir un résumé et une prédication vivante du Christianisme, dont les nouveaux convertis s'apprêtent à faire profession publique.

On a incriminé les anciens missionnaires jésuites d'avoir dissimulé aux Chinois le mystère de la passion et de la mort de Jésus mis en croix et d'avoir représenté cette croix seule sans le Crucifié. C'est une accusation que le Révérend Faber répétait naguère dans le *Messenger* de Chang-hai. (3). Si elle était fondée,

---

(1) Trigault. *De Christianâ expeditione*. p. 563.

(2) De Riquebourg. *op. cit.* T. II. p. 844. — Nous avons relaté les tentatives de quelques jésuites pour le leur enseigner. Cf. *Etudes religieuses*. oct. 1890.

(3) J'écarte volontiers les questions irritantes soulevées par cette suite d'articles du *Messenger* sous le titre «*Customs and manners of the Christians among the Heathen, with special reference to China*». (Jan. 1891). — Voir aussi, dans le n° de sept., «*The Roman Catholic Mission*»; ainsi que le *Chinese Recorder*, *passim*. Comme la plupart des injures qui alimentent et agrémentent quelques périodiques protestants, en quête de relief, de couleur et de piquant, ces articles excitent plus de pitié que de courroux. Je regrette pourtant de trouver l'érudition et la loyauté du R^{d} Faber compromises dans une si vilaine besogne. Que de préjugés, de méprises, de naïvetés aussi, dans un *Doctor of divinity!* Les publications religieuses de l'Eglise romaine, théologie, liturgie, apologétique ou simple catéchisme, sont pourtant accessibles à tous, en vente chez des centaines de libraires; ce ne sont ni des raretés coûteuses, ni des fossiles, ni des mythes, et il existe des milliers de prêtres et de laïques disposés à répondre sur la foi professée par cette Eglise. Si les missionnaires catholiques écrivaient sur le bouddhisme, l'histoire ou la littérature chinoise avec cette désinvolture, cette légèreté, cette *ignoratio elenchi*, la critique saurait à bon droit le leur faire expier.

Décidé à pousser l'indulgence jusqu'aux extrêmes limites de la charité, à disculper

les Jésuites s'excuseraient sur un précédent fameux qui les autoriserait suffisamment, et qui n'est autre que la pratique des premiers Chrétiens, lesquels, pour ne pas provoquer sans fruit les répugnances des païens, se contentèrent d'abord de peindre la croix symbolique, puis la *crux gemmata, florida,* comme ils employaient les emblêmes si connus des Catacombes, l'A et l'Ω, l'ΙΧΘΥΣ, l'ancre, la colombe, le paon, la figure d'Orphée, etc. (1).

Il est vrai pourtant que le P. L. Le Comte (2), se féli-

---

dans toute la mesure du possible, nous ne rendrons pas le mal pour le mal. Tels prédicants doivent-ils ne jamais avoir la fortune de répudier leurs erreurs : souhaitons-leur au moins d'y bénéficier de la plus enviable des circonstances atténuantes ; la dose de bonne foi requise et nécessaire à l'excuse, devant Dieu, d'une invincible ignorance. Oui, quoi qu'ils en pensent, l'ignorance religieuse, aveuglée encore par les préjugés et préventions de l'éducation première, tel est le mal actuel des ministres protestants. Sinon, comment expliquer, outre l'indélicatesse de certains procédés, la faiblesse de leurs objections ? A leurs déclamations haineuses et passionnées contre les «romanists», nous ne répondons que par l'assurance de notre compassion, pour eux d'abord, ensuite et surtout pour les âmes loyales que ces prédicants arrêtent et retiennent à mi-chemin sur la voie de la pleine vérité.

Relevons seulement un des griefs du *Messenger :* A Christian remodelling of Chinese customs was in reality never attempted by the Jesuits. Their whole work was practically a recasting of Chinese belief... They did not even venture to attack polygamy...» (p. 50). «Les anciens jésuites n'essayèrent même pas de combattre la polygamie en Chine.» Comme c'est vraisemblable ! Le R[d] Faber, dont nous ne suspecterons ni les intentions ni la droiture, a dû lire, puisqu'il les cite et les copie parfois, un certain nombre des livres des missionnaires ayant trait aux choses dont il parle. Or, une des remarques les plus communes qui est tombée sous ses yeux est sans aucun doute celle-ci : «Telle ou telle conversion n'aboutit pas, parce que le personnage en question manqua de courage pour s'affranchir des entraves de la polygamie.» C'est le cas de *Choen-tche* l'ami du P. Schall; le cas de *K'ang-hi* lui-même; le cas de plusieurs grands mandarins ou autres, arrêtés par cet obstacle sur le seuil du Christianisme. Ainsi, le P. de Maillac (*Lettres édif,* T. XIII, Lyon, 1819. p. 99.) expose comment il donna une «croix de Caravaca» à *Tchao lao-yé,* mandarin nouvellement baptisé et retenu, de son propre aveu, loin du baptême, quelques années, malgré ses instances, parce qu'il entretenait plusieurs concubines.

J'alignerais aisément vingt passages prouvant l'inflexibilité des missionnaires sur ce point, si je n'avais honte d'être réduit à tant insister. Jamais je n'ai trouvé la moindre trace de criminelle condescendance en matière si grave. Le P. Greslon termine un chapitre par cette réflexion attristée : «La polygamie rend inutiles tous les bons desseins !» *Histoire de la Chine,* p. 55. — et p. 50. — *Item : Nouveaux Mémoires sur l'état présent de la Chine,* par le P. Le Comte S. J., Mathématicien du Roy. Amsterdam. 1698. 3e édit. pp. 214, 216. — Du Halde est plus consolant : «La pluralité des femmes était un grand obstacle pour les mandarins, mais la grâce le surmonta...» T. III. p. 77.

(1) Depuis de longs siècles, elle n'a pas cessé d'être vraie, en Chine, cette parole de S. Paul : «*Nos autem prædicamus Christum crucifixum, Judæis quidem scandalum, gentibus autem stultitiam;* une folie aux yeux des païens !» I. Cor. 2. 23.

(2) Le Comte, S. J. (1655-1728). *Nouveau Mémoires.* T. I. p. 156.

cite en ces termes des progrès de la Foi sur la terre chinoise: «Je n'ay point vû de villes où le Christianisme n'ait laissé quelques vestiges... Nos Temples sont à présent l'ornement de ces mêmes villes, qui durant tant de siècles avoient esté soûillées par les idoles; et la Croix, élevée jusques sur les toits des maisons, confond la superstition, et se fait déjà respecter des idolàtres.»

Actuellement encore, en Chine, les églises catholiques, qui toutes ont le crucifix sur tous leurs autels, arborent extérieurement la croix très haut (on a dit même *trop haut,* parfois), au sommet de leur clochers, de leurs façades; tandis que les protestants la dissimulent habituellement avec une prudence plus qu'exagérée. Un ministre, prêchant à des Chinois contre le culte de la croix, leur demandait perfidement: «Rendriez-vous un culte à l'épée avec laquelle on aurait décapité votre père?» Tous ne se laissaient point convaincre par ce sophisme.

Après tout, ce n'est qu'un plagiat : àpropos de l'arrestation de quelques catholiques, un *tche-hien* ou sous-préfet publia un édit sévère contre leur religion dans lequel, après avoir essayé un précis de cette croyance, il rappelle qu'au Japon on a gravé des croix sur le quai de débarquement, comme aussi dans la rue, à l'entrée de la ville, et que les marchands étrangers qui ne les foulent pas sont décapités. Cet édit fait aussi allusion à la pierre de *Si-ngan fou,* où l'on dit «qu'*Aloa fit une croix pour déterminer les quatre quartiers de l'univers*.... Si ce conte du crucifiement est vrai, on ne comprend pas que les adorateurs de Jésus adorent l'instrument de son supplice et se refusent à le fouler aux pieds. Si le chef d'une famille avait été tué d'un coup de fusil ou avec une épée, serait-il raisonnable pour ses descendants ou ses fils d'adorer ce fusil ou cette épée?» (1).

Mais les anciens jésuites n'ont que faire de notre excuse. Ils prêchaient sans timidité les douloureux mystères de la Rédemption sanglante par le supplice de la croix. Les pamphlets et les calomnies des païens en font souvent un de leurs plus venimeux griefs.

Dans une lettre datée de *Jao-tcheou* 饒州 (1715), le P. d'Entrecolles mentionne l'usage qu'ont les Chrétiens, de mettre sur la porte de leurs maisons «le saint nom de Jésus ou l'image de la Croix.» Le Tribunal des Rites, *li-pou* 禮部, voulait le leur interdire. Un Censeur de l'Empire formule ce reproche dans un Mémoire au trône: «Ils enseignent... que Jésus, ayant vécu 33 ans,... a souffert sur une croix, et qu'il y a expié les péchés des hommes... Ils ont dans leurs maisons des images du Dieu qu'ils adorent; ils

(1) *The Chinese Repository.* Vol. XIV. oct. 1850. p. 567. — *Item, China Mail.* n° 206.

y récitent leurs prières; ils mettent des croix sur leurs portes.» (1).

Cet usage n'était pas limité au Kiang-si. Le P. Domenge écrit en 1716, de *Nan-yang fou* 南陽府 au Ho-nan : «Le *tche-fou* 知府 (préfet) fit venir les chefs de quartier, et il leur ordonna d'avoir soin qu'il ne se fit aucune assemblée dans mon église, et d'empêcher qu'on ne mit des croix aux portes des maisons.» Les Chrétiens d'aujourd'hui, plus craintifs, affichent moins ouvertement leurs croyances par la croix qui les symbolise.

Les accusations contradictoires, sur le même point du Christianisme en Europe, et du paganisme en Chine, motivent cette remarque du P. d'Entrecolles: «Vous voyez que nous ne cachons pas à nos néophytes nos saints mystères de l'Incarnation, de la mort et de la Passion du Sauveur. Faut-il que nos frères nous calomnient en Europe, tandis que les païens nous en font un crime à leurs tribunaux?» (2).

Le trop fameux *Yang Koang-sien* 楊光先, devenu président du tribunal des mathématiques après la mort du P. Schall, qu'il avait si odieusement persécuté, se postait devant l'Empereur en personne, étendait les bras en croix, et criait de toutes ses forces: «Tenez, voilà ce que ces gens adorent et ce qu'ils nous veulent faire adorer, un homme pendu, un homme crucifié: jugez

---

(1). *Lettres édif.* T. X. Lyon. 1819. pp. 240 et 243.

Ce texte réduit à néant l'insinuation formulée à la légère par James Finn (*The Jews in China*, p. 392). Outre que les jésuites auraient négligé de travailler à la conversion des Juifs de *K'ai-fong fou* 開封府, auprès desquels ils sont restés 110 ans, ils auraient de plus laissé leurs convertis païens confondre la Madone catholique avec les idoles indigènes de *Koan-in* et autres, «pendant que le crucifix n'aurait servi qu'à enraciner cette erreur et que le signe de la croix était identifié avec la superstition populaire qui fait du chiffre 10 et de la numérale qui le figure, le *chiffre de la perfection.*» Plus haut (p. 3), nous avons contredit cette interprétation soi-disant chinoise, du nombre *dix* 十, représenté, en Chine et dans le monde latin, par une croix.

(2) *Lettres édif.* T. X. p. 246. *Jao-tchcou*, 1715. — Cette mauvaise tradition n'est pas perdue; témoin les articles du R[d] G. Reid qui, en 1893, ont encombré maints numéros du *North China Daily News*, dénonçant les *romanistes* à l'animadversion et aux sévices des mandarins. A ce fatras d'imputations insidieuses, depuis mis en volume (*Sources of the anti-foreign disturbances...*), les missionnaires catholiques, sûrs du bon sens public, n'ont pas encore voulu faire l'honneur d'une réplique. En dernière analyse, le vrai grief contre les catholiques, c'est qu'ils ne s'arrogent point le droit de *réformer* les dogmes et sacrements de l'Eglise du Christ pour les conformer aux préventions des Chinois. L'opportunisme protestant se croit mieux avisé, et, si le succès récompense peu ses compromis, la faute en est au Catholicisme, inflexible à contretemps. Ce n'est point en ce sens que S. Paul a dit: «Je me suis fait tout à tous pour les gagner tous!» Le *non possumus* est aussi un texte de la Bible.

par là de leur bon sens et de leur capacité!» (1). Il montrait des livres distribués par les missionnaires, où l'on voyait la figure du Sauveur crucifié entre deux voleurs: «Voilà, disoit-il, le Dieu des «Européans: un homme attaché à la croix, pour avoir voulu se faire Roi des Juifs.» (2).

Pas plus que les autres missionnaires, les Jésuites ne se défendaient de montrer leur Maître crucifié. En 1684, à la première des six visites que *K'ang-hi* fit à Nankin, il reçut au Palais les Pères Gabiani et Valat, auxquels il demanda, au cours de la conversation, s'ils avaient sur eux une image de Jésus-Christ. L'un d'eux présenta alors son crucifix à l'Empereur, qui le considéra attentivement. Ils rentrèrent à leur résidence, et on leur apporta des présents de la part de *K'ang-hi*.

La furieuse persécution, excitée par *Yang Koang-sien*, avait été présagée, au dire des Chrétiens, par un phénomène fort étrange. En 1658, un vendredi, veille de la fête de S. Laurent, à 9 h. du soir, par un temps serein, à *Tsi-nan fou* 濟南府, capitale du Chan-tong, les Chrétiens et les païens avaient vu dans le ciel «une grande croix blanche avec son piédestal.» Le fait fut si notoire que le lendemain deux employés du *ya-men* vinrent, de la part des mandarins, demander aux missionnaires ce que le prodige annonçait. (3).

«Trois fois dans une année (1718-1719), on vit des croix lumineuses apparaître dans le ciel et demeurer visibles pendant deux ou trois heures, laissant tous les témoins, Chrétiens ou infidèles confondus dans la même admiration. Enfin, dans la journée du 24 juin 1722, la croix se fit voir encore dans le Tché-kiang. et s'arrêta au-dessus de l'église du Sacré-Cœur à *Hang-tcheou fou*. Elle étincela pendant une demi-heure au firmament; tout le peuple la vit, et les Chrétiens la vénérèrent à genoux. Le dessin de ces croix célestes, gravé dans cette ville, fut distribué dans tout l'Empire et porta jusqu'en Europe la nouvelle que de grandes grâces ou de grandes épreuves allaient fondre sur la Chine. L'attente ne fut pas longue : *K'ang-hi* mourut presque subitement le 20 déc. 1722. Sa mort ouvrit l'ère des persécutions pour l'Eglise de Chine.» (4).

---

(1) Le Comte S. J. *op. cit.* 3e édit. II. vol.

(2) Du Halde. III. p. 89.

(3) *Histoire de la Chine sous la domination des Tartares*, par le P. Adrien Greslon. Paris. 1671. p. 40. Le même fait est rapporté par le P. Intorcetta. dans le supplément de l'ouvrage : *Historica relatio de ortu et progressu fidei orthodoxæ in regno Chinensi.* Ratisbonne. 1672. p. 970. — Il y avait alors à *Tsi-nan fou* une église appartenant aux franciscains, et une aux jésuites.

(4) E. Letierce S. J. *Etude sur le Sacré-Cœur*. Paris. 1891.

A ce sujet, les *Lettres édifiantes* (1) renferment quatre estampes, précédées de ces lignes : « On a gravé depuis peu à la Chine une Estampe qui représente quatre croix qui ont paru en l'air, dans différens temps et en différens lieux de cet Empire. Je vous envoye cette Estampe avec l'explication des caractères Chinois, qui marquent le lieu où ont paru ces phénomènes, leur durée, et le nombre des personnes qui en ont été témoins. » Voici les estampes d'après les gravures des *Lettres édifiantes :*

Fig. 173.

Fig. 173. — A) Cette traînée de feu sortoit de l'Est, elle laissa des Etoiles dans le chemin qu'elle parcourut et s'étendoit vers le Nord-Ouest; en disparoissant elle fit du bruit. Le feu et les Etoiles disparurent en même temps.»

B) «Le 20 Août 1718 parut au milieu de l'air un Croix dont le pied était environné d'une nuée blanche. Ce prodige arriva entre 7 et 9 h. du soir dans *Tsi-nan*, ville du Chantong. En même temps parut une trainée de feu qui sortoit de la partie de l'Est. Partout où elle passoit, elle laissoit des Etoiles de feu. Ce phénomène peu à peu disparut vers le N.-O., et en disparoissant fit du bruit dans toute la ville. Dix mille personnes ont ouï ce bruit et vu ce prodige.»

Fig. 174 — « ... Le 8 Sept. 1718, on vit entre 7 et 9 h. du soir dans la même ville de *Tsi-nan* et au milieu de l'air, une autre Croix plus grande que l'autre et d'une blancheur à éblouir; elle était de toute part environnée d'une nuée très déliée. Dans un quart d'heure, la Croix estant inclinée, commença à marcher du midi au nord et dans un autre quart d'heure s'étant redressée, elle alla de l'Est à l'Ouest. Tous les habitants de cette ville sont témoins du phénomène, qui arriva le jour de la Nativité de Notre-Dame.»

(1) Paris. 1724. XVIe Recueil. p. 62. Lettre du P. Jacques, S. J., à Monsieur l'abbé Raphaélis. Canton, le 1er nov. 1722. Le P. Ch. J.-B. Jacques, enterré en cette ville, naquit en 1688, se fit jésuite en 1704, entra en Chine en 1722 et y mourut en 1728.

Fig. 175. « Au Tché-kiang, à *Kin-kia-kiao*,.... district de *In-yao*, préfecture de *Chao-hing*,... le 31 Déc. 1719, on vit tout-à-coup vers les 7h 1/4 du soir paraître au-dessus de l'église une croix blanche et lumineuse. Cette croix étoit environnée d'une nuée blanche comme celles qui avaient paru dans le Chan-tong : dans les vuides on voyait des étoiles ; après un quart d'heure et plus elle disparut. Onze personnes l'ont vue le jour de Saint Sylvestre. »

Fig. 176. — «.... Le 23 Juin 1722, à 7h. du soir, une grande Croix blanche et lumineuse parut sur l'horizon vers le S. E. dans la capitale du Tché-kiang. Bien des gens répandus dans tous les quartiers de la ville l'ont vue ; après environ une demi-heure la Croix disparut... »

On se demandera naturellement : ces apparitions sont-elles authentiques ? Des sceptiques y verront

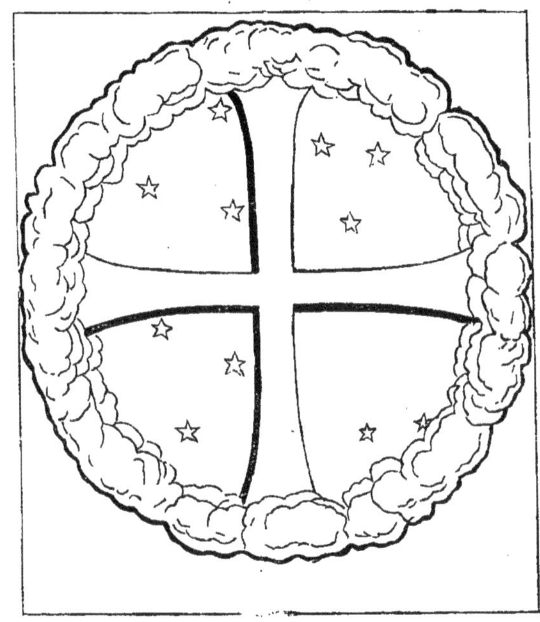

Fig. 174.

Fig. 175.

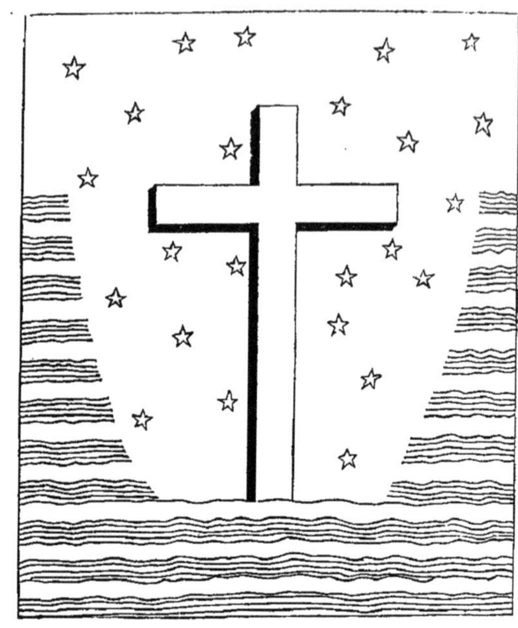

Fig. 176.

a priori, sans hésitation ni critique, de la lumière zodiacale, des couchers de soleil, des aurores boréales, des phénomènes atmosphériques un peu plus singuliers que ceux de tous les jours. Nous n'avons pas les éléments nécessaires pour une discussion contradictoire sur les faits allégués. Ces témoignages prouvent du moins la foi vive — facile même, si l'on veut — en même temps que le profond attachement des Chrétiens d'alors au symbole de la croix, parmi eux si populaire. (1). Du Halde, dans l'*Epitre* mise en tête du XVIe Recueil des *Lettres Edifiantes*, p. VI, s'était déjà demandé si c'était là un effet naturel ou surnaturel, un présage heureux ou funeste... «C'est à quoi je ne m'arrêterai pas,» répondait-il; «il me suffit d'exposer le fait; le reste, je l'abandon-

(1) Le frontispice de l'ouvrage du P. Nicolas Trigault : *De Christianis apud Japonios triumphis* (Munich. Sadeler. 1623) présente dans une gloire entourée d'anges, un tronc d'arbre marqué d'une croix en son milieu. (fig. 177). Elle aurait été trouvée près d'*Omura*, en 1611, par un paysan japonais qui fendait un *Diospyros kaki*. Des miracles et guérisons eurent lieu à cette occasion. Cette découverte présageait la prochaine persécution. La 2e persécution par *Taiko sama* avait été annoncée en 1590 par la découverte d'une croix analogue, près d'*Arima*. Le même fait se produisit, dit-on, en 1612, près de *Nagasaki*. (Cf. *op. cit.* Livre I, chap. III, page 7). La trouvaille de la croix de 1589, à *Obama*, à 3 lieues d'*Arima*, dans les mêmes conditions (au milieu d'un tronc de *taru*), est racontée par le P. Solier, S. J. (*Histoire ecclésiastique des isles et royaumes du Japon.* Paris. Cramoisy. 1627. Livre IX, ch. 21, p. 662). Son ouvrage a pour en-tête un frontispice où figurent aussi ces croix.

Fig. 177.

L'ouvrage du P. Trigault. cité plus haut, contient gravées des scènes de martyres où des Chrétiens japonais ont le front marqué d'une ✠ au fer rouge. La planche de la page 315 représente ce supplice. Ces deux ouvrages mentionnent plusieurs apparitions de croix et prodiges de ce genre, dont nous ne voulons ni garantir ni attaquer l'authenticité.

ne aux raisonnemens, ou plutôt aux conjectures.» Nous imiterons cette sage réserve.

§ III.

Dévotion des néophytes à la Passion de N.-S. — Le Sacré-Cœur et son blason. — Céramique chrétienne d'origine chinoise.

Nous rappelions plus haut que le P. Schall avait eu la douce surprise de voir l'Empereur *Choen-tche* (1644-1662) verser des larmes au récit de la Passion de Notre-Seigneur. Les souffrances de l'Homme-Dieu émouvaient les humbles fidèles tout autant que leur redoutable souverain. *Quis est homo qui non fleret...!*

Le P. Trigault consigne cette réflexion au sujet des premiers convertis de Canton: «à peine pourrait-on croire avec quel ressentiment de piété et dévotion ils adoroyent le Crucefix le jour du Vendredy Saint, après avoir ouï une prédication convenable de la Passion de Jésus-Christ.» (1).

Le P. d'Entrecolles, pendant une retraite donnée aux Chrétiens au temps de la semaine sainte, distribuait un crucifix à chacun. «A la fin de la méditation, qui se fait sur la Passion du Sauveur, a lieu la cérémonie de l'Adoration de la Croix. En se prosternant aux pieds du crucifix, les chrétiens l'arrosoient d'un torrent de larmes; l'église retentissait de toutes parts de soupirs et de sanglots.» (2).

Partout existaient de ferventes confréries de la Passion «où les chrétiens les plus fervens s'assembloient tous les vendredis, pour méditer les mystères des souffrances et de la mort du Sauveur.» (3). Citons encore le P. Le Comte: «Les Chrétiens répétaient constamment ces paroles: *Jésus, le Maître du Ciel, qui a répandu son sang pour nous! Jésus qui est mort pour nous sauver!* Comme c'est le mystère qu'on leur enseigne avec le plus de soin, c'est aussi celui qu'ils croyent avec le plus de fermeté. Ils veulent tous avoir des crucifix dans leurs chambres; et quoique dans les commencements la nudité de nos images les choquast, ils s'y sont néanmoins dans la suite accoûtumez.» Donc les missionnaires ne dérobaient pas la vue du divin *Crucifié* lui-même. Le Père raconte qu'on donnait ces crucifix avec précaution et qu'il enlevait de l'autel «le grand crucifix de sculpture» après la messe, de crainte des profanations des païens. «Les images de la

---

(1) De Riquebourg. *op. cit.* Le P. Trigault relate dans son ouvrage latin, p. 503, comment la croix opéra divers prodiges à Changhai parmi les Chrétiens et les païens.

(2) *Lettres édif.* X. p. 88. — Lettre de *Jao-tcheou*, 1712.

(3) Du Halde. III. p. 77.

Passion que j'y laissois ne faisoient pas le même effet.» Il réfute ensuite les calomnies des hérétiques prétendant qu'on dissimulait ou atténuait le mystère de la Passion: «On voit la croix portée publiquement dans les ruës en procession, plantée sus les toits des églises, peinte sur la porte des Chrétiens. Je n'ay vu nulle part pratiquer avec plus de respect qu'à la Chine la cérémonie de l'Adoration de la Croix qui s'y fait publiquement le Vendredy saint.» (1).

Les catholiques chinois de nos jours n'ont point dégénéré en cela; leurs frères d'Europe pourraient prendre modèle sur eux. Le Chemin de la Croix est encore une de leurs plus chères dévotions, et ils s'en voudraient de ne pas réciter au moins une fois par semaine les belles prières écrites pour ce fructueux exercice. Toutes ces pratiques étaient fort répandues en Extrême-Orient. Parlant des Mémoires présentés au trône contre les Chrétiens, le P. Sémédo s'exprime ainsi : «Il y eut particulièrement un Lettré qui avoit été aux Philippines, qui publia que les chrestiens adoroient un homme crucifié, qu'ils faisaient le signe de la croix sur le front, qu'ils l'élevoient sur leurs maisons et sur la pointe de leurs clochers, qu'ils la portoient suspendue au col, comme un précieux joyau.» (2).

La croix et le souvenir du sacrifice du Calvaire accompagnaient les Chrétiens jusque dans leur cercueil. Certains protestants chinois se font enterrer avec un exemplaire de la Bible : louable usage; mais vaut-il mieux que celui de leurs compatriotes catholiques? et les formules ou professions de foi, inscrites sur cette croix, ne résument-elles pas avec précision le livre entier des Saintes Ecritures? Ne sont-elles pas la quintessence du «*Sic Deus dilexit mundum*... Dieu a tellement aimé le monde qu'il a donné son Fils unique, afin que tous ceux qui croient en lui ne périssent point, mais qu'ils aient la vie éternelle ! » C'est un texte de S. Jean (III. 16), répandu à profusion dans toutes les langues du globe par les *Sociétés Bibliques :* les Chrétiens de Chine le redisaient plus explicitement encore, jusque dans leur tombeau.

Au bas d'un planche gravée du P. du Halde (3) figure un beau fac-similé qu'il intitule ainsi : « Figure de la Croix avec laquelle les Chrétiens de la Chine ont accoutumé de se faire ensevelir.» En réalité, elle est prise sur celle du cercueil de Candide *Hiu,* dont une courte notice est inscrite sur le piédestal de cette croix. Candide *Hiu* fut une chrétienne exemplaire, et la bienfaitrice insigne de plusieurs Missions en diverses Provinces.

---

(1) Le Comte, S. J. *Nouveaux Mémoires*... p. 187.

(2) Cf. Sémédo. *op. cit.* p. 320. — Les missionnaires s'étaient empressés de traduire en chinois la Passion de N.-S. Cf. Catalogue de *T'ou-sè-wè*, n° 85...

(3) T. III. p. 78.

Elle est représentée au coin droit de la planche, faisant pendant à Paul *Siu ko-lao,* son grand-père. (1).

1 face

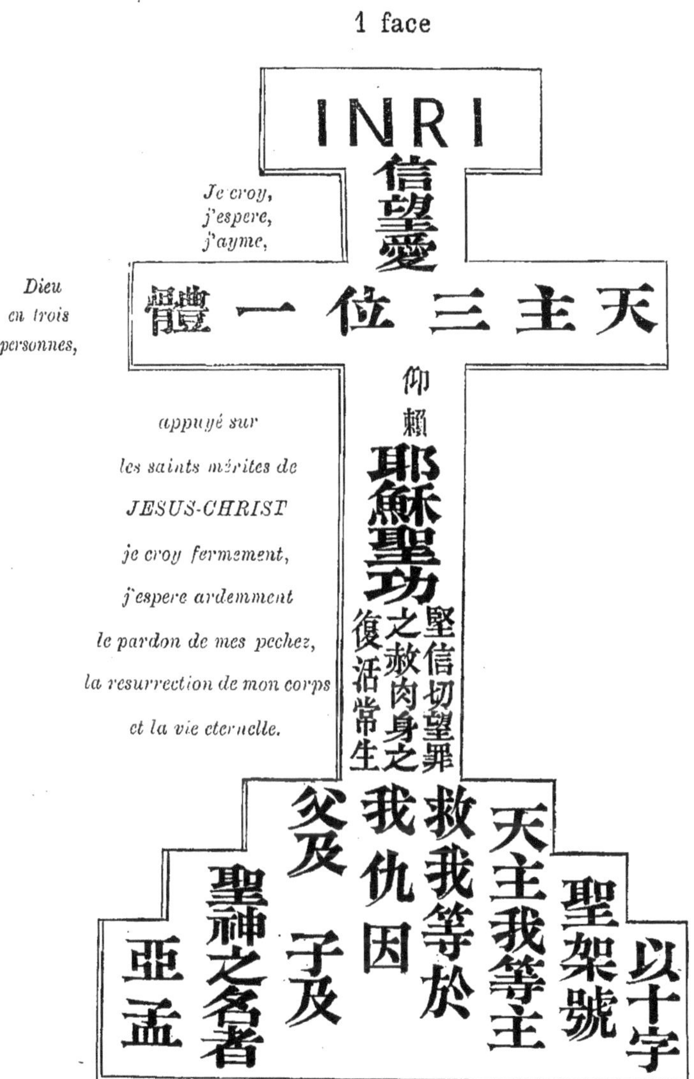

Fig. 178.

Entre les deux dessins de la croix est gravé un petit tableau de la Ste Vierge portant l'Enfant Jésus. Au dessus l'on voit trois beaux « portraits des PP. Ricci, Schaal, Verbiest », en costume chinois.

(1) Le P. Couplet a écrit en français la Vie de Madame *Hiu* et elle a été traduite en chinois sous le titre de *Hiu t'ai fou jen tch'oan* 許太夫八傳.

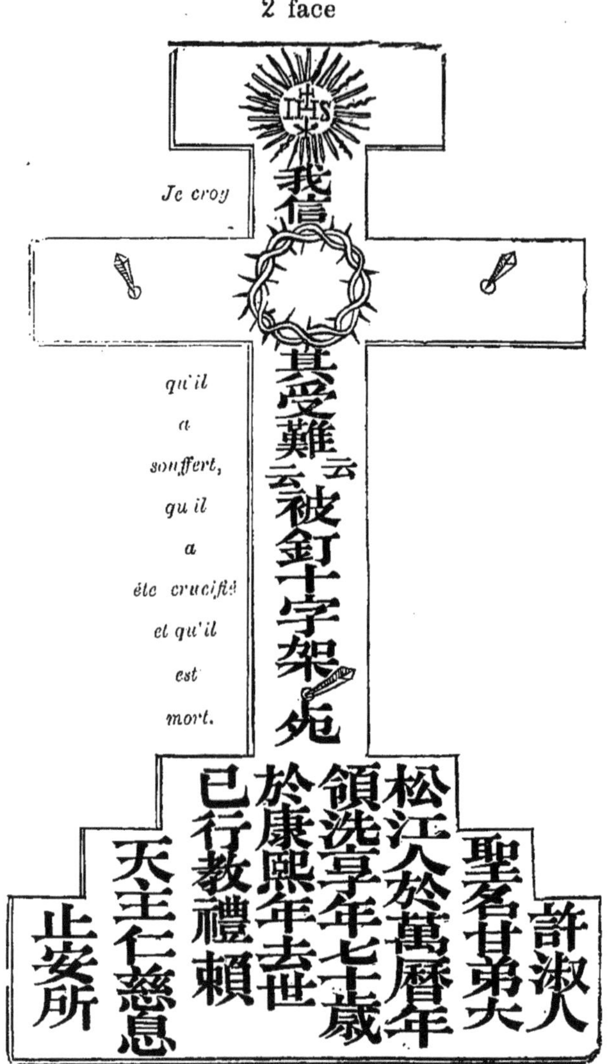

Fig. 179.

Quelques chrétientés près de *Ou-si* 無錫 (1) ont conservé ce touchant usage du siècle passé : «Lors des funérailles, lorsque le défunt a été déposé dans sa bière, les Chrétiens étendent pardessus, dans toute la longueur du cercueil, une belle pièce de toile blanche. Sur la toile est dessiné le Chiffre de N.-S. et on a écrit, en tout ou en abrégé, le *Credo* sur la partie restée libre; pour le moins se détachent en grosses et belles lettres ces articles du symbole : «Je crois à la résurrection de la chair...; je crois à «la vie éternelle !»

(1) Sur le canal impérial, non loin de *Sou-tcheou*.

Une autre preuve péremptoire que les jésuites ne dissimulaient point les mystères de la Passion, c'est le zèle avec lequel ils établirent en Chine, et à Pékin même, la dévotion au Sacré-Cœur de Jésus, qui, assez ancienne déjà, venait à peine de s'épanouir en France.

E. Letierce, S. J. (1) expose comment cette dévotion se répandit dans l'Empire du Milieu, grâce aux efforts des savants missionnaires, qui en avaient saisi de bonne heure le côté apostolique et les fondements théologiques. Non, quoi qu'en écrive plus d'un prédicant qui, aussi réfractaire à confesser leurs succès qu'à imiter leur abnégation, s'aventure à leur donner de comiques et tardives leçons de savoir, de vertu, de loyauté, ce n'étaient ni des cerveaux faibles, crédules et bornés, ni de pieux ignorantins, ni des casuistes accommodants, ni des hypocrites tour à tour intolérants et relâchés, ni des exaltés sans portée, sans critique, ni de petits esprits au zèle mesquin et indiscret, que le P. Cibot (1727-1780), linguiste et sinologue, membre de l'Académie des sciences de S. Pétersbourg; le P. Parrenin (1665-1741), si érudit, expert en mandchou, intermédiaire entre la Chine et la Russie, et distingué par Pierre le Grand; le P. d'Entrecolles (1663-1741), auquel l'Europe doit la technique de plusieurs industries chinoises; le P. Kögler (1680-1746), trente ans Président du Tribunal d'astronomie; le P. Hinderer (1669-1744), le P. Fridelli (1673-1743), et le P. de Mailla (1669-1448), le brillant historiographe, qui, comme les PP. Régis (1713-1776) et Jartoux (1668-1720), travaillèrent à lever la carte de l'Empire; le P. de Broissia (1660-1704) aux vertus héroïques; le P. du Gad (1707-1786), victime de Pombal et protégé par la reine Marie Leczinska; les FF. Castiglione (1688-1766), Attiret (1702-1768) et Panzi (1733-?) (élève de Pompeio Battoni), peintres attitrés de la Cour, et tous, *sans exception, dévots au Sacré-Cœur!*

Leurs lettres nous laissent entrevoir avec quelle ardeur, quel succès aussi, dédaigneux des sarcasmes et du persiflage dont l'Europe était plus prodigue que l'Asie, ils s'employèrent à propager cette dévotion à la personne même du Christ. On ne peut se défendre, à la lecture du résumé du P. Letierce, de constater, d'une part l'intelligent et prompt développement qu'il ont su donner à ce culte, de l'autre les merveilleux fruits qu'il a produits pour la conversion des idolâtres et la sanctification des Chrétiens.

Or, il ne faut pas l'oublier, cette dévotion revendique pour un de ses principaux objets formels les souffrances du Sauveur durant sa Passion ; et quand elle arbore les insignes matériels qui la caractérisent, elle se symbolise par les instruments inséparables du sacrifice du Calvaire : la *croix*, la couronne d'épines, le Cœur

---

(1) *Etude sur le Sacré-Cœur.* Paris. Vic et Amat. 1891. T. II. chap. IV. pp. 101 à 115: «Le Sacré-Cœur en Chine.» — *item*, chap. VII. pp. 340 à 357.

même de Jésus-Christ percé par la lance du légionnaire. (1).

Donc, concluons-nous encore, pas plus alors qu'aujourd'hui, les apôtres de cette dévotion en Chine ne cachaient ni le symbole, ni le mystère de la Rédemption.

Tous les arts, tous les corps de métier, tous les genres d'industries étaient mis à contribution pour fournir leur quote-part de cette propagande incessante du culte, si bien nommé jadis la *Religion de la croix.* Plusieurs de nos églises actuelles ornées de vases à fleurs, assez communs, en porcelaine chinoise, présentent sur la panse les chiffres de N.-S. et de la S. Vierge, de style occidental, et surmontés de la croix. Nankin notamment en conserve plusieurs, de fabrique assez ancienne et dont la décoration religieuse peut se rattacher à trois types principaux. Ce sont des fuseaux à couverte blanche, semée de fleurettes isolées, où folâtrent libellules et papillons; ces vases sont les analogues de ceux que l'on classe *vieux Saxe,* et qui flanquaient jadis les pendules à sujets démodées, de nos salons bourgeois de France. Le motif le plus répété est celui de l'Ange Gardien, guidant un enfant par la main, les deux personnages se trouvant supportés par les nuages conventionnels du style chinois. Les deux autres types sont fournis par les images du Sacré-Cœur de Jésus et du Saint Cœur de Marie, dûs au pinceau indigène, mais copiés sur des patrons venus d'Europe. Ils sont accompagnés d'inscriptions chinoises sous forme d'invocations pieuses. Le dessous des vases porte le cachet des fabriques de 景 德 鎮 *King-té tchen* dans la province du Kiang-si. (2). La Chine en a soustrait des centaines de semblables aux persécutions de la fin du dernier siècle.

« On m'a apporté, raconte le P. d'Entrecolles, des débris d'une boutique, une petite assiette que j'estime beaucoup plus que les plus fines porcelaines faites depuis mille ans. Au fond de l'assiette, est peint un crucifix entre la S. Vierge et S. Jean. On m'a dit que les Chinois faisaient autrefois de ces porcelaines pour le Japon, mais qu'il ne s'en fait plus depuis 16 à 17 ans. (Il écrit en 1712.) Apparemment que les chrétiens du Japon se servaient de cette industrie, durant la persécution, pour avoir des images de nos mystères. Ces porcelaines, confondues dans des caisses avec les au-

(1) Une lettre conservée à Boulogne-sur-mer et adresssée à Mgr Languet, apporte ce nouveau témoignage : " Voilà un portrait de ce divin Cœur, qui vient de la Chine et qui, par sa rareté, est digne, Mgr, de vous être présenté. " (Lettre de la sœur Héleine Coing, supér. de la Visitation. Paray-le-Monial. 17 mars 1744. *Messager du Sacré-Cœur.* oct. 1891. p. 468.). Aux emblèmes nommés plus haut, l'image propagée, (dessinée peut-être), par la Bse Marguerite-Marie, ajoute *les trois clous.* J'ai vu une grande médaille de laiton, fondue jadis à Pékin, portant sur la face la scène du Crucifiement, et, au revers, ce blason du Sacré-Cœur du Kiang-si.

(2) Cette ville, centre de la fabrication de la porcelaine chinoise, comptait des centaines de mille d'ouvriers.

tres, échappaient à la recherche des ennemis de la religion : ce pieux artifice aura été découvert dans la suite et rendu inutile par des perquisitions plus exactes; et c'est ce qui fait sans doute qu'on a discontinué à *King-té tchen* ces sortes d'ouvrages.» (1).

On le voit : la croix se trouvait mêlée partout aux habitudes de la vie profane et religieuse des Chrétiens. Aussi les païens étaient-ils bien au fait de leur vénération pour ce symbole sacré et de la vertu bienfaisante qui y réside. Ces traditions, datant des premiers siècles de notre ère et perpétuées à travers les âges, ne sont pas toutes perdues de nos jours. Quand, en 1891, dans les pillages de nos établissements, sur les rives du Yang-tse Kiang, à *Ou-si* 無錫 et aux environs, la croix qui les dominait venait à être renversée, beaucoup de ces païens se précipitaient pour en détacher des morceaux. Il en résulta parfois des rixes sanglantes. Plusieurs Chinois, trop cupides, périrent écrasés, victimes de leur ardeur à ce vol. «C'est qu'il y aurait dans ces croix un trésor bien précieux, dit la relation d'un missionnaire témoin des incendies; si bien que quiconque le découvrira est sûr de s'enrichir et n'a plus rien à craindre du *fong-choei*.» (2).

Puissent les Chinois mieux pénétrer la valeur du véritable joyau renfermé dans la croix : *in Cruce salus, in Cruce vita!*

---

(1) *Lettres édif.* X. — *Jao-tcheou.* 1712. — Le musée Guimet s'est enrichi d'un assez grand nombre de ces pièces, japonaises ou chinoises, à sujets religieux. Au Japon, les musées en montrent aussi, à côté de divers objets du culte catholique indigène. — On lit à la page 22 du *Petit Guide illustré du musée Guimet* : « La travée de gauche contient les sujets religieux inspirés par les Pères jésuites. Un service à thé représente l'établissement de ces missionnaires dans le *Chen-si* au XVIIIe Siècle.» — Dans le n° de nov. 1890 des *Etudes religieuses*, p. 441, nous avons dit qu'à l'*Exposition d'hygiène* de Londres (1884,) figurait, selon l'expression du *Catalogue officiel*, «un vase de grande valeur où l'on saisit la trace de l'invasion jésuite dans l'art chinois.» Dans la même Revue (p. 440) nous avions cité l'aveu du P. d'Entrecolles, relatant les importunités des Mandarins qui le pressaient de faire venir des dessins et modèles d'Europe, pour les fabriques impériales de porcelaine.

(2) On l'a souvent expliqué : dans l'idée païenne le *fong-choei* 風 水, *vent et eau*, représente vaguement les influences géomanciennes, favorables ou pernicieuses, dérivant du site, du voisinage et de l'orientation. C'est la confusion et le mélange des conditions atmosphériques, climatériques et telluriques, avec les influences surnaturelles, suprasensibles et superstitieuses. C'est une observance d'origine moderne, absente des Classiques, condamnée dans le «Saint Edit» de *K'ang-hi.* Un jour que je mesurais et photographiais les ruines d'un très ancien tombeau, dans la campagne, un paysan, qui m'avait observé, vint à moi en me priant de lui dire, puisque j'employais des instruments si parfaits, ce qu'il avait à faire pour soustraire aux influences malignes de cette sépulture sa maison, située à 800 mètres en arrière. On lui avait conseillé de la tranporter ailleurs ou de bâtir un grand mur par devant, pour améliorer le *fong-choei.* J'eus la satisfaction de l'amener à renoncer à ce coûteux et inutile projet.

Autre exemple : le Gouvernement chinois a ouvert en 1890 une Ecole Navale à Nankin. Or, en octobre 1892, le mandarin directeur intérimaire de l'Ecole a fait démolir une des portes d'entrée sur la rue, porte en style chinois et toute neuve, pour la faire recons-

Notre étude tendrait à conclure que ce symbole leur fut, dans tous les âges, presque familier, et qu'eux aussi, plus d'une fois, ils ont inconsciemment élevé des autels au *Dieu inconnu,* sinon méconnu. Un missionnaire du XVIIe siècle s'écriait: « Dans cette distribution de grâces que la Providence divine a faite parmi les nations de la terre, la Chine n'a pas sujet de se plaindre, puisqu'il n'y en a aucune qui en ait été plus constamment favorisée. » (1). Pour compléter ces indications archéologiques et évoquer encore des souvenirs, passionnants en vertu même de leur incertitude énigmatique, qu'on nous laisse reproduire plusieurs fragments, copiés dans des recueils chinois.

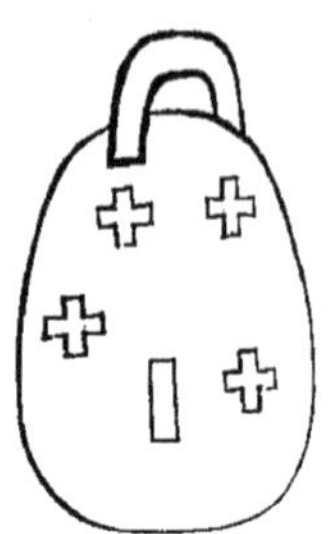

Fig. 180.

Le premier est la partie accessoire d'un « trépied en terre », *nien-li* 甗鬲, sorte de vase à profil rituel et d'un galbe antique, remontant aux vieilles dynasties. (2). C'est une plaque perforée, introduite dans le vase quand on s'en sert pour cuire à l'étouffée; l'objet s'appelle *chou-ti-pi* 疏底蔽, « couvercle fond, laissant passer la vapeur d'eau.) » (fig. 180).

Fig. 181.

Le second fragment est la reproduction scrupuleuse du motif central, qui orne la panse d'une cloche à *umbos,* à anse latérale, à section transversale en amande, aux bords inférieurs échancrés en deux demi-lunes, et de forme essentiellement chinoise. Les recueils archéologiques présentent par douzaines ce type si caractérisé, usité encore aux sacrifices officiels, comme j'ai pu le constater. Je ne connais pourtant que ce cas de quatre croix en place aussi évidente; cette cloche, d'après notre recueil, remonterait à une haute antiquité. (3). (fig. 181.)

---

truire d'une façon identique, en inclinant toutefois son axe d'environ 10° par rapport à l'alignement du mur de clôture. L'effet optique est déplorable; mais le *fong-choei,* ainsi corrigé, est excellent. L'état sanitaire, la réussite aux examens, l'ardeur au travail, les progrès scolaires et techniques, tout est assuré désormais.

Simulées ou partagées, ces puériles croyances engendrent des conséquences souvent moins inoffensives: sous leur influence ou à leur couvert, la sottise populaire, affolée par la perfidie mandarinale, y improvise des armes trop efficaces contre l'établissement, la vie même des missionnaires, sur le sol chinois.

(1) Le Comte. *op. cit.* T. I. p. 97.

(2) Voir le *K'ao-kou-t'ou* 考古圖, vol. III, p. 13. Nous avons donné un spécimen analogue percé de cinq croix. Cf. p. 58.

(3) Cette figure est tirée du *Po-kou-t'ou-lou* 博古圖錄, vol XXI, p. 23.

Notre troisième dessin s'annonce clairement comme celui d'un pot de médiocre hauteur, puisque nous le figurons en grandeur réelle, sur la foi du recueil indigène (1) qui le prétend antérieur aux *Han*, dynastie débutant au IIIe siècle avant notre ère. Il est en jade rose uni (quartz, sardoine?), et présente deux ébauches de croix, dont nous respectons la forme. (fig. 182).

Fig. 182.

En quatrième lieu, un autre vase, figuré en grandeur naturelle aussi, mais de forme plus opulente (fig. 183), est donné comme un rare morceau céladon (agate verte?), contemporain de l'apogée des *Tcheou* (1134-255 av. Jésus-Christ). Je n'examine

(1) Cf. *Kou-yu-t'ou* 古玉圖, vol 92, page 11.

point s'il n'y a pas lieu de réduire cette merveilleuse antiquité : pour nous, la présence de deux croix, l'une à la base, l'autre au couvercle, vaut à cette jolie pièce son intérêt principal. (1).

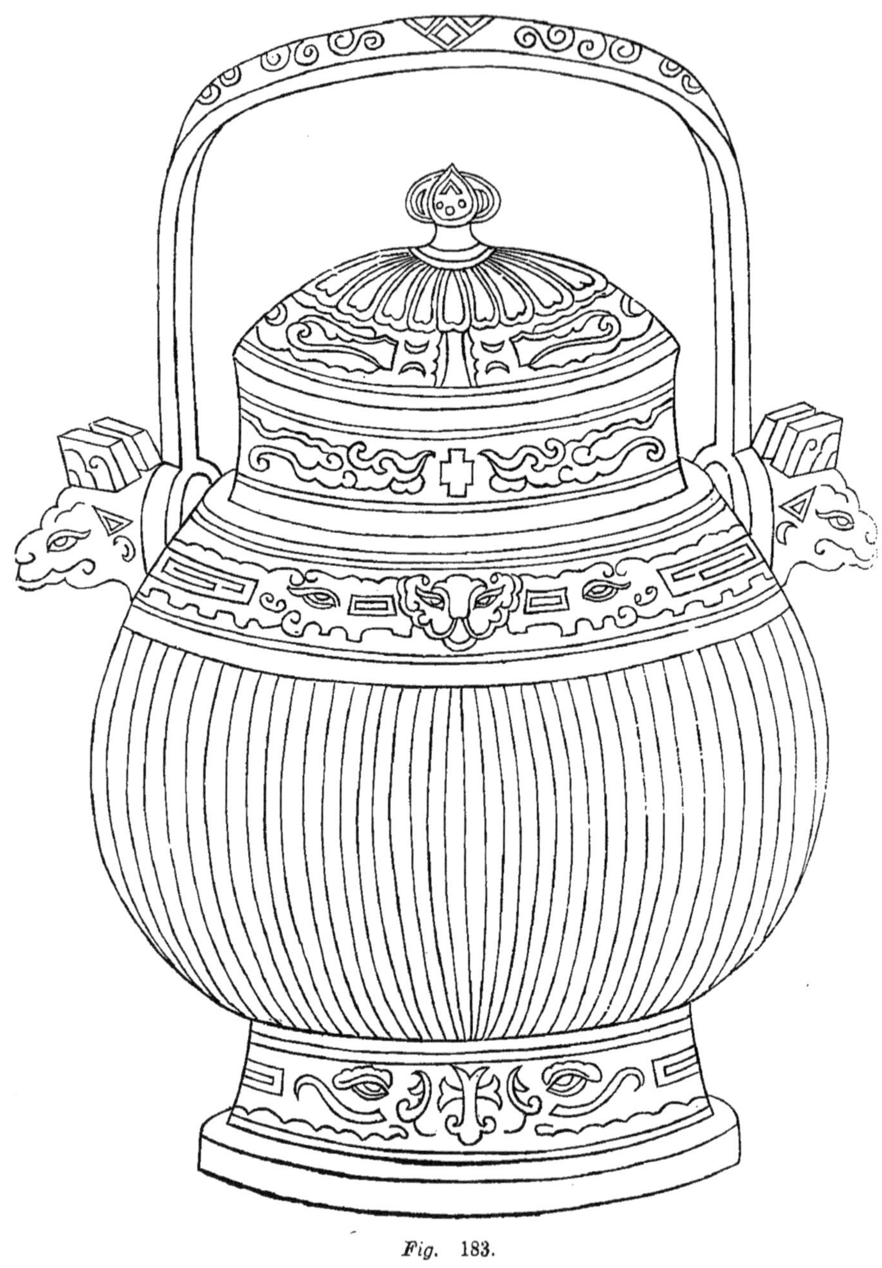

Fig. 183.

(1) *Même ouvrage*, vol. 91, p. 3. — Nous avons seulement joint le couvercle au vase même, bien que la gravure originale les figure séparés.

Enfin, en guise de cul-de-lampe, nous ajoutons le dessin réduit d'un disque en forme de sapèque. L'original est marqué du souhait augural :

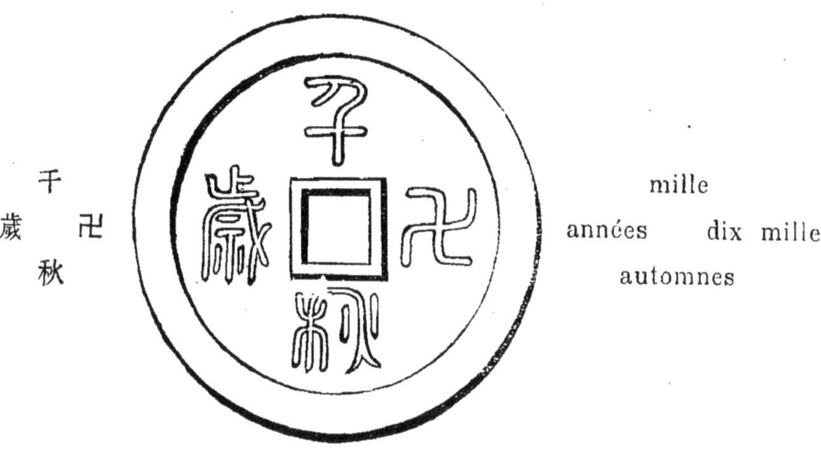

Fig. 184.

Il est en jade, de nuance jaune-orangé (cornaline, sardoine, agate rouge?), sans veine aucune, et date de l'époque des *Han* (— 206 + 265 ap. J.-C.) Notre 卍 y reparaît et nous fait suspecter la haute antiquité attribuée à ce colifichet, qui ne cesse point de se fabriquer en Chine sous des formes équivalentes. (1).

(1) *Même ouvrage*, vol. II, p. 9. Jaune-orangé, ce morceau serait non en jade (que les Chinois confondent avec le quartz), mais en *jadéite*, si l'on se reporte à l'essai de classification que M. Théodose Morel a annexé au *Catalogue du Musée Guimet* ; Lyon, 1883.

CHAPITRE V.

LES CROIX OU X DE FER.

§ I. L'X DE FER DE NAN-KIN *INTRA MUROS*.

Découverte. — Description. — Le *fei-lai tsien*.

Avant de poursuivre nos recherches, en territoire chinois, sur la croix — talisman, symbole ou pur ornement — qu'on veuille bien me permettre d'ouvrir ce chapitre par un assez long préambule, servant d'introduction à tout un nouvel ordre d'investigations. Sans révéler par avance le sommaire des pages qui vont suivre, je confierai au lecteur que cette dernière partie est surtout motivée par un article des *Missions Catholiques*, imprimé en 1886, sous le titre: «La croix honorée dans une pagode.»

Je rentrais un soir d'une excursion dans la ville de Nankin, quand au nord de la grande pagode régionale de Confucius, dans un terrain vague et encombré de pauvres tombes d'indigents et de suppliciés, au bas d'une éminence appelée *Yé-chan* 冶山, mon attention fut soudain éveillée par un singulier instrument de fonte de fer, sur lequel deux jeunes gens se trouvaient assis. Sa forme insolite piqua ma curiosité. Je le dessinai et mesurai exactement, notant par provision les moindres détails et interrogeant le petit groupe de spectateurs qui ne tarda pas à se former. «C'est le *fei-lai tsien*», me répondit-on. Sans comprendre, j'inscrivis, du mieux que je pus, la romanisation figurée des trois monosyllabes chinois que j'entendais. Puis je repris mes questions: «A quoi cela sert-il? D'où vient ce morceau de fer? Y a-t-il longtemps que cet instrument gît là? A quel usage a-t-il jamais été employé?...» Je reçus des réponses qui peuvent se résumer ainsi: «Nous n'en savons rien; mais il est sûr que cet instrument est venu du ciel en volant, il y a longtemps, sans que personne ne le vît.» Je protestai à mes interlocuteurs que leurs dires me laissaient incrédule. Ils finirent par se ranger, en riant, par politesse peut-être, à ma manière de voir, quand je leur assurai que cet instrument avait été fondu jadis, à Nankin même, par leurs propres ancêtres, à une époque inconnue, pour un usage dont on avait perdu le souvenir. Je savais qu'il y avait eu là une fonderie autrefois. Il fut plus difficile de satisfaire les plus curieux des spectateurs qui me demandèrent dans quel but je dessinais leur *fei-lai tsien*, auquel je semblais prendre tant d'intérêt.

Arrivé à notre résidence, je montrai mon croquis aux maîtres chinois de nos écoles, qui, sans hésitation, redirent les trois monosyllabes *fei-lai tsien*, et, à ma demande, les écrivirent ainsi : 飛來剪. Leurs explications furent les mêmes : « comme le nom l'indique, ce sont des *ciseaux venus du ciel en volant.* » Malgré toutes mes questions, je n'en pus rien tirer de plus acceptable. La figure 185 donne la représentation du fameux instrument qui m'intriguait si fort. Comme on le voit, c'est une sorte d'X, longue de 2^{m} 02, large de 0^{m} 45 au centre, et de 0^{m} 88 aux extrémités Sa hauteur ou épaisseur est de 0^{m} 30 au milieu. Deux espèces de rails transversaux en relief s'élèvent dans la partie moyenne, accompagnés de deux trous percés de part en part. Dans les creux R et K je trouvai des traces de plomb assez notables. Je les pris alors pour des vestiges de scellement. L'instrument est un peu engagé dans la terre, au milieu des herbes, et il n'est pas rare d'y voir des oisifs, surtout les soirs d'été, s'en servir comme de banc. Aussi, rouillé sur les côtés et dans les anfractuosités, il reste poli sur sa face supérieure. Son poids peut atteindre plusieurs milliers. (1).

Evidemment cet instrument, malgré les légendes enfantines dont il est le héros, avait eu une destination précise, spéciale, une fonction utilitaire; mais laquelle? Il ne portait aucun caractère, aucune inscription; je n'avais encore rien vu d'analogue; mes recherches, mes lectures, mes questions n'amenèrent aucun résultat. Je laissai mon croquis en réserve dans mon album. Pourtant bien souvent, soit à Nankin, soit dans les environs, j'en feuilletais les pages devant les curieux, lesquels ne manquent guère d'accourir dès qu'ils voient un Européen écrire ou dessiner « avec un pinceau qui ne prend pas d'encre ». Alors, non sans arrière-pensée, je laissais comme par mégarde entrevoir le croquis du fameux instrument. Invariablement, sans aucune provocation de ma part, les inévitables monosyllabes jaillissaient de toutes les lèvres : « C'est le *fei-lai tsien* de tel endroit ! » Cette exclamation, pleine de joyeuse surprise, et flatteuse aussi pour mon amour-propre de dessinateur, me prouvait que cet instrument, si

(1) Voici en détail les principales mesures du *fei-lai tsien* de Nankin *intra muros :*

Longueur totale	2,m02
Plus grande largeur	0, 88
Epaisseur générale	0, 24
Epaisseur au milieu	0, 30
De la fourche, K et R, aux extrémités	0, 69
Largeur au centre	0, 45
Largeur entre les deux rails	0, 24
Largeur des rails	0, 03
Hauteur des rails	0, 05
Diamètre des trous	0, 09

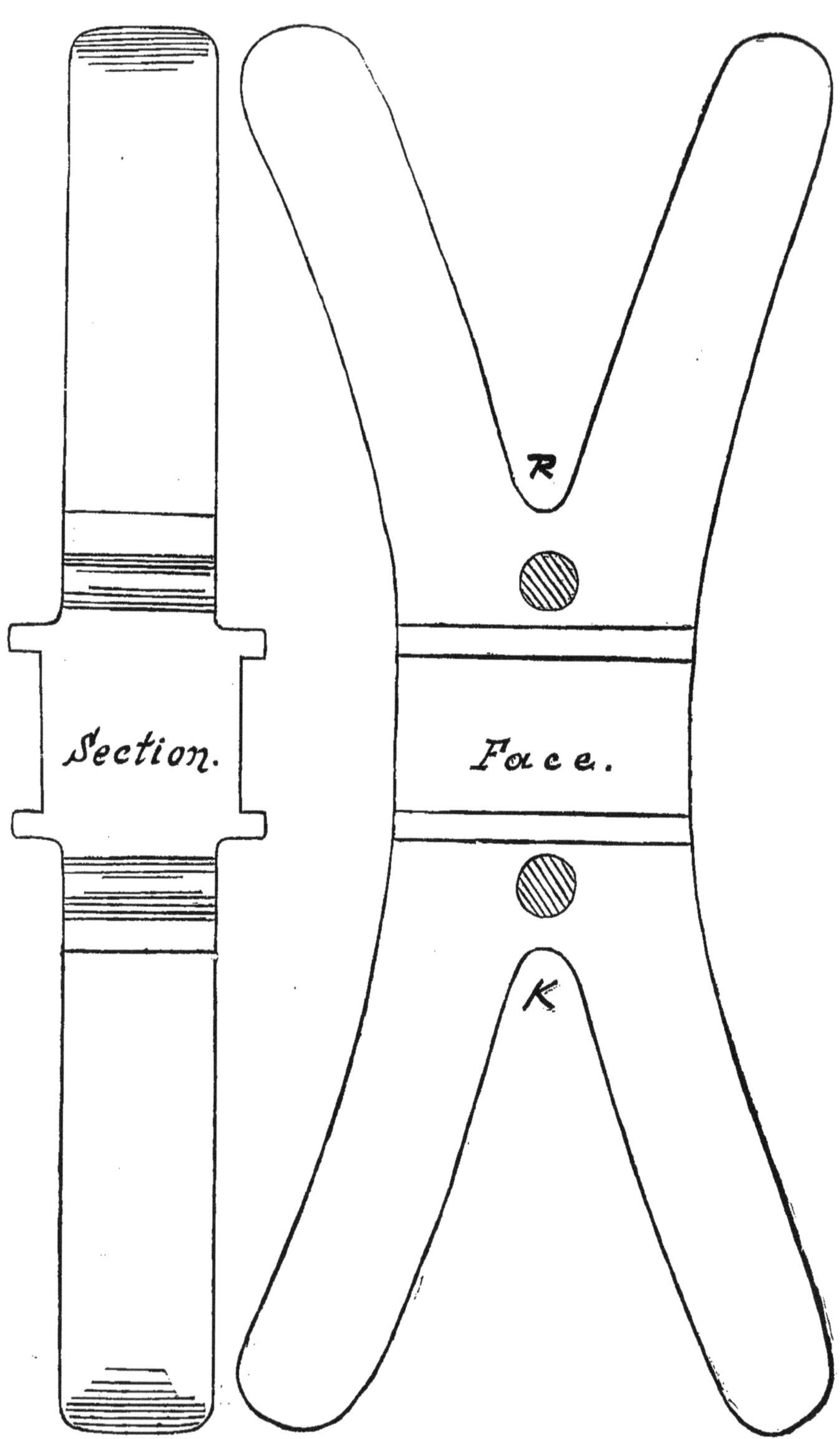

Fig. 185.

aisément reconnu, était fort populaire. Par contre, ma curiosité se trouvait vite mortifiée, quand renouvelant mon enquête pressante, et amoncelant questions sur questions, je n'obtenais jamais que les renseignements ordinaires.

Je dirai plus loin comment l'idée me hanta, à la suite d'une vague indication, que cette X de métal pouvait provenir d'une tour de fer, dans laquelle elle aurait servi, soit à relier les différentes pièces, y jouant le rôle d'armature interne, soit à asseoir les assises inférieures, soit même, vu le caractère fabuleux de certaines informations, à représenter quelque mystérieux talisman, quelque *chêli-relique,* déposé dans la base, selon l'usage hindou. (1)..

Consultées, les Chroniques de Nankin, *Kiang-ning fou tche (2),* fournirent le maigre renseignement suivant : « On dit que l'endroit des *ciseaux de fer* s'appelle *Yé-tch'eng* 冶城, ou « ville de la fonderie », parce que sous la principauté de *Ou* 吳 on y fondait des métaux. »

L'éminence au pied de laquelle gît le *fei-lai tsien* — laissons-lui son nom chinois si commode ! — a été de bonne heure occupée par un village. Au début de notre ère, on la trouve couverte d'habitations, comme toutes les buttes qui émergeaient au confluent marécageux de la *Hoai* et du *Yang-tse kiang.* Située maintenant au centre de Nankin, elle était alors assez éloignée de la ville de médiocre étendue, qui, fondée d'abord plus au Sud,

---

(1) Le *chêli* n'est pas un objet déterminé ; la superstition donne à cette relique les formes les plus diverses.

(2) 江寧府志, Livre VIII, p 2. Dès le temps décrit par Confucius sous le nom de *Tch'oen-tsieou* (722-481 av. J. C.), *Yé-tch'eng* aurait existé comme fonderie d'armes. Les *Chroniques* l'identifient avec l'emplacement actuel du *T'ien-Kong* 天宮. Bien qu'il ne semble se rattacher que de loin au *fei-lai tsien*, nous insérons en entier le passage relatif à la Tour de fer, pour offrir au lecteur tous les éléments de la discussion et multiplier les pièces utiles du procès : « Dans l'ouvrage *K'o-tsouo-tchoei-yu* 客座贅語 on raconte qu'à l'endroit vulgairement appelé *Louo-se tchoan-wan* 螺螄轉灣, appellation peut-être fautive, il y avait une pagode dite *t'ié-ta se* 鐵塔寺 ou « pagode de la tour de fer», nommée jadis *Louo se* 羅寺. Cette pagode fut bâtie au temps de la dynastie *Lieou-song* 劉宋 sous le règne de *Ming-ti* 明帝, vers 465, sous le nom de *Yen-tso* 延祚; mais à cause d'un bonze fort intelligent et aveugle de naissance, nommé *Louo-heou* 羅睺, le nom de cette pagode fut changé en *Louo se* 羅寺 ou « pagode du bonze *Louo* ». Par devant, on avait bâti deux tours en fonte de fer la 1ère année du règne *K'ien-hing* (1022) de la dynastie des *Song* 宋. Aussi cette pagode fut-elle appelée dans la suite « pagode de la tour de fer. » Mais d'autres prétendent qu'elle fut élevée sous l'Empereur *T'ai-tsong* 太宗 (627-650) de la dynastie des *T'ang* 唐. (*Chroniques* du *Chang-yuen hien* et du *Kiang-nin hien* 上江兩縣志, Livre V, p. 31). — Sur le *Yé-tch'eng* ou *Yé-chan* 冶山, se dressait un palais impérial, à la fin des *T'ang* (620-907), occupé par un prince révolté. Il fut refait de 892 à 937, sous les *Ou-wan*, 3e royaume de *Ou*. Au début du 12e siècle, sous les *Song*, on enterra un prince héritier sur cette butte.

vers l'Arsenal, puis sur toutes les collines rocheuses du Nord, s'agrandit successivement en englobant les hameaux, villages ou postes fortifiés, établis sur les mamelons voisins : le *Tchao-t'ien kong* 朝天宮, le *Che-t'eou tcheng* 石頭城, *Ts'ing-tiang chan* 清涼山, *Pé-ki-ko* 北極閣, *Ou-tai chan* 五台山, la butte du *Kou-leou* 鼓樓, enfin le *Pao-ta chan* 寶塔山 actuel. Les vieilles cartes nous montrent quelques rivières et canaux, naturels ou artificiels, d'un transit fort actif, des ponts de bateaux, des écluses, des barrages, des vannes de retenue, des plans inclinés pour le transbordage des barques: tout un ensemble de travaux, utilisés pour le commerce intérieur ou la défense du pays.

De ces considérations retenons seulement ces quelques points : La « butte de la fonderie » fait partie, depuis plusieurs siècles, de la ville de Nankin; sur cet emplacement s'élevaient des tours en fer; la butte se dressait jadis au bord du *Yang-tse kiang,* à la jonction de plusieurs canaux ou rivières, au centre d'un important trafic par batellerie.

§ II. L'X DE FER DE NANKIN *EXTRA MUROS*.

Traditions et littérature indigène. — Ces X viennent du ciel en volant. — Ponts et collines qui volent. — La *fei-lai che*, ou pierre tombée des airs. — Cloches envolées.

Quelques mois après ma découverte du *fei-lai tsien* de Nankin, un Père jésuite chinois, mis au courant de mes recherches, me signala l'existence d'un instrument semblable, dans la pagode de *Ling-kou se* 靈谷寺, à une lieue à l'est de Nankin. Nous ne tardâmes pas à nous y rendre.

La pagode en ruines de *Ling-kou se,* bâtie au pied d'un des contreforts sud de la belle colline de *Tse-kin chan* 紫金山 (1), était sans contredit parmi les plus curieuses de tout le Kiang-nan. Elle occupait jadis, sous les *Liang* 梁 et les *Song* 宋, l'emplacement où s'étendent aujourd'hui les ruines du tombeau de *Hong-ou* 洪武, le fondateur de la dynastie des *Ming* 明 en 1368, mort en 1399. Le site ayant été déclaré favorable, par les géomanciens, pour les sépultures impériales, les bonzes furent expropriés et on leur fit construire sans retard, aux frais du trésor, un monastère d'une grande splendeur et d'une belle ordonnance, à deux kilomètres plus à l'Est. Cette bonzerie, d'un si haut renom pendant plusieurs siècles, est surtout célèbre pour son *Ou-liang tien* 無梁殿, lourde bâtisse, composée de trois nefs, voû-

(1) Le pic central *Tchong-chan* 鍾山, *mont S. Michel,* domine la ville de plus de 430 mètres.

tées en larges briques, dans la construction de laquelle il n'entre pas un morceau de bois. La ville de *Sou-tcheou* 蘇州 possède une construction analogue; mais le cas, assez rare en Chine, vaut la peine d'être signalé. (1).

Donc derrière ce *Ou-liang tien*, gisant dans l'herbe et les décombres, à deux pas d'un terrassement qui supportait jadis le tombeau d'un bonze fameux, nous vîmes un second *fei-lai tsien*. Au premier coup d'œil nous y reconnûmes *le même instrument*, sans qu'il y eût place pour le moindre doute. Nous en relevâmes soigneusement, comme pour l'autre, les mesures (2) et les profils (fig. 186), que nous soumettons à l'examen des archéologues.

C'est bien un instrument identique, fondu pour la même destination, sur le même plan, bien que d'un module un peu inférieur, et il a dû remplir la même fonction.

Des bonzes il ne fut possible, ni alors, ni plus tard, d'obtenir aucune information utilisable. Leurs réponses extravagantes n'indiquaient ni plus de bon sens ni plus d'érudition que celles du vulgaire au sujet de l'autre *fei-lai tsien*. Les deux trous, partiellement oblitérés, se trouvent parfois remplis d'eau : les bonzes lui attribuent des vertus curatives exceptionnelles, affirmant que, malgré l'évaporation, jamais elle n'a besoin d'être renouvelée. D'après leurs dires, ces trous sont deux puits intarissables.

Comme plus haut, nous traduisons ici les rares documents empruntés aux sources chinoises :

« Dans l'ouvrage intitulé *Lou-tch'ao che-tsi* 六朝事蹟 ou *Annales des six dynasties* (220-585), on lit que sous la dynastie des *Liang* (502-557), la 13e année du règne de *T'ien-kien* 天監 (514 apr. J.-C.), on acheta pour 200.000 sapèques la colline appelée *Tou-long* 獨龍, qui est devant la pagode *Ting-lin se* 定林寺, afin d'y ensevelir le bonze immortel (thaumaturge) *Pao Tche-kong* 寶誌公. Sur cette colline on éleva une tour à cinq étages, sur l'ordre d'une princesse appelée *Yong-ting* 永定. » (3).

---

(1) Cette étude sur les X en fer a déjà paru dans le n° d'octobre 1893 des *Etudes Religieuses*. Comme il s'y trouve quelques divergences de détails, c'est ici qu'il faut chercher notre idée plus explicite.

(2) Notre dessin sommaire est *au dixième* de la grandeur réelle, à une échelle un peu plus forte, par conséquent, que celle de la gravure précédente. Principales mesures :

Longueur totale	1,m 58.
Plus grande largeur	0, 78.
Epaisseur générale	0, 23.
Epaisseur au milieu	0, 30.
De la fourche à l'extrémité	0, 45.
Largeur au centre	0, 40.
Distance entre deux rails	0, 25.
Diamètre des trous	0, 09.

(3) Chronique du *Chang-yuen hien* et du *Kiang-ning hien*. Livre II, p. 2.

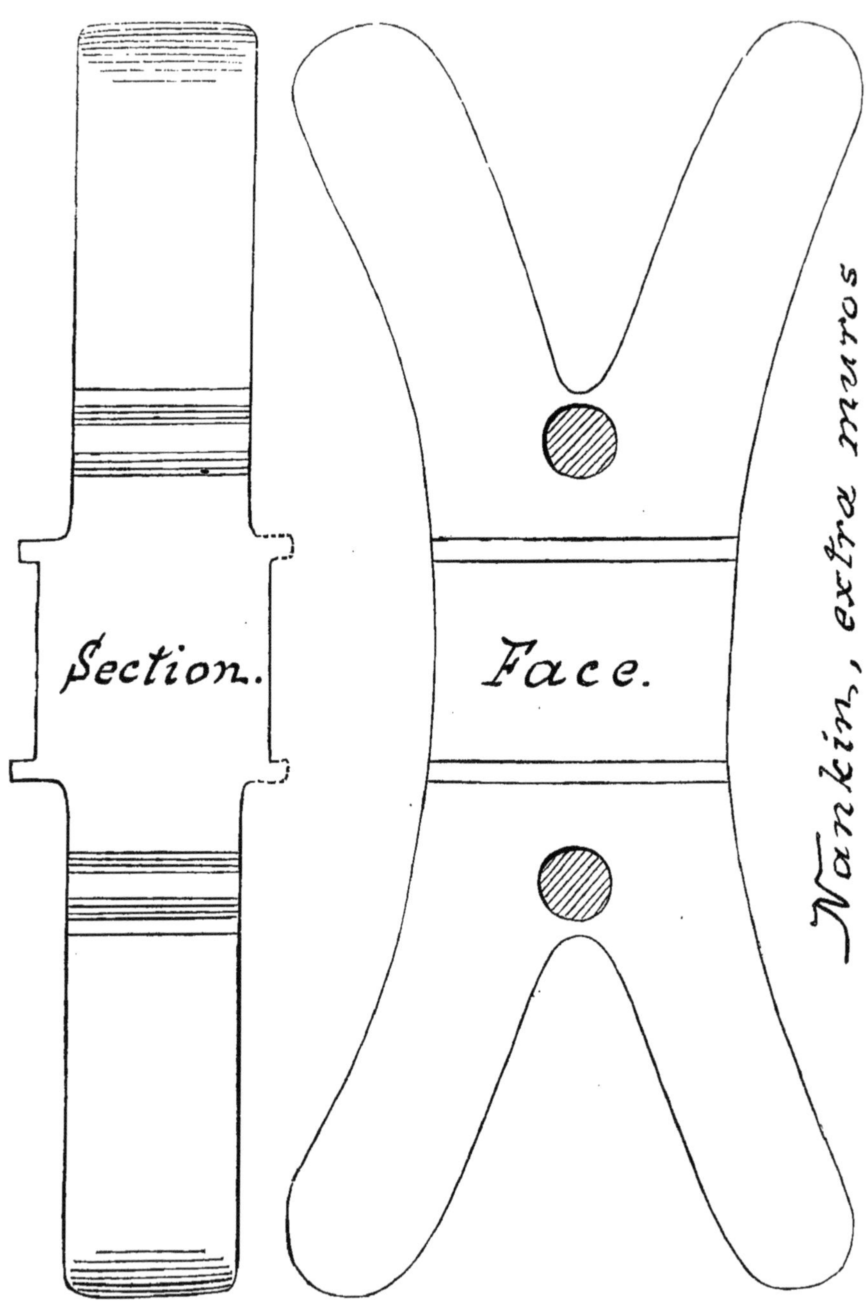

Fig. 186.

« Dans la pagode *Ling-kou*, il y avait une tour à cinq étages pour le tombeau du bonze *Pao Tche-kong.* »

Le portrait de ce bonze se voit encore intaillé dans une tablette lapidaire de la nouvelle pagode, élevée sur les ruines de l'ancienne. Il porte le sistre hindou sur son épaule. C'est l'œuvre du peintre *Ou Tao-tse* 吳道子 (1), dont Nankin et les environs conservent plusieurs dessins ou peintures, spécialement plusieurs *Koan-in* souvent reproduites.

Quant à *Pao Tche-kong*, c'était un bonze d'une éloquence hors ligne; un jour qu'il prêchait, une pluie de fleurs tomba sur la butte avoisinant la porte sud de Nankin, et la colline en garda le nom désormais célèbre de *Yu-hoa tai* 雨花臺, « colline de la pluie de fleurs. » (2).

« En outre, poursuit le texte chinois, il y avait là *des ciseaux de fer*, *t'ié-tsien* 鐵剪. Les *Chroniques* de cette même pagode *Ling-kou se*, rédigées par *Ou Yun* 吳雲, affirment que ces *ciseaux* sont la moitié mystérieuse, cachée, de *t'ien-ou-tchen* 天吳鎮. »

D'après la remarque du Père qui me signala l'existence du second *fei-lai tsien*, ces trois caractères indiquent l'action de contenir, de réprimer, de maîtriser *l'esprit de l'eau*, *t'ien ou* 天吳 (expression usitée en démonologie.) On dit que « c'en est la moitié », me suggère le même Père, parce que ces ciseaux, cette X de fer, portent les trois caractères *t'ien-ou-kin* 天吳金. Mais le caractère 金 est la moitié du caractère 鎮. On évita d'inscrire en entier et clairement ce dernier caractère sur les *ciseaux*, afin, semble-t-il, de dérober au vulgaire le sens de l'inscription, qui ainsi demeura *cachée*.

Si positives et circonstanciées qu'elles paraissent, les informations d'origine chinoise restaient bien insuffisantes pour dissiper notre perplexité. Cette mention de tour, jadis élevée en cet endroit, comme au centre de Nankin, était tout au plus capable de

---

(1) Cf. *suprà* p. 79 ; *item* ce que j'en ai dit dans les *Etudes relig.* juin 1890. p. 318.

(2) D'après le *Chinese Reader's Manual*, l'empereur *Liang Ou-ti* (502-550) y fit élever une pagode quand on lui eut persuadé qu'une pluie de fleurs y était tombée pour célébrer la gloire de son règne. L'eau de ses puits, recherchée à Nankin, a été déclarée la seconde de l'Empire par l'empereur *K'ang-hi*. Les visiteurs, les lettrés surtout, y ramassent des agates et des cornalines (parmi les nombreux cailloux roulés de certaines brèches), s'ils ne préfèrent les y acheter fort cher.

Un peu au Sud, derrière le fort, se trouve l'ancien cimetière des missionnaires, encore utilisé, qui renferme les corps de onze jésuites, des siècles derniers, et celui de Mgr Lopez, seul évêque chinois mentionné par l'histoire. A la page 170, du Tome II, des *Nouveaux Memoires* par le P. Le Comte S. J., figure une notice édifiante sur ce saint évêque, autrement dit : « Monsieur de Basilée, Chinois de nation, élevé par les Pères de S. François et devenu ensuite religieux de S. Dominique. » Son portrait y est joint, gravé d'après un dessin indigène corrigé. L'évêque porte suspendue au cou une croix pectorale, en forme d'une croix de Malte, semblable peut-être à celle du monument de *Si-ngan fou*.

nous engager sur une piste au moins douteuse, sinon périlleuse. Quant à l'interprétation bizarre du demi-vocable, tronqué à dessein, *t'ien-ou-kin* 天吳金, nous n'avons pas encore réussi à en pénétrer tout le mystère. Alors, les ténèbres s'amoncelaient encore plus épaisses sur ce point. Toutefois, j'entrevis que la puissance reconnue au nouveau *fei-lai tsien* contre les influences nuisibles de *l'esprit des eaux,* était un indice qu'il ne fallait pas négliger. On en verra plus tard le pourquoi.

J'en étais à ce degré d'incertitude dans mon enquête archéologique, quand, au cours de mes lectures, je rencontrai le passage suivant de l'ouvrage du Rév. V. C. Hart, racontant ses voyages dans la Province du Se-tch'oan 四川, au « grand centre bouddhique du Mont Omei. »

On remarque, près de l'énorme massif de la grande montagne couverte de temples si curieux, « un pont suspendu en fer, et l'endroit est connu sous le nom de : une paire de *ponts volants, a pair of flying bridges* (1). Pourquoi ce pont prend-il ce nom, je ne saurais le dire. Les Chinois ont d'étonnantes légendes au sujet de cloches, de ciseaux et même d'énormes vases en pierre, qualifiés aussi de *volants ;* on en trouve beaucoup de cette sorte à Nankin et dans les autres grands centres historiques. Le visiteur peut voir une cloche de bronze dans la partie nord de la ville de Nankin, haute de 15 pieds et large de 7 pieds, que l'on dit être venue du ciel en volant : on y trouve aussi deux grands instruments en bronze (2), en forme de ciseaux, d'usage inconnu, que l'on prétend être tombés du ciel. Je crois savoir qu'un poète chinois fait allusion à un temple merveilleux, qui est tombé d'en haut. Tout cela fait penser aux légendes des Grecs : on disait aussi le Palladium de Troie descendu du ciel. Les anciennes idoles étaient des pierres grossièrement taillées et elles passaient pour avoir traversé les airs en tombant ou en volant. On pourrait citer beaucoup d'exemples de cette sorte. Pourtant, c'est la première fois que j'entends parler de *ponts qui volent.* » (3).

Cette rapide indication de ciseaux volants a été complétée par l'auteur même dans un nouvel ouvrage « *Hong-ou,* rapporte-t-il,

---

(1) Crainte d'amphibologie, peut-être vaudrait-il mieux traduire « Ponts qui volent ». On le sait, pont volant signifie un léger pont, mobile ou provisoire. En réalité, l'expression chinoise est peut-être une métaphore, équivalant à *pont hardi.*

Voir, dans le *North China Daily News*, à partir du 25 mai 1893, la relation d'un voyage en ces mêmes contrées, sous le titre : « *Mount Omi and beyond* 峨眉山 *(Ngo-mei chan), a record of a journey on the tibetan border*, by Arch. J. Little. » Consulter en particulier le n° du 7 juillet sur la « paire de ponts volants, — *pair of flying bridges, choang-fei-k'iao* 雙飛橋, » audacieusement jetés au confluent d'un torrent impétueux.

(2) Ils sont en fonte de fer.

(3) *Western China, a journey to the great buddhist centre of Mount Omei,* by the Rev. Virgil C. Hart. Boston, 1888.

le fondateur de la dynastie de *Ming* 明, à la fin du XIVe siècle, voulut, à l'instigation de son premier ministre *Liou-ki* 劉基, de la secte des taoistes, élever sur une colline de Nankin un temple magnifique au *dieu du ciel,* divinité principale du taoïsme. Cet empereur était alors hostile aux bonzes bouddhistes qui avaient là une pagode. Pour subvenir aux dépenses de la nouvelle construction, appelée depuis le *Tchao-t'ien-kong* 朝天宮, il fallut provoquer de généreuses souscriptions parmi le peuple ; dans ce but on répandit la rumeur de divers prodiges. On prétendit, entre autres miracles, « qu'une paire de ciseaux de bronze, pesant plus d'une tonne, était tombée des cieux et avait pris terre à l'endroit précis où l'on devait bâtir un temple au *dieu du ciel.* Les antiquaires peuvent encore voir ces ciseaux aujourd'hui. » (1). Le temple fut brûlé en 1853 par les *Tch'ang-mao* 長毛, et *Tsen Kouo-fan* 曾國藩, l'une des personnalités chinoises les plus justement marquantes, prit possession de la colline pour édifier à Confucius le temple qui la couronne actuellement..

Revenons aux ponts volants. Le P. de Magalhâes en décrit un des plus singuliers dans la ville de Pékin : « Le pont sur lequel on traverse le fossé qui environne ce palais (de *Chun-hoa-tien,* « le palais de la fleur doublée ») est un ouvrage merveilleux. C'est un dragon d'une grandeur extraordinaire, qui a dans l'eau les deux pieds de devant et les deux pieds de derrière, pour servir de piles ; et qui, avec le corps qu'il plie, fait l'arcade du milieu, et deux autres, l'une avec le corps, l'autre avec la teste. Il est fait de grandes pierres de jaspe noir, si bien jointes et si bien travaillées, que non seulement il parait être d'une seule pièce, mais il représente encore un dragon fort au naturel. On l'appelle *Fi-Kiao,* c.-à.-d. *pont volant,* parce que les Chinois disent qu'il est venu par l'air d'un Royaume des Indes qu'ils appellent *Tien-cho,* c.-à.-d. Royaume des Bambous ou des Cannes du ciel, d'oú ils prétendent aussi que vint autrefois leur Pagode et sa Loy. Ils comptent de ce pont et de ce dragon plusieurs autres fables que je laisse comme indignes de cette relation. » (2).

Pour quelques-uns de ces ponts, il semble que la difficulté de leur exécution donne la raison du vocable qui leur prête des ailes. En Europe des ponts de cette catégorie ont aussi été nommés *Ponts du Diable,* avec légendes à l'appui..

Pautier dit dans une *Note sur les ponts suspendus* : « Le pont de la pl. 52 va d'une montagne à l'autre et il a 400 pieds de longueur sur 500 de hauteur ; c'est pourquoi les Chinois l'appellent *Pont volant.* » (3).

---

(1) *The Temple and the Sage.* Toronto, 1891. p. 14.

(2) *Nouvelle relation de la Chine,* 1668. p. 340.

(3) *Chine moderne,* T. I. p. 234.

Kircher en cite un du *Koei-tcheou*, formé d'une seule pierre et auquel on donne le nom de *pont céleste*. Puis il insère une gravure sur cuivre qui porte dans un cartouche : *Pons volang* (1). La perspective y est des plus fautives, l'échelle de ce dessin de pure fantaisie donnerait aux claveaux de l'intrados des dimensions titanesques, irréalisables en pratique. Le texte de Kircher s'exprime ainsi : « Alius pons in eadem Provincia *Xensi* (Chen-si) prope *Chogan*, ad ripam *Fi* spectatus; siquidem de monte ad montem unico extructus arcu... quadringentorum cubitorum est; altitudo verò... 50 perticarum esse fertur; unde Sinæ eum *Pontem volantem* vocant.» (2). Il compare ce *pont volant* jeté sur le Fleuve Jaune à celui du Gardon, près de Nîmes, qu'il a vu.

Ponts, cloches, vases, pierres, énormes masses de fer, nous savons désormais que les Célestes, par un procédé renouvelé des Grecs et familier en folklore, attribuent à tout objet étrange, dont ils ignorent l'origine, cette faculté de traverser les airs pour s'abattre en quelques rares pays privilégiés, à la façon réservée aux aérolithes dans notre monde sublunaire.

Dans le récit d'une ascension à la célèbre montagne sacrée, nommée *T'ai-chan* 泰山, au Chan-tong, un voyageur mentionne qu'à mi-hauteur, « sur le bord de la route repose un énorme galet appelé *la pierre qui vole*. Il serait venu là porté par le vent, au temps de *Wan-li* (1573-1620); mais le touriste se demande en vain ce qui motive cette étonnante explication, vu que cette pierre ressemble à des milliers d'autres éparses sur les flancs de la montagne.» (3).

A *Sou-tcheou* 蘇州, la capitale du Kiang-sou, le peuple désigne sous le nom de *sing-che* 星石, « pierre d'étoile,» deux blocs de pierre brute que l'on remarque près de la pagode de Confucius. Il ne s'y attache du reste aucune idée superstitieuse. (4). A Pékin, on montre également un « dépôt d'aérolithes » dans le temple du même Sage. (5).

Un ouvrage célèbre par ses belles illustrations, le *Si-hou tche*, « description du lac de l'ouest,» près de *Hang-tcheou* 杭州, capitale du Tché-kiang, parle d'une colline, haute de 100 pieds, dans l'enceinte de la bonzerie de *Ling-in*, « la retraite de l'esprit », et qu'on nomme la *Fei-lai chan* 飛來山. L'origine de ce nom serait celui-ci : la bonzerie, qui renferme la colline, aurait été bâtie, à la fin des *Song*, par un ascète venu des Indes. A son arrivée, cet ermite aurait découvert une grotte tellement sembla-

(1) Pauthier l'a fait copier, sans amélioration valable, pour sa *Chine moderne*, avec le titre *Pont volant*, *Puente volante*. Voir aussi *ibid*. I. p. 126.

(2) *China illustrata*, pp. 214 et 215.

(3) *Chinese Recorder*, dec. 1888. A visit to *T'ai-shan*, by Rev. P. D. Bergen.

(4) L'une de ces pierres, rougeâtre, est longue de 0m 83 et haute de 0m 54. L'autre, d'un gris bleuâtre, est longue de 1m 18 et haute de 1m 20.

(5) Comte de Beauvoir, *Voyage autour du monde*. 8e édit. Paris. 1874. p. 63.

ble à celles de son propre pays, qu'il aurait juré qu'elle était venue des Indes mêmes. D'où ce nom de *fei-lai,* « venue en volant. » Le bonze avait amené avec lui un singe blanc et il savait, en sifflant, convoquer tous ceux des environs; aussi la grotte s'appelle-t-elle « la grotte d'appel des singes ; » le peuple raconte qu'elle communique avec celles des Indes, ou *T'ien-tchou.* (1).

Le paragraphe suivant montrera, j'espère, au lecteur impatient, quel lien réel, bien qu'un peu frêle d'apparence, rattache tout cela à la croix, qui a fait jusqu'ici l'objet de notre travail. J'arrêterai pourtant encore son attention sur un autre monument peu connu, sur une *fei-lai che* 飛來石, c-à-d. sur une « pierre venue du ciel en volant », et dressée aux abords de Nankin, pour s'y faire honorer et admirer. (2).

Cette *fei-lai che* a été placée dans la pagode nommée *Koan-in se,* à l'est de Nankin, sur la route de *Tchen-kiang* 鎮江, presque à l'entrée de la sépulture de *Hong-ou* 洪武, à un ou deux kilomètres de la pagode de *Ling-kou se* au *fei-lai tsien extra-muros* susmentionné. Rien à l'extérieur ne signale la *Koan-in se* aux regards du curieux ; dévastée par les *Tch'ang-mao,* elle vient d'être relevée de ses ruines. C'est le type de la modeste pagode rurale, bâtie sur le plan de nombre d'habitations bourgeoises, et ne se trahissant guère que par ses murs badigeonnés d'ocre jaune. Parti à la recherche de la *fei-lai che,* j'y entrai naguère et pénétrai dans la cour en traversant une première rangée de constructions, où trônent quelques *poussahs.* Là, je dessinai et mesurai deux ou trois pierres curieusement sculptées. Un bonze qui m'observait, exigeait absolument que je lui révélasse en confidence la vertu secrète de ces pierres, pour le mettre à même lui aussi d'exploiter la mine de richesse et de bonheur incluse en ces trésors. C'est la croyance générale, l'erreur incurable de ces bonzes ignorants, superstitieux, cupides, adonnés aux pratiques de la sorcellerie et des incantations, préoccupés surtout de leur riz quotidien. J'eus beau protester de mon incompétence radicale, et assurer que j'obéissais à des soucis d'une nature fort différente, il me garda rancune. J'en eus la preuve très vexante, quand, à ma demande de renseignements sur la *fei-lai che,* il répondit en clignant de l'œil : « Oui, il y a une *fei-lai che;* oui, je sais où elle

(1) Cf. H. Cordier. *Odoric de Pordenone*, p. 233.

(2) On m'en a signalé une autre, à une trentaine de kilomètres au Sud de Nankin, avec divers talismans de ce genre. Un mandarinet exposait naguère devant moi qu'une pierre précieuse s'y trouvait jadis au sommet d'un arbre très vieux, très vieux... On voulut la voler, alors elle disparut, existant encore, mais désormais invisible. « Vous devez savoir cela, vous autres Européens! Vous n'ignorez pas qu'il y a toujours au sommet des vieux arbres une pierre précieuse qui les nourrit, les empêche de mourir. » Et ce mandarinet, amateur de littérature et d'antiquités, parlait de cette escarboucle avec conviction !

est; mais puisque vous refusez d'avouer ce qu'on peut tirer des ces *trésors*, je ne vous dirai pas non plus où elle se trouve.» Impossible de lui faire entendre raison sur ce point. Quelques passants et des soldats, employés à déterrer d'anciennes briques pour la réparation des remparts, se montrèrent heureusement plus obligeants. En fait, quand j'interrogeais ce bonze, qui bientôt maugréa contre leur complaisance, je me trouvais à six mètres de la précieuse « pierre venue du ciel » ; elle se dressait dans le bâtiment servant, selon l'usage, de pagode principale, et limitant la cour au Nord. (1).

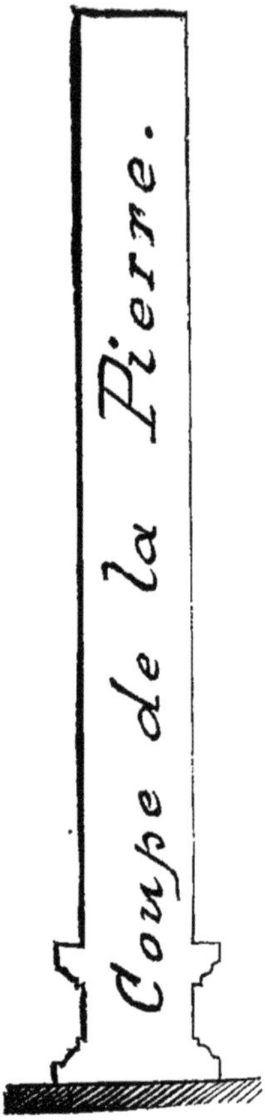

Voici sommairement en quoi consiste cette pierre. En entrant dans cette salle du Nord, on a devant soi une alcôve abritant une *Koan-in* dorée et récente, de style ordinaire; mais elle est adossée à une gigantesque dalle de marbre, poli à-demi, veiné de rose et de violet, aux tons d'onyx et d'opale. Cette dalle (2) suffirait seule au pavage d'une chambre de vingt-cinq mètres de superficie. Evidemment, ce sont ses dimensions extraordinaires qui lui ont valu cette origine supposée céleste. Dès l'entrée, elle limite pour le regard l'aire de la pagode, qu'elle divise en deux compartiments inégaux. Au premier abord, elle semble reposer sur une autre pierre formant un soubassement mouluré et sculpté, qui, de fait, est pris dans le même bloc, comme on peut le voir par la coupe de la pierre ci-contre. Ce soubassement reproduit le profil et l'ornementation des soubassements analogues, portant également des dalles à inscriptions, au tombeau des *Ming*, à quelque mille mètres à l'Ouest. Cette base, haute de 0^m 65, présente les ornements répétés à satiété aux portiques de cette sépulture et aux pieds-droits des portes de l'ancienne ville impériale à Nankin. La date de ce monument ne se trouve pourtant pas, de

Coupe de la Pierre.

Fig. 187.

---

(1) Ce bâtiment contient en outre un fort joli brûle-parfums en bronze, exquis d'exécution et de forme originale, lequel date de plusieurs siècles peut-être. L'artiste remarquera encore en cette pauvre salle d'auberge (on y boit et on y mange), deux plaques de cuivre repoussé et émaillé d'harmonieuses couleurs, représentant des *poussahs* accroupis sur leur fleur de lotus, l'un dans la gamme bleue, l'autre dans la gamme rose. Elles sont fixées dans deux dressoirs en bois, à l'Ouest, devant une aquarelle du *Ti-tsang poussah*, le dieu des enfers.

(2) Elle mesure 5^m 70 de longueur, sur 4^m 35 de hauteur et 0^m 52 d'épaisseur.

ce fait, clairement déterminée : il fut élevé probablement au cours du XVIIe siècle.

En avant de la *fei-lai che*, une *Koan-in* à quatre bras, abritée avec ses deux magots babituels sous un récent édicule en bois, sans style, trône sur une sorte de piédestal en marbre blanc, très ouvragé, superbement sculpté et ciselé, orné de motifs très gracieux. C'est, à ma connaissance, le plus beau morceau de sculpture décorative qui subsiste à Nankin. Il est malencontreusement caché par cette vulgaire armoire en bois et par la table qui sert d'autel. Au centre, et sur les deux côtés de ce piédestal, haut de près d'un mètre, s'épanouissent les trois croix en relief, dont j'ai inséré le grossier croquis à la page 54. Au bas figurent quatre lionceaux en relief aussi. Les moulures sont égayées par l'élégant motif à feuilles de lotus ornemanisées, si usuel dans l'art moderne chinois et qui remplace si avantageusement les oves et rais-de-cœur gréco-romains. A première vue, ce soubassement, ouvré comme un morceau d'orfèvrerie, pourrait passer pour un travail contemporain du tombeau des *Ming*, bien qu'il trahisse plus de grâce raffinée ; certains de ses détails architectoniques lui sembleraient même empruntés.

Au milieu et au revers de la grande dalle, au Nord par conséquent, on remarque ces inscriptions gravées en creux : 水晶屏; 淸凉履題 *Choei-tsing p'ing; Ts'ing-liang Li t'i*, qui peuvent s'interpréter : « Tablette ou écran de cristal; écrit par Li, à *Ts'ing-liang*.» (1).

La statue de *Koan-in* n'a que quatre bras : deux de ses mains sont jointes; un de ses bras levés, le droit, montre un court chapelet. Sa chevelure est peinte en bleu. La *déesse de la miséricorde* s'accroupit, en tailleur, sur la fleur de lotus, attitude favorite des dieux indous. Elle s'adosse à la *fei-lai che* qui porte, sculpté derrière elle, un riche ensemble ornemental aux reliefs dorés, aux creux rechampis de rouge, une sorte d'énorme et opulent jeu-de-fond, en forme d'auréoles concentriques et fleuries (2), sur lequel s'enlève la déesse, dorée aussi, les oreilles tombantes, la tête surmontée de la haute couronne à cinq pans, diadème des boddhisatvas.

---

(1) *Ts'ing-liang* serait le nom d'une colline nankinoise. A côté de l'inscription sont incisés deux larges sceaux carrés, l'un en creux (*in* 印), l'autre en relief (*yang* 陽), selon la coutume. C'est la signature sigillographique au complet du nom de l'écrivain, nommé plus haut *Li*, tout court, et ici *Se-li*; soit : 熊印賜履 *Hiong in Se-li*. 敬修 *King-sieou*. «Sceau de *Hiong Se-li King-sieou*.» Ce lettré *Hiong* 熊 (*sing* 姓) *Se-li* 賜履 (*ming* 名) *King-sieou* 敬修, aliàs *Ts'in-yo* 青岳 (*tse* 字), vivait de 1635 à 1709. Il était originaire du Hou-pé, et fut reçu au Doctorat en 1658. Il exerça la charge de grand chancelier de l'Empire et a laissé plusieurs ouvrages estimés.

(2) Cette gloire figure une feuille du *ficus religiosa*, consacré à Sakya-Mouni. C'est la forme ancienne; l'auréole moderne est, non plus aigüe, ni ovale, mais ronde. Cf. Schlagintweit, *op. cit.* p. 135.

L'effet primitif, avant ces récentes additions de menuiseries, devait être très heureux et fort impressionnant. La *fei-lai che* était jadis dressée sous une construction légère, dont il ne reste que six ou huit bases de colonnes, l'énorme dalle ayant été entaillée en gouttières sur ses tranches Est et Ouest, pour recevoir deux des fûts de colonnes, qui s'y encastraient sur un tiers de leur circonférence et assuraient l'aplomb de la fameuse tablette. (1).

Nous nous sommes attardé à la description de cette *pierre venue du ciel en volant*, parce que, outre son intérêt archéologique et religieux, elle présente d'évidentes analogies avec nos *ciseaux venus du ciel en volant*, analogies permettant peut-être d'élucider un jour le problème qui se rattache à ces derniers.

Pour le moment, il appert sans conteste, que, de part et d'autre, la crédulité chinoise, tenue en émoi à la vue d'une énorme masse de pierre ou de fer dont elle ne parvenait pas à fixer l'origine, leur en a assigné une *céleste*, de complicité avec les bonzes aussi ignorants et beaucoup plus intéressés au subterfuge. Pour l'immense tablette, c'est la fiction esquissée par Lafontaine :

Un bloc de marbre était si beau
Qu'un statuaire en fit l'emplette.
Qu'en fera, dit-il, mon ciseau ?
Sera-t-il dieu, table, ou cuvette ?
Il sera dieu !

Maluit esse deum, avait dit Horace. La *fei-lai che*, quasi divinisée, devint une tablette d'origine céleste : ainsi procède partout et à tout âge la faiblesse de l'esprit païen.

En voici un nouvel exemple assez saillant ; nous le présentons comme une contribution à ces habitudes du folklore chinois, qu'il peindra au vif, et pour développer les indications du R[d] V. C. Hart.

A Nankin, près de la grande porte monumentale à trois baies, nommée le *Kou-leou* 鼓樓, et datant du début du règne de *Hong-ou* 洪武 (1368), s'élevait jadis une tour ou beffroi à cloches *Tchong-kou-se* 鐘古寺 ruinée depuis longtemps. Il en reste une cloche fort visitée, fondue vers la fin du XIVe siècle, et désignée populairement par l'appellation de *ta-tchong* 大鐘, *la grande cloche*. (2). On prétend que les *Tch'ang-mao* essayèrent en vain de la relever. Cette opération, qui présageait dans les idées nankinoises une ère de prospérité pour la vieille cité, s'accomplit à

---

(1) La *fei-lai che* semble de faction comme une sentinelle avancée, un *palladium*, gardant l'accès de la sépulture impériale de la dynastie des *Ming*. Avec la riche et vaste pagode de *Ling-kou se*, située à deux kilomètres plus à l'Est, elle ajoutait naguère à la splendeur de ces constructions, dont les principales étaient le tombeau des *Ming*, les autels du Ciel et de la Terre, *T'ien-tan* et *Ti-tan*, 天壇, 地壇, le pavillon à la sortie de *Hong-ou men* 洪武門, enfin la ville impériale et ses palais.

(2) Elle mesure 7[m] de circonférence et 4[m]50 de hauteur, et pèse 10.000 kil.

souhait, vers 1887, grâce aux engins de l'Arsenal. La curiosité et la superstition y amènent d'incessants pélerins. Pour le peuple, elle aussi est *tombée du ciel*, *fei-lai tchong* 飛來鐘, bien qu'on puisse lire sur le métal en caractères chinois fort distincts : la 21ᵉ année du règne de *Hong-ou* 洪武, le 21ᵉ jour du 9ᵉ mois. (1).

« N'importe ! dit le Rᵈ Williams (2) ; une histoire plus romantique nous apprend que, quand *Hong-ou* fit fondre cette cloche, il ordonna de jeter dans le bronze en fusion une assez grande quantité de divers métaux. On ne put parvenir à les allier, et plusieurs habiles fondeurs échouèrent en cette tâche, malgré leur expérience technique. Un praticien des plus renommés fut appelé et reçut l'ordre, sous peine de mort, de terminer la cloche à une date fixée. Il travailla en vain ; les métaux réfractaires refusaient de fondre, et le maître fondeur trahissait naturellement quelque anxiété. Sa fille aînée, devinant ses soucis, lui arracha son secret. Elle s'endormit la nuit suivante, en pleurant sur le malheur qui menaçait sa famille ; et en songe elle rêva que seul le sang d'une vierge rendrait possible l'alliage des métaux. Elle se leva ; en s'habillant elle réveilla ses deux sœurs. Après maint refus, elle fut obligée de leur communiquer son projet et alors elles insistèrent pour l'accompagner. Les trois sœurs se dirigèrent donc vers la fournaise et se précipitèrent dans le métal liquéfié. Aussitôt trois grandes cloches s'élancèrent dans les airs. La première retomba dans le *Yang-tse Kiang*, la seconde dans la ville impériale à Nankin, et la troisième est celle qui nous reste. Les statues des trois sœurs se voient dans un réduit de la pagode où l'on a suspendu cette cloche, et l'on assure que les cendres des bâtonnets odorants, brûlés à leur autel, sont des spécifiques pour tous les maux. Les femmes fréquentent surtout cette pagode. » Si les versions abondent dans ces récits légendaires, les divergences n'ont ici qu'une médiocre importance ; pour nous l'intérêt se concentre uniquement sur ces traditions persistantes de *vols* de cloches ou autres objets. (3).

---

(1) Cela correspond à l'automne de 1288. Le R. P. Colombel a publié, dans les *Etudes religieuses* (cf. supra p. 24), cinq ou six pages relatives à cette grosse cloche et à ses sœurs. L'une de ces cloches, tombée par accident au fond de l'eau, quand on voulut lui faire traverser le *Yang-tse Kiang*, a été baptisée, par la légende, du nom de *fei-tchong* 飛鐘, « cloche envolée ». Cette notice forme une intéressante monographie du sujet.

(2) *The Shanghai Mercury*, du 27 juin 1891 : *Hung-wu and his Capital.*

(3) Le sang humain, jeté dans le métal en fusion, améliore la fonte, d'après les croyances chinoises. Une légende semblable se répète pour la cloche de 53 tonnes que *Yong-lo*, 3ᵉ emp. des *Ming*, voulut placer dans le *Tchong-leou* 鐘樓 de Pékin. Après un double insuccès, le fondeur, un mandarin *Koan-yu*, chargé de l'entreprise, fut menacé de mort si le 3ᵉ essai échouait encore. Sa fille apprit d'un sorcier qu'il fallait du sang de vierge dans le métal. Pendant qu'elle se précipitait la tête la première dans la fonte, un domestique, voulant la retenir, ne put saisir que sa chaussure. La cloche est superbement réussie ; mais à chaque coup qui tinte, le peuple distingue le son du caractère *hiai* 鞋 *chaussure*. C'est la pauvre fille qui réclame son soulier ! Cf. Dennys. *The Folklore of China*. p. 133.

§ III. L'X DE FER DE *KI-NGAN FOU* AU KIANG-SI.

«La Croix honorée dans une pagode.» — Mentions diverses. — Documents européens et chinois. — Instruments similaires. — Ce ne sont pas des croix.

Réfléchissant sur ces origines célestes et sur ces *fei-lai tsien* énigmatiques, qui me hantaient comme une obsession, je revis soudain en imagination le galbe bizarre d'une X en fer reproduit naguère dans un numéro des *Missions Catholiques*. J'y recourus sans retard et constatai avec intérêt qu'il figurait en tête de l'article intitulé : « La croix honorée dans une pagode chinoise.» (1).

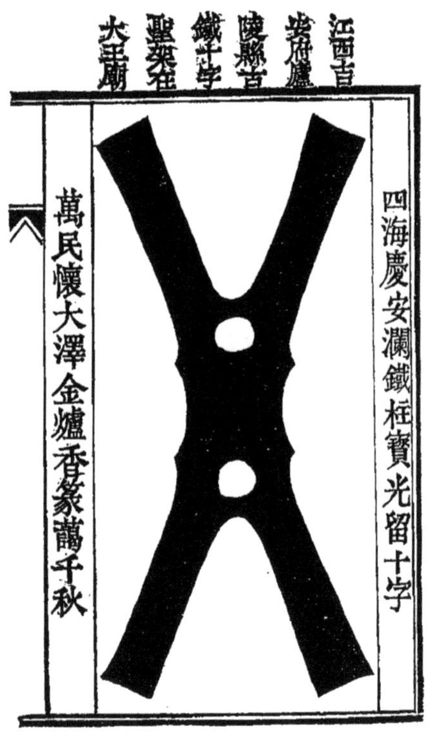

Fig. 188.

Voici tout d'abord le dessin, tiré ici et dans les *Miss. Catholiques* d'une planche de l'ouvrage *Cheng-che-tch'ou-jao* 盛世芻蕘, composé par le P. de Mailla. Ce livre contient les dessins des trois croix du Fou-kien, dont j'ai donné un *fac-similé* plus haut. (2).

Dans l'instrument représenté, à la vue de la forme en X et des deux trous, je soupçonnai un troisième *fei-lai tsien;* puis les deux proéminences des côtés me firent tout d'abord conjecturer que, dues à l'inexpérience du dessinateur chinois, qui use sans vergogne de ra-

---

(1) Cf. *Missions Catholiques*, 1886, p. 543.

(2) pp. 152 et 153.—Monseigneur Rouger, vic. apostolique du Kiang-si méridional, a fait une réédition de ce *Cheng-che-tch'ou-jao*, d'après l'édition de *T'ou-sè-wè*, 1863, mais en y ajoutant cette planche de la croix de *Ki-ngan fou* 吉安府. L'ouvrage du P. de Mailla traite: 1° de Dieu et de la Création; — 2° du péché d'Adam et de la Rédemption du monde; — 3° de l'âme; — 4° du mérite et de sa récompense; — 5° des erreurs des fausses religions.

battements ultra-conventionnels (1), ils figuraient les deux rails transversaux, si caractéristiques dans les deux instruments déjà découverts. Je résume ici l'article des *Missions Catholiques :*

« Voici le fac-similé réduit d'une grande croix de fer, dans la forme des croix dite de S. André, appelée par les païens *Che-tse poussah,* c'est à dire croix-divinité ou croix-idole. Elle est l'objet d'une grande vénération de la part de tous nos Kiang-sinois païens, qui viennent lui rendre leurs hommages dans une pagode fameuse, connue sous le nom de *Ta-Wang miao* 大王廟, « temple du « grand Roi. »

« Quel est ce *Ta-Wang?* Les Chinois n'ont, que je sache, aucun poussah de ce nom; ils ne savent pas ce que c'est que ce grand Roi. Ne serait-ce pas notre grand Roi, *Rex regum, Rex super omnes reges,* notre Seigneur des Seigneurs, *Dominus dominantium?* Rien n'empêche de le croire, et la présence d'une grande croix de fer semble autoriser cette pieuse croyance; car les inscriptions chrétiennes qui l'encadrent glorifient manifestement le mystère de notre rédemption par la croix. Au reste, des légendes nombreuses décorent tout l'intérieur de la pagode; or, toutes, bien qu'altérées quelque peu par l'ignorance, la mauvaise foi ou je ne sais quelle autre cause, se rapportent incontestablement à la croix. J'ai interrogé, à cet égard, à plusieurs reprises nos prêtres chinois et nos lettrés chrétiens. Ils sont tous convaincus que notre pagode de la Croix était jadis un temple chrétien. » (2).

Le vénéré Prélat expose ensuite comment le *Ta-Wang miao* (3)

(1) Ce procédé était aussi familier aux Egyptiens et aux Chaldéens qu'à nos artistes du moyen-âge.

(2) En 1892, sur les placards poussant la populace à incendier de nouveau l'orphelinat et l'église de *Tan-yang* 丹陽, non loin de *Tchen-kiang* 鎮江, les établissements catholiques étaient appelés *Ta-Wang* 大王.

(3) Inscriptions suspendues dans la pagode :

四海慶波瀾鐵柱寶光留十字
萬民懷大澤金爐香篆藹千秋

鐵柱鎮千秋廟貌巍峨又是一番新氣象
金光煊十字神恩浩蕩依然共仰舊威靈

海宇慶澄清雙流早見波痕靜
神靈昭鎮定十字猶留鐵影寒

十字砥中流波瀾平安自昔咸沾利澤
羣黎沾博濟廟貌巍煥于今共仰聲靈

par une transformation presque insensible des caractères chinois qui servent à écrire ce titre, était peut-être anciennement un *T'ien-Tchou t'ang* 天主堂, qui est maintenant le vocable officiel et réservé des églises catholiques. Selon lui aussi *Ta-Wang* 大王, le grand Roi, ou mieux encore *T'ai-Wang* 太王, aurait été une des expressions usitées pour signifier le Dieu des Chrétiens, avant que le S. Siège eût fixé la dénomination plus récente et seule autorisée de *T'ien-Tchou* 天主, le Seigneur du Ciel. «Il paraît toujours bien certain, ajoute Mgr Rouger, que ce *Ta-Wang miao* a dû être primitivement un temple chrétien, dédié à la croix de Jésus-Christ. Et cette croix, cette grande croix de fer, qu'en faut-il donc penser? Nous avons souvent cherché à la bien voir de près, pour avoir des données certaines sur son origine et sur l'époque à laquelle elle se rapporte. Nous n'y avons jamais pu découvrir aucun caractère lisible, et les gardiens du *Ta-Wang miao* nous ont toujours affirmé que la rouille avait considérablement dégradé leur *Che-tse poussah.* En conséquence il était devenu absolument impossible d'y lire quoi que ce soit.» (1). Et l'auteur termine en mentionnant divers textes chinois relatifs à ce «*monument vénérable*».

Naturellement, nos convictions sur l'origine chrétienne de cette X en fer étaient beaucoup moins fermes que les siennes, puisque nous avions connaissance de deux autres monuments, tout au moins analogues, s'il fallait s'en rapporter au croquis adjoint à la lettre.

---

(1) On cite en plusieurs endroits, notamment à *Hoai-ngan* 淮安, province du Kiang-sou, et à Nankin, près le *Choei-si-men* 水西門, des pagodes appelées *Ta-Wang miao.* — En 1889, près de *Ou-ho* 五河 *(Ngan-hoei)*, le maître d'une barque de sel, raconte un missionnaire, trouve une couleuvre à tête carrée, longue de 20 centimètres : «C'était *T'ai-Wang*, le grand *T'ai-Wang*, naguère intronisé dieu par décret d'empereur!» La bête inoffensive est amenée au *Tao-tai* de la Douane au sel, qui va au devant d'elle en cortège officiel, et lui fait une prostration. Bien que durant 10 jours on fête l'animal par des représentations théâtrales, il s'enfuit un jour. Des gamins le retrouvent dans une mare voisine, où un bonze le reconnaît entre leurs mains. Ce bonze habitait justement une pagode en ruines du célèbre *T'ai-Wang.* Le *Tao-tai*, averti de nouveau, ramène pompeusement la bête couleuvrine et décrète que cette pagode sera réparée. Les barques de sel devront payer dix sapèques pour chaque quintal de cette denrée, jusqu'à l'achèvement des travaux, pour lesquels le Vice-roi de Nankin promet 130.000 francs environ. — D'après le *Chinese Recorder* 1887, p. 249, il y a une vingtaine d'années, à la suite d'un débordement du *Pei-ho*, un petit serpent fut ainsi pris, et porté en procession au *T'ai-Wang miao.* «Le puissant Vice-roi *Li Hong-tchang*, accompagné d'un cortège de hauts mandarins, vint rendre hommage au misérable petit serpent et implorer son secours contre les inondations.» La scène se renouvelait à Nankin, en 1891, et plus récemment encore, dans des circonstances presque identiques. En effet, dans les premiers jours de janvier 1893, le Vice-roi *Lieou K'ouen-i*, entouré des plus grands dignitaires, y fit plusieurs prostrations publiques devant un lézard, enfermé dans une grande bouteille drapée en jaune et apportée dans un palanquin jaune aussi. Lire ce récit dans le *Shanghai Mercury* du 13 janvier 1893.

Avec une extrême et intelligente complaisance, les missionnaires lazaristes du Kiang-si méridional s'employèrent à me fournir les explications précises que je me permis de leur demander, et dont je ferai profiter le lecteur. Avant tout, un plan exact accompagné de mesures cotées, facilitera la triple comparaison des trois instruments. (1). (fig. 189).

Longueur totale	1m,	67c.
Plus grande largeur	1,	05.
Epaisseur générale	0,	155.
Largeur au centre	0,	27.
Distance entre les rails	0,	22.
Largeur des rails et leur hauteur.......	0,	035.
Diamètre des trous	0,	12.
Largeur des branches	0,	135.

«La croix de *Ki-ngan fou* 吉安府, disent les missionnaires lazaristes, est placée sur un piédestal maçonné en briques, haut de quatre pieds, dans une armoire en bois. Un grillage, également de bois, sert de porte à cette armoire. Un voile entrouvert laisse apercevoir une partie de la croix. On voit mieux les extrémités, parce que le grillage ne ferme l'armoire que jusqu'à hauteur d'homme. La croix porte deux arêtes en saillie, avec deux trous; je ne sais pas s'il y a des restes de plomb dans les anfractuosités. L'obscurité du lieu empêche peut-être de les apercevoir, si elles sont peu visibles. La croix ne porte pas de caractères sur sa face antérieure; s'il y en a, ils sont cachés par derrière, et il est difficile de mouvoir une pareille masse pour s'en assurer.

«Il faut noter que la croix n'occupe pas le milieu de la pagode : *il semble* que ce n'est pas sa pagode et qu'elle n'y est que réfugiée, depuis que sa première pagode a été démolie. Elle est placée dans un coin, sur ce qu'on pourrait appeler un autel latéral, à droite en entrant, à gauche de l'idole principale, qui tient le milieu.

«Il y a tout près d'ici, également sur le bord de la rivière(2), une très ancienne tour qui, d'après les *Chroniques* de *Ki-ngan fou*, date de *Tch'e-ou* 赤烏, le même empereur (qui aurait fondu ou) sous lequel on aurait fondu la croix de *Ki-ngan*. Peut-être y a-t-il une relation entre la vieille tour, encore assez haute, la

---

(1) M. l'abbé Ausault *(Le Correspondant*, 1889. p. 309*)*, visait probablement cette dernière X dans cette phrase, trop résolument affirmative : «La croix est en honneur au Japon; on l'adore en Chine.» Son excuse est qu'il renvoie à la lettre de Mgr Rouger, à la page 13 de sa *Réponse* aux justes critiques de Mgr de Harlez.

(2) Rapprocher ce dernier passage de la phrase sur la piste éventuelle indiquée à la page 199.

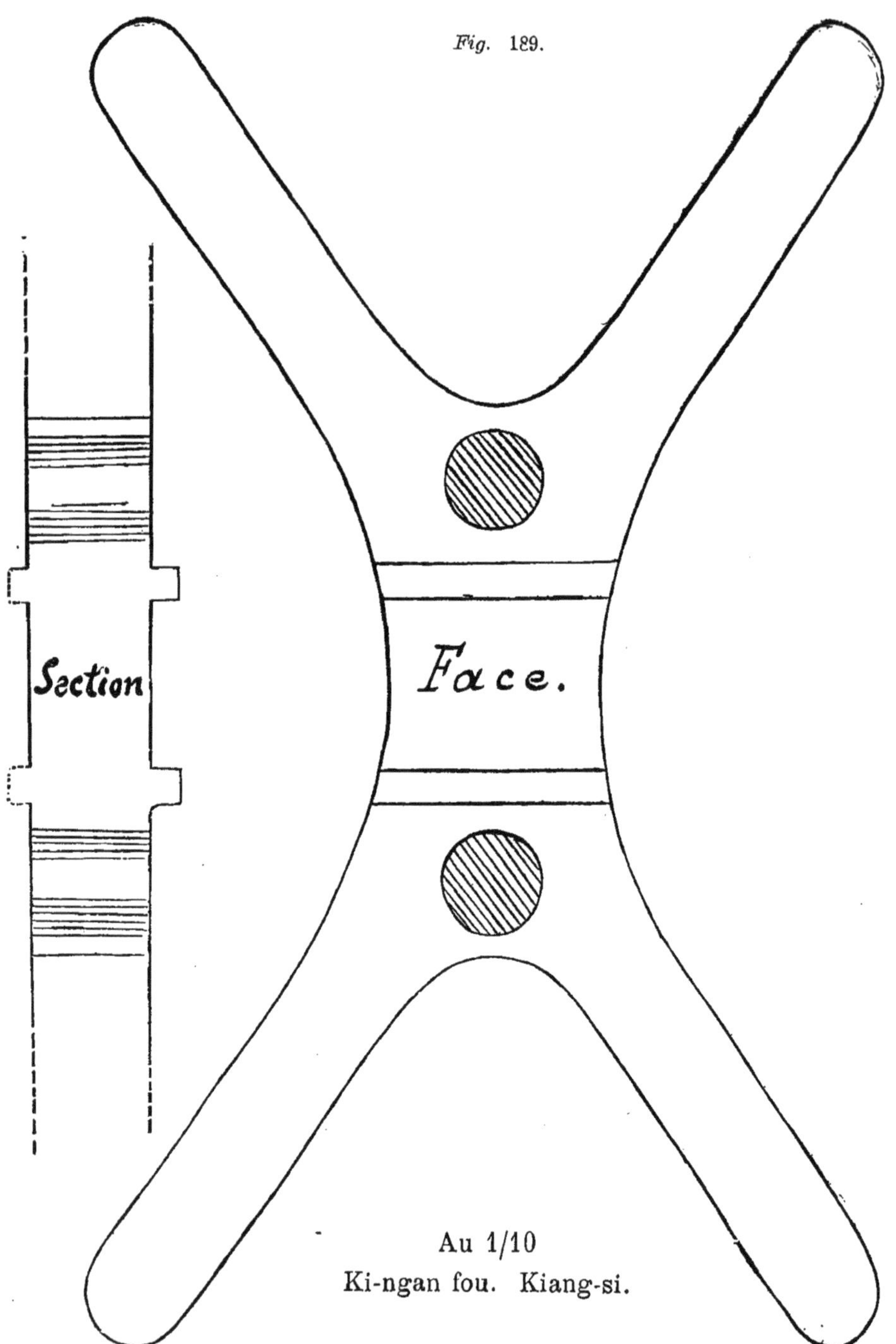

Fig. 189.

Au 1/10
Ki-ngan fou. Kiang-si.

pagode ruinée qui était à ses pieds, et la croix de *Ki-ngan,* puisqu'elles ont la même date.»

Cette X a été mentionnée bien des fois, quoique vaguement. John Kesson s'exprime ainsi : «on peut conjecturer que le Christianisme fut introduit en Chine à la fin du Ier ou au début du IIe siècle, mais que, faute de vitalité, il n'a pu étouffer alors l'idolâtrie. On assure qu'on a trouvé en Chine d'anciens monuments chrétiens, entre autres une croix de fer, dans la Province du Kiang-si, portant une date qui correspond à l'an 239 de notre ère. Une croix toutefois, n'est pas nécessairement un reste de Christianisme, surtout s'il est vrai, comme nous l'avons lu, que les Chinois avaient une croix sur leurs monnaies (1) avant le Crucifiement, et adoraient la croix avant que la Croix expiatrice n'ait été élevée sur le Calvaire.» (2).

Exacte ou erronée, l'information se copie sans variante ni contrôle. «On a d'ailleurs trouvé des monuments chrétiens dans d'autres Provinces de la Chine; dans le Fo-kien et dans les montagnes qui l'environnent, ainsi que dans la Province de *Chen-tchen* (sic). Dans la Province de Kiang-si, on a trouvé une croix de fer du poids de 3.000 livres, sur laquelle on lit une date qui se rapporte à l'année 239 de Jésus-Christ.» (3).

Dabry de Thiersant puise à la même source dans ces lignes: «On raconte bien que sous les Tong-Han au premier siècle de notre ère, il y avait, dans plusieurs provinces de l'Empire, des temples dédiés au Seigneur du Ciel ; on dit également que dans le Hou-nan, le Ho-nan, le Fo-kien, etc., on a trouvé des croix en pierre et en fer, portant la date du IIe ou du IIIe siècle, mais en supposant que ces relations soient exactes,.... sait-on qui a.... élevé ces croix?....» (4).

La trace la plus récente que nous en ayons rencontré figure dans la *China Review* : «Certaines personnes, creusant la terre dans la Province du Kiang-si, ont découvert une énorme croix de fer, portant une inscription qui remonte à une date très éloignée.» (5).

---

(1) Nous avons discuté plus haut cette assertion erronée. cf. pp. 58/60.

(2) John Kesson. *The Cross and the Dragon*, p. 10.

(3) *Annales de Philos. Chrét.* 1853, p. 147. Article de Marchal de Lunéville et Léontiewski.

(5) *Le Catholicisme en Chine*... p. 8.

(5) *China Review.* 1889-90. p. 152, *Prédication de l'Evangile en Chine* par E. H. Parker. Le même article continue: «Dans la ville de *Nan-tch'ang fou*, capitale du Kiang-si, se voit un groupe de sculptures remarquables : au centre se dresse une femme, écrasant sous ses talons la tête d'un immense serpent, tandis qu'elle porte un enfant dans ses bras ; auprès d'elle se tient un vénérable vieillard qui considère la scène avec admiration. Enfin, tout autour, une dizaine de personnages plus petits sont à genoux; ils semblent représenter les bergers offrant leurs présents à la mère et à l'enfant. Et, détail curieux, quelques-uns offrent deux colombes, d'autres, un agneau. N'est-ce pas là une vraie représentation de la Nati-

Quoi qu'il en paraisse, le document est unique à l'origine, et non multiple : les différents auteurs se sont copiés à l'envi, ou plutôt ont tous exploité ce passage de la lettre latine du P. Michel Boym : « On ne peut encore conclure avec certitude que l'Apôtre S. Thomas est venu prêcher en personne l'Evangile en Chine, car, bien que les vestiges que l'on a retrouvés de la foi chrétienne prouvent ouvertement qu'elle a été apportée aux Chinois, pourtant ces vestiges mêmes montrent qu'elle a pénétré parmi eux quand régnait la famille des *Han postérieurs*, des *Trois-Royaumes*. En effet, dans la Province du Kiang-si, au bord d'un fleuve, on voit une croix de fer, pesant environ 3.000 livres, et on dit qu'elle porte une date chinoise, qui correspond à l'an 239 de l'ère chrétienne. D'où il appert que la vraie foi et les prédicateurs de cette foi ont évangélisé les Provinces du Midi, il y a plus de 1415 ans.» (1).

Textes chinois. De Mailla, dans son *Traité de la Rédemption*(2), dit : «Au commencement de la dynastie des *Ming*, sous l'Empereur *Hong-ou* 洪武, dans la ville de *Lou-ling*, en creusant la terre, on a trouvé une grande croix de fer, où se lisait le nom de règne *Tch'e-ou* 赤烏. Or *Tch'e-ou* était le nom de règne de *Suen K'iuen* 孫權, fondateur de la dynastie *Ou* 吳 des *Trois-Royaumes*, *San-kouo* 三國, et correspond aux années 238 à 250 après Jésus-Christ. Un célèbre mandarin nommé *Lieou Tse-kao* 劉子高, ou *Lieou Song* 劉嵩, composa un chant sur la *Croix de fer : T'ié-che-tse-kou* 鐵十字歌. On en parle aussi dans un traité intitulé *Chen-se-lou* (3) dû au lettré *Li Kieou-kong* 李九功. L'époque *Tch'e-ou* n'est pas très éloignée de la mort de l'Apôtre S. Thomas qu'on dit être venu en Chine. Vers la fin de la dynastie des *Ming*, on trouva dans la Province du Chen-si le monument appelé *King-kiao pai* 景教碑, *Tablette de l'illustre Religion*, placé maintenant dans la pagode nommée *Kin-tsing*. En outre, dans la Province du Fou-kien, on a trouvé un assez grand nombre de monuments de la Religion Catholique. »

1. Extraits des *Chroniques* de la ville de *Ki-ngan fou* 吉安府 au sujet d'une X en fer :

---

vité de Notre-Seigneur? » — Il ne serait pas malaisé d'identifier le sujet de ce bas-relief, et d'autres analogues, cités au même endroit, avec quelque scène bouddhique ou brahmaniste. N'ayant vu ni l'original ni la copie du bas-relief, nous ne hasardons prudemment ici qu'une simple et hésitante conjecture.

(1) Kircher. *China illustrata*, p. 9. Le *P. Boym Michel, Pou Mi-ko* 卜彌格, naquit en Pologne en 1612. Jésuite en 1629, il arriva en Chine en 1650 et y mourut en 1659.

(2) Cheng-che-tch'ou-jao; *Sæculo aureo humilis tractatio*. p. 26. — cf. suprà p. 212.

(3) 愼思錄 *Traité sur la Réflexion*.

1. 鐵十字在府城南柵門外岸上題云保大二年五月日置重一千三百斤下有潭水或時淸淺亦見一十字世傳南唐造戰艦以此繫纜或云當時有木場商人於此編栰官爲經紀故置此以繫栰云

«L'X de fer se trouve au sud de *Ki-ngan fou*, en dehors de la barrière de bois et au bord de la rivière. Elle porte l'inscription suivante : «fabriqué la 5e lune de la 2e année du règne *Pao-ta* (1120)»; poids: 1300 livres. Il y a à côté un étang; quand les eaux de cet étang s'abaissent et deviennent limpides, elles laissent voir une autre X. La tradition rapporte que sous la dynastie des *T'ang méridionaux* (923 à 936), cette X servait à amarrer les jonques de guerre que l'on fabriquait. D'autres disent qu'en ce temps-là il y avait en cet endroit un chantier de bois; que les marchands y composaient des radeaux, à charge d'acquitter les droits de douane; et que cette X était là pour retenir les radeaux.»

2. Extrait des *Chroniques* de l'*Empire soumis aux Ming* :

«Les anciennes *Chroniques* de la ville de *Ki-ngan fou* disent: l'X de fer se trouve au Sud de cette ville, devant le tribunal *P'ai-ngan-se* 排岸司, elle mesure sept pieds de longueur. Au début de la dynastie des *Ming*, il y avait une douane à l'endroit appelé *Long-yang-ko* 龍暘閣. De l'autre côté, à l'Est du canal, se dressait une X en fer, destinée à retenir le câble d'un pont.»

On voudrait moins nuageuses ces indications des annalistes; c'est pourtant ce que nous trouvons de plus positif. Hélas! la précision n'est pas la qualité dominante du génie littéraire chinois. Même quand il serait en mesure d'y atteindre, il semble n'y viser qu'à regret : chez ces rhéteurs, le souci de la forme compromet trop souvent l'exactitude de la pensée.

Ici, faute de mieux, malgré des obscurités presque voulues, en dépit surtout des contradictions flagrantes, il faut nous contenter de ce que les historiens ont bien voulu nous laisser connaître de leurs trop vacillantes conclusions. La pénurie de documents nous contraint de recourir aux moindres indices, qui, de près ou de loin, ont trait à ces singulières pièces de fonte. Cette disette même nous excusera d'insérer ci-dessous quelques passages de divers poèmes en l'honneur de l'X de *Ki-ngan fou*.

3. «Poème composé par *Yen Ki-kou* 晏稽古 de la dynastie des *Ming :*

«L'X est plongée dans le fleuve et la chaîne de fer est retenue (soutenue?); la lourde jonque de mer s'y attache. L'année de règne *T'che-ou* (238-250) cette masse en forme de croix a été fondue. De la ville de *Ta-yé* 大治 (1) descend comme un esprit cinq fois multiplé par deux (2). A cause de l'éclat du soleil qui res-

(1) Préfecture de *Ou-tch'ang* au Hou-pé.

(2) $2 \times 5 = 10$, 十 c.à.d. l'esprit de 10, 十.

2. 明一統志　府舊志云鐵十字在城南排岸司前長七尺明初鈔關在龍暘閣下對面河東古檣用鐵十字以挽橋綆

3. 明晏稽古詩云　十字横江鐵鍊成海艘維繫力非輕赤烏鑄就交加體大治流來二五精日色迷空虹影濇土花蝕雨篆文平忍經折戟沉沙地說著前朝百感生

plendit dans l'air, la trace de l'arc-en-ciel diminue (l'arc en ciel = X). De même à cause des souillures de la terre et des attaques de la pluie, à peine apparaissent les lettres antiques (1), qui se trouvaient inscrites sur l'X. Elle pénètre insensiblement comme une lance brisée et enfin s'enfonce dans la terre. — Tous ces détails se trouvaient relatés dans les ouvrages des dynasties passées : en les relisant, j'ai été agité de sentiments divers.»

Je présume qu'ici, et un peu plus bas, la comparaison de l'X à une *lance* sera plus intelligible si nous montrons aux yeux du lecteur ce que sont parfois les piques ou hallebardes chinoises. La figure 190 est tirée du *Kou-yu t'ou* 古玉圖; les deux autres formes sont copiées d'après nature.

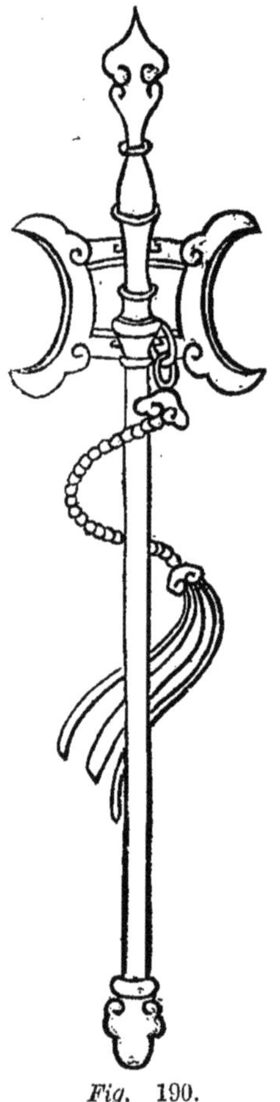

Fig. 190.

Fig. 191.

4. «Vers de sept caractères composés par *Siu Siang-t'an* 徐湘潭, de la dynastie actuelle :

«La carpe de la mer orientale s'élance vers le ciel, et bientôt elle occupe le trône pendant 40 années : puis la majesté pleine de force de cette domination disparaît : mais le passé antique survit encore par l'ancre de fer (l'X de fer). L'X aux deux branches ressemble à une lance. Plongeant dans le fleuve et retenant le câble, elle garde les jonques de guerre. Elle est longue de plus de six pieds et pèse 1300 livres. Les caractères qu'elle porte sont confus et indistincts. On l'a fondue la 2e année de règne *Pao-ta,* à la 5e lune. D'autres nient que l'X ait jamais

(1) 篆 *Tchoan*, lettres à forme grêle.

4. 國朝徐湘潭七古云 東海鯉魚飛上天恩恩割據四十年霸圖雄威今已矣故物尚賸鐵錨傳十

servi à retenir les radeaux dans un chantier de bois soumis à la douane mandarinale. Le fer est maintenant rouillé : la mousse s'y dessèche. Quand le soleil resplendit dans l'air, l'arc-en-ciel apparaît. Ce pesant instrument a duré plus de mille ans et il doit avoir une âme : aussi faut-il immoler les victimes et répandre du sang pour lui offrir un sacrifice. Donc, qu'on ne dise plus que le *Kiang-nan* est une Cour inférieure! Cet ouvrage excite l'admiration générale. Qui ne sait que le lettré studieux considère au milieu de la nuit le rocher *Tsai-che* 采石? (1). Passant le fleuve sur une petite barque, j'ai pris en secret la mesure au moyen d'une fragile corde.» (2).

Donc nous trouvons trois opinions sur la date de la fabrication de l'X du *Kiang-si* : (1°) *Tch'e-ou* 赤烏 (238-250).
(2°) sous les *Nan-t'ang* 南唐 (923-936).
(3°) sous les *Liao* 遼 *(Pao-ta* 保大, 1120*)*.

Quoi que j'en aie dit plus haut, il est piquant de constater que plusieurs des indications les moins vagues sur notre X se rencontrent dans des vers et sont dûs à un poète, à *Lieou Song*, ou *Lieou Tse-kao*. Cet auteur, il est vrai, était avant tout un mandarin investi de fonctions administratives, qui réclamaient un esprit sérieux, habitué aux enquêtes, affiné par les procédures, rompu à débrouiller les affaires contentieuses affluant à un tribunal de «Grand Juge criminel, *nié-tai* 臬台.» Pourtant il n'a pas su se garder d'affirmations plus que hasardées et il fournit surtout des indications négatives. Le lecteur en jugera du reste :

5. «Extrait du cantique de l'X de fer, composé par *Lieou*

---

(1) Séjour du fameux poète *Li T'ai-pé* 李太白 près de *T'ai-ping fou* 太平府.

(2) Allusion littéraire voulant dire que l'origine, l'usage, la signification de l'X ne sont pas chose claire et non pas que l'auteur en ait, de fait, pris la mesure. Notons que le poème de *Yen Ki-kou* semble insinuer qu'un *fei-lai tsien* serait venu de *Ta-yé*, ville des environs de *Ou-tch'ang fou* dans le Hou-pé.

字交加類文戟繫纜沉江鎮戰船其長六尺略有奇其重千觔又三百模糊拂抵欵題字保大二年五月置是時閩人遣使至朝議討亂建州始吉州接壤數日程得非水陸預防備或云木塲之利官經紀以繫商栰此說疑非是鐵花銹蝕古苔死當空映日青虹起千年重器應有神宰牲酹血紛虔祀嗚呼江南漫道小朝廷作事猶令今人驚豈知書生夜半窺采石一葉橫江暗度繩

5. 鐵十字歌　泰和劉嵩　嵩字子高洪武初官北平按察使所著有槎翁詩宋景濂劉永之烏斯道爲之序　盧陵江邊鐵十字不知何代何歲年何人

Song 劉嵩, aliàs *Lieou Tse-kao* 劉子高, qui a été Juge criminel à Pékin, au commencement de la dynastie des *Ming* :

«Dans la ville de *Lou-ling,* auprès du fleuve, se trouve la croix de fer. On ne sait sous quelle dynastie, quelle année et par qui elle a été placée là, ni qui en est l'auteur. On ne sait non plus comment l'appeler, à quoi elle servait, ni à quoi la comparer. Elle a la forme d'une X (ou de ciseaux), à quatre branches longues de trois pieds; la pluie et le soleil l'ont endommagée...... On a prétendu, sans le prouver, que sous la dynastie des *T'ang méridionaux, Nan-t'ang,* elle servait dans un chantier de bois à retenir les radeaux; et même qu'il y avait deux de ces X, l'une dans le fleuve et l'autre sur le bord. D'aucuns disent que c'était un instrument jadis employé pour contenir la malice des esprits nuisibles de l'eau. Aux siècles précédents, on l'aurait fondu dans la ville de *Kien-tcheou* 建州. (1). Le fer qui passe au travers se change en cuivre.... J'ai vu cette X; je l'ai examinée. Il est inexact qu'elle porte l'inscription *Tch'e-ou* 赤烏 (année de règne). Je m'étonne à cette vue et ne sais ce que c'est.»

Il faut retenir cette affirmation : «Il est inexact qu'elle porte l'inscription *Tch'e-ou.*»

Le document suivant est d'une extrême importance pour la genèse et l'historique de l'opinion qui (à tort, pensons-nous) a prévalu chez les auteurs européens. En outre elle porte avec elle les éléments de critique qui aident à la réduire à sa juste valeur.

«Opinion du ministre d'Etat *Zi-ko-lao (Siu-ko-lao* 徐閣老*)* dans son ouvrage intitulé *T'ié-che-tse-ko hiun-i* 鐵十字歌訓義:

(1) Cette ville est mentionnée dans la poésie de *Siu Siang-t'an;* mais nous avons omis ce passage très obscur.

作之孰置此何名何用何宛然形模交橫出四角三
尺槎牙偃錐塑雨淋日炙黑色滑土中鮀鱗見斑駁
人言南唐竹木塲所都鑄此罥硾筏與桴一沉江中
一路隅是邪非邪焉得虞或云此古厭勝法水怪奔
衝賴排壓雌雄相顧走光芒神物護呵誰畚鍤所以
往代鼓鑄虔州城此物千載爲英精异鑄過之銅乃
成精化氣感理莫明世人往往疑根植下觸每愁風
雨殛近時暴卒破盲惑掘地出之誇膽力終然棄置
不敢匿我時見之考其式赤烏之年乃妄飾我聞天
生五行中惟金可革亦可從何不爲刀爲錯通商工
爲耜爲鎛利九農斬犀刺虎爲劍鋒不然行雨極變
化騰躍爲蛟龍何獨汨沒在泥滓斷璧遺株等淪棄
銅人不歸秦鐻廢坐閱興亡一流涕

«Cette X est la croix même que les Chrétiens révèrent et elle date de la dynastie des *T'ang*. Ce n'est pas autre chose qu'une croix. Si elle avait servi à amarrer des radeaux, pourquoi a-t-elle cette forme de croix?.... En outre, puisqu'il existe tant et tant de radeaux dans la Province du Kiang-nan, pourquoi n'y voit-on pas d'autres X de fer que celle-là? Si c'est un instrument employé jadis pour combattre les mauvais esprits, pourquoi lui a-t-on donné la forme d'une croix, et non pas celle d'une tige de fer, assez longue, plantée dans le lit du fleuve, comme cela se voit ailleurs? Il est faux que le fer qui passe à travers cette X se change immédiatement en cuivre. J'ai dit que cette X a été fabriquée sous la dynastie des *T'ang*, parce qu'à cette époque la religion chrétienne s'est considérablement propagée, et qu'on a trouvé à *Si-ngan fou* un monument portant la croix. Je parle de cette croix de *Ki-ngan fou* afin d'en conserver la mémoire. Ceux qui sont de ce pays-là ou qui y voyagent doivent examiner si cette X subsiste encore. S'ils la rencontrent, qu'ils la lavent et la nettoient, afin que cet instrument serve aux yeux de tous pour l'expansion et l'honneur du Christianisme. Le 1er de la lune, la 7e année de règne *T'ien-k'i* (1627).».

Siu-ko-lao avoue qu'il n'a pas vu cette croix; il ne sait même pas si elle existe *encore;* il ne connait pas sa *vraie* forme. Il part d'une fausse supposition: son raisonnement le prouve de reste. Puis il confesse qu'il n'a pas idée d'un instrument de ce genre servant jadis à amarrer des radeaux, de grands navires, des ponts de bateaux, des trains de bois, ou formant «corps-mort». Dans les régions qu'il a traversées, on ne s'en servait *plus*, ou bien l'on ne s'en est jamais servi.

L'argument tiré de la coexistence de la Pierre de *Si-ngan fou* est faible; le Kiang-si est loin du Chen-si.

Manifestement le témoigage de *Siu-ko-lao*, tout sincère qu'il fût, a surpris la religion du P. Boym, égarant, à sa suite, la sagacité de tous ceux qui l'ont cru sur parole.

Voilà les seuls textes, européens ou chinois, d'auteurs chrétiens ou païens, qu'il nous soit loisible d'apporter pour éclaircir cette question si obscure de l'origine et de la destination de l'instrument de *Ki-ngan fou*. Espérons qu'il en surgira tôt ou tard quelque autre plus explicite, pour fixer l'opinion sur ce double point.

Quant aux conlusions à formuler en fin de compte, les unes regardent la seule X du Kiang-si, d'autres s'appliquent aux trois instruments dont les dessins figurent ici. Le lecteur n'hésitera pas un instant à y voir un objet identique, un même instrument, particularisé et spécifié par les mêmes caractéristiques, destiné et ayant servi au même usage. Les seules différences accidentelles, négligeables en l'espèce, qu'il soit utile d'y signaler, n'ont trait qu'au poids, à la longueur et à l'écartement plus ou moins prononcé de leurs deux branches. Ce sont des variations sur *un* thème original

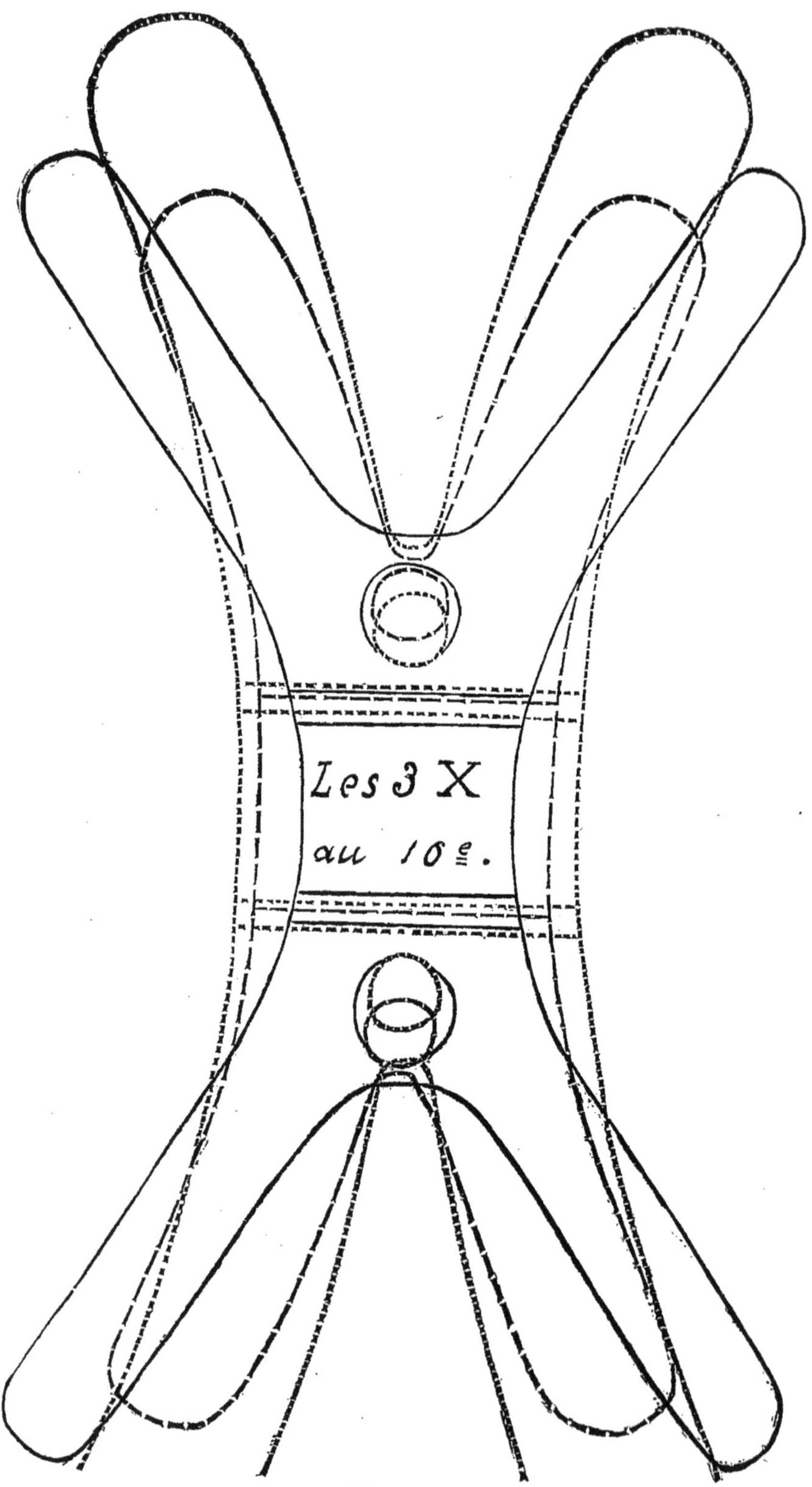

Fig. 192.

Pour faciliter la comparaison de leurs dimensions relatives, les trois plans, ramenés à la même échelle, sont *superposés* dans la figure 192. Le trait continu est le contour de l'X du Kiang-si, le pointillé indique l'X de Nankin *intra muros*, le trait interrompu figurant celle de *Ling-kou se*.

A notre avis — nous l'énonçons avec toutes les réserves et atténuations désirables, avec tous les égards, tout le respect dûs à l'opinion d'autrui — à notre avis, l'X de *Ki-ngan fou* n'est pas à proprement parler une croix chrétienne, le symbole de la croix, dans le sens européen du mot. C'est une X, ayant la forme d'une croix par à peu près, par analogie, une croix dans le sens chinois (païen) du mot, ou plutôt quelque chose qui approche du signe +. Nos langues européennes présentent des acceptions absolument correspondantes, assez connues par elles-mêmes. (1). Si les anciens Chrétiens avaient prétendu former vraiment une croix, ils lui auraient donné une forme plus décidément cruciale, un galbe plus résolument *cruciforme*, en *croisant* les deux traverses à angles droits, en les élargissant peut-être à leurs extrémités, comme dans les croix du Fou-kien et la croix de Malte de l'Inscription de *Si-ngan fou*. Cette dernière croix formant un précédent fort notoire, on ne peut alléguer aucune raison autorisant l'idée d'une dissimulation ni même de l'adaptation d'un type ou symbole préexistant.

Si l'on distingue dans cette X une «croix de S. André», comment expliquer la présence des deux rails transversaux en relief, la particularité des deux trous, la courbure si accentuée des quatre bras? Comment surtout expliquer, et c'est le principal argument, l'analogie indéniable de cette X avec les deux autres de Nankin, que personne ni chez les païens, ni chez les Chrétiens, en Chine ou ailleurs, n'identifiera avec la croix instrument de la Rédemption?

Nous laissons de côté la question de l'épaisseur, du poids, dont la raison, l'utilité n'est guère apparente ni justifiable.

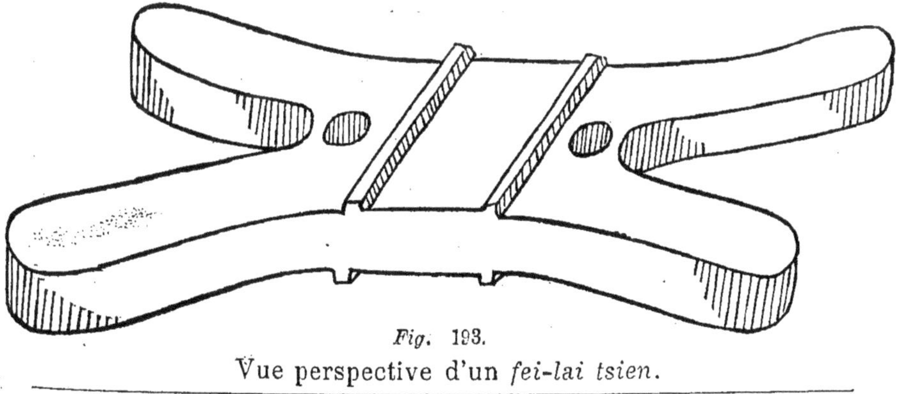

Fig. 193.

Vue perspective d'un *fei-lai tsien*.

(1) V. g. : croiser quelqu'un, se croiser les bras, une croisée, des rimes croisées, un croiseur, un navire qui croise devant les côtes etc....

L'objection la plus forte contre notre thèse, la présomption la plus concluante en faveur de la *croix du Kiang-si,* est tirée, croyons-nous, du culte si spécial qu'elle reçoit et dont nous n'essaierons pas d'expliquer l'origine, quel que soit d'ailleurs l'intérêt de cette recherche.

Toutefois, nous avons déjà fait remarquer combien tout culte de ce genre cadre avec les habitudes du tempérament chinois, enclin à vénérer tout objet bizarre, de forme insolite, d'origine obscure ou inconnue. (1). En outre, ce culte n'est pas clairement un culte chrétien, sauf dans l'hypothèse, contestable à si juste titre, du bon *Siu-ko-lao,* cause innocente de tant d'interprétations erronées. En tout cas, ce culte est trop amphibologique, vague et indécis, pour que seul, et en dépit des preuves contradictoires, il suffise à établir le caractère, la provenance, la valeur chrétienne de l'instrument. S'il est l'objet précis d'un culte bien déterminé, si les Chinois lui assignent un pouvoir surnaturel, un rôle prophylactique, les deux X de Nankin, considérées également comme deux objets mi-sacrés, mi-profanes, sont dans le même cas, bien que la vénération qu'on leur a vouée se contienne dans des limites plus restreintes et ne se trahisse plus que par des pratiques rituelles moins accusées. On nous reprocherait de terminer ce chapitre sans dire un mot des conclusions plus générales auxquelles nous ont conduit l'examen des objets en eux-mêmes, l'analyse des textes de diverses provenances et la discussion des opinions contradictoires sur ces X.

§ IV. ÉNIGME À RÉSOUDRE.

Conjectures sur la fonction de ces instruments. — Une poignée d'hypothèses.

Ce n'est que trop évident! Faute de données suffisantes, nous restons en face d'un problème insoluble pour l'instant, d'une énigme digne de quelque nouveau Sphinx, réservée à quelque autre Champollion; ou mieux, en présence d'un point d'histoire fort obscur, dont la solution dépendra de découvertes épigraphiques, scripturaires et archéologiques, à peine entrevues.

La seule conclusion, positive en quelque sorte, que nous ayons réussi à établir, est, sauf meilleur avis et avec le plus de

---

(1) Cf. *Variétés sinologiques* n° 2. *La Province du Ngan-hoei* (2e édition) par le P. Henri Havret, qui y mentionne (p. 83) un autel élevé à un échantillon monstre de *fou-ling* 茯苓, champignon comestible croissant sous terre, sur des morceaux de *song-chou* 松樹.

déférence possible pour les vues de nos contradicteurs, que ces trois instruments en X n'ont aucun rapport avec le Christianisme des anciens Chinois. Ils sont donc actuellement de ressource bien chétive pour l'apologétique chrétienne! Tout au plus pourrait-on s'aventurer à présenter le culte rendu à celui du Kiang-si comme une trace douteuse, une preuve hypothétique, un vestige un peu fruste, de la vénération dont la croix fut certainement l'objet en plusieurs Provinces de la vieille Chine. Mais il me semble qu'on ne saurait aller plus loin, être plus affirmatif et quitter le terrain des conjectures, sans encourir le juste reproche de témérité, sans violenter, non plus, les documents existants pour leur faire dire plus qu'ils ne comportent. La thèse opposée serait certes plus consolante : après mûr examen, nous doutons qu'elle s'accorde avec la stricte impartialité, avec la sincérité non prévenue du critique bien informé.

Nous ne prétendons pas qne la question soit vidée, ni même qu'elle manque désormais d'intérêt ; nous croyons seulement que cet intérêt se déplace, s'élargit même : car enfin un champ plus vaste d'investigation s'ouvre aux recherches des archéologues, vu le caractère négatif, mal assuré et provisoire, de nos conclusions.

Que sont ces *fei-lai tsien?* Comment déterminer la fonction originelle de ces engins mystérieux? Dans quel but, utilitaire ou superstitieux, ont-ils été fondus? De quelle époque datent-ils? A quoi, de fait, ont-ils jamais servi? Comment se trouvent-ils là, dans la campagne, parmi les ruines d'une pagode, dans l'enceinte d'un temple? En existe-t-il quelques autres? Les documents écrits en parlent-ils davantage? A-t-on déjà formé quelque hypothèse valable, satisfaisante, à leur endroit? Trouvera-t-on jamais le mot de cette énigme?

Certains indices nous inclinent à croire que le Hou-pé et le Hou-nan, peut-être même le Ho-nan, en conservent quelques autres spécimens, sur lesquels l'attention n'a pas encore été éveillée. Naguère, à Nankin, des soldats du Hou-nan, en présence même du *fei-lai tsien* de la ville, affirmaient qu'ils en possédaient de semblables chez eux. J'ai même entendu un petit mandarin indiquer, comme se trouvant dans ce cas, la ville de *Yo-tcheou fou* 岳州府, à l'entrée du lac *Tong-t'ing* 洞庭湖 et presque sur la rive droite du *Yang-tse kiang*.

En outre, bien que mentionnant le Ho-nan, au lieu du Hou-nan, le texte du P. Boym est formel : «Ad *Chiang* fluvium in provincia *Ho-nan*, eodem tempore quo hoc monumentum *(Si-ngan fou)*, ingens crux ferrea reperta fuit. » Il ajoute en manchette : «Crux ferrea ingens in *Ho-nan* inventa. » (1). Il est difficile de

(1) Pour soumettre au lecteur toutes les pièces du débat, nous n'hésitons pas à transcrire en entier, au risque de double emploi, ces quelques lignes du P. Michel Boym : « Plura alia Catholicæ fidei prædicatæ Sinis vestigia reperta sunt. Similes imagines S. Cru-

croire qu'il faille recourir ici à une faute d'orthographe ou d'impression et qu'il s'agisse du Kiang-si et d'un autre cours d'eau que le *Kiang*. Pourtant il y a eu certainement confusion.

Nous espérons que des informations complémentaires permettront d'élucider les questions multiples qui se posent à propos de ces X. Des voyageurs, ou des missionnaires, mieux au fait des usages et coutumes des Chinois, plus instruits des pratiques de leur industrie, disposant de relations ou de connaissances personnelles plus étendues, seront peut-être bientôt en mesure de trancher nos doutes et de répondre à plusieurs de nos interrogations.

Les textes chinois traduits plus haut semblent s'accorder à dire que ces instruments servaient «à amarrer, à attacher, à fixer», et tout cela «dans l'eau ou au bord de l'eau.» On le voit, nous écartons l'hypothèse d'une armature intérieure dans une pagode de fer, et celle, suggérée aussi, d'une plate-forme pour une pièce d'artillerie de siège.

Admettons que les *fei-lai tsien* servaient à amarrer: cela peut passer, selon certains critiques, pour un résultat provisoirement acquis. Reste à expliquer le comment de l'opération; car cet instrument ne sert plus, que je sache, à cet usage dans la Chine actuelle. Là encore les points d'interrogation s'accumulent sans réponse.

Noyé dans la culée de maçonnerie d'un pont suspendu, cet engin de fer retenait-il les chaînes à raidir pour en supporter le tablier? «Plongé dans le fleuve», comme s'exprime un des textes cités, fixait-il quelqu'un de ces apparaux ou «corps-morts» auquel s'affourchaient les jonques de guerre, les chevalets flottants de la douane, les estacades de charpente mobiles, les barrages en bois, ou simplement quelque bouée ou signe de balisage? Etait-il employé, sur la rive et dans le fleuve, pour fournir un point d'attache aux radeaux de flottage, aux trains de bois en dérive, aux bacs et trailles pour passagers? Etait-ce une pièce utilisée dans les chantiers mandarinaux pour supporter ou retenir les jonques marchandes et militaires en construction? N'était-ce qu'une simple enclume de forge? Faisait-il partie du matériel d'une vanne, d'une écluse, d'un de ces *plans inclinés, tcha* 閘 (1), où l'on transborde encore les bateaux de bief en bief, dans mainte province? Portait-il la crapaudine ou assurait-il le gond d'un des vantaux de l'écluse? Provient-il d'une des rainures où l'on engage les madriers qui s'y opposent à la poussée de l'eau? Etait-ce le membre important d'un

---

cis in Provincia *Fô-kien* anno Christi 1630. In *Kiam-sy* Provincia lumine etiam miraculoso emicante a gentibus conspecto, anno Christi 1635. Et item in *Fô-kien* montibus et civitate *Cyuen-tchen*, anno Christi 1643, cruces inventæ fuerunt. » Cité par Kircher dans sa *China illustrata*, p. 9. — Plusieurs passages de cet extrait semblent consignés pour intriguer les chercheurs.

(1) Cf. *Variétés sin.* n° 4. *Le Canal Impérial*, passim.

cabestan, un palier de buttée, le bâti de quelque engin de fonderie, pressoir ou autre machine: moulin, roue élévatoire, appareil hydraulique ou de levage? Y verrons-nous quelque énorme organeau, un cabillot gigantesque où, pour résiter au courant, s'enlaçaient les haussières en rotin d'un pont de bateau? Etait-ce enfin quelque façon d'ancre pesante, jetée au fond du fleuve ou bien portée sur la rive, où les barques se hâlaient par un câble enroulé sur un guindeau, comme le font encore les mariniers de la Chine? Pour cette manœuvre, ils assurent souvent leur grappin ou leur ancre par un ou deux pieux solidement fichés en terre, entre les branches de l'instrument; dans cette hypothèse, les deux trous des *fei-lai tsien* auraient eu cette dernière destination.

§ V. SERAIT-CE UNE AMULETTE GÉANTE?

Les variantes du *vadjra* ou foudre d'Indra. — Conclusion peu concluante.

Timidement, et mû surtout par le secret espoir de provoquer des recherches dans une nouvelle ligne de conjectures, encore insuffisamment autorisées, nous hasardons une autre hypothèse, sur l'interprétation probable, possible tout au moins, de ces *fei-lai tsien:* celle d'une origine exclusivement superstitieuse au début. (1). En d'autres termes, l'X en fer ne serait-elle pas simplement un *vadjra,* transformé, adapté peu à peu, fixé enfin sous sa forme actuelle par le bouddhisme indo-chinois?

Le *vadjra, Kin-kang tch'ou* 金剛杵, d'après Eitel, compte, parmi ses autres significations, celle-ci : c'est le sceptre d'*Indra,* son « sceptre de diamant», en tant que dieu du tonnerre et des éclairs; il se sert de ce foudre comme d'une massue pour écraser les adversaires du bouddhisme (fig. 194). Rappelez-vous Neptune et son trident. Le *vadjra* représente la puissance irrésistible et conquérante de Bouddha

(1) Nul indice que tout cela ait un lointain rapport avec quelque statue, coupole ou tourelle pivotante, *revolving pagoda,* ou avec la base d'un gigantesque moulin à prières, comme ceux du Se-tchoan (Baber. *op. cit.* p. 25), et comme celui, haut de 75 pieds, que l'on met en branle quand l'Empereur entre dans certaine pagode lamaïque de Pékin. — *Cf.* Williamson. *op. cit.* II. p. 346. — Yule. *Cathay...* p. CCIV. — S. Julien. *Voyages des Pèlerins bouddhiques.* IV. p. 205.

Dans la pagode qui surmonte la colline de *Lang-chan* 狼山, près du *Lang-shan crossing* des cartes anglaises du *Yang-tse kiang,* un de ces énormes moulins à prières, haut de 5 ou 6 mètres et surchargé de statues bariolées, pivote en grinçant sur une borne de pierre dure. — Au sujet du *vadjra* (*dordje* ou *rorje* en tibétain), cf. Eitel. *Handbook...* p. 158. — Item *Petit Guide ill. du Musée Guimet.*

et figure ordinairement dans les scènes d'incantation et autres pratiques de sorcellerie. On le dessine communément ainsi : (fig. 195.)

Nous donnons ici un des douze *vadjra* qui ornementent le soubassement, de style indou, sur lequel repose, dans sa fleur de lotus, un Bouddha récemment imprimé à Nankin. (fig. 196).

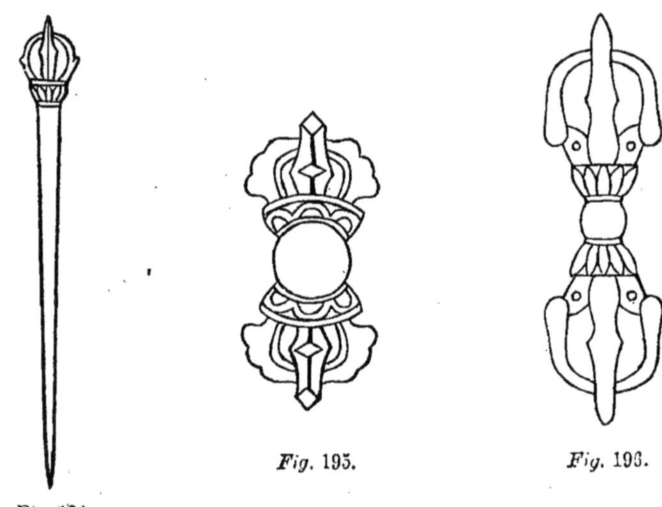

Fig. 195. *Fig.* 196. *Fig.* 194.

Sur une autre estampe indigène, de style tibétain, on trouve le même sceptre debout dans la main d'Indra ou de *Koan-in*, et, sous cette nouvelle forme, plus allongé et plus décoratif peut-être que l'ancien. (fig. 107). L'autre main du personnage semble bénir. (1).

Comme exemple concret des variations auxquelles peut se plier ce symbole dans sa figuration mystique, nous reproduisons le *vadjra* sculpté en relief sur les pieds-droits en pierre du pont de la passe de *Nan-kao*, sur la Grande Muraille, à 50 kilomètres au Nord-Ouest de Pékin. (2). (fig. 198).

---

(1) *Indra*, «le dieu du ciel, de l'atmosphère, de l'orage bienfaisant», est une divinité du brahmanisme adoptée par les bouddhistes, mais dans un rang secondaire. C'est la personnification du pouvoir temporel, le secours du «bras séculier» au service du bouddhisme, dont il terrasse les ennemis.

Vadjrapâni, le porteur du *vadjra*, celui qui tient la massue de diamant, est un des noms d'Indra. Nous avons dit (p. 19) que le diamant est, sous cette forme, un des sept trésors constituant le joyau mythique *Sapta Ratna*.

(2) Hauteur = environ 1 mètre. — Au-dessus, éléphant et autres attributs bouddhiques. Je donne ce dessin d'après une photographie. Cette arche a été gravée dans le *Marco Polo* de Yule (T. I. p. 444), qui la fait dater de la dynastie mongole, et aussi dans la *China* de Richthofen (II. p. 315); mais le *dordje* n'y est pas visible. — Cf. notice sur la passe de «*Nan-koou*» dans Elisée Reclus, *Asie*, p. 336.

Le *Tour du Monde* (1) donne une gravure intitulée «Foudre d'Indra devant le temple de Bouddha à Sambunath.» (fig. 199.)

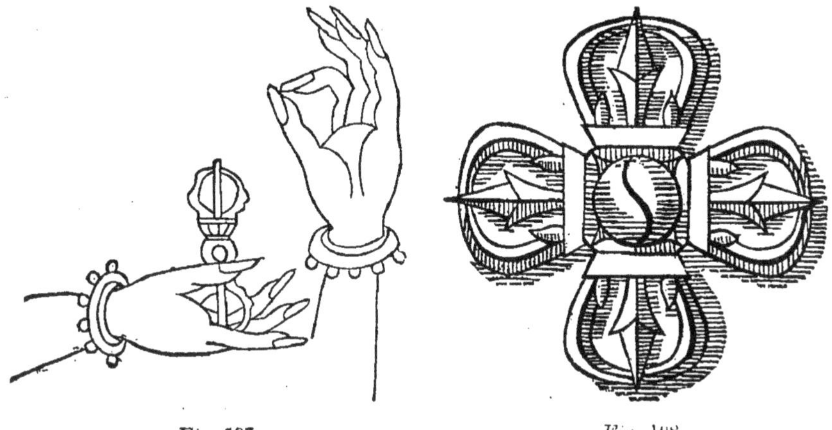

Fig. 197. *Fig.* 198.

Le Dr Gustave Le Bon, qui a photographié ce foudre pour en illustrer son fructueux «Voyage au Népal», en parle ainsi: «C'est sur le sommet de la colline (2) que se trouvent les temples. En arrivant à la partie supérieure de l'escalier, on a immédiatement devant soi un piédestal de pierre sculptée, sur lequel se trouve une pièce de bronze d'un mètre cinquante centimètres de largeur, nommée «la foudre d'Indra». Cet emblème est aussi sacré pour les bouddhistes du Népal que la croix pour les Chré-

Fig. 199.

(1) 1886. 1er semestre. p. 240.

(2) Colline de Sambunath village situé à l'Ouest de Khatmandou, capitale du Népal.

tiens. Il figure parmi les sculptures de la plupart des temples népalais. Celui que nous représentons à été construit en 1640, mais son support de pierre est certainement beaucoup plus ancien... Les douze animaux entourant le piédestal représentent les douze mois de l'année tibétaine ». (p. 238.) Ailleurs, il dit encore : « Sur toutes les sculptures des temples on voit représentée la foudre, que le Bouddha est supposé avoir arrachée au dieu du ciel, Indra. Cet emblème est fréquemment représenté en bronze.» (p.266).

Nous nous figurons, sans aucune peine, chacun de nos trois *fei-lai tsien* trônant ainsi, il y a quelques siècles, sur un piédestal de style indo-chinois, dans une cour de pagode, et recevant les hommages de la foule, aussi superstitieuse et crédule qu'aujourd'hui. (1).

Point n'est besoin de faire appel à une dépense ruineuse d'imagination, ni à des aptitudes hors ligne de dessinateur, pour ramener le *fei-lai tsien* au *vadjra* de la figure 196, en indiquant les phases intermédiaires de cette métamorphose.

D'après M. Paléologue (2) le *vadjra* serait le nom sanscrit du *fa-che-lo* chinois, 跋折羅 ou 伐闍羅, usité dans les exorcismes. Il le figure ainsi : (fig. 200), à côté du *che-li-mo-ts'o* 室利靺蹉 (en sanscrit *srîvastaya*), signe de bon augure, dont la croix est manifestement la composante principale. (fig. 201).

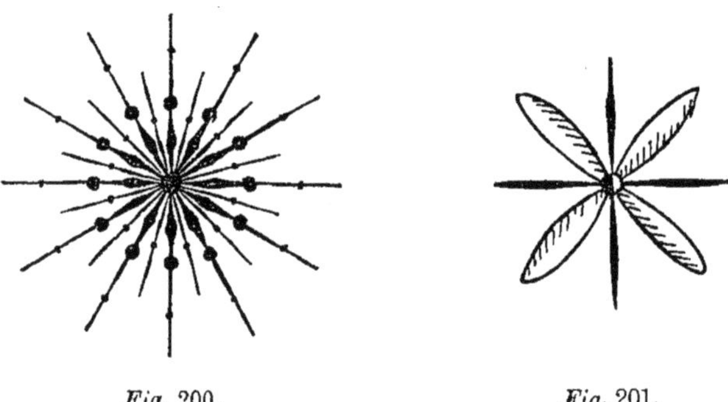

Fig. 200. *Fig.* 201.

De Schlagintweit (3) reproduit une grande planche copiée sur un original tibétain et intitulée : «Table pour indiquer les époques heureuses ou malheureuses, ainsi que les chances d'une

(1) L'analogie, nous ne disons pas l'identité, est des plus frappantes pour qui, ayant vu les X de fer chinoises, considère la gravure du *Tour du Monde*. — Deux tiges de fer maintiennent le foudre népalais dressé sur sa tranche : les trous des *fei-lai tsien* ont-ils quelque rapport avec ce mode d'assiette ?

(2) *Art chinois*. pp. 46 et 47. Voir *suprà* la note 2 de la page 18.

(3) *Annales du Musée Guimet*, Tome III. 1881. *Le Bouddhisme au Tibet* par E. de Schlagintweit, traduit de l'anglais par L. de Milloné. p. 192.

entreprise.» Plusieurs cases sont occupées par le 卍 et le 卐. Le *dorje* ou *vadjra,* simple ou doublé (cul-de-lampe final), y paraît aussi et tous ces signes spécifient un heureux présage, une réponse favorable. On lit ailleurs qu'un petit *dorje* est presque toujours suspendu aux chapelets tibétains. Pendant les incantations, on doit tenir à la main cette même amulette, dont la matière varie suivant le genre de *siddhi,* ou pouvoir magique que l'on convoite. La planche XXX de la p. 172 exhibe un *phourbou,* autre talisman, accompagné de trois grands demi-dorjes, formés de deux anneaux traversés par un dard flamboyant.

Les légendes bouddhiques rappellent qu'en l'an 270 après J.-C. arriva en Chine un Hindou de race royale, nommé *Vadjra-mati, Kin-kang-tche* 金剛智, «la sagesse du *vadjra*». Il introduisit un nouveau système de doctrines en cet empire, le *Yôgatchâra.* Appelé à la Cour en temps de grande sécheresse, il fit tomber la pluie si désirée.

Notons qu'à quelques pas du *fei-lai tsien* de *Ling-kou se,* pagode probablement lamaïque, comme celle du *Tchao-t'ien-kong* où gisait peut-être notre première X en fer, sous un pan de voûte encore debout, se dresse une stèle de pierre dont l'inscription mentionne qu'il y a quelques années, *Li Hong-tchang,* alors vice-roi de Nankin, vint prier en ce lieu, également en temps d'excessive sécheresse et qu'une pluie abondante ne tarda pas à tomber. (1).

Comme détail à rapprocher de ce prodige apocryphe, rappelons les dires des bonzes de *Ling-kou se:* l'eau qui séjourne dans les trous de leur X de fer est inépuisable et naturellement intarissable. Isolé, ou entre les mains de *Vadjra-mati,* le *vadjra* transformé du bouddhisme chinois est doué d'un mystérieux et hygrométrique pouvoir, en relation avec la sécheresse et la pluie. On saisira mieux l'analogie, si nous répétons les deux phrases déjà citées. L'une est extraite du *Cantique de l'X de fer,* traduit plus haut (p. 242) : «D'autres disent que l'X du Kiang-si était un instrument jadis employé pour contenir la malice des esprits nuisibles de l'eau.» — La seconde phrase est empruntée aux *Chroniques de la Pagode de Ling-kou se,* qui «affirment que ces ciseaux de fer sont la moitié mystérieuse des caractères *t'ien-ou-tchen* 天吳鎮.»

(1) Le vieil ouvrage *Alphabetum Tibetanum* (vol. II. p. 153), avait déjà révélé beaucoup de particularités sur le culte d'Indra, dieu de l'athmosphère, et sur son *dorje,* qu'il orthographie *To-r'che.*

Schlagintweit, *op. cit.* p. 47, s'exprime ainsi: «La secte *Brougpa* (ou *Dougpa,* ou *Dad Dougpa*) a un culte particulier pour le *Dordje* (Vadjra ou la foudre), qui descendit des cieux et tomba sur la terre, à Séra dans le Tibet oriental. Elle paraît particulièrement attachée au mysticisme tantrika, où le Dordje est un instrument très important et très puissant.» Les *Tantras,* ou série de livres hindous, des premiers siècles de notre ère et formant le rituel des opérations magiques, ont été partiellement traduits en Chinois sous les *Song* (960-1127).

Or, ces trois caractères, a-t-on expliqué p. 203, «exprimer l'idée de contenir, de réprimer, de maîtriser l'esprit de l'eau.» Plus haut, *Siu-ko-lao* croit réfuter l'hypothèse d'une amulette monumentale (1), d'un instrument destiné à combattre les esprits malfaisants de l'occultisme chinois.

Le *vadjra* est, avons-nous fait observer, le sceptre et le symbole d'*Indra*, le «régent de l'atmosphère», le dieu des éclairs et des orages. Tonnerre et pluie, phénomènes d'étroite parenté, se suivent ou s'accompagnent bien souvent. A cette particularité se rattache une seconde analogie qui a dû frapper le lecteur : le petit mandarin de Nankin (cf. page 227) affirmait que si l'on était assez osé pour remuer ou déplacer le *fei-lai tsien* de *Yo-tcheou fou* 岳 州 府, la foudre tomberait immédiatement.

D'autre part, au mot *Tchakra,* « roue » (2), le Dr Eitel fait remarquer que cette roue, à saillies et rayons extérieurs (fig. 202), ressemblait à l'ancienne arme *vadjra,* sceptre ou massue en diamant ; la *tchakra,* elle, est en fer, en cuivre, ou en argent, et elle sert à soumettre à la loi de Bouddha l'univers en tout ou en partie, proportionnellement à la richesse propre du métal. En effet, quand *Tchakravartti Raja,* «le roi de la roue», monte au ciel, une *roue* métallique en tombe, (comme fait le *fei-lai tsien*), et, d'après la nature du métal, on juge de l'étendue du crédit de ce monarque, pendant et collaborateur du débonnaire *Sakya,* mais en conquérant batailleur, qui lance sa terrible *tchakra* au milieu des ennemis !

Fig. 202.

(1) Au Japon le *vadjra* à une pointe s'appelle *to-kô* ou *kong-go-shô*, à trois pointes *san-kô*, à cinq pointes enfin *go-kô*. (*Catal. du Musée Guimet*, p. 194).

(2) *Dharma tchakra*, « la roue de la loi », signifie le bouddhisme. *Dharma* veut dire *loi*, et parfois le *vadjra* est l'emblème du dieu *Dharma*. (*Cat. du M. Guimet*, p. XLIV).

La *Trikâya*, ou *Triratna*, « les trois précieux», comporte en effet divers groupements trinaires, lesquels n'ont rien de commun, sauf le chiffre 3, avec la Trinité des Chrétiens qui adorent *un* seul Dieu et non trois dieux :

Triratna, triade bouddhique :	*Bouddha* (Sakya-Mouni), l'intelligence, l'âme ; *Dharma*, la matière, le corps; *Sangha*, l'union des deux.
Trimourti, ou triade brahmanique, plus récente :	*Brahma*, *Vichnou*, *Siva*.

On a essayé, non sans quelque succès, d'identifier cette *tchakra* avec l'ancienne roue solaire des Gaulois, à 4 rayons, ou mieux avec celle dont parlent les Védas; le 卍, symbole de *Dharma*, a pu en devenir le signe idéographique ou sténographique. (1). (fig. 203). A ce propos on a même cité ce texte des visions d'Ezéchiel : «L'aspect des roues et leur structure était comme s'il y avait une roue au milieu d'une autre roue... Ces roues, j'entendais qu'on les appelait *galgal* (roue, tourbillon).» La roue bouddhique, comme celle du lamaïsme tibétain, est le plus souvent, en effet, composée de roues concentriques. (2). Sur les monuments assyriens, la divinité est parfois représentée (fig. 204) par un personnage mitré, barbu, nimbé d'une roue ailée, circonscrivant une croix. (3).

Fig. 203.

Fig. 204.

Des images chinoises nous offrent ces divers types de *roues de la loi* :

Fig. 205.

Fig. 206.

On trouve parfois, indépendamment du sens philosophique : { *Sakya*, *Indra*, *Koan-in*.

Ces classifications ne sont ni rigoureuses ni impératives; c'est fatalement le phénomène parallèle de l'incohérence dogmatique du protestantisme. La Trinité du Tibet, où le nom sanscrit de Bouddha (Sakya-Mouni), est presque inconnu, et où *Chin-ré-zi* le remplace, se compose, outre cette dernière, du Grand Lama, de *Tra-chi-thun-po* et de — l'Empereur de Chine ! (Cf. *Revue des Religions*. 1893, p. 147).

(1) Cf. *suprà* p. 8 la citation en ce sens du Dr Edkins. Voir aussi p. 26, p. 29 p. 158 et p. 77 où a déjà paru cette figure 203.

(2) Cf. *suprà* p. 11 fig. 8.

(3) C'est ainsi qu'on la voit notamment sur un fragment émaillé, conservé au *British*

Il n'y manque que l'auréole flamboyante qui les accompagne ordinairement. Nous leur adjoignons (fig. 207) le dessin sommaire d'une troisième roue, à motif central *cruciforme*, estampé sur un bas-relief en marbre blanc, qui décore le soubassement d'une estrade à ordinations, dans la pagode-abbaye, jadis somptueuse, mais déchue, de *Hoa-chan* 華 山, entre Nankin et *Tchenkiang* 鎮 江; sorte de Cluny ou Clairvault païen! Ce motif, exécuté il y a plusieurs siècles, forme lui-même le centre d'une floraison de ramages et enroulements, d'un goût exquis et dont un musée d'art chinois serait justement fier.

Fig. 207.

Museum. Ce motif, symbolique et décoratif, dérivé du globe ailé des Egyptiens, montre parfois, dans une variante, le personnage divin bandant son arc « pour lancer contre les ennemis de son peuple un dard à trois pointes qui doit être la foudre. » Perrot et Chipiez. *Histoire de l'Art.* T. II. p. 89.

Voir encore, *passim* : Vigouroux, *La Bible et les découvertes modernes*, ainsi que : *Les Livres saints et la critique rationaliste.*

Enfin nous empruntons aux monuments de l'Inde le tracé d'un sujet ou plutôt d'un objet de culte, dont la silhouette générale tient à la fois du *vadjra* et du *fei-lai tsien* (fig. 208), et dont la signification symbolique est du même ordre que ces derniers. C'est la partie importante d'une scène intitulée «*nâgas* adorant le *trisul.*» Ce *trisul,* placé sur un pilier et entouré de flammes, est le monogramme de *Bouddha,* comme l'*arbre* est l'emblème de *Sangha* et la *roue* celui de *Dharma.* (1). Le lecteur notera aisément les analogies possibles entre nos X de fer et ce *trisul* (Cf. *suprà* p. 10 fig. 7.)

Fig. 208.

Ces croyances superstitieuses des bonzes, des brahmes, du peuple et de ses mandarins de tout rang, rendent moins improbable l'hypothèse émise ici : le *fei-lai tsien* tombé du ciel ne serait qu'un foudre comme celui du Jupiter tonnant ; c'est une sorte de *tchakra,* de *trisul,* de *vadjra,* symboles indous modifiés au cours des âges, chinoisés par le bouddhisme, transportés des bords du Gange ou de l'Indus sur ceux du *Yang-tse kiang,* amalgame, alliage ou macédoine de croix, de roue, de *swastika,* et de foudre en fer.

Notre interprétation dans un sens superstitieux et cabalistique de talisman et d'amulette symbolique, trouve un argument de vraisemblance en ce fait, signalé précédemment, que les trois *fei-lai tsien* sont encore, ou étaient, dans l'enceinte de bonzeries, au pied de tours bouddhiques, annexes de pagodes, existantes ou ruinées. (2).

A tout prendre pourtant, hypothèse pour hypothèse, le mot de la fin n'est pas dit : la lice reste ouverte. Des trouvailles subséquentes, des arguments décisifs, prouveront à coup sûr le mal fondé de la majeure partie de nos suppositions, dont plusieurs, bientôt peut-être, sembleront à peine plausibles, puériles, ridicules même. Mais c'est le sort ingrat des pionniers d'avant-garde, dans une voie peu frayée jusque là : la poursuite désintéressée

(1) *Description of the Amravati Tope,* by J. Fergusson ; *Journal of the Royal Asiatic Soc.* Vol. III. Part I. new series, p. 161.

(2) On objectera que nos dernières suppositions n'expliquent guère la présence des deux rails transversaux en saillie sur les trois X : nous n'en disconvenons pas. A l'origine, le *fei-lai tsien* a pu être, comme maint autre objet, un instrument fondu pour un usage très déterminé de la vie pratique ; puis la superstition populaire l'aura transformé en une sorte de fétiche, ou assimilé à un symbole bouddhique.

En terminant l'impression de ce travail, je regrette d'avoir à déclarer que j'ai connu trop tard, pour en profiter, les *Chinesische Studien* von Friedrich Hirth. (Leipzig, 1890). Quelques-unes des douze pages, formant un chapitre intitulé *Uber den Mäander und das Triquetrum in der Chinesischen und Japanischen Ornamentik,* ont trait à plusieurs des motifs chinois dont j'ai eu à parler.

du vrai, sinon sa conquête, est le souci obligé du chercheur, dût-il se meurtrir aux aspérités de la route, et y laisser en lambeaux sa gloriole de critique.

Pour le cas présent, notre plus sensible regret est d'avoir eu à combatre, dans cette dernière partie, d'aussi nobles contradicteurs, présents et passés, en travaillant à déconsidérer une thèse, pleine d'honneur, à première vue, pour notre foi chrétienne. Le respect impérieux de la vérité nous y contraignait. C'est notre excuse dans une tâche où nous avons essayé de mettre autant de réserve que de conscience.

En ce domaine du folklore ethnographique, dans le vaste champ d'observation que revendique la hautaine *Science des Religions* pour ses études comparatives, ses synthèses analytiques et ses enquêtes, quoi de plus ardu que de démêler l'influence, la valeur et le nombre des dogmes originels, des traditions primitives, des vérités altérées, des faits historiques, insensiblement travestis en mythes légendaires par la pitoyable infirmité des cœurs et des cerveaux humains ? Toutefois, malgré les ténèbres où s'enveloppent les premières migrations, l'incertitude de l'antique chronologie, les mensonges de l'histoire ignorante ou faussée à plaisir, les lacunes des chroniques, les incohérences doctrinales des sectes, les insaisissables divagations des Sages et l'illogisme naturel aux races asiatiques, en dépit de ces résistances et de ces obstacles, grossières ou policées, les vieilles et les modernes religions de la Chine devront un jour livrer aussi leurs secrets, et rendre hommage à Celui qui les a vaincues par la Croix.

Fig. 209.

FIN.

APPENDICE A.

(Voir page 52, note).

Il ne sera pas inutile, croyons-nous, de relever avec quelque détail, une singulière et regrettable méprise, imputable à des auteurs dont la bonne foi est hors de question, mais qui se sont étrangement abusés. Les explications qui vont suivre empêcheront peut-être une nouvelle erreur de s'accréditer sous le couvert d'un argument, invoqué mal à propos. En mettre à nu le ruineux fondement, c'est lui enlever toute chance de séduire encore quelque chercheur.

Voici ce qu'écrivait naguère M. l'Abbé Ansault (op. cit. p. 296) au sujet du culte prophétique de la croix en Chine:

«D'après les livres sacrés de la Chine, *Hoan-ty*, le Seigneur jaune, l'Adam chinois, selon les uns, le 3e ou 4e patriarche, selon les autres, savait que la croix serait l'instrument du salut. «Il «joignit ensemble deux morceaux de bois, l'un droit et l'autre en «travers, afin d'honorer le Très-Haut, et par là, il mérita de changer «de nom et de s'appeler *Hien-yuen*» c.-à.-d. *croix*. Car le «bois «formant traverse se nomme *Hien*, et celui qui est droit, nord-«sud, s'appelle *Yuen* selon les commentateurs.» (1).

Ici l'auteur, qui sent le besoin de justifier une allégation si catégorique, indique, comme unique source, le *Chou-king* 書經 de De Guignes (pag. 92).

L'on sait que la chronologie impériale de Chine fait remonter l'invention du cycle et dès lors la computation des dates au susdit

(1) M. l'abbé Ansault n'est ni le seul ni le premier qui ait cherché à utiliser pour l'apologétique chrétienne l'argument dont nous allons démontrer l'inanité. Voici en effet ce que, dès l'année 1869, Mgr Gaume écrivait dans son ouvrage *Le signe de la croix au XIXe siècle :* «Sur la valeur impétratoire et latreutique du signe de la croix, le haut Orient était d'accord avec l'Occident, le Chinois avec le Romain. Croirais-tu qu'un empereur de Chine, si ancien qu'il est presque mythologique, *Hien-yuen*, avait comme Platon, pressenti le mystère de la croix? — «Pour honorer le Très-Haut, cet ancien empereur joignait ensem-«ble deux morceaux de bois, l'un droit, l'autre de travers.» *Discours prélim. du Chou-king*, par le P. Prémare, ch. IX, p. XCII.»

Ici du moins les sources sont correctement indiquées, et le P. de Prémare est seul constitué responsable de la citation relative à *Hien-yuen*. D'autre part le lecteur aura remarqué l'euphémisme employé pour caractériser l'existence fabuleuse de ce prince.

Hoang-ti 黃 帝, dont elle place la mort 2598 ans avant l'ère chrétienne.

Or, selon M. l'abbé Ansault, c'est ce même *Hoang-ti* que le *Chou-king* 書 經, «un des livres sacrés des Chinois, renfermant les Fondements de leur ancienne Histoire», nous représenterait comme ayant accompli, vingt-six siècles avant la venue de Notre-Seigneur, un acte de publique et formelle adoration envers la croix, futur instrument du salut!

J'ignore quels arguments Mgr de Harlez a opposés à cette affirmation de tout point erronée ; mais au risque de répéter l'une ou l'autre des raisons déjà apportées dans le débat, j'exposerai brièvement celles qui m'ont frappé davantage.

Avant d'aborder le fond de la question, indiqué dans le texte de l'abbé Ansault par la citation donnée entre guillemets, je ferai quelques observations préliminaires sur l'affirmation qui précède, et le renvoi qui suit cette citation.

1°. C'est doublement à tort que nous sommes renvoyés au *Chou-king* de De Guignes. Le *Chou-king* ou livre des Annales chinoises est aussi innocent que M. De Guignes de l'erreur qu'on leur prête: ce dernier fut simple éditeur-correcteur dudit ouvrage dont «feu le P. Gaubil» avait été le traducteur et l'annotateur. De plus, ce n'est point à la traduction du *Chou-king* que M. l'abbé Ansault a emprunté sa citation : c'est à un «Discours préliminaire, contenant des Recherches sur les temps antérieurs à ceux dont parle le Chou-king.»

Ces «Recherches», publiées par De Guignes en tête de l'œuvre du P. Gaubil, ont pour auteur un écrivain chinois nommé *Louo-pi* 羅 泌 (12e-13e siècles), et pour traducteur le P. de Prémare. «Cet ouvrage, remarque judicieusement De Guignes (Préface. p. XLI), qui renferme toute l'ancienne Mythologie Chinoise et les règnes fabuleux que les Chinois ont rapportés dans leurs Chroniques, a été composé autrefois par le P. de Prémare (qui l'avait donné à M. le Comte de Lude); mais il avait adopté un système singulier. Plusieurs Missionnaires ont cru retrouver tous nos mystères annoncés prophétiquement dans cette Histoire allégorique. C'était le système favori du P. de Prémare et de quelques autres. On serait surpris de le voir trouver partout des traces prophétiques de la Religion chrétienne. L'ouvrage sur les temps fabuleux des Chinois a été fait sous ce point de vue.»

Le lecteur verra bientôt comment cet esprit de système préconçu est devenu fatal à son auteur, dans le cas présent.

2°. M. l'abbé Ansault attribue aux «livres sacrés de la Chine» le fait qu'il nous rapporte : or ni le *Chou-king,* nous le répétons, ni aucun des autres «livres sacrés de la Chine», classiques *(chou* 書*)* ou canoniques *(king* 經*),* n'y fait la plus légère allusion. On a confondu le *Chou-king* avec une élucubration datant au plus du 12e siècle, et dont la traduction française se détache du livre des

Annales sous le titre très apparent de « Discours préliminaire. »

Réduite à la seule autorité d'un écrivain aussi récent que *Louo-pi*, la thèse de l'abbé Ansault perdra sans doute une bonne partie de son prestige : car il est difficile d'admettre, malgré tout le génie qu'on suppose à cet homme, qu'il ait pu à 38 siècles de distance, reconstituer, sans preuves, un fait historique qui avait échappé à tous ses devanciers.

Le P. de Prémare, je le sais, se montrait plus indulgent à l'égard de son auteur favori. «*Louo-pi*, nous dit-il (p. LXXXV du Discours préliminaire), était sans comparaison plus habile dans l'antiquité, que l'auteur du *Wai-ki* (外 記)...» Le P. de Mailla, contemporain du P. de Prémare, appréciait plus sévèrement le caractère et le talent de *Louo-pi* (*Histoire de la Chine*. T. I. Lettre à M. Frèret, pp. LXXIX, LXXXI...). Pour lui *Louo-pi* est un homme sans scrupules et sans critique.

3°. M. l'Abbé Ansault n'est pas plus heureux quand il nous dit que « *Hoang-ty* mérita de changer de nom et de s'appeler *Hien-yuen*.» Il y a là une confusion contre laquelle proteste énergiquement depuis près de deux siècles le P. de Prémare lui-même. Traitant des princes qui auraient vécu dans les dix périodes (*ki* 紀) fabuleuses précédant l'avènement de *Hoang-ti*, voici comment le traducteur de *Louo-pi* prévenait expressément l'erreur que nous venons de signaler :

« Neuvième *ki* (période). — Le 7° empereur s'appelle *Hien-yuen-chi* 軒 轅 氏. Il est constant, par le témoignage de *Tchouang-tse* 莊 子 et de plusieurs autres, qu'il est entièrement différent de *Hoang-ti*. Mais dans ces derniers tems, la plûpart ne lisant guère que le *Se-ki* 史 記 de *Se-ma-tsien* 司 馬 遷, et trouvant que *Hoang-ti* s'appelait *Hien-yuen* 軒 轅, se mirent peu en peine d'aller fouiller dans l'antiquité. C'est une réflexion de *Louo-pi* qu'on ne peut faire trop souvent.» (Discours préliminaire, page XCII). Quelques lignes plus bas, le P. de Prémare revient ainsi sur cett erreur du « vulgaire », dont il eût été facile à M. l'Abbé Ansault de se défendre, s'il avait mieux lu son auteur : « On dit *Hoang-ti*, parce qu'on le confond avec *Hien-yuen*.»

Ainsi l'identification de *Hoang-ti*, «le seigneur jaune, l'Adam chinois», avec l'inventeur prophétique de la croix, est réprouvée par ceux-là mêmes auxquels on emprunte leur récit fabuleux !

Et que l'on ne dise pas du reste que la question est ainsi seulement déplacée, que l'on ne défend pas un nom vide de valeur, mais un fait, une tradition ; car nous allons montrer que cette dernière ressource échappe aux partisans du système prophétique.

Pour que notre exposé soit plus clair, nous diviserons en deux points ce qui concerne l'histoire des personnages homonymes distingués par le P. de Prémare à la suite des auteurs chinois.

1. L'empereur Hoang-ti Hien-yuen 黃帝軒轅. L'illustre *Se-ma T'sien* 司馬遷 ne crut pas de la dignité de l'histoire de comprendre dans ses Mémoires (*Che-ki* 史記) le récit d'une période trop évidemment fabuleuse; nous ne l'en blâmerons pas. C'est déjà beaucoup, croyons-nous, de la part de l'historien chinois, d'avoir inscrit le nom de *Hoang-ti,* « l'empereur jaune », à la première page de son livre. (1).

Ce qui nous intéresse le plus dans l'histoire de ce prince, c'est son surnom de *Hien-yuen,* vocable qui a causé la méprise de M. l'abbé Ansault.

Se-ma T'sien constate ce nom, mais il n'en indique pas l'origine. *Hoang-ti* fils de *Chao-tien,* écrit-il, eut pour nom de famille *Kong-suen* et pour nom personnel *Hien-yuen* » 黃帝者少典之子、姓公孫、名曰軒轅、

Se-ma Tcheng 馬司貞 dans son commentaire fameux (*Souo-in* 索隱) a expliqué comme il suit les paroles du maitre: « *Hoang-ti* naquit sur la colline *Cheou-k'ieou* 壽邱; il grandit près de la rivière *Ki* 姫, d'où il échangea son ancien nom de famille *Kong-suen* contre celui de *Ki*. La colline *Hien-yuen* auprès de laquelle il se fixa, lui valut son nom personnel (*ming* 名 ou *hao* 號).» (2).

Un peu plus tard (11e siècle) *Se-ma Koang* 司馬光, adoptant aussi l'étymologie géographique du nom *Hien-yuen,* donne cette version légèrement différente: «La mère de *Hoang-ti* accoucha sur une colline appelée *Hien-yuen* (dans le *K'ai-fong fou* 開封府 actuel) d'un fils qui fut en conséquece nommé *Hien-yuen,* et qui pour nom de famille prit celui de *Kong-suen.*»

Abandonnant cette explication reçue communément avant lui, *Louo-pi* lui a substitué la suivante : «Sa mère le conçut à la vue d'un éclair qui se produisit dans la partie transversale (*hien* 軒) de la constellation boréale (*teou* 斗, boisseau) (3); elle le mit au monde à *Cheou-k'ieou.* De là lui est venu le nom de *Hien.*»

2. L'empereur Hien-yuen 軒轅. Passons maintenant à l'empereur *Hien-yuen,* être fabuleux qui, suivant *Louo-pi* cité par le P. de Prémare, aurait précédé *Hoang-ti.*

Il nous faut d'abord restituer le texte de l'ancien missionnaire, texte qu'on n'a pas assez respecté. «*Hien-yuen* régnait au Nord

---

(1) *Se-ma T'sien* vivait vers la fin du 2e siècle avant J.-C.

(2 *Se-ma Tcheng* vivait au commencement du 8e siècle après J.-C..

(3) Cette constellation est nommée par les Chinois *teou,* boisseau, de la forme qu'elle affecte : quatre des 7 étoiles qui la composent dessinent le corps ou la caisse du boisseau; les 3 autres en forment le manche. Dans cette figure, le mot *hien* indique donc les deux étoiles formant l'avant de la caisse, sur lequel s'appuie le manche. Même explication pour le *char* impérial, *ti-tch'é* 帝車, que les Chinois voient encore dans la même constellation : mais le timon du char remplace le manche du boisseau; quant à la partie *hien,* elle représente l'avant du véhicule.

de *Kong-sang;* c'est à lui qu'on attribue l'invention des chars. *Il joignit ensemble deux morceaux de bois, l'un droit et l'autre en travers, afin d'honorer le Très-Haut; et c'est de là qu'il s'appela Hien-yuen;* car le bois traversier se nomme *Hien,* et celui qui est droit, Nord et Sud, est *Yuen.*» (Discours préliminaire, p. XCII.) Rapprochons ce sommaire du texte original et de sa traduction véritable, et le lecteur appréciera ce qu'il reste de ce mythe d'un empereur chinois, adorateur de la croix, en ces âges préhistoriques.

軒轅氏作于空桑之北、絡物開智、見轉風之蓬不已者、於是作制乘車梠輪樸較、橫木爲軒、直木爲轅、以尊太上、故號曰氏軒轅。«*Hien-yuen* régna au nord de *K'ong-sang;* profitant des leçons que lui donnait l'expérience des choses et voyant les tournoiements incessants de l'herbe *p'ong* sous l'action du vent, il inventa les chars avec leurs roues montées sur axe et leurs caissons en bois; *d'une planche posée transversalement, il fit l'appui (hien); d'une pièce de bois posée en long, il fit le timon (yuen). Pour honorer le souverain auteur de cette invention, on lui décerna le nom de Hien-yuen.*»

Nous avons souligné la partie du texte correspondant à celle que le P. de Prémare a mise lui-même en italique.

Et maintenant, où est la «croix» comme futur «instrument du salut», que l'on a découverte dans le P. de Prémare? Où est surtout ce «Très-Haut honoré par deux morceaux de bois», que le P. de Prémare a cru trouver dans *Louo-pi*?...

Nous ne tarderons pas à justifier notre traduction, mais observons en passant qu'il ne conviendrait pas de trop insister sur ce gros contresens du P. de Prémare, «un des Missionnaires, nous dit De Guignes, qui a le mieux su la Langue Chinoise.» Les meilleurs sinologues ont eu à leurs heures de pires faiblesses que celle-là. Et puis, il ne semble pas que le traducteur ait attaché une gande importance au fait qu'il rapporte: la preuve, c'est qu'il ne commente point cette découverte, comme il a coutume de le faire, dès qu'il rencontre quelque donnée conforme à son système général. Or ici, cette brève mention faite, il passe immédiatement à un autre sujet. Une autre preuve, c'est que le P. de Prémare ne fait aucune mention de ce passage dans ses *Selecta quædam vestigia...* Il n'en dit pas un mot, même dans le long chapitre (pp. 225 à 258) qu'il a consacré à «la mort du Saint pour la salut du monde», et cela en 1725, c'est-à-dire après vingt-sept années de séjour et d'études en Chine.

En résumé, il n'y a eu ici qu'un regrettable quiproquo, nullement imputable à *Louo-pi,* dont la pensée a été défigurée, et dont le P. de Prémare est seul responsable.

Nous avons maintenant à justifier la nouvelle traduction proposée, et pour serrer de plus près le texte chinois, j'en reproduis littéralement en latin la dernière partie. Après avoir détaillé les diverses parties du char inventé par l'empereur, ses roues, son essieu, et son caisson relevé sur les côtés, l'auteur termine en mentionnant les deux dernières pièces: celle transversale de l'avant sur laquelle on s'appuie (1), et le timon qui s'engage à angle droit sous cette pièce. «*Transverso ligno fecit fulcrum, rectaque trabe fecit temonem.*» 横木爲軒、直木爲轅、

Avouons qu'un pareil prélude ressemble bien peu à la description d'une croix, et que l'on ne soupçonne pas trop comment l'inventeur des voitures pourrait avec son instrument «honorer le Très-Haut!»

Il nous reste encore dix caractères à traduire mot-à-mot; les voici: 以尊太上、故號曰軒轅氏、 Ce qui veut dire: «*Inde honorantes principem institutorem, ideò cognomine vocaverunt Hien-yuen.*»

Nos observations, on le voit, porteront sur deux mots principaux: sur le sens de *T'ai-chang* rendu par «Très-Haut» chez le P. de Prémare, et sur l'expression *Hien-yuen* dont le même auteur semble avoir voulu faire un symbole de la croix. La coupe de la phrase chinoise se déduira ensuite comme un corollaire.

1° Sens du mot *T'ai-chang* 太上.

Mon premier argument sera emprunté a *Louo-pi* lui-même. Cet auteur, conforme en ce point à l'usage ancien, se sert du mot *Chang-ti* (上帝) et non point de *T'ai-chang* (太上) lorsqu'il veut désigner le «Très-Haut». Nous n'aurons pas besoin d'aller chercher un exemple bien loin. Dans la biographie qu'il a consacrée à *Hoang-ti,* il nous dit que cet empereur «construisit le temple *Ho-kong* 合宮, suivant d'autres le *Ming-t'ang* 明堂, *pour sacrifier au* Très-Haut (*i-se Chang-ti* 以祀上帝).» C'est du mot *Chang-ti* qu'il se sert.

Une seconde preuve est tirée du texte de plusieurs historiens chinois antérieurs à *Louo-pi*, entre autres de la notice consacrée à *Hien-yuen* par *Lieou Chou* (劉恕) collaborateur de *Se-ma Koang* pour la partie légendaire *(Wai-ki* 外記*)* de son histoire, celui-là même que le P. de Prémare accusait d'être inhabile en son art. Ce texte est identique à celui que nous avons reproduit tout à l'heure du *Lou-che* de *Louo-pi*: il n'en diffère qu'en un seul point: *Louo-pi* a ajouté entre les caractères 爲轅 et 故號 les 4 mots 以尊太上. Ainsi, dirai-je, même en l'absence de cette incise ajoutée après coup, le sens général de la période était parfaitement déterminé. Or, cette incise sera facilement supléée par n'importe qui, pourvu qu'on lui donne le sens que j'ai dit; tandis qu'au contraire avec la traduction arbitraire, injustifiable, du P. de Prémare, rendant 太上 *T'ai-chang* par «Très-Haut,» personne ne pourrait deviner, dans le texte abrégé, le fait que rappellerait le vocable *Hien-yuen.* Ce n'est qu'en se reconnaissant faussaire, que *Louo-*

(1) Voir à la note 3, pag. 242, l'explication donnée sur cette traverse au sujet d'un texte de *Louo-pi.*

pi pourrait, dans cette dernière hypothèse, arguer d'un sens absolument nouveau, attribué par lui au texte de ses devanciers.

Un dernier argument plus pressant encore, tiré de la valeur intrinsèque de l'expression *T'ai-chang*, nous convaincra qu'elle ne peut être prise dans le sens de « Très-Haut » comme l'a fait le P. de Prémare. J'ai consulté le dictionnaire, autorisé et très riche, du *P'ei-wen-yun-fou* 佩文韻府, j'ai parcouru l'abondante collection *King-tsié-tchoan-kou* 經籍纂詁, et je n'y ai rien trouvé justifiant le sens du P. de Prémare.

Aucune des citations ni des définitions données par ces ouvrages n'implique l'idée de « Très-Haut.» Elles donnent à l'expression *T'ai-chang* (litt. « le grand supérieur ») l'idée de priorité, de primauté, soit dans l'ordre du temps, soit dans l'ordre moral, soit dans l'ordre de la dignité. *T'ai-chang* est adjectif, et signifie «très noble, très élevé, supérieur, primordial ». *T'ai-chang* est substantif et signifie « empereur, grand homme, prince ou sage très ancien dont on a oublié le nom — 天子也、大人也、太古無名之君.» Enfin il est adverbe, et signifie « anciennement » ; mais jamais encore une fois, on ne trouve ce mot employé dans le sens de «Très-Haut,» comme cela a eu lieu pour 上帝 *Chang-ti* et pour d'autres.

2°. Sens du not *Hien-yuen* 軒轅.

Les remarques qui précèdent sont confirmées par l'examen des caractères *Hien-yuen*, de l'assemblage desquels on a voulu déduire l'idée de croix, à cause de la direction des pièces de bois qu'ils désignent.

D'abord, il est évident, soit à cause du contexte, où l'on nomme tour à tour les différentes pièces composant un char, soit à raison de l'écriture même de ces deux caractères, composés avec le radical 車 *tch'é*, « char », que l'auteur chinois ne sépare pas les éléments *Hien-yuen* de ceux qui précèdent (axes, roues, etc.), pour les joindre en un sens tout nouveau, comme l'a fait le P. de Prémare, à la proposition suivante : *I-tsuen-t'ai-chang* (以尊太上). Cela est si vrai que tous les Chinois consultés par moi sur ce passage déclarent, et à bon droit, « absurde et incompréhensible pour un Chinois » le sens que le P. de Prémare attribue au texte de *Louo-pi*. Il ne signifierait point en effet autre chose que ceci : « L'empereur honora le Très-Haut avec les deux parties du char dites *hien* et *yuen* (traverse et timon), lesquelles sont disposées perpendiculairement l'une sur l'autre.» Quel pourrait bien être, aux yeux d'un lecteur non prévenu, le sens d'une telle énigme ?

Disons enfin que les parties du char appelées *hien* et *yuen*, ne représenteraient que très imparfaitement une croix.

La partie *yuen* 轅 n'est autre que le timon, recourbé à son extrémité et au bout duquel on accrochait en travers le joug *heng* 衡 où s'attelaient les chevaux. (Cf. Dictionnaire de *K'ang-hi*, et les figures des ouvrages spéciaux, v. gr. celles du *tch'é-tche-t'ou-kiai* 車制圖解).

La partie *hien* 軒, bien différente de ce joug (qui, lui, constituerait, avec le timon, une vraie croix) est définie par le Dictionnaire de *K'ang-hi* : *tch'é-che* 車軾 « barre d'appui », placée à l'avant du char et sur laquelle le voyageur s'accoudait.

Il est évident que si *Louo-pi* eût voulu désigner la forme cruciale ou la forme de *Tau*, il n'eût pas manqué de l'indiquer par l'une de ces formules si familières depuis de longs siècles au génie chinois : *Che-tse, Ting-tse,* 十字, 丁字, « en forme de *Che* 十, en forme de *Ting* 丁. » Dépourvu de cette indication, qui à défaut de l'explication formelle et symbolique eût au moins livré au lecteur le sens matériel de la figure cruciale, le texte de *Louo-pi* fût demeuré pour tous un rébus sans issue comme sans portée.

En résumé, dans le texte précité, l'incise où figure le mot *T'ai-chang*, laquelle a été ajoutée par *Louo-pi,* est liée à la phrase qui suit, non à celle qui précède; l'expression *T'ai-chang* désigne non le « Très-Haut », mais le souverain lui-même, auteur, initiateur de cette invention, et les peuples ont voulu consacrer le souvenir de ce bienfait qu'ils tenaient de leur prince, en lui donnant ce nom, témoignage honorable de leur reconnaissance.

HENRI HAVRET, S. J.

APPENDICE B.

(*Voir page* 201.)

Extraits des *Chroniques* de Nankin ayant trait aux deux X en fer.

誌公

剪

吳道子

六朝事蹟梁天監十三年以錢二十萬易定林寺前岡獨龍阜以葬誌公上有塔五級永定公主造焉　見同治十三年上江兩縣志卷三山　二頁

寺　靈谷後有寶公塔高五級爲誌公藏骨地壁有三絕碑　見同治上江兩縣志卷三　山　六頁

又有鐵剪吳雲志以爲隱天吳鎮之半是也　剪上有天吳金三字　見同治上江兩縣志卷三　六頁

吳道玄字道子唐玄宗時人　見尚友錄

羅寺轉灣客座贅語入石城門往東大街折而北路曲如環俗名螺螄轉灣或曰訛也路曲處乃鐵塔寺牆脚寺舊名羅寺此路值其隅角故曰羅寺轉灣案寺劉宋泰始中建本名延祚唐僧靈智生無目號羅睺和尚經論文字悉能明了時人稱有天眼爲建塔寺內故曰羅寺寺前舊有鐵塔二座宋乾興元年鑄故又曰鐵塔寺矣熙甯中賜額正覺王判公嘗於寺西作書院有軒名鐸龍建炎三年以法堂西偏爲元懿太子攢宮後改爲虎賁左衛倉倉內有百丈泉見南都察院志一說鐵塔寺唐太宗時建有尉遲敬德監造塼塔頂有唐人所書經昔塔毀時爲居人檢去邑人林必昌曾見數頁字極端麗二說不同豈唐曾重建耶

右見同治上江兩縣志卷五　城廂　三十一頁

江甯府志卷八第二頁則謂鐵剪處名冶城吳時鼓鑄之所

APPENDICE C.

(*Voir page* 222.)

Opinion de *Zi-ko-lao* sur l'X du Kiang-si.

鐵十字著

徐光啟 謚文定

葆祿子曰鐵十字者必景教所奉十字聖架唐人所作也謂是他物則無理可推如云竹木場務所用宜爲牂牁爲犁爲碇十字形何從枝柱可以罥碇桴筏乎江南桴筏至多此果利用何不一再見也若云排壓水怪水怪者則蛟龍之屬俗傳蛟龍畏鐵作此壓勝或當有之然如桑乾豫章鐵柱各長數丈又皆深入水土之中疑昔人壓勝之術乃爾今此槎牙三尺耳體之大小亦必稱是又非根植而在涯際與前術異矣至言昇鐵成銅亦屬謬妄南土故有膽銅其術用鐵片漬膽礬水中十數日刮取赤煤三煉成丹銅浙之處州楚之潭州江西之饒信皆有之宋紹聖中德興草澤張甲上浸銅要畧一卷是其法也鐵可成銅說本諸此烏有昇鐵過此十字便成銅耶斯里巷附會之譚耳然則云唐人所作者何也景教之法一切莊嚴崇奉之處悉以十字爲號近天啟乙丑長安掘地得碑碑題曰大唐景教流行中國碑碑首冠以十字亦一證也碑中言景教

自唐貞觀九年大德阿羅本始奉以入中國國主大臣如太宗高玄肅代憲宗
及房玄齡郭子儀之屬悉皆尊奉貞觀十二年建寺於京師之義寧坊高宗令
於諸州各置景寺肅宗又於靈武等五郡建立則終唐之世聖化大行上德高
賢比肩林立法壇道石周徧寰宇何况江右世載文明廬陵素稱赤望有茲事
迹豈足疑乎琬碑瓊檢千年再出揆之事理既非偶然頃乃復覩此詩雖則世
遠言湮作者不知所繇而觸目擊中獲與朝聞者能無不爽然以悟躍然以喜
也敬用手錄論次之庶幾羽翼穹碑萬分之一且以風諸同志者謂有唐三百
年中寓縣之廣信從之衆其所流傳於後文物足徵如此碑此鐵者必多有之
所宜罄竭耳目共加搜討至若生長彼中或旅游斯地者尤當博訪此物於今
在否儻然寓目別識匪難冀或磨洗沉沙使神物淪而復顯聖跡晦而更明則
亦景門之盛事云爾天啟丁卯六月朔書
嗚呼此徐文定公手蹟也公精研性命之學昭事上帝淨心是勵淑世是期所
著鐵十字歌訓義俾我　耶穌聖教無微不顯無隱不彰其辭典質高古愚
者可誦智者可思此雖公羽翼聖教之一端而吉光片羽故是渡海浮槎泣岐
指南也余不敏以未獲親承謦咳爲恨然流寓茲土竊覩公之故宮謁公之祠

宇辛巳孟夏繆與執紼而弔公於墓焉仰瞻庭玉咸昭代鳳鱗克紹公學而昌
大之公猶生也今余幸獲締交樂於晨夕向之未慊於心者差足以自慰矣援
筆直紀殊愧不文聊以識其歲月用昭文孫爾默珍藏此册之意耳

大明崇禎壬午二月春分後三日泰西潘國光謹書

後學唐囧敬譯

VARIÉTÉS SINOLOGIQU

N° 13. ALLUSIONS LITTÉRAIRES, 1ère Sé
Classif. 100 à 214), *avec index de* 7000
P. CORENTIN PÉTILLON, S.J. — 270 pp. 189

N° 14. LE MARIAGE CHINOIS AU POINT D
par le P. PIERRE HOANG. — 400 pp. 1898....

N° 15. EXPOSÉ DU COMMERCE PUBLIC
P. PIERRE HOANG.—18 pp., 14 cartes hors te

N° 16. PLAN DE NANKIN, par le P. LOUIS G
1 carte en quatre couleurs. 0.93 × 0.72. 18

N° 17. INSCRIPTIONS JUIVES DE K'AI-FO
P. JÉRÔME TOBAR, S.J.—VI-112 pp., une g
et 7 photolithographies. 1900

N° 18. NANKIN PORT OUVERT, par le P. Loui
—XII-484 pp. avec un portrait de l'auteur, 2
en photogravure, plusieurs cartes. 1901

N° 19. 天主 T'IEN-TCHOU «SEIGNEUR DU
P. HENRI HAVRET, S.J.—II-30 pp., 3 lithograph

N° 20. LA STÈLE CHRÉTIENNE DE SI-NGAN
Commentaire partiel et pièces justificatives,
HAVRET, S.J. avec la collaboration du P. Lou
—II-90 pp., texte syriaque inclus. 1902.

N° 21. MÉLANGES SUR L'ADMINISTRATION,
HOANG.—242 pp. 1902.

TABLEAUX des titres et des appellations
des membres de sa famille et des mandarins *(E*
par le P. PIERRE HOANG.—58 pp. 1902.

N° 22. HISTOIRE DU ROYAUME DE TCH
AV. J.-C.), par le P. ALBERT TSCHEPE, S.J.
carte hors texte. 1903.

N° 23. NANKIN. APERÇU HISTORIQUE ET GÉ
par le P. LOUIS GAILLARD, S.J.—VI-350 pp.,
texte, 29 photogravures, 7 photolithographies
vures sur bois. 1903.

N° 24. SYNCHRONISMES CHINOIS. *Chronolo*
concordance avec l'ère chrétienne de toutes les
l'histoire de l'Extrême-Orient (Chine, Japon,
etc.) (2357 av. J.-C.—1904 apr. J.-C.), par
TCHANG, S.J.—LXXII-500 pp. environ

ÉTUDES SINO-ORIENTALES.

LES LOLOS, *Histoire, religion, mœurs, langue, écriture,* par M. Paul Vial, missionnaire au *Yun-nan.*—72 pp. in 8°, 2 planches d'après des photographies de l'auteur. 1898.......$ 1.50

ÉTUDE DU STYLE CHINOIS.

CURSUS LITTERATURÆ SINICÆ, par le P. Ange Zottoli, S.J. 5 vol. grand in-8°........$ 25.00

Chaque volume contient: texte chinois et traduction littérale en regard; nombreuses notes et appendices.

Chaque volume se vend séparément........$ 5.00

Vol. I. Classifiques. 1ères Leçons. Instructions familières (Saint-Edit). Dialogues comiques. Romans. Choix d'expressions. 2 planches et vocabulaire. pp. VIII—819.

Vol. II. Les 3 petits Livres élémentaires: *San-tse-king, Ts'ien-tse-wen, Chen-t'ong-che.* Les 100 Familles. Les 4 Livres: *Ta-hio, Tchong-yong, Luen-yu, Mong-tse.* — avec résumés historiques et notes diverses; 24 planches et vocabulaire. VII-655 pp.

Vol. III. Les 5 Canoniques: *Che-king, Chou-king, I-king, Li-ki, Tch'oen-ts'ieou.*— avec nomenclature de plantes, animaux et métaux. 10 planches. XLIV-767 pp.

Vol. IV. Les 3 Commentaires des Annales de Confucius (*San-tch'oan*). Extraits des prosateurs. Modèles de style épistolaire. Allusions littéraires. Particules. XX-820 pp.

Vol. V. Règles de la composition chinoise. Modèles d'amplifications *(wen-tchang)* pour les examens. Vers et chants. Descriptions poétiques. Inscriptions paralléles. XII-840 pp.

Traduction française du 1er volume, par le P. Charles de Bussy, S.J. ....$ 2.50

ÉTUDE DU LANGAGE.

法漢字彙簡編. PETIT DICTIONNAIRE FRANÇAIS-CHINOIS *avec romanisation,* par le P. A. Debesse, S. J. — VI-557 pp. in-16. — **deuxième édition, septième mille.** 1903. *(papier indien)* relié peau souple........$ 3.50

漢法字彙簡編. PETIT DICTIONNAIRE CHINOIS-FRANÇAIS *avec romanisation,* par le P. A. Debesse, S. J. — V-580 pp. in-16. 1900. *(papier indien)* relié peau souple........$ 4.50

法漢字彙簡編. PETIT DICTIONNAIRE FRANÇAIS-CHINOIS *dialecte de Chang-hai* 上海土話 *avec romanisation*....**(sous presse).**

官話指南. LA BOUSSOLE DU LANGAGE MANDARIN, traduite et annotée par le P. Henri Boucher, S.J.—2 vol. in-8°. VI-246-236 pp.—3e édition. 1901........$ 4.50

Dépôt: Paris, Arthur Savaète, 76 rue des Saints-Pères. VIIe
Londres, Probsthain & Co., 14, Bury Street. W. C.